Die Frau in der Literatur

Abenteuer des Malers Binder,
Gemälde von Moritz von Schwind, 1860

»Bist Du Luftbild oder Leben?«

Brautbriefe aus zwei Jahrhunderten
(1750–1833)

Herausgegeben und
mit einem Nachwort versehen
von Susanne Ledanff

Ullstein Taschenbuch

Die Frau in der Literatur

Ullstein Buch Nr. 30247
im Verlag Ullstein GmbH,
Frankfurt/M – Berlin

Originalausgabe

Umschlagentwurf:
Theodor Bayer-Eynck unter Verwendung
eines Gemäldes von Jean-Etienne Liotard
›Die schöne Leserin‹, 1746
Amsterdam, Rijksmuseum
Foto: Archiv für Kunst und Geschichte,
Göpel Berlin

Printed in Germany 1991
Gesamtherstellung:
Ebner Ulm
ISBN 3 548 30247 5

März 1991

Ebenfalls von Susanne Ledanff herausgegeben:
›Charlotte Stieglitz · Geschichte eines Denkmals‹
Ullstein Buch Nr. 30188

CIP-Titelaufnahme
der Deutschen Bibliothek

»Bist Du Luftbild oder Leben?«: Brautbriefe aus zwei
Jahrhunderten (1750–1833) / hrsg. und mit einem Nachw. vers.
von Susanne Ledanff. – Orig.-Ausg. – Frankfurt/M; Berlin:
Ullstein, 1991
(Ullstein-Buch; Nr. 30247: Die Frau in der Literatur)
ISBN 3-548-30247-5
NE: Ledanff, Susanne [Hrsg.]; GT

Inhalt

Zu dieser Ausgabe

Eine Anthologie von Brautbriefen aus der deutschen Kulturgeschichte existiert bislang nicht. Eine Zusammenstellung aus dieser persönlichen Korrespondenz bietet Einblick in kulturgeschichtliche Zusammenhänge des deutschen 18. und 19. Jahrhunderts. Die Brautbriefe spiegeln eine Fülle von Traditionen und bürgerlichen Konventionen der Vergangenheit, informieren über einen Wandel in der Gefühlskultur des Zeitalters, literaturgeschichtliche Ereignisse, über den literarischen und privaten Alltag oft aus den Provinzen des deutschen Geisteslebens. Sie spiegeln vor allem die Denk- und Ausdrucksformen der Schreibenden einer bestimmten Epoche, deren Modernität durch die authentische und nuancierte Gefühlsaussprache den Leser unmittelbar anspricht.

Anthologien sind besonders dazu angetan, die so reiche deutsche Briefkultur einem breiteren Leserkreis zugänglich zu machen. Wie Reinhard Wittmann in ›Das Jahrhundert des Briefes‹ (in: Einladung ins 18. Jahrhundert. Ein Almanach aus dem Verlag C. H. Beck im 225. Jahr seines Bestehens, hrsg. von Ernst-Peter Wieckenberg. München 1988) schreibt, lassen sich einschlägige Detailuntersuchungen an den Fingern abzählen, und es ist den Initiativen einzelner Verlage überlassen, historische Briefwechsel dem heutigen Leser zugänglich zu machen. Dabei ist der Brief im 18. Jahrhundert das »Leitmedium« und dient im Zeitalter bürgerlicher Selbstbewußtwerdung als Forum, in dem »der emotionshungrige Bürger die Landschaft der eigenen Seele« entdeckt. Ein Gesichtspunkt, den Wittmann ebenfalls benennt, der in dieser Hochblüte der Briefkultur auffallende sprachliche Rang der Frauenbriefe, ist für diese Ausgabe ebenfalls leitend. Ausgangspunkt der Zusammenstellung dieses Bandes war die Suche nach einem »echten« Briefwechsel, in dem beide Korrespondenten in ihren interessantesten Selbstaussprachen zu Worte kommen. Schnell stellte sich heraus, daß, wenn ein solches »Duo« in älteren oder neueren Editionen aufzufinden war, diese Zeugnisse sehr viel reizvoller als die häufiger zu findenden einseitigen Dichterbriefe sind. Die anspruchsvollen Klärungen eines Liebes- und Eheideals sind Angelegenheit der jeweiligen Beteiligten. Wichtigste Zeugnisse dieses geistesgeschichtlichen Ereignisses der Entdeckung von Liebe und Ehe als Möglichkeit der moralischen Vervollkommnung des Menschen im deutschen 18. Jahrhundert sind in diesem Band zu finden und, da häufig nur in älteren Ausgaben abgedruckt, nun in Auszügen zusammengestellt.

Auf keinen Fall sollte eine Briefanthologie erscheinen, in der die weiblichen Korrespondenten nur die Rolle von Statistinnen in der Bildungs- und Lebensgeschichte bekannter Autoren spielen. Die weiblichen Stimmen wurden, wo keine wechselseitige Korrespondenz vorlag, nach Möglichkeit durch andere schriftliche Zeugnisse ergänzt. Ein weiteres Kriterium für die Zusammenstellung zeigt sich in der Kapitelabfolge nach literaturhistorischen Etappen. Überdies wurde eine gewisse Vielfalt von Biographien und Stilformen angestrebt. Zudem sind die Übergänge von Brautbrief zum Liebesbrief häufig fließend. Nicht umsonst werden z. B. die Briefe Bettina Brentanos und Achim von Arnims als »Briefe der Freundschaft und Liebe« eingeschätzt.

Zur Gattung des Liebesbriefes existieren teilweise recht traditionelle Anthologien. Die Hochblüte liegt charakteristischerweise im Beginn dieses Jahrhunderts. Dem heutigen Leser sollte für die Erweckung seiner Neugier an einem historischen Briefdialog allerdings nicht die bildungsbürgerlich empfindsame Lektüre, wie sie früher geläufig war, vorgeschlagen werden. Lektüreanleitungen nach dem Muster der romantischen Einfühlungstheorie und Diltheyschen Lebensphilosophie, die zu einer »Betrachtung und einem

Nacherleben der Liebe schlechthin« ermuntern, muten heute seltsam an. Dennoch sind die materialreichen älteren Anthologien nicht uninteressant, um bei ihrem Durchblättern einen Wandel in den Ehe- und Liebesauffassungen zu konstatieren. Schließlich schlägt sich dieser Wandel auch in den veränderten Ausdrucksformen der Gattung Brautbrief nieder. Hervorzuheben ist die romantische Epoche, in der durch ein verändertes Frauenbild, wie Katja Behrens in ihrem Nachwort der ›Frauenbriefe der Romantik‹ (Frankfurt/M. 1981) schreibt, sich auch die brieflichen Ausdrucksformen stark verändern. Ich verweise deshalb zum Schluß auf diese Epoche, da es hier erfreulicherweise wieder eine größere Zahl von Einzeluntersuchungen gibt. Auch auf diese Darstellungen wird im Literaturverzeichnis verwiesen, um das Gesamtkonzept einer Brautbrief-Anthologie abzurunden. Die vorliegende Anthologie kann nur in einer begrenzten Zahl von Briefbeispielen das Interesse des Lesers wekken. Auf weitere Beispiele dieser reichen Fundgrube verweist das Nachwort.

Innerhalb der Briefe werden Kürzungen durch Auslassungszeichen kenntlich gemacht, nicht aber in Briefeinleitungen und Schlußformulierungen. Zeichensetzung und Orthographie wurden vorsichtig modernisiert.

Ich danke vor allem meiner Lektorin Hanna Siehr für die ganz besondere, persönliche Betreuung dieses Buchs, unsere vielen Gespräche voller Engagement und Optimismus. Für die gedankliche Mitarbeit an den einzelnen Kapiteln, nicht nur für die Herstellung des getippten Manuskripts, danke ich ganz herzlich Margret Meyer. Außerdem danke ich sehr herzlich Christina Albrecht für die intensive Betreuung des Buchs in seiner letzten Etappe: dem überprüfenden Lesen, dem sorgfältigen Korrigieren und der Vereinheitlichung der Korrekturen.

S. L.

»Mein sanftes ungestümes Herz und seine ganze Geschichte«

Der Musterfall eines Brautpaares entsteht: Meta Moller und Friedrich Gottlieb Klopstock 1751–1754

Geknüpft wurde das berühmt gewordene leidenschaftliche Liebesband über die Literatur. Die gebildete junge Dame des Hamburger Bürgertums, Meta Moller, kannte sich aus in den Tönen der empfindsamen literarischen Strömungen der Zeit. Das waren die Vorlieben für eine heitere Liebeslyrik wie auch eine melancholische Empfänglichkeit für den Engländer Young, aber auch für die neueste gefühlsstarke deutsche Literatur. Der Verfasser solch aufwühlender Verse war Friedrich Gottlieb Klopstock. Durch seinen ›Messias‹ war er bereits früh zu einer Berühmtheit geworden. Die religiösen Gesänge Klopstocks, so berichtet Metas Schwester Elisabeth über die erste Begegnung der 23jährigen mit dem berühmten Dichter, hat Meta auf recht unkonventionelle Weise kennengelernt. Die drei ersten Gesänge des ›Messias‹ lagen in Papilloten, auf Lockenwickel geschnitten, auf der Toilette und wurden sofort neugierig und begeistert gelesen. Diese Anekdote gehört zu einem Bericht, den die glückliche Braut rückblickend am 12. September 1753 voller Verspieltheit und in äußerst witziger Form abzufassen begann: Die »Geschichte der Meta Clärchen Friederikchen Klopstock«, ihre eigene Liebesgeschichte. So entstand übrigens – zusätzlich zu den Brautbriefen – ein von weiblicher Hand verfaßter Beitrag zur Gefühlskultur der Epoche, die in der Darstellung des eigenen Empfindens schwelgt, in sehr selbstbewußter sinnenfroher Weise. Wir erfahren in Meta Mollers vom September 1753 bis März 1754 verfaßter »Geschichte« etwas über den literarisch vorbereiteten Coup de foudre am

Meta Klopstock, geb. Moller (1728–1758)
Stich von F. Fleischmann nach einem Gemälde von Bendix

Friedrich Gottlieb Klopstock (1724–1803)
Gemälde von Jens Juel, 1779

4. April 1751. Über den berühmten »ernsthaften« Dichter hatte Meta, wie sie schreibt, zwar keine vorgefaßte Meinung, »aber ich stellte mir doch auch nicht vor daß der Verfass. des Mess. so süß aussehe u. so bis zur Vollkommenheit schön wäre«. Doch auch der 26jährige Klopstock wurde bei seiner Hamburger Durchreise von Freunden auf Meta neugierig gemacht.

Das Frühjahr 1751 ist für Klopstocks Leben überhaupt eine glückliche Wende. Dem am 2. Juli 1724 in Quedlinburg geborenen, gründlich in alten Sprachen und antiker Dichtung gebildeten Klopstock gelingt ein bemerkenswerter Durchbruch. Der Weg zur Berühmtheit ist nach kurzer Hauslehrertätigkeit in Langensalza schon vorgezeichnet, als er 1750 auf Einladung Bodners nach Zürich reist. In der Zeitschrift der ›Bremer Beiträger‹ waren 1748 jene drei ersten Gesänge des ›Messias‹ erschienen. Über Hamburg reist er, um sich nach Kopenhagen zu begeben, eingeladen vom dänischen König Friedrich IV., der Klopstock auf Veranlassung des Ministers Graf Bernsdorff eine Pension zur Vollendung des ›Messias‹ bestimmt hatte. In Hamburg hat der Dichter Freunde, Nikolas Dietrich Gieseke, einen der früheren Leipziger Freunde. Gieseke ist auch Metas Hamburger Jugendfreund. Dem ankommenden Klopstock erzählt Gieseke: »Ach Klopstock, *das* Mädchen mußt du sehn, das ist so ein ganz ander Mädchen als andre, sie liest den Mess. mit Entzücken, sie kennt dich schon, sie erwartet dich ...« Solche Seelenverwandtschaft bestätigt sich schnell. In der Tat beginnt eine tändelnde, aber auch freundschaftliche Korrespondenz. In ihr steigert sich die Wirkung, die Meta auf den Dichter hat, der sich dem nicht nur literarisch gebildeten, sondern auch ungekünstelten und begeisterungsfähigen Mädchen anvertraut, und das, obwohl Klopstock noch unter seiner unglücklichen Liebe zu seiner Cousine Maria Sophia Schmidt leidet.

Die innige Übereinstimmung dieses Liebespaars, das sich im

Sommer 1752 verlobt und am 10. Juni 1754 heiratet, hat die Namen Meta und Klopstock für spätere Braut- und Liebespaare, überhaupt für ein späteres großes Lesepublikum, zur Chiffre eigener Innigkeitswünsche gemacht. Von noch nachhaltigerer Wirkung als der ›Messias‹ war Klopstocks Odendichtung für die empfindsame Generation. Ja, Klopstock wurde zum Inbegriff höchsten dichterischen Anspruchs. Unmöglich, Klopstocks Liebe zu Meta nicht in den berühmt gewordenen ›Cidli‹-Oden zu kennen, jene Liebessprache, die die melancholischen, jenseitsgerichteten ›Fanny‹-Oden aus Klopstocks erster unglücklicher Liebe ablöst. Auch publizierte Klopstock nach Metas frühem Tod – 1758 war sie nach kurzer Ehezeit an der Entbindung eines totgeborenen Sohnes gestorben – das von ihr geschriebene Trauerspiel ›Der Tod Abels‹, andere Schriften und Auszüge aus dem Briefwechsel. Doch vor allem durch den individuellen Gefühlsausdruck der Odendichtung ist Cidlis Wirkung auf die Leserschaft nachzuvollziehen. Im Sommer 1752 schreibt Klopstock seine Liebesbekenntnisse an Meta. Jetzt entstehen die Oden ›Der Verwandelte‹ und die ›Ode an Cidli‹. Ein nachhaltig wirksames Motiv für die Lyrik ist damit entstanden: das Wecken des schlafenden Geliebten. Das bekannteste Gedicht ist wohl ›Das Rosenband‹, das Meta in einem Brief als Weihnachtsgeschenk weitergibt, in übermütiger Freude über die literarische Huldigung, und nur scherzhaft »verdrossen, daß Klopstock solche Kinder ohne mich zeugen kann«.

Die Brautbriefe Metas und Klopstocks bezeugen den faszinierenden Umbruchspunkt auch in der Briefsprache, die eine Entfesselung des authentischen Gefühlsausdrucks nachvollziehen läßt. Im freundschaftlichen Auftakt überwiegt das Spielerische und der Ton der leichten, anmutigen Rokoko-Liebeständelei, das Spiel mit der geistreichen Sinnlichkeit. Mit scherzhaft-witzigen Debatten über echte Liebe und eine leichte Frühlingsliebe, »so recht nach Klopstocks Geschmack«, knüpft der Dichter ganz in der Modeströmung der Zeit das galante Gespräch an. Mit Anakreons Tauben werden die hin- und hergehenden Blätter verglichen. Galante Nachrichten werden von Blumen überbracht. Sylphen und »Zephyrs« durchgaukeln die Briefe. Aber neben dem graziösen Rokokostil ist noch Raum für eine andere Empfindsamkeitsströmung der Zeit: die Young-Begeisterung, überhaupt die aus England kommende neue rührungsbereite, die Tugenden des Herzens ansprechende Gefühlskultur. In zärtlicher Seelenfreundschaft denkt Klopstock an seine »tugendhafte Mollern«, die er nach dem Richardson-Roman ›Clarissa Harlowe‹ auch »Clärchen« nennt. In melancholischer Stimmung öffnet er sich diesem Mädchen, das ihn durch ihr »sanftes Mitleiden« seine Traurigkeit gestehen läßt und ihn zu den Mitteilungen der »geheimsten Empfindungen meines Herzens« verführt. In seinen Schritten ist der Briefwechsel ein Spiegel des Umbruchs von der verschnörkelten galanten Mitteilungsbereitschaft zum Durchbruch der leidenschaftlichen Gefühlsaussprache. Gewiß sind diese schönen, hochgestimmten Liebesbriefe auch in ein religiöses Erleben eingebettet. Manche Briefe werden geradezu zu weltlich-religiösen Hymnen. Das andachtsvolle Erleben ist aber nur ein gesteigerter Ausdruck der individuellen Empfindung.

Aber wenn Klopstock im Vorspiel der Brautbriefe Meta seine »ungestüme« Herzensgeschichte bloßlegt, ereignet sich hier nicht nur die Überwindung der verspielten und galanten Töne. Das neue psychologische Thema der ausgebreiteten Vorgeschichte des Liebenden bereitet – als überaus modernes Element – den ernsthaften Gefühlston vor. Erstmals wohl in der deutschen Geistesgeschichte wird über solche Seelendarstellung die Partnerwahl begründet. Das Pendant zur »Geschichte der Meta Clärchen Friedrikchen Klopstock« ist in Klopstocks Briefen die »Geschichte« seiner unerwiderten Liebe zur »Fanny« seiner Oden. Da ist Meta als tugendhafte Zuhörerin überaus behutsam und geschickt.

Immer deutlicher wird Klopstock in seinen Offenbarungen »ganz von Herz zu Herz«. Scherzhaft ist noch das Geständnis des »ungestümen Herzens und seiner ganzen Geschichte« an Metas Porträt gerichtet. Dann aber drängt der Dichter immer mehr darauf, daß doch dieses Herz – »Sie kennen dieses Herz nicht« – endlich nackt und offen vor Meta stünde. Ob ihrer Neugierde auf Fanny und ihrer Anteilnahme will Klopstock Meta küssen und verschweigt ihr so wenig »von den Ruinen von Fanny in meinem Herzen«, daß er ihr Fannys Brief zu lesen mitschickt. Der letzte Brief vom 24. Mai 1752 vor dem Verlöbnis zeigt den Höhepunkt der psychologisch vorbereiteten Herzenswahl. »Alle Empfindungen meiner ersten Liebe, von der leisesten bis zur gewaltigsten, alle sie fühlt ich für Sie; alle waren mir, nun erfüllte, Prophezeiungen, daß ich Sie lieben würde.« Die Braut, die ihre schönsten, wegen ihrer sprachlichen Qualität so gerühmten Briefe in der Verlobungszeit von 1752 bis 1754 schreibt, greift die ahnungsvoll vorbereitete Herzensöffnung in ihren Anbetungen auf. »Für Deine Oden küsse ich Dir die Hand, für den Messias die Füße, ich küsse Dich auch für alles, was Du an Fanny geschrieben hast.«

Die Muse Klopstocks, das zeigen die Briefe – übrigens auch die freien Rhythmen Metas ›Nachgelassener Schriften‹ –, ließ sich deshalb so gerne und selbstbewußt von ihrem Dichter in Versen huldigen, weil auch sie ganz selbstverständlich in seinen aufjubelnden Sprachstil einstimmte und selbst zu dichterischem Aufschwung fähig war. Hierfür ist nicht nur die Bildung dieser Hamburgerin, die Französisch, Englisch, Italienisch und Latein beherrschte, ausschlaggebend gewesen, sondern das Selbstverständnis, mit dem sie ihren Verlobungs- und späteren Ehealltag literarisch verklärt. Gewiß ist Meta Klopstock von ihrem Mann zur Schriftstellerei ermuntert worden. Doch sind ihre Briefe wohl kaum als literarische Werke verfaßt worden. Sie sind aber doch der Raum, in dem sie ihre Gaben erprobt, neben dem phantasievollen Gefühlsausdruck auch die Gabe zu einer genrehaften realistischen Beschreibungskunst. Im erfüllten Alltag sehen diese Verlobten, wie auch der Umkreis der in den Briefverkehr einbezogenen befreundeten Verlobten und Ehepaare zeigt, die Entfaltungsmöglichkeiten der empfindenden Herzen. Eine nicht nur glückliche, auch willensstarke Braut ist Meta in dieser Entscheidung für den Bräutigam im Kreis der eigenen Familie. Eine der selbstbewußtesten Formulierungen in der Erfindung des idealen Geliebten findet sich auch in diesem frühen Briefwechsel. In ihrem Brief vom 8. August 1752 erzählt Meta, wie sie sich im dreizehnten Jahr »ihren Manne mit einer gewissen Douceur« erfand.

Friedrich Gottlieb Klopstock an Meta Moller
19. 10. 1751

Denken Sie einmal, meine süße Mollern, das schreiben Sie, Sie wissen es doch noch, an *wen*? Vielleicht hatten Sie mich zu sehr auf dem Balle vergessen; u des Morgens waren Sie zu müde, um sich Ihres vergessenen Freundes nur ein bißchen wieder zu erinnern. Wenn Sie die ganze Geschichte meines Herzens, seit – – – den achtzehn Stunden wüßten; gewiß, Sie würden auf dem Balle u hernach ein bißchen an mich gedacht haben. Hören Sie doch an, hatten Sie denn, dieses zu unterlassen, gar zu viel Gelegenheit auf dem Balle? War es denn gar zu schön dort? Ich bin von Herzen eifersüchtig auf alle *Gestalten*, die mit Ihnen getanzt haben. Sie werden zu Herrn Klopstocken sagen, daß er dieses nicht nötig hätte u daß es ihn wenig anginge, wenn artige Herren auf dem Balle gewesen wären. Nun, fahren Sie nur nicht weiter fort, ich weiß es ja ohnedies schon, daß ich Sie viel lieber habe, als Sie mich haben. Nur noch ein einziges Wort von dem Balle. Da Sie auf demselben waren, da legte ich insgeheim einen Besuch bei einem Gemälde ab, das Sie wohl kennen. Es ist das Gemälde, das sehr ähnlich, *aber lange noch nicht fertig ist.* (...) Wissen Sie, wozu ich Lust bekomme? Ich wollte es stehlen. (...) Zu meinem großen Verdruß ward ich damals erst gewahr, daß ich nur im Geiste bei dem Gemälde zugegen war. Das merken Sie gleich, Mollern, ich stehle es gleichwohl einmal. Denn anders sehe ich kein Mittel, es zu bekommen. Denn wenn ich gleich zu Ihnen sagte: Meine allerliebste Mollern, sehen Sie einmal an, Sie haben ja Ihren Spiegel u sich; aber ich bin ganz einsam u habe Sie so lange, lange nicht gesehen! Und ich habe Sie so lieb! So sehr lieb! Mein ungestümes Herz – – – mein sanftes ungestümes Herz – – – u seine *ganze* Geschichte ... das alles *darf* ich nur diesem Bilde erzählen ... dann, wenn die geheiligte Abendstunde kommt, dann als Priester in dem Tempel dieses kleinen Abgotts, wenn ich gleich dies u noch viel mehr zu Ihnen sagte, so würden Sie doch hierinnen ein solches Frauenzimmerherz haben (nicht ein Mädchenherz, wie ich eins habe), daß Sie mir kein anderes Mittel als das Stehlen übrig ließen. Wie süß, wie unaussprechlich süß wären Sie, kleine Mollern, wenn Sie verhüteten, daß ich mich dieser Gefahr, der Obrigkeit in die Hände zu geraten, nicht aussetzen müßte! U wieviel mehr wäre ich (wenn es möglich ist, daß ich es mehr sein kann) Ihr Klopstock.

Wer ist denn die eine von den zwei Freundinnen, die Gericht über mich gehalten haben?

Meta an Klopstock
19. 12. 1751

Diese Nacht hat mir von Fanny geträumt. Sie haben mir so lange nichts von ihr geschrieben, mein Klopstock, wissen Sie selbst nichts von ihr? Armer Klopstock, was macht Ihr Herz? Ich habe immer Sie nicht hieran erinnern wollen, um Sie nicht betrübt zu machen, aber Sie werden ohne mich wohl daran denken. Die Leute zerbrechen sich hier gewaltig die Köpfe wegen der Ode. Einige glauben, die Rede sei darinnen nur von einer entfernten Geliebten, andere meinen gar, von einer toten (wie sie darauf verfallen können, begreife ich gar nicht). Aber den rechten Zustand Ihrer Liebe errät niemand. Und dieses ist mir ungemein lieb. Ich habe neulich für gewiß gehört, daß die Ode schon vor sechs Wochen unter sehr unwürdigen Leuten allhier herumgegangen wäre. Ich habe doch nicht nötig, Sie zu versichern, daß durch mich sie niemand gesehen hat. Nein, ich weiß wohl, daß Sie dieses nicht glauben. Wenn ich dieses hätte tun können, so verdiente ich gewiß nicht, daß Sie mit solcher Delicatesse an mich schrieben, wie Sie neulich einmal das Wort böse gegen mich brauchen wollten: »Ich wüßte nicht, ob nur eine Silbe von der leichtesten Bedeutung dieses Wortes wahr wäre.« O Klopstock, das ist so süß als Sie selbst! Fahren Sie fort, mein Freund, allemal so gegen mich zu denken. Sollte mich das, daß ich den Wert Ihrer Freundschaft einsehe u: empfinde, sollte mich das nicht einigermaßen Ihrer Freundschaft würdig machen? Und sollte meine Freundschaft nicht mit jedem Briefe von Ihnen, u: auch mit jedem Gedanken, den ich von Ihnen habe, zunehmen. Ja mein lieber Klopstock. Und so sehr ich es jetzt auch schon bin, so werde ich doch noch immer mehr ihre Moller sein.

Klopstock an Meta
22.–24. 12. 1751

Izt eben hab ich im Propheten Young* gelesen, u das macht, daß ich an meine Moller schreibe. Denn ich dachte sehr oft an meine tugendhafte Moller, da ich im Young las. Soll ich Ihnen die Stelle sagen, wo ich zuerst an Sie dachte? »Sanft,

* Edward Young, englischer Dichter (1683–1765), Autor der ›Night thoughts‹.

bescheiden, melancholisch, schön, u weiblich.« O die süße Stelle! Das letzte Wort wiederholt die vier ersten (nach meiner Auslegung!), u das zwar auf eine so süße Art, daß Sie es so stark nicht empfinden können als ich, weil Sie ein Mädchen sind. Nicht so? Ich habe recht, daß Sie es nicht so empfinden können wie ich? Wenn Sie mir das nicht eingestehen; so fordre ich Sie auf, mir zu sagen, was ich alles dabei gedacht habe? Wissen Sie, womit Sie sich wegen Ihrer kleinen Unwissenheit an mir rächen können? Geben Sie mir ein gleiches Wort auf, das Sie auch besser empfinden können als ich. – – – Ach mein kleines, unschuldiges, göttliches Mädchen (ja wenn ich nur Worte genug hätte!), wenn Sie mich auch so liebten, wie ich Sie liebe! Ja, wenn Sie das täten! – – – Wenn ich bei Ihnen wäre, wollte ich Sie schon auf die Probe stellen. Ja, wie denn nun? werden Sie sagen. Ich dächte, das wär noch wohl zu erraten. Am schlimmsten aber würden Sie raten u die Probe ausstehen, wenn Sie dächten, daß die Sache ohne viel Mäulchen abgehn könnte, u sollte. Nein, Mollern, da würde nichts draus werden. Für *sanft* ein Mäulchen! für *bescheiden*, eins; für *melancholisch* (o das allerliebste britische Wort!) für melancholisch zwei, auf jedes Aug eins! Für *schön*? Ich dächte für schön, Mollern, einen Kuß! Und für weiblich? Ja! – – – für – – weiblich? . . . ach, Mollern, ich habe Sie erstaunlich lieb! Niemals hab ich's so sehr empfunden als izt, daß ich *nur* an Sie schreibe. Will ich doch gleich aufhören zu schreiben; so böse bin ich drauf. Und will ich doch gleich zu Bette gehen, von Ihnen zu träumen, so bin ich doch ein bißchen mehr bei Ihnen als so. Gute Nacht, kleine Moller.

Klopstock an Meta
24. 5. 1752

Ich dachte, ich würde Ihnen morgen wieder schreiben; aber es ist erst Abend, u ich tu es schon. Und ich würde es nicht lassen können, wenn ich auch gleich wollte. Ich komme von einem Spaziergange zurück, den ich für mich u für Sie, für Sie, um an Sie zu denken, ausgesucht habe. Ich habe eine sehr sanfte Melancholie mit zurückgebracht. Ihr ganzer Wert, meine Moller, Ihr Herz, zu dem ich vergebens ein Beiwort suche, alles, was Sie sind, was ich weiß, daß Sie es sind, ob ich Ihnen gleich noch so wenig davon gesagt habe, daß ich's weiß, daß Sie es sind; dieses alles hat mich mit so entzückenden ernsten Vorstellungen erfüllt, hat so viel Elysium um mich herum verbreitet, daß ich, auch nur Ihr Freund, sehr sehr glückselig bin; und wenn, meine meine, meine allerbeste Moller – – ich kann hier weiter nichts sagen; meine Tränen sollen es tun. – – Mit vollen Augen, mit zum Himmel gerichteten Augen (ich darf Ihnen das sagen, u warum sollte ich nicht, da Sie eine so große Seele haben?) habe ich der Hohen Vorsehung für die Traurigkeit meiner ersten Liebe, u für Sie meine geliebte, meine ewig geliebteste Freundin gedankt. Sie sind mir nach ihrem u meinem Schöpfer das teuerste u das heiligste, u – – (ach vielleicht kennen Sie Ihren Klopstock auf dieser Seite noch nicht ganz) ich kann nicht reden. – – – Welche seligen, welche Stunden unbekannter Freuden will ich mit Ihnen leben! Wie sehr will ich unserm Schöpfer, dem großen Wesen ohne Namen, u ihnen, u mir zugehören! Alle Empfindungen meiner ersten Liebe, von der leisesten bis zur gewaltigsten, alle sie fühlt ich für Sie; alle waren mir, nun erfüllte, Prophezeiungen, daß ich Sie lieben würde.

Meta an Klopstock
15. 7. 1752

Nun bist Du fort! – mein Klopstock! – Ach! – – Oh, ich kann nichts schreiben. Ich bin noch zu beklommen. Vor einem Augenblick saßest Du hier noch bei mir. Ach, mein Klopstock! – Ich kann noch nicht zum Weinen kommen; ich weiß nicht, wie das ist. Ich bin sehr, sehr beklommen. Aber unserm Gott, wie Du sagtest, unserm Gott empfehle ich Dich auch. O ja, Deine Reise ist gewiß glücklich. Sei meinetwegen nur nicht besorgt. Ich will mich schon aufrichten. Du liebst mich ja – – ich liebe Dich. – – – und ich sehe Dich bald wieder ... Lebe wohl. Ich will mich ankleiden und aufs Land fahren, mein Klopstock! – –

Moller

Meta an Klopstock
19.–22. 7. 1752

Ich weiß nicht, wie das gehen soll, ich muß schon wieder schreiben! Gottlob, daß mir dies nur noch bleibt! Wie unendlich süßer aber würde es sein, wenn Du bei mir wärst! Du fehlst mir niemals mehr, als wenn ich des Abends nach Hause komme, denn ich hole izt alle die Besuche nach, die ich Deinetwegen versäumt habe. O wie unbeschreiblich süß war das, wenn ich wußte, daß ich Dich in meiner Stube fand! Wie eilte ich aus der Gesellschaft weg! Wie verdrießlich war ich, daß der Kutscher immer zu langsam fuhr! u, wenn ich nun nicht mehr unter dem Zwange eines Kutschers war, wie flog ich zu meinem Zimmer u – ach! wie warf ich mich in Deine Arme! Und Du zärtlichster unter allen Liebhabern, Du warst immer schon lange dagewesen u hattest auf mich gewartet! – U ich hatte doch nicht eher kommen *können*! – Weißt Du noch wohl den Abend, wie die Königin ankam? Ach, weißt Du den Abend noch? – O wie verdienst

Du, geliebt zu werden! Ich, die unter allen Mädchen, unter allen Kreaturen am meisten liebt, ich liebe Dich noch zu schwach!

Klopstock an Meta
20. 7. 1752

Gestern erwartete ich einen Brief von Dir, mein Clärchen, u ich dachte, daß ihn Giseke, der diesen Morgen schon bei mir gewesen ist, mitbringen würde. Wenn Dich nur nicht eine zu strenge Aufsicht verhindert hat, einen fortzuschicken. Denn bis zu der Verhinderung, ihn nicht zu schreiben, kann hier doch wohl nicht gegangen sein. Und wenn auch nur das erste ist, wieviel neue, tiefe Sorge für Dein Leben! Ach, mein Clärchen, wenn Du wüßtest, wie ich bis zum Anbruch des Tags aufgewesen bin, wie ich um Dich geweint u für Dich gebetet habe! Die ganze unaussprechliche Liebe dieser gewachten Nacht will ich Dir, sobald ich Dich wieder sehe, ganz erzählen. Und Du würdest mich, allein um dieser Nacht willen, lieben, ewig mit Deinem ganzen liebesvollen besten Herzen lieben, wenn Du mich auch noch nicht liebtest. Meine einzige, meine teure, meine, meine Moller – – wie kann ich es aussprechen? Wie sehr, u wie ewig, bin ich Dein! Und diese hohe, diese weit-weitsehende Empfindung, dieser Gedanke der Ewigkeit, wie ohne Namen ist sie, u wie sehr dies selbst alsdann, wenn ich bei Dir bin, u soviel sage, u soviel verstanden werde. – – Du aber, Großer Großer Unaussprechlichster, Namenlosester unter allen Deinen namenlosen Wundern, Du dessen Allgegenwart dicht um mich her ist u vor dem ich mein stilles volles Auge bedecke – laß die leben, die schon ehmals der Inhalt meines Gebets war u die Du schon so oft für mich leben ließest. Wie jauchzend (doch kann ich Dir jauchzen?), so laß Dich denn nur bei Deinem höchsten u teuersten Namen: Schöpfer glücklicher Erschaffener! mit der ganzen Seele nennen, die Du mir gegeben hast! – – – – – –

– Meine Teure, meine Einzige ! Ich würde hier nicht abbrechen, wenn mich nicht eine sanfte schauervolle Empfindung hielte, *izt* weiter nichts, mit irgend einem Erschaffenen zu reden –

Klopstock an Meta
21. 7. 1752

Du bestes, Du einzig geliebtes Mädchen! Du *Clärchen*! Mein Herz spricht mir izt dies Wort mit einem so eignen Tone aus, daß mir es ganz laut heraufschallt, ob ich gleich keine Silbe nicht einmal lisple. – Aber ich weiß nicht, was ich Dir schreiben soll; ich weiß nicht, wie ich Dich nennen soll! Alles ist mir zu unzureichend! Alle die Stürme meiner Empfindungen sind viel was anders als so ein paar noch so starke Wörter. Es liegt ganz heiß u schwer auf mir, daß ich nicht bei Dir bin, daß ich Dich nicht in meine Arme geschlossen halte, daß Du nicht um meinen Nacken, an meinen Augen u an meinen Lippen hängst u mein ewig, ewig geliebtes Clärchen bist. – Nein! Mädchen, nein! so ist keine Geliebte geliebet worden. Von so etwas hab ich noch niemals etwas in den würdigsten Geschichtsbüchern gefunden. Ich will nur ganz aufhören, etwas davon zu sagen, wie ich Dich liebe. Ich will nach Quedlinburg eilen, um zurück zu *eilen.* Jetzo versteh ich es recht, wie wahr u wie ganz Natur, das in dem großen erhabenen Besten Buche ist: »Darum wird ein Mann Vater u Mutter verlassen u an seinem Weibe hangen.« –

Klopstock an Meta
30. 7. 1752

Ich habe nichts dawider, daß Du mir *Kleinigkeiten* schreibst, (wenn ich es anders so genannt habe) meine Empfindung, warum ich irgend so etwas gesagt habe, ist nur gewesen, daß mir es nah ging, daß Du durch Erzählung solcher Sachen von neuem unruhig werden könntest; u das wollte ich nicht. Sonst sind mir Deine Erzählungen unaussprechlich süß. Denn Du liebst mich ja darin so sehr. Schreib mir also, was Du nur immer willst. – Meine Eltern sind ganz voll Freude über Dich. Sie haben mir so viel von Dir gesagt, daß ich nicht weiß, was ich wählen soll, Dir es zu schreiben. Meine Mutter sieht mich mit ihren denkenden frohen Augen an und fragt mich, wem Du denn ähnlich sähst? U wem Du ähnlich *wärst*? Ich sage niemand. Denn Du wärst unique, so wie ich's auch ein bißchen wäre. Wenn Du ein Junge wärst, so würdest Du ich sein; u wenn ich ein Mädchen wäre, so würde ich Du sein. – Mein Vater will gern alle die Freude, die er über Dich hat, in einen Punkt zusammenfassen u fragt daher: ob die Religion Deine erste, Deine Hauptglückseligkeit sei? Ich antworte ihm: Du empfändest den Messias, wie ich ihn empfinde. Und dann will er nichts mehr wissen. Meine Schwestern fragen mich mit *Mädchenneugierigkeit* tausend Sachen von Dir. Und ich möchte Dich dann tot in meinen Armen drücken u antworte ihnen nur dies u jenes. – – – – O komm wieder! Komm wieder! sagst Du. Ich war recht ungeduldig darauf, daß Du dieses sagen solltest. Ja, Clärchen, ja! ich komme, ich eile schon, zu kommen! Es ist recht gut, daß izt nicht der Augenblick ist, da ich wiederkomme. Denn Du wärst recht im Ernste in der Gefahr, daß ich Dich tot drückte. – – Wieder etwas ohne Verbindung – – »Was macht denn das kleine *Mädchen*?« Du sollst mir es *umständlich* sagen, was es macht! – Ich soll, wenn ich *kann* (Du kleiner Affe!) unserm ganzen Tage nachdenken u ihn mit Dir fühlen. Weißt Du noch wohl, was Du den Abend, da die Königin gekommen war, nicht lange vor meinem Weggehen, zu mir sagtest? Weißt Du das noch wohl? Mein M. Mein M! sagtest Du. Und ich, was empfand ich dabei! Doch dazu hast Du keine Empfindung, mir *das* nachzuempfinden. –

Meta an Klopstock
8. 8. 1752

Ich wollte Deine Briefe heute recht beantworten, aber ich bin noch zu voll, es ist so lange, daß ich nicht an Dich geschrieben habe; ich will es hernach tun. Du wirst doch über einen langen Brief von mir wohl nicht böse werden. – Es war eine meiner süßesten Vorstellungen in Stellingen, daß ich, wenn ich nach Hause käme, einen Brief von Dir finden würde, und ich fand zwei, und einen für die Schleebusch, der mir fast ebenso lieb war als der an mich. Du Süßer, Süßer! Höre, ich will Dich, wenn Du wiederkommst, für jeden Buchstab küssen, den Du *an mich* geschrieben hast. Aber nein, alles, alles was Du geschrieben hast, verdient ja wohl, daß ich Dich küsse. Es bleibt also dabei, ich küsse Dich für alles, für Deine Oden küsse ich Dir die Hand, für den Messias die Füße. Ich küsse Dich auch für alles, was Du an Fanny geschrieben hast. – Ach Klopstock, an die Zeit muß ich nicht denken. Mir kommen sehr oft die Tränen in die Augen, wenn ich denke, was Du alles mußt ausgestanden haben. Ich kann das sehr gut fühlen. Könnte ich Dir das doch wieder belohnen! Izt kann ich es noch nicht, aber wenn ich erst Deine Frau bin, dann kann ich es, u dann will ich's auch tun. Ja, Kl. Du sollst als Frau Dir keine bessere wünschen können als ich sein werde. Ich muß Dir hierbei doch etwas erzählen. Ich habe Dir gesagt, daß ich in meinem dreizehnten Jahre schon mehrenteils gebildet war. Dieses ist eine gewisse Wahrheit, so sehr es Dir auch beliebte, darüber zu lachen. Ich dachte damals schon sehr ernsthaft darauf, wie ich mein Leben einrichten wollte, wenn ich entweder unverheiratet bliebe oder mich verheiratete. Was ich des ersteren wegen dachte, will ich Dir izt nicht sagen. Wegen des letztern machte ich sehr gute Überlegungen, wie ich meinen Hausstand einrichten, meine Kinder erziehen, u hauptsächlich, wie ich meinem Mann begegnen wollte. Ich machte mir damals schon *ungefähr* so ein Bild von meinem Manne, als der

Himmel ihn mir izt gibt, u da, sagte ich zu meinen Gespielinnen, käme es am meisten drauf an, daß man seinem Manne mit einer gewissen Douceur begegnete. Diese Douceur müßte gar nicht studiert, sondern so sehr im Herzen sein, daß man seinen Mann auch nicht mit einer andern Miene müßte ansehen können als mit einer, die ich ihnen dazu machte. Ohne Zweifel ist es eben die, womit ich Dich ansehe. Was sagst du zu diesen raisonnements im dreizehnten Jahre. Ich raisonniere izt noch ebenso, aber ich kann mich kürzer ausdrücken. Man muß seinen Mann zärtlich lieben, sage ich izt. Das ist ebenso viel, als das oben. – Sieh, wie ich mit Dir schwatze. Recht, als wenn ich auf Deinem Schoße säße; und Du hast mir in Deinem letzten Briefe ja auch so süß gesagt, daß ich das tun könnte. O Du bist mein Klopstock, in allem, in allem bist Du es. Ich möchte es doch wohl wissen, ob meine Liebe wirklich zunähme? Ich hätte große Lust, das zu glauben, aber dann müßte ich auch zugleich glauben, daß ich Dich sonst noch nicht so sehr geliebt hätte als izt u daß ich Dich noch einmal mehr lieben würde, u das möchte ich doch nicht gerne von mir denken. –

Höre einmal, Du Affe, was willst Du denn, daß ich Dir umständlich schreiben soll? Du Erzaffe! Erinnerst Du Dich eines Ausdrucks meiner Ode an Dich? – *Schlafendes Leben,* sage ich, u das ist auch izt meine ganze Antwort. Hast Du soviel Verstand, dies zu verstehen? Soviel mich auszudeuten, wirst Du wohl haben.

Ich habe Deine Eltern u. Geschwister so lieb.

Meta an Klopstock
19./21. II. 1752

Diesen Mittag, mein Kl, diesen Mittag schon bekam ich Deinen Brief. Wieviel bin ich glücklicher als Du! Und daß Du in diesem Fall nicht so glücklich bist als ich, das ist meine Schuld. Ach mein Kl, wie dauert mich das! Wie böse bin ich mir! Ich tue es gewiß niemals wieder, das ist sicher. – Was ist das für ein Brief! – Was bist Du – – Ich habe keine Ausdrücke, ich hab sie nicht. Aber Empfindung habe ich, mein Geliebter, Empfindung hab ich desto mehr. O wie voll ist mein Herz! Wie wallt es!

Denn sie fühlet sich ganz, u gießt Entzückung
In dem Herzen empor, die volle Seele,
  Wenn sie, daß sie geliebt wird,
    Trunken von Liebe sichs denkt.

Ach, von dir geliebt! – »O was wird *das* sein« (Du weißt doch noch, was Du mir geschrieben hast!) ja mein Kl, ich habe diesen entzückenden Gedanken lange nachgehangen. Ich war recht geschickt dazu. – Ach Du Bester! Du Ewiggeliebter! – »Komm, umarme mich, meine Braut.« Wie unaussprechlich war mir das an *der* Stelle! Ach! – – Ach Kl! – – Nein, mein Herz ist wirklich *zu* voll, ich kann nichts sagen. Ewig, ewig Dank sei unserm Gott, daß ich *Dich* gefunden habe! Und er hatte Dich mir schon so lange vor meinem Dasein bestimmt! Und ich wußte es nicht, ich kannte kein ander Glück als die Ewigkeit, u diese wünschte ich mir nur. – Welches Geschöpf hätte auch den Wunsch von *so einer* Glückseligkeit wagen können! Eine so *himmlische* Glückseligkeit für die *Erde*! – Dank sei Dir, Schöpfer, daß Du mich geschaffen hast! Geschaffen, um *ganz* glücklich zu sein, *hier* u *dort*! – – –

Meta an Gieseke*
24. 12. 1753

– Aber glauben Sie nicht, daß das meine Geschenke alle sind. Ich habe ein sehr süßes von meinem Jungen bekommen. Aber was das ist, das müssen Sie raten. »Eine Locke?« Nein! »Ein Daum in Lack gedrückt?» O nein! »Ein Porträt?« Nein, nein! – O wenn Sie's gar nicht raten können; so will ich's Ihnen nur sagen. Ein Kind: Aber in Ehren, mein H. Pastor u meine Frau Pastorin. Ein Kind *des Geistes*! Wir wollen eben nicht untersuchen, ob ein andres mir nicht doch lieber wäre, genug, daß dieses ein sehr süßes Mädchen ist. Sie möchten's wohl sehen? Ja, ich weiß nicht, ob mir das erlaubt ist. Sie wissen wohl, daß Kl seine Kinder so leicht nicht zeigt. Doch denk ich, daß ich's gegen *Sie* wohl tun darf. Sie haben ja alle übrigen Jungs u Mädchen gesehn, die er gemacht hat. – Mehr Jungs als Mädchen sind bisher vorhanden (eine schöne Vorbedeutung!). Obgleich unter den jüngsten sehr süße Mädchen sind. (Ach, ein Mädchen ist aus meinem Schoß geboren.) Aber hier ist das allerjüngste.

In Frühlingsschatten fand ich sie.
Da band ich sie mit Rosenbändern.
  Sie wußt' es nicht u schlummerte!

Ich sah sie an! Mein Leben hing
Mit diesem Blick an ihrem Leben!
  Ich fühlt' es wohl, u wußt' es nicht!

Doch lispelt' ich ihr, sprachlos, zu
Und rauschte mit den Rosenbändern.
  Da wachte sie vom Schlummer auf.

Sie sah mich an! Ihr Leben hing
Mit diesem Blick an meinem Leben –
  Und um uns wurds Elysium!

* Nikolaus Dietrich Gieseke und sein Frau »Hannchen« waren Freunde der Klopstocks.

Mehr verdießt mich nicht, als daß Kl solche Kinder ohne mich zeugen kann. – Ich bin Ihr Affe. Cl. Kl.

Die zärtliche Seelenverbindung

Christoph Martin Wieland und seine »himmlische Freundin« Sophie Gutermann-von La Roche 1750–1753

War dies ein im bürgerlichen Sinne ernst zu nehmendes Verlöbnis? Im Leben der bekannten Schriftstellerin Sophie La Roche und Christoph Martin Wielands, der zu Beginn der siebziger Jahre der berühmteste deutsche Dichter war, war die Biberacher dreijährige Romanze eine Episode – mit unterschiedlichen Folgen für die Biographien der beiden. Für Sophie ist das Verlöbnis mit Wieland sozusagen die mittlere Etappe ihres Wegs zur standesgemäßen Verheiratung.

1750 kam Marie Sophie Gutermann, die in Kaufbeuren und Augsburg aufgewachsene Arzttochter, in das Haus des Biberacher Pastors und Verwandten ihrer Mutter, Thomas Adam Wieland. Die Neunzehnjährige erhielt in ihrer behüteten Kindheit die in ihrer Zeit ungewöhnliche Sozialisation einer »Gelehrtentochter«. Für die Eltern war die älteste Tochter ein Wunderkind. Mit drei Jahren konnte sie lesen, und mit fünf hatte sie die Bibel durchstudiert. Mit zwölf Jahren machte sie der Vater zu seiner Bibliothekarin, gab ihr also auch naturwissenschaftliche Kenntnisse mit auf den Weg. Jedoch ist Sophie natürlich der damaligen Auffassung von Frauenerziehung gemäß nicht zur Gelehrsamkeit erzogen worden. Die Autorin, die später, wenn auch nicht in revolutionärer Form, über die Frauenerziehung schreiben wird, erhielt den üblichen Unterricht im Tanzen, Klavierspielen, Zeichnen und in Französisch und wurde so auf die zukünftigen Aufgaben einer Gesellschaftsdame vorbereitet. Erster Anwärter um ihre Hand war der Italiener Bianconi aus

Sophie La Roche, geb. Gutermann (1731–1807)
Wielands Verlobte

Christoph Martin Wieland (1733–1813)
Gemälde von Georg Oswald May, um 1770

Bologna, eine Verlobung, die am Konfessionsstreit der Elternhäuser zerbrach. Zerbrochen waren auch die ersten Lebenspläne des bildungshungrigen jungen Mädchens. Dafür kam es aber zur Begegnung mit dem Pastorensohn Christoph Martin Wieland, in dessen Vaterhaus Sophie, die schon zu Klosterplänen entschlossen war, wieder zur Raison gebracht werden sollte. Über schwärmerische Gespräche über die Liebe und die neuere deutsche Literatur kamen sie sich näher. Der junge Wieland, der gegen den Wunsch seines Vaters seine poetischen Interessen schon seit dem zwölften Lebensjahr verfolgte, hatte sich während seines Jurastudiums von den neuen literarischen Strömungen mitreißen lassen. Der junge Dichter der »seraphischen« Empfindsamkeit wurde bald von dem Züricher Literaturpapst Bodmer nach Zürich eingeladen. Während der Verlobungszeit schrieb er das Lehrgedicht ›Die Natur der Dinge‹ und Liebeslyrik wie etwa die ›Doris‹-Oden, in denen er Sophie verklärte. Zur »seraphischen« Stimmung gehörten die platonischen Ideen der »sympathischen« Liebe, wie sie der Schweizer Bodmer als Liebe der Seele gegenüber der Liebe des Leibes schwärmerisch aufwertete. Aber Wieland tendierte schon recht früh dazu, dem Sinnlichen größere Macht über den Menschen zuzugestehen als die Schweizer Vorbilder. Das Thema der Kontrolle und tugendhaften Bändigung sinnlicher Regungen wird später von dem Romanautor, etwa in seinem berühmten Roman ›Geschichte des Agathon‹, psychologisch vertieft. Für Wielands notgedrungen »sinnlichen Platonismus« hat die unerfüllte Liebe zu seiner Cousine wesentlich beigetragen. Was Wieland angeht, ist es gewiß, daß die Verlobungszeit ihn zum Dichter gemacht hat. Noch im Alter hat er der Jugendfreundin erklärt: *»Nichts ist wohl gewisser, als daß ich, wofern uns das Schicksal nicht im Jahre 1750 zusammengebracht hätte, kein Dichter geworden wäre.«*

Aber Sophie? Wieland muß 1754 traurig Sophies Vermählung mit dem Staatsmann La Roche, an dessen Seite sie in

Warthausen und später in dem bekannten literarischen Salon in Thal-Ehrenbreitstein recht zufrieden leben und fünf Kinder aufziehen wird, zur Kenntnis nehmen. Zwei Monate nach der Heirat schreibt Sophie halb rechtfertigend, daß sie Wielands »Liebe, alle schönen Hoffnungen meiner Verbindung mit Ihnen und alles Gute, so Sie und Ihre verehrungswürdigen Freunde jemals für mich gedacht haben, als ein schönes Gebäude in einer Wildnis ansehen mußte, worin mein Herz so gut und unschuldig lebte, als es ihm möglich war, aber weder sich und seiner Wohnung einigen Schutz geben könnte.« Die sentimentale, aber realistische und kluge Sophie hat dies zarte, in Seelenliebe schwelgende Verlöbnis bei den ungewissen Existenzaussichten des jüngeren Cousins so lange ernst genommen, wie es nur ging. Die Romanze der dunklen Schönheit Sophie und des blatternarbigen, hageren Wieland mit der langen Nase fand aber in der Literaturgeschichte eine Fortsetzung, an der die Zeitgenossen lebhaft teilnahmen. Auch für Sophie, gerade für sie ist die Freundschaft mit Wieland der Weg zur gefeierten Berufsschriftstellerin. Sophie La Roche war die erste erfolgreiche Schriftstellerin Deutschlands, deren Roman ›Die Geschichte des Fräuleins von Sternheim‹ (1771) in mehrere Sprachen übersetzt und von Zeitgenossen bejubelt wurde. Sie war die erste Frau in Deutschland, die eine Zeitschrift für Frauen gründete, und eine viel reisende Dame, die bis zu ihrem Lebensende am 18. Febraur 1807 schriftstellerisch tätig war.

Aus dem Kapitel der berühmt gewordenen Seelenfreundschaft Wielands und Sophie La Roches, die sich durch ein langes Leben zog, einer Idylle mit vielen Aktschlüssen, mag der Einfluß ihres Romans als Nachspiel ihres Jugendbundes besonders interessant sein. Wieland war es, der mit einem erläuternden Vorwort das ›Fräulein von Sternheim‹ herausgab und von vielen Zeitgenossen gar für den Autor des Romans gehalten wurde. Die beharrliche geistige Briefkorrespondenz der ehemaligen Jugendgeliebten selbst paßt nur zu gut ins Zeitalter der Empfindsamkeit, in der sich die mitteilenden Seelen an der moralischen Güte des Herzens erkennen, ein Thema, das in den pädagogischen Absichten von Sophies Briefroman wirkungsvoll ausgearbeitet ist. Aus der Feder einer weiblichen Autorin, die sich um Bildung und Aufklärung einsetzt, fließt das Idealbild einer Heldin von engelshafter Güte. Wie Wieland in der Vorrede schreibt, gelang der Autorin die »völlige Individualisierung des Charakters«, was die Voraussetzung dafür war, daß sich der Leser in die Heldin hineinfühlen und sich mit den bürgerlichen Tugenden identifizieren konnte. Und wie schön spiegelt die ideale Heldin des Romans das Bild der idealen Geliebten, das Sophie zeitlebens für Wieland geblieben ist, mit all jenen Qualitäten, die sich auch gut von ferne platonisch anbeten lassen. Wieland rühmt an der Heldin – wieder in der Vorrede – die »naive Schönheit ihres Geistes, die Reinigkeit, die unbegrenzte Güte ihres Herzens, die Richtigkeit ihres Geschmacks, die Wahrheit ihrer Urteile, die Scharfsinnigkeit ihrer Bemerkungen, die Lebhaftigkeit ihrer Einbildungskraft und die Harmonie ihres Ausdrucks mit ihrer eigenen Art, zu empfinden und zu denken.« Verblüffend ist die Parallele zu Wielands jugendlicher Vergötterung seiner »himmlischen Freundin« in seinem Brief vom 23./24. August 1750. Aber auch andere Zeitgenossen beteten die Gesellschaftsdame Sophie La Roche in ähnlicher Weise an. Sophie hat die »ausnehmende Feinheit ihrer Empfindung« (so Jacobi 1771) »in Leben und Romankunst« überzeugend kultiviert.

Am eindrücklichsten ist die Wirkung der »Sternheim« auf die zeitgenössischen Leser in den Briefen Herders und Caroline Flachslands nachzulesen (vgl. S. 79 ff.). Auch ohne Sophie La Roche zu kennen, gelingt die wunderbare Einstimmung in dieses weibliche Idealbild. Caroline erträumt sich in Sophie La Roche eine gütige Phantasiemutter (S. 84 f.), identifiziert sich mit dem »Ideal eines Frauenzimmers« der

Romanheldin: »Sanft, zärtlich, wohltätig, stolz und tugendhaft, und betrogen.« In der sentimentalen Schreibweise findet sie ganz die eigene Seelenstimmung wieder. Auch Herder ist empfänglich für das »durchgehend Dämmernde, Dunkle, und moralisch Rührende«, mehr aber doch für seine sich schwärmend ihm zuwendende Caroline.

Kurz, die Verlobungsromanze, Sophies »schönes Gebäude in der Wildnis«, mit dem ihr melancholisch hinterhertrauernden Wieland war äußerst folgenreich für die Empfindungskultur der Epoche. Sophies Selbstverfeinerung und ihre Romankunst, das zeitlebens gehaltene briefliche Band Wielands mit der ehemaligen Angebeteten paßte vor allem in die Biographie des Aufklärungsschriftstellers, der sich mit rückwärtsgewandter Vergötterung begnügte und leidenschaftliche Verstrickungen in seiner Lebensgeschichte sorgsam ausgespart hat. Die ehemalige Geliebte reist am 9. Juli 1799 noch einmal zu Wieland und bringt ihre Enkelin Sophie Brentano mit, die Tochter der von Goethe verehrten Maximiliane Brentano, in der Wieland sein Jugendideal unverwelkt wiederzuerkennen meint. Schließlich hat auf die Brentano-Geschwister das sentimentale Streben ihrer Großmutter nachhaltig gewirkt. Einige Zeitgenossen waren gerührte Zeugen dieses nicht altern wollenden Einverständnisses der Seelen. Goethe hat Sophie so porträtiert: in ihrem von Sanftheit und Güte geprägten Auftreten. Eindrucksvoll skizziert Jacobi die ergreifende Szene eines Wiedersehens der Jugendgeliebten im Jahre 1772: »Während dem daß wir ihn (Wieland) bewillkommten, kam die Frau von La Roche die Treppe herunter. Wieland hatte eben mit einer Art von Unruhe sich nach ihr erkundiget und schien äußerst ungeduldig, sie zu sehen: auf einmal erblickte er sie – ich sah ihn ganz deutlich zurückschauern. ... Alles dieses war von einem so außerordentlichen Ausdrucke in Wielands ganzer Person begleitet, daß ich mich in allen Nerven davon erschüttert fühlte. – Sophie ging ihrem Freunde mit ausgebreiteten Armen entgegen; er aber, anstatt ihre Umarmung anzunehmen, ergriff ihre Hände, und bückte sich, um sein Gesicht darein zu verbergen: Sophie neigte mit einer himmlischen Miene sich über ihn und sagte mit einem Tone, den keine Clairon, und keine Dubois nachzuahmen fähig sind: – *Wieland – Wieland – O ja Sie sind es – Sie sind noch immer mein lieber Wieland.* – Wieland, von dieser rührenden Stimme geweckt, richtete sich etwas in die Höhe; blickte in die weinenden Augen seiner Freundin und ließ dann sein Gesicht auf ihren Arm zurücksinken. – Keiner von den Umstehenden konnte sich der Tränen enthalten.«

Christoph Martin Wieland an Sophie Gutermann
5. 6. 1750

Mademoiselle.
In demselben Moment, da ich gerade Ihren unvergleichlichen Brief gelesen habe, setzen tausend verschiedene Bewegungen meine Seele in eine angenehme Verwirrung, tausend Bewegungen, sage ich, die mir nur durch die Psychologie des Herrn Wolff bekannt sind, zwingen mich, Ihnen sofort zu schreiben, da ich Ihren werten Brief gelesen habe. O! was für eine schöne Seele ist doch die Ihrige, und welch ein Vergnügen, sich mit ihr in süßer Sympathie zu verbinden, mit dieser großzügigen, großen und rechtschaffenen Seele, deren bezaubernde Freimütigkeit und Einfachheit (wie es Ihnen beliebt, die schönsten Eigenschaften des liebenswürdigsten Teils Ihrer werten Person zu nennen) Sie in Ihrem ganzen Tagesablauf in Ihrem letzten Brief dargestellt haben und die mir einen Vorgeschmack der Vergnügungen geben, von denen mir meine Vorstellungskraft schmeichelt, daß sie mich eines Tages in Ihrer englischen Konversation einnehmen werden. Entschuldigen Sie die langen Perioden meines Briefs; ich schreibe mit so vollem Herzen, daß der

Überfluß meiner Gedanken meinen Geist und meine Feder zum Erliegen bringen wird. Sie werden mich töten, meine bezaubernde Base, wenn Sie mir die angenehme Hoffnung entziehen, Sie bei uns zu sehen. Denn da ich gezwungen bin, mein Studium der Jurisprudenz in Tübingen fortzusetzen, werde ich meine lieben Eltern Anfang Oktober verlassen, und welche Pein wäre das für mich, mir vergeblich geschmeichelt zu haben, Sie zu sehen und die schöne Hand zu küssen, die mir den schönsten Brief geschrieben hat, den ich in meinem Leben gelesen habe. Tun Sie also alles, was Sie können, Mademoiselle, ich beschwöre Sie bei der Liebe meiner werten Mutter und bei der Hochachtung, die ich für Sie habe, um hierher zu kommen; obgleich ich sehr wohl weiß, daß es in Biberach nur sehr wenige Leute gibt, die zu empfinden fähig wären, was Ihre englische Seele Schönes und Liebenswertes hat. Nur große Geister können Fehler vergeben, die in den Augen der Weisen sehr klein sind und die eine so bezaubernde Quelle haben; gewöhnliche Menschen sind ganz und gar unfähig, davon gerecht zu urteilen.

Wieland an Sophie
23./24. 8. 1750

Meine vielgeliebte Sophie,
Einzige, die mein Glück macht, ich bin zu voll vom Vergnügen, welches mir die Zärtlichkeit und die entzückenden und verbindlichen Manieren ebenso wie die hervorragenden Eigenschaften der schönen Seele meines Engels verursachen, um nicht schließlich aus meinem übervollen Herzen zu sprechen und Sie schriftlich sehen zu lassen – mir fehlen die Worte –, daß Sie mich für immer zum glücklichsten aller Sterblichen machen werden. Ich habe in Ihnen gerade diese einzigartige Person gefunden (denn Sie werden bald wissen, daß ich nur eine einzige Person lieben kann, und Sie sind genau der Engel, der alle nötigen Eigenschaften besitzt, mei-

nem Herzen jede mögliche Zärtlichkeit zu geben und Beständigkeit und unendliche Zufriedenheit meinem Geist), diese einzigartige Person, sage ich, die, indem sie mich zum zufriedensten aller Menschen macht, alle meine Liebe und Hochschätzung auf sich zieht. Obwohl tausend Fehler, auch solche, die nicht ganz klein sind, wohl fähig wären, das zu verdunkeln, was ich an Gutem haben mag, bin ich nichtsdestoweniger sehr gewiß, ein gutes Herz mit ziemlich Geist zu haben, und ich kann mit großer Bestimmtheit versichern, daß es mein Geist ist, der mein Herz zu einem der besten gemacht hat, die mein Geschlecht nur haben kann. (...) Und ich habe ein zu zärtliches Herz, um darin Zufriedenheit zu finden und um mich mit dem Genuß der Dinge zufrieden geben zu können, welche Sinne und Vorstellungskraft nur für kurze Zeit bezaubern. Ich brauche etwas viel Höheres als das Materielle, so schön, angenehm und wollüstig dies auch sein mag. Ich beanspruche, ganz zufrieden zu sein, nichts mehr zu wünschen zu haben und vor allem ein eher geistiges als sinnliches Vergnügen zu genießen – und das Materielle, der Ruhm, die Menge der irdischen Güter können mir dies nicht geben. (...) In Anbetracht meiner eingeschränkten Natur bin ich weit davon entfernt, vollkommen zu sein. Und ich bin unfähig, die sublimen Vergnügungen zu kosten, in denen diejenigen Wesen, die vollkommener sind als ich, in einer andern, dem Thron der Gottheit näheren Welt ihr ganzes Glück finden. Gott muß sich mir durch niedrigere Mittel mitteilen, und dieser gute, dieser vollkommen gute Gott liebt es, die Kreaturen nach Maßgabe ihrer Natur zu behandeln. Also muß eine Kreatur das Instrument meines Glücks in dieser Welt sein, und sie muß auf der Erde sein. Sie muß eine Person sein (um mich kurz auszudrücken), die viel Charme und Schönheit hat, um Augen und Vorstellungskraft zu bezaubern und die Sinne im allgemeinen ebenso wie auch meinen Geist mit einem schönen Gegenstand zu versehen, damit er zeigen kann, daß er fähig ist, Schönheiten wahrzunehmen und davon mit Billigkeit zu urteilen, und daß er Geschmack hat. Sie muß einen feinen, ernsthaften und ein wenig schweren Verstand haben. Ein Schmetterling von Geist gefällt mir kaum, der auf der Oberfläche der Dinge herumflattert und nichts ergreift als die Blüte, wie der Herr Marquis de Rolinville sagt, und sich nicht um das Wesentliche kümmert.

Sie muß Scharfsinn haben, um fähig zu sein, mehr als jedermann zu bemerken, und genug Aufmerksamkeit und Geistesgegenwart, um *immer* von diesem natürlichen Scharfsinn Gebrauch machen zu können. Deshalb muß sie schwer sein und fähig zur Ernsthaftigkeit (denn es gibt Personen, die um alles Gold der Welt nicht imstande wären, ernsthaft zu sein), um ernsthafte Dinge lesen und hören zu können, literarische und wissenschaftliche Gegenstände, um damit ihren Geist und ihr Herz zu schmücken, um über alles nachzudenken, auch über sich selbst, und um sich bei jeder Gelegenheit zu bessern. Versteht sich, daß sie von den gröbsten Vorurteilen der Menschen frei sein muß oder wenigstens genug Geist haben muß, um das Licht der Vernunft anzuerkennen, das diese Wolken zerstreut, und daß sie ziemlich begierig sein muß, sich darüber zu unterrichten, was dazu dienen kann, sie weiser und aufgeklärter zu machen. Das ist genug gesagt von ihrem Geist.

Was das Herz angeht, das muß ganz gut, zugänglich, empfänglich sein für Eindrücke der Zärtlichkeit, des Mitleids und der Traurigkeit, nicht aber des Zorns, den ich nie bei einem anderen dulden werde, wer auch immer er sein mag. Sie muß aufrichtig sein; ich liebe die Aufrichtigkeit sogar bis zu den häufig mit ihr verbundenen Fehlern: denn wenn jemand Fehler macht, weil er zu gut oder zu aufrichtig ist (aber ich spreche von einer Person von Geist), ist das ein Zeichen, daß die anderen sehr böse sind, wenn sie einen üblen Gebrauch von der Güte und edlen Freimütigkeit machen bei einer Person, die ein vernünftiges Herz ohne Falsch hat, eher als daß ihre zu große Aufrichtigkeit als ein wirklicher Fehler gelten könnte. Sie muß delikat in all ihren Empfindungen sein, und insbesondere muß sie ihren Liebhaber mit großer Delikatesse behandeln. Wenn ich es bin, den sie liebt, muß sie von sich selbst eine bis zum Äußersten genaue Treue fordern. Ich sähe bei ihr auch gerne einen kleinen Tupfer Eifersucht, der von einer zärtlichen Liebe nicht getrennt werden kann, obwohl Eifersucht, wenn sie zu weit geht, unentschuldbar ist und zeigt, daß man ziemlich unvernünftig ist, wenn man der geliebten Person mißtraut. Ich bin vergnügt zu sehen, daß die Person, die mich liebt, sich ein bißchen um mich Sorgen macht, sich viel um mich kümmert *und sich alle Mühe gibt, mich zufrieden zu stellen, wenn ich es einmal nicht bin, auch wenn ich nicht ihretwegen verärgert oder zornig bin.* Ich würde auch gern sehen, daß das von Natur aus gute Herz meiner Geliebten von einer gesunden, feinen und nicht übersteigerten Moral verschönert und vervollkommnet wird. (. . .) Das also sind die schönsten Züge des Porträts der Person, die mein höchstes Gut auf dieser Welt sein muß, mein Alles, die Quelle aller meiner Vergnügungen, das, was mir wahre Zufriedenheit geben kann und mein Glück macht und dessen Verlust mich für immer unglücklich machen würde. Sie kennen jetzt, meine liebe Freundin, mein Betragen gegen diese verehrungswürdige Person. Ich liebe sie mit aller vorstellbaren Zärtlichkeit, ich schätzte sie höher als alles, was man ausdrücken kann, ich ziehe sie jedem und jeder vor, und ich würde lieber im elendest möglichen Zustand mit ihr leben, als ohne sie König und sonst der Glücklichste nach der gemeinen Vorstellung zu sein; ich ziehe es vor, für sie zu sterben, statt von tausend anderen Schönheiten liebkost zu werden. Mein Herz nimmt für sich in Anspruch, nicht viel weniger gut und ebenso delikat zu sein wie das ihre und wird sich große Mühe geben, einer so liebenswürdigen und verdienstvollen Person immer würdiger zu werden. Ich werde sehr großherzig alles tun, was in meiner Macht steht, um sie zufrieden und glücklich zu machen, um sie zu vergnügen und zu zeigen, daß ich sie auszeichne und jedermann vorziehe. Sie kann sich immer von meiner Ehrlichkeit überzeugen, und ich würde sie auf keine Weise betrügen *oder ihr etwas verbergen, was immer es sei* (ausgenommen die Klugheit fordert es in einem besonderen Fall). In kurzen Worten: Sie wird meine Freude sein, und ich werde sie mehr als mein Leben lieben.

Wieland an Sophie
Ende Juli 1751

Ich bitte Sie, unschätzbare Freundin, sich nimmer über sich selbst und über Ihren Verstand zu beschweren. Weil Sie es zu oft und zu sehr tun, so könnte es scheinen, es geschähe nicht mit aller möglichen Lauterkeit; und ich möchte meine in allem so vollkommene Geliebte gern von allem Schatten einer vermeidlichen Unvollkommenheit frei wissen. Ich wiederhole meine Ihnen so oft wiederholte Versicherung. Sie haben eine so liebenswürdige Seele, daß ich keine denken kann, welche würdiger wäre, einen so annehmlichen und schönen Leib, als der Ihrige ist, zu beleben. Und die Übung wird Sie so verschönern, daß Ihnen alle Französinnen weichen werden. Wie freue ich mich schon im Geiste, daß das Bildnis meiner Geliebten einst das Porträt einer Châtelet, Bassi, Gottschedin etc. so sehr überstrahlen wird.

Sie machen mir unendlich viel Vergnügen, wenn Sie sich in der Dichtkunst immer mehr üben, wie auch in der deutschen Sprache, *welche viel schöner als die französische ist*. Die Fabel, welche Sie mir geschickt haben, ist ganz artig, außer daß die Wörter »verbande, fande, erführe« wider die deutsche Grammatik verstoßen. Es muß »verband«, »fand« heißen, das *e* ist unerlaubt. Doch dieses ist eine Kleinigkeit, die ich meiner liebenswürdigen Schwäbin gar gern vergebe. Ihre Prosa ist unvergleichlich, mein Engel, und ich bin gewiß, daß es Ihre Verse auch bald sein werden.

Sie verbinden mich unendlich, allerteuerste Seele, wenn Sie so fleißig, als Sie aus Liebe zu mir können, an Dero Lebensbeschreibung arbeiten und sie so genau und richtig machen, als ich mir von Dero vollkommen redlichem Herzen versprechen kann. Die schönen und geistreichen Betrachtungen und Anmerkungen, welche Sie so artig anzubringen wissen, werden diesem Aufsatz eine große Zierde geben. Eilen Sie ja damit, mein liebstes Herz, ich erwarte es wenigstens auf Michaelis, auf die Zeit, an die ich allemal mit einer Entzückung denke, die nur von der übertroffen werden wird, die ich vorfinden werde, wenn ich Sie wieder umarmen werde.

Den 4. und 5. Gesang vom *Messias* werde ich Ihnen selbst bringen. In diesem ist eine unendlich schöne Beschreibung einer Liebe, wie die unsrige ist, nur daß das Herz des Liebhabers in ein Licht gesetzt ist, welches das meinige sehr verdunkelt. Ich bin gewiß, daß der Herr Klopstock liebt, und ich glaube, daß seine Geliebte Ihnen sehr ähnlich, aber doch unvollkommener als Sie ist. So ist es bei uns vieren gerade umgekehrt. Ich weiche unstreitig dem Herrn Klopstock an vortrefflichen Eigenschaften, und seine Geliebte weicht Ihnen. Um sie, die Geliebte des Herrn Klopstock, vollkommener zu machen, gab ihr die Vorsehung einen Liebhaber, der sie übertrifft, und um mich glückselig zu machen, erlaubte mir der Himmel, meine Sophie zu lieben, welche mir in allen Stücken vorgeht. Ist das nicht artig eingeteilt?

Sophie an Wieland
April 1753

Ich will versuchen, meine Gedanken über den Teil der Oden und Lieder des Herrn von Hagedorns*, so ich besitze, im Deutschen auszudrücken. Ich werde es auch mit einer Freimütigkeit tun, die durch nichts als Ihre besondere Gütigkeit vor mich, durch meine Begierde, des Bessern unterwiesen

* Friedrich von Hagedorn, anakreontischer Lyriker und Fabeldichter.

zu werden, und durch das geringe Maß meiner Urteilskraft zu entschuldigen ist.

Ich halte den Herrn von Hagedorn für einen unserer schönsten Geister, der unter andern vortrefflichen Eigenschaften auch die, welche die Franzosen *aisance d'esprit* nennen, vollkommen besitzt und mit aller Anmut schreibt, und ist in der Tat groß genug, alle wesentliche Schönheiten der Werke eines Bodmers und der Ihrigen einzusehen; ich glaube auch, mit diesem Letztern so viel zu seinem Lob gesagt zu haben, als der größte Ehrgeiz wünschen könnte. (...) Einem Hagedorn nach meiner Idee vergebe ich weder im Scherz noch Ernst, kleine Gedanken von dem andern Leben zu haben. Sie werden finden, mein geliebter Freund, wieviel Vertrauen ich zu Ihrer Güte für mich habe; ich glaube, ich schreibe ohne Ordnung, und daß Sie mich vielleicht auf einer Seite wider den Herrn von Hagedorn eingenommen heißen werden, doch ich sage Ihnen alles. Sie wissen alles, was mein Herz denkt, warum sollen sich die Gedanken meines Kopfs verbergen. Ich werde mich bemühen, meinen Geist alle Schönheiten dieser Gedichte einsehen zu lernen, so wie ich einige Flecken bemerke. (...) Dem Himmel sei Dank, daß eine andere Muse nicht nur Ihre feurige Jugend den besten und edelsten Gegenständen geweihet, sondern auch in allem die liebenswürdigste Abschilderung des Herzens und der Empfindungen ihres Dichters gemacht hat, der gewiß niemalen durch seine Exempel niederreißen wird, was seine Wissenschaft gebauet hat.

Gott erhalte Sie, mein ewig liebenswürdiger Freund, und schenke mir beständig die Würde zu dem Besitz Ihres Herzens.

Wieland an Sophie La Roche*
22. 12. 1753

(...) Erlauben Sie mir, meine Werteste, Sie zu erinnern, daß wir uns tausendmal in dem Angesichte Gottes zugesagt haben, uns so lange zu lieben, als wir die Tugend lieben würden, und wir meinten damals, daß das so viel sei als ewig. Sollte diese Zusage itzt ungültig sein? Sollte Ihre neue Verbindung die zärtlichste Zuneigung unserer Seelen, die sich auf die wahre Liebe des Guten und Schönen gründet, hinwegnehmen? Nein! Das halte ich für unmöglich! Sie müßten aufhören, die unschuldige, großmütige, scharfsinnige und erhabene Sophie zu sein, oder ich müßte mich in das Gegenteil von dem verwandeln, wofür Sie mich einst hielten. Wenigstens kann bei mir diese ewige Freundschaft, die ich Ihnen so oft gelobte, dadurch nicht zeitlich werden, daß Sie mit einem braven Manne verheiratet sind; was hat Ihre Vermählung wider unsere Freundschaft, daß eine die andere aufheben sollte? Lassen Sie uns also denen, welche sich nach ihrer niedrigen Art zu denken einbilden, unsere Liebe hört itzt auf, ein tätliches Dementi geben, und ungeachtet wir uns, wie ich hoffe, in dieser Welt nimmer sehen werden, mit dem Herzen und durch unsere gemeinschaftliche Liebe zur Tugend und durch redliche Wünsche für unser beider Wohl vereiniget bleiben, damit wir uns in jenen seligen Gegenden wiedersehen mögen, in denen Ihre Seele sich selber und mich wiedererkennen und, wenn Engel weinen können, noch alsdann eine zärtliche Träne weinen wird, daß Sie Ihrer Bestimmung in dieser Welt unvorsichtigerweise ausgewichen.

Es ist nichts, was mich wehmütig macht, als der Verlust solcher Hoffnungen, die vielmehr jenes als dieses Leben angehen, mit denen ich mir in der angenehmen Zeit schmei-

* Am 7. 12. 1753 vermählte sich Sophie mit dem kurmainzischen Rat und Stadionschen Sekretär Georg Michael La Roche.

chelte, da mir die Vorsicht Ihre Bekanntschaft und Liebe gegeben hat.

Und so leben Sie denn wohl, meine Geliebte, leben Sie auf ewig wohl! Seien Sie immer so glücklich, als Sie ohne Zweifel itzt sind, ja wenn es zur Zufriedenheit Ihres Herzens gehört, so möge Ihr Gewissen Sie immer auf dem Gedanken lassen, daß ich zuerst das Band gebrochen, das uns einst verbunden hat. Leben Sie glücklich mit Ihrem künftigen Gemahl, und erlauben Sie mir, daß ich mit unveränderter Hochachtung und Freundschaft mich unterschreibe

Ihren ergebensten Freund und Diener.

Sophie La Roche an Wieland
17. 2. 1754

Wertester Wieland, Sie haben ein edles, großmütiges Herz, ich will gerne sagen, daß ich es beleidigt habe, daß ich Ihnen abbitte und Ihre jetzige Gesinnung gegen mich als ein freies Geschenk ansehe und Ihnen auch recht sehr dafür danke; ich will Ihnen das Vergnügen beständig lassen, daß ich ganz unrecht gehabt habe, da ich doch gegen Sie in nichts als einer zu schnellen und zu heftigen Empfindlichkeit gefehlt habe. Aber es war mir alle Zeit und ist mir noch unmöglich, Argwohn zu ertragen. Die üble Situation, in der ich wegen meines Aufenthalts und Vermögens war, die Bezeugung meiner besten Freunde gegen mein Herz, das sich keiner Unbilligkeit unterwerfen kann, verursachte, daß ich nichts als meine Freiheit suchte und gewiß anfangs an keine andere Verbindung dachte, wie mir aufgetragen wird, ich suche gar keine Rechtfertigung dadurch und schreibe ohne die geringste Eigennützigkeit, sonder überlasse mich und meine Handlungen Ihrem Urteil. Ich kann auch in Wahrheit Ihnen, mein ewig werter Wieland, und mir selbsten von den letzten Monaten meines mit so vielen Widerwärtigkeiten durchflochtenen Lebens keine andere Abschilderung geben, als daß ich

Ihre Liebe, alle schönen Hoffnungen meiner Verbindung mit Ihnen und alles Gute, so Sie und Ihre verehrungswürdigen Freunde jemals für mich gedacht haben, als ein schönes Gebäude in einer Wildnis ansehen mußte, worin mein Herz so gut und unschuldig lebte, als ihm möglich war, aber weder sich noch seiner Wohnung einigen Schutz geben könnte. Weder wider diejenigen, die mir alles Gute zu rauben suchten, noch wider äußerliche, empfindliche Anfälle, welche durch ihre Dauer und Heftigkeit endlich alles fallen machten, wo dann mein ganzer Gemütscharakter und alles, was ich sonst gewesen bin, unter dem Schutt verborgen wurde. Da nun alles glaubte, ich hätte wie Simson die Hauptsäule selbst gebrochen, so wurde das zerstörte Wohnhaus meines Glücks von allen ohne Liebe und Mitleiden angesehen, bis endlich der edelmütige und liebreiche La Roche den Ruin an sich kaufte und glaubte, an meinem darunter begrabenen Herzen einen Schatz, der ihn ganz glücklich machen könnte, zu finden.

Die übrigen Gedanken und Betrachtungen über mich und das Schicksal meines vergangenen Lebens und über die Werkzeuge und Ursachen davon werde ich beständig verborgen halten; ich habe Gelassenheit und still Leiden und Schweigen gelernt und darf bei Prüfung meines Lebens und meiner selbst mich ganz gewiß, da ich meinem Schöpfer am besten bekannt bin, mich auf seine Fürsorge, solange ich lebe, und auf meinen Tod freuen.

Wieland an Sophie La Roche
Sommer 1764

Seit elf oder zwölf Jahren, meine Freundin, erinnere ich mich nicht mehr, solche Träume gehabt zu haben, in denen mir Ihr Bild etwas bedeutet hätte, wie seit fünfzehn Tagen. Zum ersten habe ich Ihnen gesagt – das konnte Ihnen gewiß nicht mißfallen – Träume sind vielleicht Prüfsteine für unsere Gefühle, die man gegenüber einer Person von Ihrem Geschlecht hegt. Wenn das zutrifft, sind die meinen für meine liebe Sophie sehr schön und ihrer sehr würdig. Ich kann nicht umhin, zu Ihnen noch von dem zu sprechen, was ich diesen Morgen tat, nach einer Schlaflosigkeit von mehreren Stunden, in denen ich wohlgemerkt überhaupt nicht an Sie gedacht habe. Ich gestehe Ihnen, daß meine Seele davon noch ganz in Extase ist. Gewiß muß sich unser guter Freund, der Genius, darein gemischt haben, der arme, ehrliche Kerl, dessen Sein oder Nichtsein an unsere Liebe geknüpft ist; er hatte recht, sich seinem Ende nahe zu fühlen, er siecht dahin, er zehrte sich auf, aber er sieht (möge es Gott nicht gefallen, daß mir diese liebe Hoffnung zu sehr schmeichelt), er sieht, daß ein Gefühl wie das, welches unsere Seelen verband, nur mit ihrer Existenz selbst aufhören kann; er hat seine Lebensgeister wiedergewonnen, seine Schönheit, sein jugendliches Aussehen; die Wiederherstellung seiner natürlichen Form hat ihn froh gemacht und das Glück wohltätig. Von einem zärtlichen Mitleiden angeregt, als er Ihren Freund sah, verzichtet er für immer auf die trügerische Hoffnung, anders Ruhe für sein Herz finden zu können als in dem einzigen Herz auf der Welt, das für ihn geschaffen wurde; er sucht, seinen Verdruß und seine Sorgen wenigstens auf Augenblicke aufzuheitern und ihn schadlos zu halten durch Illusionen (die er allen Vergnügungen der Götter selbst vorzieht) der Beraubung seines Glücks – Doch was sage ich – O vergeben Sie, angebetete Freundin, ganz würdig, es zu sein, daß ich durch den Namen Illusionen das Bild entweihe und dieses göttliche Gefühl, das von dir auf dem Grund meiner Seele zurückgeblieben ist – Und Sie, Seele meiner Seele, Sie hätten es verloren? – Nein, dieser Traum, dieser liebe, unschätzbare Traum, dieser Traum, den ich mit meinem Leben nicht zu teuer bezahlt hätte, versichert mich, ist mir ein fester Garant, daß Sie niemals aufhören werden, Sophie für mich zu sein. – Sagen Sie nicht, daß ich mir Illusionen mache, oder lassen Sie mich aus Mitleid im selben

Augenblick noch sterben. – Mehr als süße Erinnerung, bleibe bei mir, höre nie auf, dich auf dem Grunde meines Herzens fühlbar zu machen, sei meine letzte Vorstellung in der Stunde meines Todes, mein letztes Gefühl, letzte Regung meines Herzens – und ich werde, ja, dem Schicksal, der Fortuna zum Trotz glücklich sein. Ist es möglich, daß ein Traum meiner Seele alle Fühlbarkeit wiedergeben kann, den ganzen Enthusiasmus, den sie seit so vielen Jahren verloren hatte? – O! diese Frage würden Sie nicht stellen, wenn ich fähig wäre, Ihnen zu schildern, in welchem Zustand meine Seele war – ich wiederhole es, es ist unmöglich, daß das ein Werk der Einbildungskraft war. Die Einbildungskraft geht nicht so weit, das Bild meiner Sophie und das der würdigsten aller Frauen, der besten aller Mütter, zu kombinieren, ja in ein einziges zusammenzugießen, um so der Menschheit Ehre zu machen. Sie geht nicht von ihrer eigenen Bewegung, die blind und mechanischen Triebkräften unterworfen ist, über zu dieser fast göttlichen Vollkommenheit, in welcher ich Sie gesehen habe, nicht zu dieser – ich sage nicht zuviel – englischen Reinheit aller Gefühle, zu der sie mich inspiriert hat. Ich werde Ihnen nicht mehr davon sagen, mir fehlen die Worte, und außerdem muß ich auch noch etwas für ein andermal aufheben. – Aber sagen Sie mir, kann es sein, daß Sie dieser Brief in einem Augenblick trifft, in dem Sie sich so wenig an Ihr *true self* erinnern, daß Sie glauben, ich schweifte aus! Nein, ich will es nicht hoffen; dieser Gedanke ist zu betrüblich für mein Herz. Ich habe Sie gesehen, ja, ich habe Sie gesehen, wie Sie in Wahrheit sind, von allen Schleiern entkleidet, welche die Umstände um die Seele meiner Sophie geworfen haben. Es ist eine wohltätige Gottheit, die Sie mir gezeigt hat, sie wollte mich nicht täuschen. Aber wenn sie mich nicht getäuscht hat, o sagen Sie es mir – nein, sagen Sie mir nichts, Sie könnten es nicht in dieser Sprache, oder unsere Seelen hätten sich in meinem Traum miteinander durch einen Blick verständigt, durch einen dieser Blicke, die das Licht des Himmels und die Seligkeit in meine Seele trugen – und ich muß Ihnen erst noch beweisen, daß ich einen solchen Augenblick verdiene.

Sechs sorgenvolle Jahre

Gotthold Ephraim Lessing und Eva König 1770–1776

Als »freundschaftlicher«, anteilnehmender Briefwechsel sind diese Briefe in die Literaturgeschichte eingegangen. Schon im Jahre 1789 erschien der vom Bruder Lessings, Karl Gotthilf Lessing, herausgegebene ›Freundschaftliche Briefwechsel zwischen Gotthold Ephraim Lessing und seiner Frau‹. Wen wundert der wenig schwärmerische, gar nüchterne Ton der Korrespondenz dieser nicht mehr jungen Verlobten. Der Schriftsteller Gotthold Ephraim Lessing, der sich in seinen Dramen so intensiv mit der bürgerlichen Institution der Familie auseinandersetzte, zeigte äußerste Zurückhaltung in seinen Äußerungen zu Familienereignissen bei Verwandten und Freunden. Der Privatmensch Lessing scheint immer etwas unterkühlt. Seine Verlobte ist Eva König, Kaufmannswitwe und Mutter von vier Kindern und in langen Jahren mit familiären und geschäftlichen Verpflichtungen beschäftigt. Aber ein »freundschaftlicher« Brautbriefwechsel?

Nach Karl Gotthilf Lessing ist es Hegel, der diesen Topos verbreitet. Zufällig ist Hegel auf die Briefe gestoßen und war von deren menschlichem Ton erbaut, der auf »gegenseitiger Anteilnahme, Mitteilung seiner Angelegenheiten und Geschäfte, seines Kummers und seiner Freude – und Anteil daran auf der andern Seite« beruhe. Kaum ein zweiter Schriftsteller hat in der Tat so wenig von seinen intimen Empfindungen preisgegeben wie Lessing. Der »zornige junge Mann«, stolz, auf Autonomie und Unabhängigkeit bedacht, der gefürchtete polemische Kritiker, hat überhaupt erst als Vierzigjähriger an eine Ehe gedacht. Wie die Briefe

Eva Lessing, geb. König (1736–1778)
zeitgenössisches Gemälde

Gotthold Ephraim Lessing (1729–1781)
Gemälde von Georg Oswald May, um 1767

zeigen, ist für beide eine freudige Erörterung des zukünftigen Lebens in weite Ferne gerückt. Ausdrücklich versichern sie, lieber erst konkret zu planen, wenn die mißlichen finanziellen Umstände, »die Sorge um das leidige Auskommen«, von der Hegel schreibt, geklärt sind. Eva: »... Der Vorsatz bleibt unumstößlich: bin ich unglücklich, so bleibe ich es allein, und Ihr Schicksal wird nicht mit dem meinigen verflochten. Meine Gründe hierüber wissen Sie, noch mehr, Ihre Aufrichtigkeit erlaubte Ihnen nicht, sie zu mißbilligen.«

Nach einem Jahr des zarten Anknüpfens des Verhältnisses dann eine Wartezeit von fünf Jahren – dies ist auch in den Widrigkeiten der bürgerlichen Existenzgründung des 18. Jahrhunderts eine ungewöhnlich lange Zeit. In den rund hundert Briefen, die Eva in dieser Zeit geschrieben hat, und den achtzig, die von Lessing stammen, ist leicht mehr zu entdecken als nur der oft behauptete »freundschaftliche« Austausch. Gewiß, das spröde »Sie« zeigt ein gegenseitiges Respektieren selbständiger Persönlichkeiten. Ein dramatisches, sehnsüchtiges, fast auch scheiterndes Liebesschicksal verbirgt sich hinter den Formulierungen gegenseitiger Anteilnahme. Man lese Lessings und Eva Königs durchaus leidenschaftliche, wenn auch nicht schwärmerische Bekenntnisse ihrer zuvor verborgen gehaltenen Neigung im Frühjahr 1771. Der Briefwechsel zeigt über die zermürbenden äußeren Umstände hinaus das Dilemma der fernen Nähe der in ihrer Geduldprobe gereizten, in manchen Phasen voneinander abgewandten und enttäuschten Liebenden.

Die Annäherung fällt in Lessings Hamburger Jahre. 1767 war Lessing bereits der berühmte Theaterdichter der ›Miß Sara Sampson‹. Das Stück war 1755, sein ›Laokoon‹-Aufsatz 1766 erschienen, und die ›Minna von Barnhelm‹ 1767 veröffentlicht worden. Nun wird Lessing die Stellung eines Dramaturgen in dem neubegründeten Hamburger Nationaltheater angeboten. Dem Hamburger Theaterunternehmen ebenso wie dem mit Bode begonnenen finanziellen Abenteuer einer Buchhandlung war kein Erfolg beschieden. Bis zum Abschied von Hamburg im April 1770, als Lessing, der immer in den Zentren der Aufklärung, Berlin vor allem und Leipzig, gelebt hatte, sich entschließt, den bereits im Oktober 1769 erhaltenen Ruf als Bibliothekar in Wolfenbüttel anzunehmen, mögen ihn aber die freundschaftlichen und geselligen Kontakte im damaligen Hamburg als Mittelpunkt aufstrebender dichterischer Bestrebungen Norddeutschlands gefesselt haben. Unter den befreundeten Familien in Hamburg war die des Seidenhändlers Engelbert König, verheiratet seit 1756 mit Eva. Überliefert werden Königs Worte an Lessing, als der Kaufmann 1769 nach Venedig aufbricht: »Wenn mir etwas Menschliches begegnen sollte, so nehmen Sie sich meiner Frau und der Kinder an.« 1769 stirbt König in Venedig. Die Hinterlassenschaft für die Zukunft ihrer vier Kinder zu regeln, die später Evas langen Aufenthalt in Wien mit dem Ziel des Verkaufs der dortigen Seiden- und Tapetenfabriken erfordern, ist die in Evas Briefen mitgeteilte Sorgenquelle. Für Lessing werden die schwersten Jahre das zweijährige Hingehaltenwerden vom Braunschweiger Hof, als man ihm im Frühjahr 1773, zusätzlich zur Bibliotheksleitung, die Stelle eines Hofarchivars und ein verbessertes Gehalt in Aussicht stellt, leere Versprechungen und Demütigungen, die Lessing zutiefst verbittern. Das Einkommen von 600 Talern müßte auf mindestens 800 jährlich erhöht werden, Räumlichkeiten müßten vorhanden sein, damit unabhängig von Evas geschäftlichen Erfolgen (wobei der stolze Lessing auf keinen Fall das Erbe der Königschen Kinder anrühren will) an eine Ehe gedacht werden kann. Die Zukunftswünsche erscheinen in dem zunächst rein freundschaftlichen Briefwechsel, der ab Juni 1770 zwischen Hamburg und Wolfenbüttel hin und her geht, erst nach längerer Zeit. Ihre erste Reise nach Wien unternimmt Eva König im August 1770 und trifft vorher Lessing in Wolfenbüttel. Wiederum nach einem Abstecher in Wolfenbüttel kehrt sie im Frühjahr 1771 nach Hamburg zurück. Ein geheimgehaltenes Verlöbnis findet im September statt. Zuvor schon war Lessing im August desselben Jahres nach Hamburg gereist. Die Briefe des Frühjahrs nach Evas Wiener Reise zeigen, daß sich nicht nur in den Anreden etwas geändert hat, nicht mehr »meine liebste Madam« und »mein lieber Herr Lessing« heißt es, sondern »liebster Freund« und »meine liebe Freundin« sind nun die liebevollen Briefanreden, nachdem das Paar sich gefunden hat. Aber bereits im Frühjahr 1772 beginnt ein Abschied von etwa drei Jahren. Eine frühe Leserin der Briefe war übrigens Charlotte Schiller, die den Briefwechsel gleich nach seinem Erscheinen beachtet hatte. Zu Recht wird ihre Neugier von dieser Frau »mit erstaunlich viel Tätigkeit« und »viel Verstand« geweckt. Evas Beharrlichkeit und auch der Eigensinn, mit dem sie ihre geschäftlichen Angelegenheiten zu Ende bringen will, läßt sie trotz aller anklingenden Sehnsüchte fern von Lessing verweilen, ein Lessing, der nun zunehmend in seiner Wolfenbüttler Verbitterung versinkt. Einmal schlägt er auch – trotz seiner gedrückten Verhältnisse – der Freundin vor: »Wenn Sie lieber in dem elendsten Winkel, lieber bei Wasser und Brot leben wollten als länger in Ihrer gegenwärtigen Verwirrung: so ist Wolfenbüttel Winkels genug, und an Wasser und Brot, auch noch an etwas mehr, soll es uns gewiß nicht fehlen.« In den Jahren 1774 bis 1775 schlägt sich der berühmt gewordene Lessingsche Groll in den Briefen nieder. Aber nicht nur dieses Stimmungstief und die bitteren Klagen über Hinhaltungen und Einsamkeit wiederholen sich, zwischen den Verlobten selbst wächst die Entfremdung. Eva muß, als in den Jahren 1773 und 1774 Lessing manchmal mehrere Monate lang nicht schreibt, ja sie von April bis Dezember 1774 ohne Antwort läßt, das Schlimmste befürchten (der Lessing-Biograph Hildebrandt berichtet, daß eine neue Frau zeitweise den grollenden Lessing interessieren mochte: Ernestine Reiske).

Doch in diesem Roman ausgedehnter, nicht nur äußerer Hindernisse, sondern auch empfindlicher Brüche und Vernachlässigungen, kommt es zu einem Wiedersehen – zu einem Wiederaufflammen einer gar nicht nur freundschaftlichen Verbindung. Lessing kommt am 31. März in Begleitung des Braunschweiger Prinzen Leopold, den er zu einer Bildungsreise nach Italien begleiten soll, in Wien an. Bis Ende April sind die beiden dort zusammen. Es ist, wie Eva schreibt, die schönste Zeit ihrer mühseligen Wiener Angelegenheiten. Dann reist Lessing nach Italien und Eva am 7. Mai nach Hamburg zurück. Wieder eine Trennung. Die Italienreise, von der Lessing einst so geträumt hatte, wird nun ein demütigendes Hinhaltemanöver des Fürsten, sie verzögert sich von einigen Wochen auf ein Dreivierteljahr. Nochmals wird Eva in Aufruhr versetzt, bleibt sie doch diese Monate fast ohne Nachricht, kehren alte Zweifel wieder: »Warum vernachlässigen Sie mich denn so ganz und gar? Vielleicht denken Sie jetzt wieder so, wie Sie schon einmal gedacht haben.« Lessing selbst hat durch die Schuld der Wiener Freunde nur einen Brief von Eva erhalten: Keine Korrespondenz kennt die Fatalitäten so vieler verlorener, gar wegen Schreibunlust ausgebliebener Briefe. Ein Neubeginn war's dennoch, der nach dem Wiedersehen in Wien das Paar nun endlich vereinen soll. »Trotz der fatalen (Italien-)Reise« wünscht Lessing, daß Eva ihm »ihre Liebe nach wie vor schenkt«. Auch die Braunschweiger Verhandlungen über eine Gehaltserhöhung und das Familienhaus kommen im August des Jahres 1776 zum Abschluß. Sechs Jahre nach den ersten Briefen kann der Ehestand konkret in Aussicht genommen werden. Am 8. Oktober 1776 heiraten Eva König, nun vierzig Jahre alt, und Lessing in seinem 48. Lebensjahr. Gewiß, der anteilnehmende Ton der Mitteilungen, der Hegels psychologisches Interesse geweckt hatte, ist das Zeichen einer immer gewahrten Übereinstimmung, die sich auch im Stil der oft plaudernden Briefe und im tröstenden Austausch allgemeiner Maximen zeigt. Sie haben sich recht gut kennengelernt in ihrer herben Wartezeit, wenn sie in ihren Briefen scherzend und nachdenklich von ihren Eigentümlichkeiten sprechen. Die »Hypochondrie« etwa, das ist nicht nur Lessings schwer zu dämpfender Zorn gegen alle Abhängigkeiten, das ist auch ein Hang Evas zur Schwermut, der bei allem Tatsinn und aller Realistik zutage tritt. Auffällig auch, daß von beiden Zurückhaltung in den Bloßlegungen der Herzen geübt wird und sie eher über die täglichen Besorgnisse, eher über Theateraufführungen und Reiseerlebnisse als über ihr Innenleben sprechen.

Das bei diesem Mangel an intimen Äußerungen im Leben Lessings wohl rückhaltloseste Wort, das er je an einen Freund geschrieben hat, sind die bitteren Zeilen nach dem Tod seines Sohnes Traugott einige Tage nach der Geburt, die auch die Mutter nicht überlebte. Nach anderthalb Jahren Ehe schreibt Lessing am Sterbebett der Frau, die mit ihm eine kurze Zeit häuslicher Harmonie teilte: »Ich wollte es auch einmal so gut haben wie andere Menschen. Aber es ist mir schlecht bekommen.«

Eva König an Gotthold Ephraim Lessing
19. 12. 1770

Mein lieber Herr Lessing!
Sie sitzen also immerweg in Ihrem lieben Wolfenbüttel? Ich dachte, Sie wollten den Winter über in Braunschweig sein? Und täten Sie nicht besser? oder haben Sie einige Bekanntschaften gemacht, die Ihnen die langen Winterabende verkürzen helfen? Wenn Sie es nicht getan haben, so tun Sie es doch noch. Sie werden sonst wahrhaftig hypochondrisch. Und diese Krankheit wollte ich meinem Feinde nicht wünschen, seitdem ich sie kenne, wie ich sie leider! kenne. Sie nimmt täglich bei mir zu, so sehr ich mich dagegen wehre.

Die Nachhausreise wird mich noch wieder etwas davonheilen; denn da wird es Stöße genug setzen. Sie können mich immerhin bedauern; ich werde viel ausstehen. Dem ohngeachtet verlange ich herzlich danach. Ich wäre auch schon auf der Reise, wenn nicht ein gewisser Herr von M. abwesend wäre, den ich gerne sprechen wollte. Und dorten möchte ich mich gar nicht aufhalten; ich bleibe also bis nach den Feiertagen hier, und vielleicht bis ins andere Jahr. Daß Sie mir ja unterdessen nicht nach Hamburg reisen! Aber daß Sie ja alsdenn mit mir reisen! Sie wissen doch wohl, was Sie versprochen haben? Und wer weiß, warum ich meine Reise so lange hinausschiebe?

Lessing an Eva
1. 6. 1771

Meine liebste Freundin!
Meine besten Wünsche haben Sie vergebens begleitet, wenn Sie nicht den Sonntag bei guter Zeit gesund und munter in Hamburg angekommen sind; wenn Sie Ihre Kinder nicht ebenso gesund und munter nach so langer Zeit wieder umarmt haben; wenn Sie nicht alles in Ihrem Hause und in Ihren Geschäften so gefunden haben, als Sie es sich nur immer wünschen können. Ohne Zweifel fangen Sie nun auch an, sich von Ihren Fatiguen zu erholen. Aber daß Sie ja nicht auf einmal sich zu bewegen aufhören! Laufen Sie, und fahren Sie ja noch alle Tage wenigstens zwei Meilen, bis Sie der völligen Ruhe wiederum gewohnt werden. Es könnte Ihrer Gesundheit sehr nachteilig sein, wenn Sie plötzlich mit eins gänzlich stille sitzen und wenig oder gar nicht aus Ihrem Hause kommen wollten. Doch ich verlasse mich desfalls auf alle unsere Freunde, die so erfreut sein müssen, Sie wiederzuhaben, und sich zuverlässig die ersten Wochen nicht wenig um Sie reißen werden. Wenn ich wenigstens nur die Woche einmal mit dabei sein könnte! In Gedanken werde

ich es oft genug sein, aber wahrlich in Gedanken Sie mir doch lieber allein, als in Gesellschaft aufsuchen. Schenken Sie mir nur auch in Hamburg manchmal eine Viertelstunde, um mir zu antworten. Denn nur das kann mich versichern, daß Sie meine Besuche in Gedanken nicht verschmähen, sondern erwidern.

Lessing an Eva
20. 11. 1771

Meine Liebe!
Wenn *Sie* weiter in Wien nichts zu suchen haben, wenn *Sie* nichts mehr nötiget, vielmehr da, als an einem andern Orte zu leben: so ist auch *mir* Wien ein sehr gleichgültiger Ort, den ich, unter den allervorteilhaftesten Bedingungen von der Welt, nicht mit meinem gegenwärtigen Aufenthalte vertauschen wollte. Ich werde also sicherlich alle Vorschläge dahin ablehnen und keinen weiteren Gebrauch davon machen, als daß ich mir hier damit, wo möglich, irgendeine Verbesserung zu verschaffen suche. Und alsdenn, meine Liebe, können Sie weiter keine Ausflucht haben, mir Ihr Wort zu halten. Wenn Sie lieber in dem elendsten Winkel, lieber bei Wasser und Brot leben wollten, als länger in Ihrer gegenwärtigen Verwirrung: so ist Wolfenbüttel Winkels genug, und an Wasser und Brot, auch noch an etwas mehr, soll es uns gewiß nicht fehlen. –

Fahren Sie indes ja fort, mich in Ihren Briefen vornehmlich von Ihren Umständen zu unterhalten. Bloße Neuigkeiten aus Hamburg können mir andere schreiben, für die ich weniger empfinde. Durch die Widerwärtigkeiten, welche Ihnen zustoßen, kann meine Liebe unmöglich erkalten. Eher fühle ich, daß sie das könnte, wenn Sie sehr glücklich wären. –

Eva an Lessing
25. 11. 1771

Mein liebster, bester Freund!
Die ganze verflossene Zeit meines Lebens kann ich ruhig zurückdenken, bis auf den Augenblick, worin ich schwach genug war, eine Neigung zu gestehen, die ich zu verbergen so fest beschlossen hatte; wenigstens so lange, bis meine Umstände eine glückliche Wendung nähmen. Ich bin überzeugt, Sie würden dennoch einen freundschaftlichen Anteil an allem genommen haben, was mir begegnet wäre; allein Sie hätten nicht meine Angelegenheiten zu Ihren eigenen gemacht, wie Sie jetzt tun; ob Sie es gleich nicht sollten. Denn der Vorsatz bleibt unumstößlich: bin ich unglücklich, so bleibe ich es allein, und Ihr Schicksal wird nicht mit dem meinigen verflochten. Meine Gründe hierüber wissen Sie, noch mehr, Ihre Aufrichtigkeit erlaubte Ihnen nicht, sie zu mißbilligen; nennen Sie also nicht *Ausflüchte* – das Wort *Ausflucht* hat mich gekränket – Fragen Sie Ihr Herz, ob es in dem nehmlichen Fall nicht so handeln würde, und antwortet es Ihnen Nein, so glauben Sie nur, daß Sie mich nicht halb so sehr lieben, als ich Sie liebe. Das einzige, warum ich Sie bitten will, ist, daß Sie sich durch mich in Ihrem Plan nicht irre machen lassen, sondern eben das tun, was Sie getan hätten, wenn Sie mich nicht kennten.

Wann man Ihnen von Wien wirklich vorteilhafte Anträge macht, so würde ich es Ihnen sehr verdenken, sie so schlechterdings auszuschlagen. Wenn ich mir vorstelle, daß Sie es in die Länge in Wolfenbüttel nicht aushalten, so glaube ich doch, daß Sie Ihr Leben in Wien angenehmer zubrächten, als in einem Closter in Italien. Ich weiß nicht, ob die Furcht, Sie möchten diesen Entschluß fassen, oder eine Ahndung, daß mein Aufenthalt noch einmal in Wien sein wird, – unerachtet es keinen großen Anschein dazu hat, – mich wünschen macht, daß Sie den Beruf dorthin annehmen mögen; genug, ich wünsche es. Und doch schwöre ich Ihnen, wenn ich die

Wahl hätte, würde ich lieber in Wolfenbüttel als in Wien mit Ihnen leben.

Eva an Lessing
16. 5. 1772

Mein lieber Lessing!
Stellen Sie sich vor, in welcher Unruhe ich Ihretwegen habe sein müssen, indem ich erst mit voriger Post, das heißt vor drei Tagen, Ihren Brief über Prag erhalten habe. Schicken Sie in Ihrem Leben keinen mehr auf dieser Route, sondern über Nürnberg.

So ganz vergebens habe ich mir denn doch alle die Grillen nicht gemacht. – Sie sind wirklich krank gewesen. Ich danke Ihnen recht herzlich, daß Sie mir es nicht geschrieben haben; aber ich bitte Sie auch zugleich, mir jetzt um so öfter zu schreiben, weil ich mir sonst immer die Sorgen machen würde, daß Sie krank wären und es verhehlen wollten. Aber will's Gott! werden Sie keine Ursache mehr dazu haben. Sie waren ja sonst so gesund. Wie kommt es, daß Sie seit einiger Zeit beständig was zu klagen haben! Das anhaltende Sitzen in Wolfenbüttel ist wohl einzig und allein daran schuld. Ich weiß auch gar nicht, was Ihnen auf einmal in den Sinn kommt, stets auf Ihrem Schlosse zu bleiben und Braunschweig gar nicht mehr zu besuchen; nicht einmal, um Ihr neues Stück zu sehen*, das noch dazu, wie Sie sagen, von Döbbelin so gut vorgestellt wird, was ich zwar nicht glaube, ehe Sie mir nicht sagen, daß Sie sich selbst davon überzeugt haben; so wie ich mir hier von der Aufführung desselben nicht viel verspreche. Nach dem allgemeinen Urteil soll das

* Lessings ›Emilia Galotti‹ wurde zum Geburtstag der Herzogin am Theater des Braunschweiger Hofs uraufgeführt. Lessing konnte selbst bei der Premiere nicht anwesend sein. »Rasende Zahnschmerzen« hielten ihn von der kurzen Reise nach Braunschweig ab.

deutsche Theater seit einem halben Jahre sehr gesunken sein, und mein Schwager sagt: wenn es jemals mit Recht wäre gelobt worden, so sei es wirklich wieder gefallen. Er findet es unter dem Mittelmäßigen. Ich bin nicht einmal wieder da gewesen, und außer Ihrem neuen Stücke sehe ich gewiß auch keins.

Die Zeit wird ausweisen, ob ich die Tapetenfabrik werde erhalten können. Ich kann nicht tun, was ich will, sondern was ich muß. Warum ich sie hauptsächlich gern erhielt, wäre: sie brächte mich der Erfüllung meiner Wünsche näher. Denn wenn sie auch nur so fortgeht, wie sie geht – und gewiß geht sie besser –, so kann ich meine Kinder ganz gut davon erziehen.

Lessing an Eva
26. 10. 1772

Ist es möglich, meine Liebe, ist es in aller Welt möglich, daß ich Ihnen so lange Zeit nicht geschrieben habe? Daß ich es habe aushalten können, in so langer Zeit nichts von Ihnen zu sehen und zu hören? – Wenn Sie argwöhnisch wären! Wenn ich nicht glaubte, daß Sie mich zu wohl kennten! – Besorgt mögen Sie immer um mich gewesen sein; aber wenn Sie je einen argen Gedanken, der meiner und Ihrer unwürdig wäre, von mir gehabt haben: wahrlich, so verdiene ich, daß Sie mir es abbitten. – Nicht wahr, der Wendung hätten Sie sich nicht versehen? Ich verlange Abbitte, und sollte sie selbst tun. – Nun, ja, meine Liebe, ich bitte Sie tausendmal um Verzeihung, wenn ich Ihnen einen einzigen mißvergnügten und bekümmerten Augenblick gemacht habe. Gleichwohl würde ich untröstlich sein, wenn ich Ihnen auch ganz und gar keinen gemacht hätte. – Aber, werden Sie fragen, woran lag es denn nun? – An tausend und tausend Dingen, die all so klein sind, daß sie sich gar nicht erzählen lassen; die aber doch zusammengenommen so eine außerordentliche Wirkung auf mich gehabt haben, daß ich, um wenig zu sagen, die ganze Zeit über, die ich nichts von mir hören lassen, so gut als gar nicht gelebt habe. Nicht, daß ich etwa krank gewesen; ob ich mich schon auch nicht gesund befunden. Ich bin schlimmer als krank gewesen: mißvergnügt, ärgerlich, wild; wider mich, und wider die ganze Welt aufgebracht; Sie allein ausgenommen.

Eva an Lessing
19. II. 1772

Mein lieber Freund!
Sie haben wohl Ursache, sich selbst zu wundern, daß Sie mich unter den Umständen, worin ich mich jetzo befinde, vier Monate lang vergessen können. Denn gestehen Sie es nur! Sie haben mich entweder wirklich vergessen, oder haben wenigstens versucht, mich zu vergessen. Aus Ihrem eigenen Brief schließe ich das. Sie sind, sagen Sie, schlimmer als krank gewesen: mißvergnügt, ärgerlich, wild; wider sich und wider die ganze Welt aufgebracht; mich allein ausgenommen. Alles will ich Ihnen glauben, nur nicht das letztere. Wäre dies! wie wäre es möglich, daß in der langen Zwischenzeit auch nicht einmal ein Funken von Mitleid Sie angefacht hätte, mir einige Nachricht von sich zu geben. Wenn Sie mein trauriges Naturell nicht kennten, so wären Sie noch zu entschuldigen. So wissen Sie aber, daß ich mir immer das Schlimmste vorstelle. Ich habe Sie mir nicht weniger als auf den Tod krank, oder gar tot gedacht; und wie mir bei dieser Vorstellung zu Mute gewesen, habe ich besser empfunden, als ich es beschreiben kann. Dem ungeachtet verzeihe ich Ihnen von ganzem Herzen; allein bis zur Abbitte komme ich nicht, bis Sie mich besser überführen, daß Sie berechtiget sind, so zu fordern.

Wäre Ihr Brief zu rechter Zeit angekommen, wie er dem Datum nach hätte kommen sollen, so hätte ich ihn vor der

Abreise meines Schwagers erhalten, was mir sehr lieb gewesen wäre, weil ich mich alsdenn nicht so gegen ihn verraten hätte, wie ich in der letzten Stunde seines Hierseins getan habe. Nachdem ich ihm alle mögliche Aufträge gemacht hatte, so fragte er mich: was er denn an Sie sagen sollte? Die Frage überraschte mich. Mein Herz war ohnedem schon beklommen, denn die ganze Nacht hatte ich schlaflos zugebracht und mich mit den Gedanken gequälet, daß er nun bald *Sie* und meine Kinder sehen würde, da ich hingegen in der traurigen Lage allein zurückbleiben müsse, ohne zu wissen, ob ich auch noch einmal das Glück zu genießen hätte. Ich konnte ihm daher nicht antworten, bis ein Strom von Tränen dem Herzen Luft gemacht hatte. Dann, so sagte ich ihm: sagen Sie an Lessing in meinem Namen alles, was Sie Ihrem besten Herzensfreunde sagen würden; sagen Sie ihm aber auch zugleich, daß er mir bald und oft schreiben soll.

Lessing an Eva
3. 4. 1773

Meine Liebe!
Ich möchte rasend werden! Was werden Sie von mir denken? Was müssen Sie von mir denken? Ich schrieb Ihnen vor länger als acht Wochen, daß allhier etwas für mich im Werke sei, was mein künftiges Schicksal auf einmal bestimmen werde, und hoffentlich so bestimmen werde, wie ich es wünsche. Wie ich es aber wünsche, weiß niemand besser als Sie. Ich glaubte gewiß, daß keine acht, keine vierzehn Tage vergehen könnten, ohne daß ich Ihnen die völlige Gewißheit von der Sache schreiben konnte. Aber diese vierzehn Tage sind viermal vergangen, und Sie haben keine Zeile von mir gesehen. Und wenn ich Ihnen nicht eher wieder schreiben wollte, als bis ich es so kann, wie ich gerne wollte: so könnten leicht noch einmal acht Wochen

darüber hingehen; und wer weiß, ob ich Ihnen am Ende doch nicht schreiben müßte, daß ich betrogen worden.

Möchte ich nun nicht rasend werden! Ohne die geringste Veranlassung von meiner Seite, läßt man mich ausdrücklich kommen, tut, wer weiß wie schön mit mir, schmiert mir das Maul voll, und hernach tut man gar nicht, als ob jemals von etwas die Rede gewesen wäre. Ich bin zweimal seitdem wieder in Braunschweig gewesen, habe mich sehen lassen und verlangt zu wissen, woran ich wäre. Aber keine oder doch so gut wie keine Antwort! Nun bin ich wieder hier und habe es verschworen, den Fuß nicht eher wieder nach Braunschweig zu setzen, bis man ebenso von freien Stücken die Sache zu Ende bringt, als man sie angefangen hat. Bringt man sie aber nicht bald zu Ende, und läßt man mich erst hier in der Bibliothek und mit gewissen Arbeiten fertig werden, mit welchen ich nicht anders als in Wolfenbüttel fertig werden kann und muß, wenn ich nicht alle meine daselbst zugebrachte Zeit verloren haben will: so soll mich sodann auch nichts in der Welt hier zu halten vermögend sein. Ich denke überall soviel wieder zu finden, als ich hier verlasse. Und wenn ich es auch nicht wieder fände. Lieber betteln gegangen, als so mit sich handeln lassen!

Lessing an Eva
10. 1. 1775

Ja wohl, meine Liebe, würde ich selbst nicht begreifen, wie es möglich gewesen, daß ich in so langer Zeit nicht an Sie schreiben können, wenn ich nicht von einem Tage zum andern mich gar wohl zurück erinnern könnte, wie es unterblieben. Vorigen ganzen Sommer habe ich mich mit dem Fieber geschleppt; aber doch hatte das Fieber nur wenig Schuld. Hätte ich Ihnen eine einzige kleine eben nicht angenehme, nur nicht eben sehr unangenehme Nachricht von mir geben können: so würde ich gerade während dem Fieber die beste Zeit gehabt haben, es zu tun. Aber Ihnen, meine Beste, den Kopf noch wüster zu machen, mit Dingen, die ich selbst gerne aus meinem Kopfe hätte und an die ich doch notwendig denken muß, wenn ich an Sie denke: wenn ich das auch in der größten Hitze des Fiebers gekonnt hätte, ich würde mich selbst verachten. Wollte ich mich noch jetzt nur einigermaßen weiter darüber erklären: so käme sicherlich auch dieser Brief nicht zustande; und der soll doch zustande kommen. Gott sei Dank, daß ich Sie also allmählich wieder auf dem Wege zur Ruhe weiß. Diese drei Jahre waren ein garstiger Traum für Sie; aber wirklich, man muß selbst so gut sein als Sie, und eben so guten Leuten angehören als Sie: wenn das Schlimmste endlich doch nur ein Traum gewesen sein soll.

Eva an Lessing
5. 11. 1775

Mein liebster Freund!
Bis gestern habe ich Ihrentwegen in einer Ungewißheit gelebt, die mich äußerst marterte. Bald erzählte man mir, Sie seien in Corsica, bald in Rom, wo Sie für beständig bleiben würden. Endlich las ich vorige Woche in den Zeitungen: Sie wären von Mailand nach Rom zurückgekommen, um sich den Winter dort aufzuhalten. Gestern aber erhielt Bostel vom Kammerherrn v. Kuntsch einen Brief, worin er ihm meldet: Sie seien in Rom, würden ehstens nach Neapel gehn und binnen sechs Wochen in Braunschweig eintreffen. Diese Nachricht hat mich wieder in etwas ermuntert, ob ich gleich wider meinen Willen noch öfter daran zweifelte. Warum schreiben Sie mir denn gar nicht? Haben alle die vortrefflichen Sachen, die Sie gesehn, Ihre Seele so eingenommen, daß Sie mich gänzlich darüber vergessen haben? Ihre letzten Worte haben Sie sicherlich vergessen, wo Sie so heilig versprachen, mich durch öftere Briefe zu beruhigen.

Sie wissen doch wohl, daß alles Leiden und Trübsal, so mir zustoßen kann, durch einige Zeilen von Ihnen gemildert werden kann. Warum vernachlässigen Sie mich denn so ganz und gar? Vielleicht denken Sie jetzt wieder so, wie Sie schon einmal gedacht haben. – Wollte Gott ich könnte dann auch so denken! –

Lessing an Eva
26. 12. 1775

Ich gehe längstens den 1. Jan. von hier über Prag und Dresden nach Berlin und denke vor Ablauf des Monats gewiß wieder in Wolfenbüttel zu sein. Schreiben Sie mir mittlerweile, meine Liebe, ich beschwöre Sie, nach Berlin, und adressieren Sie Ihren Brief nur in die Vossische Buchhandlung. Ich brenne vor Verlangen, es von Ihnen selbst zu erfahren, daß Sie sich gesund und wohl befinden und mir Ihre Liebe, trotz der fatalen Reise, nach wie vor schenken. Ihre Freundinnen, an die Sie hier schreiben, wissen nicht anders, als daß Sie gesund sind: aber Malchen soll krank sein? – Arme Mutter! wie sehr bedaure ich Sie; – mit der nächsten Post schreibe ich Ihnen *gewiß, ganz gewiß* wieder. Ich umarme Sie tausendmal, und bin zeitlebens der Ihrige L.

Eva an Lessing
9. 1. 1776

Mein lieber Freund!
Endlich einmal haben Sie mich aus der schrecklichen Unruhe gesetzt, worin ich beinahe sechs Monate Ihrentwegen – oder besser zu sagen: meinetwegen, lebte. Denn daß Sie vergnügt und wohl waren, habe ich teils durch die Zeitungen, teils durch Nachrichten, so andre von Braunschweig erhielten, vernommen. Daß mir diese Nachrichten die erfreulich-

sten waren, die ich erhalten konnte, brauche ich Ihnen wohl nicht zu beteuern. Das muß ich Ihnen aber doch gestehen, daß ich mich am Ende um so mehr betrübte, wenn ich dachte: Lessing ist wohl, ist vergnügt, und vergißt dich in dieser Lage, wie er dich schon einmal in der entgegengesetzten vergessen, oder doch versucht hat, vergessen zu können. Daß meine Briefe Ihnen nicht sollten zugekommen sein, konnte ich nicht denken, weil *Sie* mir ausdrücklich geschrieben hatten: ich sollte sie an Geblern adressieren.

(. . .)

Ich habe in allem drei Briefe erhalten, den letzten aus Florenz vom 13. Julius, worin Sie der Korsikanischen Reise mit keinem Worte erwähnen, sondern nur sagen, daß Sie des andern Tages nach Turin abgehen würden. Nun kein Wort mehr von Briefen. Gottlob! daß Sie die Reise glücklich überstanden und ich Sie wieder in Deutschland begrüße, und zwar als meinen lieben, getreuen Freund. Mir hat das Herz hundertmal gebebt, wenn mir einfiel: Welschland möchte Ihnen so sehr gefallen, daß Sie den Entschluß fassen könnten, Ihren Wohnplatz dorten aufzurichten: zumal, da ich in diesem fatalen Wahn sooft durch andre bestärkt wurde, besonders durch die Zeitungen, worin unter andern vielen schönen Sachen von Ihnen zugleich gesagt wurde: daß Sie den Vorsatz gefaßt, einen weitläufigen Plan auszuführen.

Aus meinen Briefen wissen Sie nun, daß ich seit Mitte August hier bin und bis Ostern hier zu bleiben denke. Bis dahin hoffe ich, meine hiesigen Geschäfte zu endigen. Bisher habe ich noch gar nichts getan, weil ich ganz unfähig war, etwas zu tun; indem ich keinen Tag recht wohl gewesen, und mein liebes Malchen beständig krank war, und noch ist. Mein Bruder und andre Doktores sagen zwar, daß es nicht viel zu sagen habe. Ich habe aber schon einmal die Unart an mir, mir immer das Schlimmste vorzustellen, und mir dadurch so oft vergebliche Sorgen zu machen. Sie sollen mir diesen Fehler abgewöhnen. Ist das aber auch nicht eine vergebliche Hoffnung? Ich denke nicht. Alles Unglück wird der Himmel nicht über mich verhängt haben; nein! ich hoffe vielmehr, daß sich bald alles nach unsern Wünschen lenken soll. Ich bitte Sie nochmals auf das inständigste, trachten Sie in Wolfenbüttel zu bleiben. Es ist von allen den Orten, wohin Sie denken, der einzige, an dem wir leben können, wie wir wollen. Sobald ich Sie da angekommen weiß, schreibe ich Ihnen, und vermutlich kann ich Ihnen alsdann ganz genau sagen, wie meine Umstände ausgefallen sind.(. . .) Leben Sie wohl! Ich umarme Sie tausend und tausendmal in Gedanken, und bin auch ewig

ganz die Ihrige E. C. K.

Morgen früh erhalte ich, will's Gott! Ihren so sichern Brief. Ich freue mich schon im Geist. Wie steht es denn mit meinen in Wien zurückgelaßnen Sachen?

»Dein liebes gutes Murmeln . . . hat endlich das Band meiner blöden Zunge gelöst«

Stürmische Bekenntnisse in den Briefen Johann Gottfried Herders und Caroline Flachslands 1770–1773

Im denkwürdigen Jahr von Herders Straßburgaufenthalt und der Begegnung mit dem jungen Goethe 1770 traf Herder als Reisebegleiter des Eutinschen Prinzen bei der Durchreise durch Darmstadt die zwanzigjährige Caroline Flachsland, seine zukünftige Gattin. Der sechsundzwanzigjährige Prediger und Prinzenerzieher war damals schon der Mann von Welt, als der er in der Fülle seiner Reise- und Bildungserlebnisse später in Weimar eintreffen wird. Er wurde in engen Verhältnissen im ostpreußischen Mohrungen geboren, und hinter ihm liegt die Königsberger Studienzeit bei Kant, die Dompredigerzeit in Riga (während der die ›Fragmente über die neuere deutsche Literatur‹ und die ›Kritischen Wälder‹ erscheinen) und die berühmte Seereise von Riga nach Nantes. Vor ihm steht die wenig befriedigende Stellung als Konsistorialrat und Hofprediger in Bückeburg, wohin der wenig geistesverwandte Graf von Schaumburg-Lippe den berühmten »Freigeist« beruft. Die Bückeburger Zeit ist Herders Zeit eines überaus kreativen Rückzugs in sich selbst. Im Briefaustausch mit Caroline Flachsland bis zur Heirat am 2. Mai 1772, als Caroline die glücklichste Zeit seiner Bückeburger Jahre mit ihm teilt, ist es auch die Zeit der brodelnden, zerquälten Selbstbesinnungssuche des Theologen und Philosophen. Bekannt ist, daß Herder im privaten Auftreten sich so gänzlich vom Bild abhob, das man sich nach seinen Schriften von ihm machte, ja daß er seinem leidenschaftlichen Gemüt gemäß eine starke abstoßende oder anziehende Wirkung auf andere Menschen hatte. Letzteres ist natürlich

Caroline Herder, geb. Flachsland (1750–1809)
anonymes Gemälde, um 1770

Johann Gottfried Herder (1744–1803)
Gemälde von Anton Graff, 1785

der Fall für Caroline Flachsland, die von der ersten Begegnung in ihrem kleinen poetischen Darmstädter Freundschaftskreis an zu den Menschen gehört, die von Herders feurigem Wesen gefangen werden. Die berühmt gewordene Vergötterung ihres Gatten kann aber auch als Treffsicherheit in der Erkenntnis ihrer Seelenverwandtschaft gesehen werden. Carolines Bericht über die erste Begegnung zeigt nicht nur die zeittypische Annäherung eines Paares über die aufwühlende Lektüre, die das Aufkeimen verwandter Empfindungen beflügelt: »Aus Klopstocks (damals noch unvollendetem) Messias die schönsten menschlichen Szenen, aus Klopstocks Oden, aus Kleist (seinem und meinem Lieblingsdichter), aus den Minnesängern las er uns vor. Unvergeßlich ist mir die Darmstädter Fasanerie, wo er in der Stille des Waldes, in der feierlichen Einsamkeit des Ortes Klopstocks Ode ›Als ich unter Menschen war‹ mit seiner seelenvollen Stimme aus dem Gedächtnis rezitierte! In Klopstock und Kleist haben, ach, unsere Seelen sich gefunden. Am 19. August (10. Sonntag nach Trinitatis) predigte Herder in der Schloßkirche. Ich hörte die Stimme eines Engels und Seelenworte, wie ich sie nie gehört! ... Zu diesem großen, einzigen, nie empfundenen Eindruck habe ich keine Worte – ein Himmlischer in Menschengestalt, stand er vor mir. – Den Nachmittag sah ich ihn, stammelte ihm meinen Dank ... von dieser Zeit an waren unsere Seelen nur eins und sind eines: unser Zusammenfinden vor Gottes Werk. Inniger können sich die Seelen nicht zusammen verstehen, zusammen gehören ... Ach, gewiß hat niemand seine heilige Seele so gekannt wie ich! Von diesem Tage an sahen wir uns täglich. Ich fühlte ein nie empfundenes Glück – aber auch eine unbeschreibliche Wehmut und Schwermut: ich glaubte, ich würde ihn nie wiedersehen.«

Zum neuen Sprachausdruck des leidenschaftlich schwärmenden Gefühls gehören auch die entsprechenden Charaktere. Und so ist dieser Briefwechsel ein Dokument der

Überwindung melancholischer Wehmutsempfindungen zur Sprache des Sturm und Drang, zum Ausdruck starker keimender menschlicher Kräfte – nachträglich gesehen! Denn für die junge Caroline Flachsland führt der Weg zu ihrem Herder doch nicht so sehr über literarische Bildsamkeit, so begierig sie auch die geistigen Anstöße des angebeteten Freundes aufnimmt, sondern über die Unbeirrbarkeit ihres Gefühls. Eine merkwürdige, in der Schwebe gehaltene »Brautzeit« ist es allemal, eine schwierige Zeit für eine mittellose Waise. Nach der Darmstädter Begegnung und der aufkeimenden Liebesbeziehung bleibt Caroline, das »arme Mädchen«, das seit dem frühen Tod des Vaters, des elsässischen Amtsschaffners Johann Friedrich Flachsland, im Haus der verheirateten Schwester lebt, in arger Besorgnis über ihre eigenen Ehepläne zurück. Was Herder ihr aus Straßburg und Bückeburg zukommen läßt, ist nicht immer ermutigend. Oft zieht er seine leidenschaftlichen Annäherungen zurück und begibt sich wieder auf die Ebene der puren Freundschaftsbekundungen. Caroline gleicht sich in den empfindsamen Jahren des inoffiziellen Brautstands den dunklen, schwermütigen Empfindungen des Freundes an. Sie gibt kund, daß sie von Jugend auf weinen könne, daß sie »Trost und Wollust in den Tränen finde«. Herder wiederum ist der pädagogisch Wirkende in ihrer Korrespondenz. Mit großem Eifer führt er die »Psyche« des Darmstädter empfindenden Kreises von den schmachtenden Tönen zur neuen zukunftsträchtigen Literatur. Sie verständigen sich in ihrer Begeisterung für das »Dämmernde, Dunkle und moralisch Rührende« in Sophie La Roches Roman ›Die Geschichte des Fräuleins von Sternheim‹. Der melancholisch Reisende Yorick tändelt durch die Briefe. Ein – von Herder für die Sturm-und-Drang-Dichtung überschätzter – Klopstock und seine Oden sind ein weiterer Kanal für die »Anlaute des Herzens«. Aber auch die zukunftsweisende Literatur, vor allem Shakespeare als Dichter genialer Leidenschaft, Rousseau, Shaftesbury, vor allem die Stimmung der »alten« englischen und schottischen Lieder des ›Ossian‹ sind die Bildungselemente für Herders geliebte Freundin. Recht gut kann man in dem zweibändigen umfangreichen Briefwechsel die Elemente der Bildungsgeschichte des jungen Goethe nachvollziehen.

Aber Caroline begnügt sich, so aufnahmebereit für diese neuen Themen sie auch ist (sie wird sich übrigens erst spät an der Seite ihres Gatten ihrer eigenen geistigen Begabung bewußt), nicht mit den literarischen Annäherungen. Im Frühjahr 1777 ist in den Briefen zu sehen, daß sie nicht mehr bereit ist, die Zurücknahmen Herders auflodernder, »murmelnder«, doch für das Eheleben wenig präziser Andeutungen hinzunehmen. Was ließ Herder denn vor einer engeren Verbindung zurückschrecken? Eine Rolle mag die ungewisse finanzielle Zukunft gespielt haben, die sich bei Carolines bescheidenen Wünschen nach einer Aufstockung Herders Gehalts am Ende als recht unproblematisch herausstellt. Finanzielle Sorgen haben das Paar niemals verlassen. Nein, problematischer ist in Herders Bückeburger Rückzug der recht ausgeprägte Hang, sich verdrießlichen Stimmungen und selbstquälerischen Gefühlen hinzugeben. Nicht zu unterschätzen ist auch für Herders Stimmungsschwankungen sein quälendes Augenleiden. Aber schließlich war er auch wegen der entzündlichen Augenfistel letztlich um Carolines willen nach Straßburg gereist, um sich der Tortur mehrerer Operationen zu unterziehen. Nach der gescheiterten Operation ist die Begegnung mit Caroline, als Herder 1771 von Straßburg nach Bückeburg zurückreist, recht belastet. Genug, die merkwürdige Brautzeit ist voller Rückschläge. Dafür verdanken wir diesen Ungereimtheiten den in der deutschen Geistesgeschichte vielleicht reizvollsten Briefwechsel im Aufrollen psychologischer Verwicklungen. Beide setzen sich interessante Charakterporträts, die ihren Umgang mit dem Auf und Ab der Hemmungen und Offenbarungen nachlesen lassen. Allmählich wird deutlich, warum Herder vor dem Endgültigen zurückschreckt. Er spart nicht an den

Eingeständnissen seiner Schwächen und Minderwertigkeitsgefühle und äußert doch immer wieder zaghafte Hoffnungen, die er mit der heilsamen Aufnahme der Bloßlegungen auch der verdrießlichen Seiten seines Wesens verbindet. Herder durchlebt zudem in Bückeburg eine religiöse Krise. Manche Selbstanklagen des »Erdenkloßes« spiegeln die religiöse Tradition der Selbsthinterfragung. Aber auch Caroline setzt sich ein Denkmal in diesen Briefen, in denen sie mal schmachtend, dabei aber psychologisch klug und feinfühlig, Herders Schwächebekenntnisse aufnimmt. Der äußere Eindruck der Zwanzigjährigen mag täuschen. Herder hat ihre anmutigen Reize geschildert: »Ihr unschuldiges, einfaches, freies Gesicht, ihr blaues, stilles, fühlendes Auge, ihr leichter Körper, in jeder Stellung ganz Natur, ganz Munterkeit, ganz sanfte Zärtlichkeit und Anmut.« Doch Caroline war gar nicht »aus weichen Düften Mondschein zusammengewebt«, wie es Matthias Claudius von ihr gehört hatte. Realistisch und zielstrebig bahnt sie sich einen Weg zur »murmelnden« Stimme des Herzens des Angebeteten. In den psychologischen Verwicklungen des Briefwechsels ist nicht Herder der Lehrer und Pädagoge. Hier ist es Caroline, die gewisse Reibungspunkte verbirgt, wie zum Beispiel ihre eigene Reizbarkeit, ihre Herders unbedingtem Wesen nur gar zu ähnliche Stärke »im Lieben oder Hassen« (wie Schiller später in Weimar Herder charakterisierte). Am Ende des Briefwechsels nennt Herder seine Briefe »das Tagebuch der Schwachheiten«. Am 11. März 1772 kommt der Durchbruch. Endlich bekennt Herder, wie sehr ihn tiefe Ängstlichkeiten, »verkannt zu werden«, bislang gehemmt haben, und bittet Caroline ihrerseits um lösende deutliche Worte. In dem Brief vom 24. Juni 1772 gebraucht er gleich mehrmals die Metapher des »murmelnden Herzens« (die Caroline Anfang Juli 1772 und im Brief vom 17. 7. 1772 aufgreift), die die Unbewußtes und Verborgenes mühsam zutage fördernde Schreibweise so schön versinnbildlicht. Durch ihr stürmisches und kluges psychologisches Hineinfühlen in Herders

Unsicherheiten gewann Caroline ihren »Brutus« (Herders Sinnbild seiner selbst, des in der Vergeblichkeit seiner Anstrengung gehemmten melancholischen Tatmenschen). Nun wird für ihn die Ehe zur Hoffnung auf die Entfaltung edlerer menschlicher Kräfte.

Caroline Herder ist später in Weimar eine nicht nur beeindruckende Gestalt, sondern auch recht gefürchtete Mitstreiterin ihres Gatten geworden. In den langen glücklichen Ehejahren im kinderreichen Herderschen Haus tritt das in den Briefen vorsichtig zurückgehaltene Temperament Carolines in ihrer leidenschaftlichen Parteinahme für ihren »Gott« hervor. Konflikte des streitsüchtigen Herders hat Caroline aber auch in dieser Unbedingtheit, mit der sie sich zur Todfeindin von Herders Gegnern machte, verschärft. Der leidenschaftliche Charakter der Herderschen Ehe war natürlich ein Gesprächsthema im Weimarer Zirkel für alle, die – nach einem Wort Friedrich Schillers – mit der »heiligen Zweieinigkeit« der beiden zu tun hatten. Eine anekdotische Mitteilung Schillers berichtet, wie Unfrieden im Hause Herder durch die Übereinstimmung der Charaktere gelöst wird: »Weil beide stolz, beide heftig sind, so stößt diese Gottheit unter sich selbst aneinander. Wenn sie also in Unfrieden geraten sind, so wohnen sie beide abgesondert in ihren Etagen, und Briefe laufen Treppe auf, Treppe nieder, bis sich endlich die Frau entschließt, in eigener Person in ihres Ehegemahls Zimmer zu treten, wo sie eine Stelle aus seinen Schriften rezitiert mit den Worten: ›Wer das gemacht hat muß ein Gott sein, und auf den kann niemand zürnen.‹ Dann fällt ihr der besiegte Herder um den Hals, und die Fehde hat ein Ende.«

Caroline Flachsland an Johann Gottfried Herder
25./26. 8. 1770

Darmstadt, nachts um 11 Uhr
Nein! Ich will nicht länger mein Herz dem redlichsten besten Freund verhehlen, ebenso stark, und wann es möglich ist noch stärker, liebe ich Sie, wie Sie mich lieben, wie freue ich mich, daß Sie mein ehrliches gutes Herz kennen, o wie ganz in einer Minute haben sich unsere Seelen gekannt, was ich an dem glücklichen Sonntag empfunden, und von Tage zu Tage mehr empfunden, kann ich nicht sagen, es ist mir alles neu, dies, dies ist allein die wahre himmlische Freundschaft; vergessen Sie mein wunderliches Mißtrauen? guter liebenswürdiger Freund, es muß Ihr rechtschaffnes Herz beleidigt haben, aber denken Sie auch, wieviel sich ein armes Kind zutrauen darf, das seine Schwäche so gut kennt. Loben Sie mich nicht, mein Lieber, ich bin froh, ich bin glücklich, daß unsre Herzen sich kennen. (. . .) Eben fällt mir Klopstock und seine Meta ein, glauben Sie, daß ich wie eine Meta Sie liebe? Freilich fehlt mir zu einer Klopstockin noch viel, aber hierin nichts mehr. O göttliche, sympathische Freundschaft, wie glücklich machst du! Machen Sie sich recht glücklich und ruhig, bester liebenswürdiger, die Güte Ihres redlichen Herzens, die Sie jedermann gleich mitteilen, wird Ihnen viel Freude geben. – Wann nur der morgende Tag bald vorüber geht! O schrecklicher Tag, der mir meinen Freund wieder nimmt, und vielleicht auf ewig, Gott! Du mußt mich stark machen, und sehen wir uns hier nicht mehr, so sehen wir einander gewiß im Himmel, und dann –

dann trennt kein Schicksal mehr die Seelen,
die du, Natur, einander bestimmtest.

Ich muß aufhören, ich zerfließ in Tränen, ewig bin ich
Ihre treueste Flachsland

Herder an Caroline
8./9./10. 10. 1770

Würdiges königliches Herz! So lege ich Ihren schnellen Schritt der Empfindsamkeit aus: ich setze mich an Ihre Stelle, in die delikate Situation eines ehrlichen, unschuldigen, edlen Frauenzimmers in solcher mißlichen Idee: und Ihre Besorgnis, selbst Ihr schneller aufopfernder Schritt wird dabei so erklärlich, so löblich, daß ich, Gott! Himmel! ohngeachtet aller meiner Unruhen Ihnen nichts, gar nichts zu vergeben, zu verzeihen, zu entschuldigen habe; daß ich Sie immer auch deshalb verehren muß. Nur, gutes Kind! wollen Sie mir dabei eine Bitte, eine kleine Lehre erlauben? *Lasset uns offen sein! und gegeneinander an Tugend und Würde der Menschheit glauben:* sehen Sie, so kommen wir allen solchen Dornritzungen aus dem Wege, und genießen doch die Rose der süßesten Freundschaft. Warum wollen wir uns einander auch nicht das mindeste Gute mehr zutrauen, als was wir sehen? oder uns sogar Böses zutrauen, was wir nur von fern zu wittern glauben? Wollen wir nicht lieber offen sein und uns unsre Herzen ausschütten ohne Schminke und Rückhalt, wie sie sind. Wenn wir aneinander schreiben – glauben, daß wir willig schreiben –, lang oder kurz, oft oder seltner, dumm oder klug, ernsthaft oder scherzend – immer daran glauben, daß es dieselbe Seele sein könne, die sich in diesem Augenblicke so und nicht anders zeigen mußte, um keine Maske vorzunehmen.

Caroline an Herder
1. 7. 1771

Ach! daß Sie die ›Fräulein von Sternheim‹ gelesen! Ich bin entzückt, daß wir's so zusammen gefühlt. Ganz durchaus ist der Roman nach meinem Gefühl, alles alles interessiert von Anfang bis Ende. Ach, das süße Dämmernde! Es ist ganz die

Natur meiner Seele. Kannst Du eine solche Seele lieben? (...) Ach, wäre ich unter den Händen dieser Frau gebildet worden! Aber vater- und mutterlos irrt' ich umher! O verlaß Du mich nicht, mein Erster, Einziger in der Welt, den ich sooft, oft an mein Herz drücke, der mir Freude und Trost und Aufmunterung gibt! Gott im Himmel wird's Dir belohnen! Ach niemals, niemals hab ich Dich verkannt; nie die süßen Düsterheiten in Deinem Gesicht mißdeutet, das weiß Gott! Vielmehr fließen sie in den meinigen zusammen, und wir waren da immer nur eine süßmelancholische Empfindung zusammen. Die Wolke, unter die ich mich so sanft, so zufrieden schmiegte, die sollte auf Dir Zeichen Kains sein? O Gott nein! nie! wer kann das denken? ach werde mir wieder gut, mein Einziger ewiger Freund! ich hänge an Deinem Hals und bitte Dich darum. – Willst Du? o wenn Du wüßtest, wie ich Dich liebe! –

Herder an Caroline
8. I. 1772

O Mädchen, lerne an die Tugend glauben! Ich könnte, wenn Du es wolltest, ewig mit Dir, als meiner süßesten, einzigen Schwester leben – (und o wie wollte ich's!) Ich könnte, von Dir abgetrennt auf 50 Meilen wie jetzt, wenn Du es mir verstattetest, ewig als Bruder leben, – und jetzt sorgst Du für mich, und glaubst (verhehle Dein gutes Herz mir nicht), als ob ich *um Dich* litte! Welche Kleinmut, als ob ich Dir kein größer Herz zutraue! – Doch ich habe auf tausendfache Weise an der Kleinmut schuld.

Fliehe mich, Mädchen, und fliehe mich ewig (wer kann in Herzen sehen, und Herzen zwingen?), aber das Recht eines Bruders über seine Schwester gib mir wenigstens! Das will ich und muß es haben! Oder Ihr Herz hat sich verleugnet, und das hat's nicht! Das kann's nicht!

Ich weiß, ich bin ein Erdenkloß! Bestimmt, durch diese

Welt in einem Tale hindurchzulaufen und zu zerfallen – wen darf? wen will ich mit mir beschweren? – Aber ich habe eine Seele! ein Herz! – Ja Mädchen, ein Herz, ob es gleich nicht an Geburtstagen empfindsamer Damen Freudenfeuer macht – und dies Herz möchte gern in seinem ganzen Leben von seiner Freundin wissen; soll's das nicht?

Unser Briefwechsel ist ganz aus seinem Ton! Gelehrt, klassisch, empfindungsreich, ich weiß nicht, was geworden! Sie werden seiner überdrüssig, und ich tadle Sie nicht – aber ist kein andrer möglich? Mädchen mit dem guten Herzen und dem Engelsgesicht, das da vor mir steht, für zwei entfernte Pilgrimme, die sich so gerne manchmal sehen, sprechen wollen, sich so sehr aufmuntern können, kein andrer möglich? Ohne Zwang und Gefahr! In Unschuld und Tugend! Du meine süße, einzige, ewige Schwester, und ich Dein – darf ich's sagen – Dein Bruder? Sprich, antworte, rede herzlich, mein Mädchen. H.

N. G. Sie scheinen Dinge gegen mich zu haben, das lasse ich mir nicht ausreden – darf ich sie wissen?

Herder an Caroline
etwa 24. 6. 1772

Und so bekomme ich denn, statt des Hoffnungsknöspchens Rose, wenigstens ein verwelktes Blättchen; das meinige mag also auch, so klein und unaufgeblüht es sei, wandern – es würde doch auf dem langen Weg ermatten und sterben ...

Aber mein liebstes Mädchen, erlauben Sie mir auch einmal ein Wort zu murmeln – ich weiß nicht, was ich murmeln soll, aber in meinem Herzen ist's doch so laut. Sie sind immer so ruhig, leben so behaglich, wünschen, wo möglich, ewig so entfernt von mir zu leben – müssen also doch dabei und also schon wirklichen Zweck und Ziel und Glückseligkeit des Lebens haben ... ich darf nicht weiter schreiben. Jedes Wort ist für mich das Urteil eines langen, langsamen Todes.

Nicht, meine liebste, edelste Freundin, als wenn ich außer diesem Murmeln auch nur zum mindesten Wort oder Vorwurf Anrecht hätte. Ihre Briefe sind alle so voll Empfindung, so ausgegossenen Herzens, so süß. Ich weiß es auch nur zu gut, daß ich nicht eine der sanftesten Regungen Ihres Herzens wert bin. Vielleicht haben Sie mich auch über meine Briefe und noch mehr *über mein Betragen* schon hundertfach mehr mit eben den Murmelungen des Herzens angeklagt und es mir nur aus wirklich freundschaftlicher Nachsicht verschwiegen. Vielleicht habe ich auch Ursache, mich tausendfach mehr anzuklagen – – und tue es – und – –

Und doch murmelt mein Herz fort, süßes Mädchen. Wir sind für unsre Freundschaft, und den Grad Deiner Liebe, dessen ich einmal wert zu sein und zu werden wünsche, meine liebste, beste Freundin, sind wir nicht, bin ich Ihnen nicht zu kalt, zu ferne? – nicht zu kalt! Ihre ganze Seele liebt mich! Alle Ihre Briefe sind Ausgüsse, wie es meine nicht sind! Sie sind auch bei mir unendlich süßer und nicht bloß romantisch, sondern auch menschlich, teilnehmend, wahr – aber liebste Caroline, mein Herz murmelt. Ich weiß, ich bin vielleicht an allem Schuld. Wir haben uns vielleicht nicht lange genug gekannt, um die ganze Vertraulichkeit unsrer Herzen zu haben: ich bin vielleicht so trocken, so verschlossen. Aber, liebste Freundin, sei Du es nicht! Gib Dir alle Anrechte über mich, mir alles, alles zu sagen, was Du von mir denkst, zu fordern, zu strafen, zu wollen, zu wünschen, zu befehlen. Siehe, mein liebstes Mädchen, das böse, verwirrende Schicksal trennet uns noch – es wird uns doch nicht ewig trennen! – Sollen wir denn als Fremdlinge zusammenkommen? Als Brieffreunde? Als Briefsteller gar? (...) Ach Gott, wie rührte mich neulich in Ihrem Briefe »meine ganze, große, hohe Würde wird in der süßen Bestimmung bestehn, dereinst *gute Gattin, gute Mutter zu sein – wenn ich's erlebe.«* O meine liebste Flachsland, ich umfasse Ihren Arm, Dein ganzes liebes Selbst, ich kann nicht sagen, mit welcher Empfindung! Und sehen Sie, liebstes Mädchen, das ist jetzt in hundert Augenblicken, worüber Sie mich nicht verstehen, meine ewige Empfindung. Vielleicht fallen zehn scheinbare Blütenblätter von mir ab; vielleicht aber geschieht's bloß, weil ein gewisses Wesen in mir mehr zur Frucht reift. Sein Sie Sonne, liebstes Mädchen, die es reifen helfe.

Caroline an Herder

Anfang Juli 1772

Strafen Sie mich nur und murmeln Sie nur, liebster redlichster Freund, es ist mir noch kein Verweis aus einem so lieben edlen Herzen gekommen, und doch soll's kein Verweis für mich sein, und ist's auch nicht; Schonung, Liebe, Dein edles erhabenes Herz, Deine ganze süßeste Umarmung der Seele ist's! O wüßten Sie doch, wie Sie mein Herz hätten, mein *ganzes Herz*, wie Sie damit machen könnten, was Sie wollten, und Du klagst über Kälte! Gott, warum gerade *das Wort?* Denkst Du denn nicht, daß es auch Schüchternheit sein könnte? O lieber Süßer, strafe uns doch nicht zusammen mit dem garstigen Wort, das gewiß weder in Deiner, noch meiner Seele ist – wollen Sie die Ursache wissen, warum ich immer zu furchtsam war, von einer nähern, süßern, ewigen Verbindung unsrer Seelen – nicht unsrer Seelen, sie sind schon so ewig fest verbunden –, von unserm ganzen lieben Selbst zu reden? Ach denken Sie, man hat mir so oft, oft gesagt, daß Sie mich nicht so ganz liebten, daß vielleicht ein guter, ehrlicher Zug von mir Sie im ersten Augenblick überrascht hätte, daß Sie mich vielleicht dazumal liebten, aber es sei gesunken und – Gott weiß, was für elend Zeug mir gesagt wurde, ich schäme mich, das hingeschrieben zu haben, das Ihr Herz beleidigen könnte, aber das laß doch nicht, mein Lieber, mir und meiner ganzen Liebe zu Dir zu gefallen, laß Dich das nicht beleidigen –

Caroline an Herder
17. 7. 1772

Die ganze Seele in Deinem süßen goldenen Brief schwebt in mir; ich weiß nicht, wie mir ist, aber tausendmal klag ich mich an, daß ich nicht schon lange so innig, so vertraut mit Dir gesprochen und es immer nur in mein Kämmerchen eingeschlossen. Dein liebes gutes *Murmeln*, das mich anklagen wollte und doch nicht wollte, hat endlich das Band meiner blöden Zunge gelöst; mich dünkt, es wäre alles vor mir aufgeschlossen, Himmel und Erde und *Dein Herz*. Willst Du, mein Lieber, so in dem redlichen, treuherzigen Ton fortfahren, mir zu schreiben, zu antworten, alles, alles, was Du willst, ach was für himmlische Stunden wirst Du mir machen. Und bin ich's nicht wert, so bin ich doch nicht so ganz unheilig, in die verborgenen Winkel Ihres Herzens zu sehn. Mein armes Herz liegt vor Dir. Du sollst niemals mehr einen Tubus dazu nehmen, Du böser Guter.

Aber noch eins, mein Lieb. Warum bist Du denn so rückhaltend gegen mich gewesen? Hast Du je gesehen, daß ich Dich nicht mit meiner ganzen Seele liebe? Oder hast Du mich erst mehr lieb bekommen, mehr in der Entfernung als in der Nähe? Gott im Himmel! Nein, das denke ich nicht, o nein, die Nähe soll mehr und wird mehr sein als die Entfernung. Nur sag mir, Lieber, warum soll ich zuerst laut reden? Bin ich doch ein Mädchen, und arm, und furchtsam, wie sollt ich reden?

Herder an Caroline
19. 9. 1772

Nur das eine glaube, meine Freundin, daß mein Herz bis auf den kleinsten Winkel redlich gegen Dich ist und gewesen ist und ewig sein wird. Ich fühle es jetzt mehr und inniger und unablässiger, als ich's je gefühlt habe, daß ich Dich so rein und innig und seelenvoll liebe, daß nur mit Dir leben und Deine Liebe genießen (zählt), und wenn ich Dir auch täglich sagen müßte, daß ich sie nicht verdienen und wenn ich mit Dir auch in Dürftigkeit und Öde leben müßte, ich fühle, daß ich freudig und mit Deinem Beispiel groß leben würde! Von allen diesen Gesinnungen, die seit auch dem letzten Schritt ich weiß nicht, mit welcher Kraft mich fortreißen und mir unter Mond und Schatten und bei Morgen und Sonnenschein nichts als das Bild vorhalten, kann und soll dieser und kein Brief zeugen. Überhaupt, was ist Brief? Die Deinigen sind so lieb und süß und begeistert, daß es mir immer dünkt, als ob ich eine Rede einer Cidli aus Klopstock läse: aber meine sind nichts, sind trocken, hart und dürre!

O mein himmlisches englisches Mädchen, verlaß mich nicht! Du, an der ich einen Schatz, den einzigen Schatz auf mein Leben gefunden zu haben glaube! Ich sonst in meinem Leben ohne Zweck, Plan und Bestimmung Verlorner!

Mein Band mit Dir soll der erste Eintritt in ein Reich der Himmel werden! Du sollst mich zum menschlichen, besten, würdigen Manne machen: ich will von Dir lernen und Dir sagen, wo Du ein gutes, seliges, englisches Herz zeigest! Unser Leben soll nichts als ein Schwur ewiger gemeinschaftlicher Tugend, Treue und Würde des Herzens und des Lebens werden! O wenn ich Dich erst wiedersähe und Dir das mündlich sagen könnte!

Caroline an Herder
26. 9. 1772

Ich lehne mich an Deine redliche Brust und Herz und kann nichts als weinen. Heute Deinen dritten Brief, Engel meines Lebens. Ich zerfließe fast in Tränen. Ach, was bin ich, armes Mädchen, daß Du mich so lieb hast! Was wird aus mir werden, wenn ich einmal bei Dir sein werde, auf Deinem Schoß, an Deiner Engelsbrust – Dich selbst hören, lieben, über alles in der Welt lieben werde! Wie kann ich, wie werd ich das fassen – Du, *Du mein* Herder wirst mir Leben und Seligkeit und Himmel und neue, große Seele geben – aber ich Dir nichts – als gute, treue, ganze Liebe – wie bange wird mir oft über mein Nichts! Du machst Dir ein ganz andres Bild aus mir, als Du's finden wirst. Und wie wird's dann sein? Ich denke immer furchtsam und freudigschauernd an unser Wiedersehen – ewiges Band treuester Liebe – edlem Leben, und Würdigkeit – O Gott, bin ich das wert?

Herder an Caroline
5. 12. 1772

Aus Ihrem Unglauben, meine liebe, zärtlichste Freundin, müßte ich bald etwas anders schließen, wenn ich auch ungläubig sein wollte. Sollte wohl der Schauder, die Zweifelei, die Sie immer haben, wenn Sie an mich gedenken, in einer so sanften weiblichen Brust gut sein? Und wären Sie wohl Kennzeichen, daß Sie mich recht lieben? (...) Alle meine Fehler (werden Sie sehen) werden Ihnen aufgedeckt und unterworfen werden: und ich habe dabei so wenig Rückhalt, daß ich schon hundertmal gesonnen gewesen bin, unsern Briefwechsel zum geheimen Tagebuch der Schwachheiten meines ganzen Lebens zu machen. (...) So *ungeduldig*, meine liebe Freundin (ich glaube, das ist doch immer der Grundknote), Sie mich halten und ich's immer sein möge: so glauben Sie auch, daß bei mir etwas dagegen wirke, was ebensowenig von mir abhängt, und das ist *liebe süße Gewohnheit:* die niemand vielleicht milder und stärker fühlen kann als ich und von welcher ich mir eben, wenn ich an Dich, meine Freundin und Braut und Mitleberin, gedenke, welche neue Schöpfung und die ersten heitern Tage meines Lebens hoffe. Sind wir erst, holde Freundin, über unsre Präliminarien einig (und wer wollte sich, als Kind, vor denen fürchten!), haben wir uns erst ein Vierteljahr daran gewöhnt, uns in allen

Umständen zu kennen, zu lieben und Christi liebes Kreuz, was das süßeste Band des Lebens ist, miteinander zu tragen: habe ich Ihnen zum voraus erst schriftlich oder mündlich auch die feinsten Besorgnisse meines Herzens entdeckt und Ihr freiestes Urteil darüber empfangen – o liebstes Mädchen, wenn mir Gott das Glück gebe, und wenn ich mich in die Zeit denke: welche Ideen! welche Aussichten! mehr als ich alsdenn freilich, freilich mit Um und An wert wäre – aber allerdings fühle ich's, daß Sie bis dahin den schwersten Gang zu gehen haben. Sich von den Ihrigen entfernen! An einen Ort gehen, von dem ich selbst im Anfange mißvergnügt gesprochen! Wie schrecklich wäre es, mit einem Menschen zu gehen, den Sie *nicht ganz* lieben! Mit dem Sie nur voll Zwang zu leben gedächten – ich schreibe alle diese schrecklichen Worte hin und halte Ihnen, meiner liebsten Freundin, die ich auf Erden habe, einen Spiegel vor, vor dem ich selbst schauderte, wenn Sie mich darin auch nur suchen wollten. Ich versicherte Ihnen heilig, daß ich alsdenn auf einer Welt nichts anzufangen wüßte, auf der ich allein die Idee vor mir sehe, in Ihrem Arm und an Ihrer Brust allmählich erst der lebendige Mensch und tätige Mann zu werden, zu dem ich in mir alle Anlage fühle, die sich aber gleichsam in sich selbst jetzt aufzehret, und aufzehren muß, wenn Sie nicht eine so gute, liebe, herzliche Hand, wie die Ihrige, entwickelt. Denken Sie, liebste Caroline, in diesem Betracht, was es sein muß, wenn Du Dir Deinen Freund einmal selbst gebildet haben wirst, und dessen Namen alsdenn eben deswegen mit Stolze führst, weil Du ihn ihm gegeben. (...) Aber, liebste Caroline, von Anfang an, zwischen den Balsambüschen und im Haine wissen Sie ja, waren das die ersten Anstöße und Anlaute meines Herzens, die Ihre stille, edle Seele, aus welcher höhern Gegend herab! beantwortete! Du, mein liebstes Mädchen, von Jugend auf in *der* Schule geübt, und *dadurch eben, die Du bist* – o Gott, was ist das für ein Brautbrief, würde ein Federtor sagen: ich weiß aber, *meine* Flachsland sagt das nicht; wird mir eben so einen Brief aus dem Herzen schreiben, und nichts dem Freunde verhehlen, der mindestens mit ganzer Treue des Herzens ist.

Dein ewiger H.

Caroline an Herder
18. 12. 1772

Dein edles großes Herz, das bei allem dem in Deinem Briefe so voll Trost, Wonne und Himmel in meine Seele strahlt – o ich bin nichts wert; das ist mein ewiges Gefühl und Klage – aber *Dich liebe ich ganz*, das weiß ich, und mein ganzes Glück des Lebens hängt davon ab, daß Du mich wiederliebst, daß ich mein ganzes Leben bei Dir sein darf, um meinen Herder, meinen Freund, daß er mich lehre, führe und liebe. Das ist mein einziger Gedanke, Aussicht, Wunsch und Plan der Zukunft! O Gott, und das wünsche ich da für Dich tun zu können! (...) Du hast recht, mein edler erhabener Freund, ich bin nicht zur Tändelei geboren; ich fühl's, und freue mich, daß ich eine Seele habe, daß ich *lieben kann* – Die zwei Jahre Liebe war doch immer die Probezeit für den ersten starken, plötzlichen Eindruck, da ich mich für Dich geboren fühlte – mein Gefühl und Herz sagt mir's doch immer – und das Ihrige? Ach das ist himmlische Wahrheit für mich! Hätte ich Dich nie gekannt, was wäre aus mir worden! einsam! verlassen! Du bist doch der einzige, den meine Seele so ganz umfaßt! O wie will ich Dich lieben, Du mein Schutzengel, mein Freund der Seele!

Idylle und Prüfungen im Hainbund

Johann Heinrich Voß' Werbung um Ernestine Boie 1773–1777

Zu den Idyllen in den Privatschicksalen deutscher Dichter gehört die Begegnung des 1751 in Sommersdorf in Mecklenburg geborenen Johann Heinrich Voß mit Ernestine Boie, der siebzehnjährigen Schwester des Mitbruders vom Göttinger Hain, Heinrich Christian Boie. Die Geschichte dieser Werbung in einem Flensburger Pfarrhaus liest sich wie ein Kapitel aus den späteren Werken des Homerübersetzers und Idyllendichters Voß. Das bekannteste bürgerliche Epos Vossens, die in Hexametern geschriebene Darstellung ländlicher bescheidener Lebensweisen, ist seine ›Luise‹. Sie spiegelt nicht nur die Atmosphäre des bürgerlichen Pfarrhauses, Vater Boie selbst gibt gar das Vorbild des Pastors und Patriarchen der ›Luise‹ ab. Eine der drei Idyllen in Vossens arkadischer Utopie nennt sich ›Ein Bräutigam kommt zu Besuch‹. In der Literatur ist der Bräutigam allerdings bereits angehender Pfarrer und wird gänzlich ohne die Konflikte im Haus der Braut aufgenommen, die Voß, der »linkische Pächterssohn«, bei seiner Werbung erfahren muß. Noch ein Seitenblick zur ›Luise‹: Die behaglich beschriebenen Werbungs- und Hochzeitszeremonien teilen das Klima der protestantischen Innerlichkeit in Ernestines Elternhaus. Im Höhepunkt der drei Idyllen nimmt der wohlwollende Patriarch die Trauung selbst vor. Literarisch gerundet ist die Einbettung des jungen Familienglücks in patriarchalische Traditionen. Solche Reibungslosigkeit war aber Voß und Ernestine verwehrt.

Bis Voß seine erste und einzige Liebe in eine fünfzigjährige

Ernestine Voß, geb. Boie (1756–1834)
nach einem Ölbild

Johann Heinrich Voß (1751–1826)
Gemälde von Johann Heinrich Tischbein

glückliche Ehe führen konnte, hatte er den herben Widerstand der Familie der Braut zu erdulden. Idyllisch ist der Auftakt: An das »junge mutwillige Mädchen« schreibt Voß warme, freundschaftliche Briefe. 1773 war Heinrich Christian Boie, der seinen Freund Voß von einem Hausmeisterposten in Ankersburg losgeeist und zur Mitarbeit am ›Musenalmanach‹ geworben hatte, bei den Eltern zu Besuch. Der Bruder fand die am 31. Januar 1756 geborene jüngste Schwester nicht mehr als Kind, sondern als geistig lebendiges, junges Mädchen vor. Von Ernestine sind keine Briefe erhalten, aber auch aus der Bewunderung, die Heinrich Voß in seinem freundschaftlichen Briefverkehr über Ernestines unbefangenen Briefstil ausdrückt, wird die spätere Übereinstimmung deutlich. Ernestines Briefe sagen ihm, daß sie wohl ein »kleines tändelndes Püppchen« ist. Brieflich ahnt der junge Dichter einen Mädchentyp, wie ihn gerade die Hainbunddichter in der ungekünstelten, gar nicht gelehrten, auf äußeren Tand gerichteten Weiblichkeit suchen. Voß schickt Ernestine seine Dichtungen, im November 1773 seine Ode ›An Selma‹. Selma wird später der literarische Name seiner Verlobten. 1774 kommt Voß zusammen mit dem Haingenossen Friedrich Hahn von seinem Studienort Göttingen in das Pfarrhaus an der Flensburger Förde. Eineinhalb Monate bleibt er. Der Aufenthalt dehnt sich durch eine Krankheit Vossens aus: Zeit für ein beiderseitiges Bekenntnis ihrer Gefühle und für die gar nicht einfach zu realisierenden Hochzeitspläne. Denn der klopstockbegeisterte Dichter hat nichts weiter vorzuweisen als die Hoffnung, sich durch Herausgebertätigkeit des Göttinger ›Musenalmanachs‹ eine Existenz als freier Schriftsteller zu schaffen. Auch die ihn später berühmt machenden Übersetzungen von Homers ›Odyssee‹ werden als Geldeinnahmequelle begonnen. Kein Patriarch also kommt in Vossens Idylle den Verlobten freundlich entgegen. Im Gegenteil: als Ernestines Vater, der Pastor Johann Friedrich Boie, nach langer Krankheit 1776 stirbt, zeigt sich der Widerstand von Ernestines Mutter und deren Abneigung gegen den Bräutigam ganz unverhohlen. Beharrlich wendet sie sich dagegen, dem unbekannten jungen Dichter die Tochter zur Frau zu geben. Über ihre Brautzeit berichtet Ernestine in den Mitteilungen ›Aus dem Leben von Johann Heinrich Voß‹. Die ›Mitteilungen‹ sind die Einleitung des Briefwechsels ihres Gatten, worin die Dichtergattin sicherlich nicht ihre eigene Lebensgeschichte porträtieren wollte. Ein realistischer Bericht von den Prüfungen einer deutschen Brautzeit ist es dennoch. Ein mühseliger Balanceakt ist das Respektieren der religiösen bürgerlichen Lebenseinstellungen. Die jungen Verlobten sind fest entschlossen, auch schon ohne ein Amt Vossens zu heiraten – jedoch nicht ohne das Einverständnis der Mutter. Kein geringer Widerspruch zur damaligen Zeit! Ernestine berichtet, wie sie sich gänzlich in der Familie isoliert fühlt, da auch der Mann der verheirateten Schwester sich gegen sie stellt. An Voß mag sie von ihren stillen Leiden nicht schreiben, da sie ihn nicht belasten will. Ihr bleibt nur, die reizbare und unberechenbare Mutter an das väterliche Versprechen zu erinnern, dem Paar keine Hindernisse in den Weg zu legen. Schließlich wendet sich Ernestine im Februar 1777 hilfesuchend an Klopstock und bittet ihn, bei der Mutter die Verlobung zu unterstützen. Für die Nöte einer Dichterexistenz sind die beruhigenden Worte Klopstocks, die Voß der Braut mitteilt, ein kulturhistorisch aufschlußreicher Brief. Klopstocks Brief an Ernestine vom 27. Februar 1777 ist zur Weitergabe an die Mutter bestimmt. »Beruhigen Sie Ihre Frau Mutter vor allem dadurch, daß Sie ihr sagen, daß schlechterdings nichts ohne ihren Willen geschehn soll. Ich wiederhole dies nur; denn Sie wissen es schon durch Voß. Was die Sache selbst betrifft, so wissen Sie, daß Voß ein guter Haushälter ist, daß sein Wirt sich auf keine Weise eigennützig gegen ihn betragen hat und gewiß nie betragen wird; und daß er wahrscheinlich nicht lange ohne Amt bleiben wird. Solange er übrigens vom Musenalmanach und einigen kleinen Nebenverdiensten lebt, ist sein Zustand sicherer, als gewöhnlich der Zustand der Kaufleute ist.« Das Bild dieser Mutter wird aus Ernestines ›Mitteilungen‹ ebenfalls deutlich. Bald wird sie nach gegebenen Zugeständnissen krank und erholt sich rasch wieder, wenn sie die Verbindung wieder aufhalten kann. Voß kommt gänzlich ungeduldig geworden und entschlossen – »ohne Dich mitzunehmen, verlasse ich Flensburg nicht wieder« – ins Haus der Braut und bleibt so lange in Ernestines Nähe, bis die Mutter die Forderung nach noch einem weiteren Jahr Aufschub zurücknimmt. Ernestine hat auch diese acht bis neun Wochen der Ahnung ihrer zukünftigen, von literarischen Arbeiten gefüllten ehelichen Lebensweise beschrieben. Vor allem ist die Erzählung ihres Hochzeitstags in seiner schlichten Realistik ein nicht uninteressantes Pendant zur deutschen Idyllendichtung.

Man hat Ernestine eine Idyllendichterin genannt. Vor allem ist sie als der Typ der literarisch aufgeschlossenen, fürsorglichen Dichterfrau in die Literatur eingegangen. Für die Zeitgenossen war diese Verbindung eine Ehe »im patriarchalischen Genre« (Wilhelm von Humboldt). Ernestines ›Mitteilungen‹ reichen noch bis in die erste Ehezeit hinein. Sie berichten von der bescheidenen Existenz in Wandsbek, wo Voß als Nachbar des Herausgebers des ›Wandsbecker Boten‹, Matthias Claudius, an seinem ›Musenalmanach‹ und anderen literarischen Werken arbeitet. Die nächste Etappe ist Otterndorf, wo Voß ab 1782 Rektor der Lateinschule ist. Beide finden in der von idealistischen, humanitären und literarischen Bestrebungen vergoldeten einfachen Existenz ihre Übereinstimmung. »Die lichten Punkte im Leben überall zu suchen, dahin ging unser Streben von der ersten Zeit unsers Vereins an. In den Grundsätzen waren wir uns völlig gleich, wir suchten beide das Höchste in unserm häuslichen Leben, hatten beide die größte Freude an stiller Tätigkeit, waren beide genügsam und an wenige Bedürfnisse gewöhnt«, schreibt Ernestine. Erfrischend sind die ›Mitteilungen‹ als Pendant zur Idyllendichtung ihres Gatten, wenn Ernestine mit Detailfreude die Einrichtung, die genügsamen Mahlzeiten und andere Zeremonien dieser Idylle beschreibt. Zu Besuch kommen befreundete Dichter und Gelehrte: Klopstock, Claudius, die Familie Boie, Boies Meldorfer Freund Niebuhr, der Haingenosse Overbeck, der Hamburger Professor Büsch, Wilhelm von Humboldt. Es fehlen, so möchte man es sagen, erfreulicherweise die Selbstbeweihräucherung und das Pathos, mit dem in der deutschen Idyllendichtung das einfache häusliche Leben glorifiziert wird. Auch für die Briefe Vossens mag das gelten: Der Unmittelbarkeit seiner Liebesbriefe, die sicherlich im Schwelgen im Naturgefühl und den mitgeteilten literarischen Genüssen zu den poetischsten der deutschen Kulturgeschichte gehören, fehlt das Ideologische und Zeremonielle der Selbstdarstellung der Hainbunddichter. Sicher erzählt Voß auch von geselligen Ausflügen und Gedenktagen, etwa der Feier von Klopstocks Geburtstag. Doch ist das institutionalisierte und stilisierte »Einfache«, das die jungen Studenten mit solchen Ritualen bekräftigen wollen, in seinen Briefen nicht zu spüren. Es sind lebensfrohe Mitteilungen, in denen er seinen Alltag liebevoll für die entfernt wartende Braut ausmalt.

Johann Heinrich Voss an Ernestine Boie*
16. 5. 1773

Liebes Ernestinchen.
Wundern Sie sich nicht, daß ich gleich bei der ersten Anrede so vertraut tue; ein Dichter, wenn er auch noch ein Lehrling

* Der Freund Heinrich Christian Boie, den Voß in Göttingen kennengelernt hatte, sprach oft mit Wärme von jedem Mitglied der Familie Boie. Also auch von den drei Schwestern. Zunächst schreibt Voß an die älteste Schwester Margarete, dann an die beiden jüngeren, schließlich allein an die jüngste, Ernestine.

ist, muß sprechen, was er denkt, und so sind Sie mein liebes Ernestinchen. Wär' ich ein dichterischer Stutzer, mit anderen Worten ein empfindsamer Dichter, auf deutsch ein Jakobi*, oder nach Erklärung des teuren Herrn Magister Sebaldus** ein Säugling; so würden Sie schwerlich ohne ein: Holde Grazie, oder Meine Göttin, davongekommen sein. Vielleicht, um doch auch etwas Neues zu sagen, hätt' ich diese Formel noch so verändert: Hochedelgeborne Grazie, oder Mademoiselle Göttin. Das wäre doch recht empfindsam gewesen. Danken Sie dem Himmel, daß ich menschlich rede. Ein wenig allzu vertraut läßt es vielleicht. Aber wozu die Umwege? Wir müssen doch noch bekannter werden, und dann ist die beste Art, frei seine Gedanken zu sagen. Wenn ich Ihnen Rat geben darf, so machen Sie gleich in Ihrer Antwort, denn antworten wollen Sie doch, den Anfang auf eine gleiche Art. Nennen Sie mich, Lieber Voß, oder Lieber Johann, oder lieber – wie Sie wollen, wenn nur *lieber* dabeisteht. Die Verkleinerungswörter möchten bei meinem Namen wohl nicht gut angehn. Denn guter Engel! Liebes Vößchen, das klingt wohl nicht zum besten. Doch wie Sie's gut finden. Sein Sie versichert, daß ich nicht böse werden kann. Aber zum Henker, was mach' ich da! Ich schreibe das erstemal an ein Mädchen, und zwar an ein junges, schönes, mutwilliges Mädchen. Ich sollte meine Dreistigkeit entschuldigen, ich sollte sagen, daß ich meine Gesundheit verlieren würde, wenn ich Schmachtender länger schwiege, ich sollte ein paar Träume erdichten, die mich dazu verleitet hätten; auf eine feine Art sollte ich Ihnen alles vorplaudern, was Ihnen alle Morgen Ihr Spiegel vorplaudert, eine Lobrede auf blaue, helle Augen, Wangen der Morgenröte, Rosenlippen, und was weiß ich alles; endlich sollte ich Ihnen in ein paar Verselchen so etwas vorkrähen, was man Liebe nennt, und ganz höflich um eine geneigte

* Johann Georg Jakobi, deutscher Dichter der Empfindsamkeit.

** Roman von Nikolai, ›Sebaldus Nothanker‹ in dem Jakobi verspottet wird.

Antwort anhalten. Von allem tu' ich nichts. Ich weiß, Sie werden dennoch meinen Brief nicht übelnehmen, Sie werden ihn beantworten. (...) Diese Woche wird Ihr Herr Schwager Jessen* uns besuchen. Ich freue mich ganz ungemein. Da soll der liebe Mann was zu erzählen kriegen. Nach allem, nach allem will ich ihn fragen; wenn Sie aufstehn, wenn Sie Tee trinken, wenn Sie spazieren gehn, was Sie gewöhnlich tragen, was Sie lesen; ob Sie auch bisweilen meine Gedichte lesen, ob Sie auch auf Ihren Spaziergängen dann und wann von mir sprechen, ob Sie Gutes von mir sprechen, ob Sie wirklich wünschen, daß ich einmal nach Flensburg kommen soll. Wird er mir aber auch alles sagen? Und wenn er nun in Hinsicht meiner so etwas sagte, was nicht allzu behaglich wäre; ha! da wär' ich Frägler bezahlt! In vier Wochen schrieb ich Ihnen keinen Brief wieder. Und Elegien, jämmerliche Elegien würde ich herstöhnen, und Berg und Tal um Mitleid anrufen.

Voss an Ernestine
16. 6. 1773

Gut, mein liebes Ernestinchen; wir sind also recht ein paar Leute füreinander. Ich gefalle Ihnen mit meinem ehrlichen Gradezu, und Sie sagen einem, so ganz ungesucht, so viel niedliche Dinge, daß einem das Herz dabei klopft. Wie entzückend ist die Stelle, wo Sie mir erlauben, nur immerhin den Namen Ernestinchen zu gebrauchen, *wenn ich Ihnen nur gut wäre*! Wie fein sagen Sie's mir, daß es Torheit ist, sich nicht zu verlieben! Kleine Sofistin, wer hat Sie den Kunstgriff gelehrt, das Gegenteil von dem zu sagen, was man sagen will? Äußerlich stellen Sie sich, als wenn die Verachtung des schönen Geschlechts gar kein Verbrechen wäre, und doch schäm' ich mich in die Seele hinein, wenn ich Ihren

* Buchhändler Jessen, der Mann der ältesten Schwester Margarete.

Brief lese. Wie schön zanken Sie nicht mit mir, daß ich meine Sächelchen, ohne zu bestimmen an wen, geschickt habe! Wie vortrefflich – doch ich müßte Ihren ganzen Brief durchgehn, wenn ich alles Vortreffliche Ihnen vorrühmen wollte; und vielleicht liefen Sie mitten im Lobe davon und schimpften mich einen Schmeichler. Also nur kurz und gut, Sie wollen mein liebes Ernestinchen sein, und das sollen Sie bleiben. Stellen Sie sich hiebei jemand vor, der Ihnen recht herzlich Ihre Hand drückt.(...)

Kleists* Angedenken hab' ich auch diesen Frühling einen schönen Nachmittag gewidmet. Ich ging mit Hölty** (denn die übrigen hatten noch Collegia) um drei Uhr nach einem nahen Dorfe, Kleists Frühling in der Tasche. Wir aßen erst im Wirtshause eine Schale dicke Milch und wollten uns nun im Garten unter einem blühenden Baum hinlegen. Aber der Garten war nur klein, und mit weißer Leinwand bedeckt. Was machen wir, lieber Hölty? – Wir wollen oben in der Stube lesen. – Nein, das tu' ich nicht. – Was denn? – Komm nur! – Er folgte mir, ich führte ihn nach dem Pfarrhause. Die Hunde begrüßten uns, und sogleich guckte etwas aus dem Fenster, das ein Kopfzeug aufhatte und einem Mädchen von etlichen zwanzig Jahren ähnlich sah. Ich ging darauf zu, Hölty blieb stehn. »Sind der Herr Pastor zu Hause«, fragte ich das Etwas und sah dabei so demütig und zugleich so freundlich aus, wie ich bei Ihnen tun würde, wenn ich Sie um einen Kuß bäte. – Nein, versetzte das Etwas, mein Bruder ist ausgegangen. – Ich hätte nur eine kleine Bitte an ihn, sprach ich weiter, die Sie mir auch gewähren können. Wir wollten ein wenig lesen; wollten Sie uns nicht Ihren Garten dazu erlauben? – O ja, ganz gerne, dort ist er. – Wir neigten uns und gingen in den Garten, setzten uns da in eine Laube, die aus Apfelbaum und Holunder geflochten war, und Hölty

* Ewald von Kleist, Dichter der Empfindsamkeit.

** Ludwig Christoph Heinrich Hölty, Mitbruder im Göttinger Hainbund.

las den Frühling vor, indes ich in einer nachlässigen Lage eine Pfeife Toback rauchte. Rund um uns war alles Frühling. Die Nachtigall sang, die Tauben girrten, die Hühner lockten, von ferne ließ sich eine Schar Knaben auf Weidenflöten hören, und die Apfelblüten regneten so auf uns herab, daß Hölty sie von dem Buche wegblasen mußte. Wie wir fertig waren, lagerten wir uns noch eine Stunde unter einem blühenden Baume und beobachteten die kleinen Würmer, die im fetten Grase herumschwärmten. Hierauf bedankten wir uns gegen das Etwas mit dem Kopfzeuge, aßen ein Butterbrot in der Schenke und gingen nun im Wehn der Abendkühle wieder nach Göttingen.

Voss an Ernestine
12. 1. 1774

Nun, mein herzliebes Ernestinchen, Sie sind recht ein braves Mädchen! Vorgestern einen Brief, und gestern schon wieder einen (hinter einem Briefe von Esmarch*); und beidesmal solche herzliche Briefe, daß man sich nicht satt daran lesen kann. Dafür soll Ihnen Esmarch in meinem Namen die Hand küssen, die so artig geschrieben hat. Dies werden Sie doch nicht wieder für Schmeichelei halten, Mädchen?(...)

Meine Briefe halten Sie von Ihrer Arbeit ab? Ist das wahr? Wieviel könnt' ich mir darauf einbilden! Daß ich an dem Nachmittage, wo ich Briefe von meinen Freunden und Freundinnen bekomme, in kein Collegium gehe, das ist nicht wunderbar. Daß ich, wenn ich so glücklich bin, einen von Ihnen zu bekommen, fast den ganzen Nachmittag die Stube auf und ab gehe, und nur bisweilen ein zärtliches Stück von Gluck oder Bach auf dem Klavier dazwischen spiele; ist auch ganz begreiflich. Aber daß Sie Ihr Nähzeug

* Esmarch, Freund der Familie Boie, der wie ein Bruder mit den Geschwistern und Eltern lebt.

über meinen Brief aus den Händen legen und etliche Stunden nicht weiter daran denken; dies muß ich bloß dem Kopfweh zuschreiben, das Sie leider zu gleicher Zeit empfunden haben. Und wenn nun mein Brief sogar dies Kopfweh vermehrt hätte: armer, unglücklicher Brief, wie tief fällst du von der Höhe deines Stolzes herunter!

So gefällt Ihnen der ernsthafte Ton meines Hochzeitsgedichts*? – Esmarch hat mir nie gesagt, daß Sie ein kleines tändelndes Püppchen wären; und wenn er's gesagt hätte, so würd' ich's ihm nie geglaubt haben, sobald ich Ihre Briefe gelesen. Ich wollte nur, daß Sie recht grausam dafür mit ihm umgehn sollten, und dies zur Strafe seiner Faulheit. Doch jetzt bin ich ihm wieder völlig gut, und ich war's schon, eh' ich seinen Brief einmal aufgebrochen hatte. Die zürnende Freundschaft ist eine sehr heftige Liebe, und wer mir bei jeder Sache gleichgültig bleibt, der sei mein Freund nicht. Man hat mir gesagt, daß es in der Liebe fast ebenso wäre: die sich am feurigsten liebten, zankten am ersten miteinander. Wo das ist, lieber Gott, wie werd' ich einmal zanken, wofern ich jemals verliebt werde!

Voss an Ernestine
8. 8. 1774

Ich habe sonst immer geglaubt, man hätte viel Romanhaftes in die Beschreibung der Liebe hineingebracht, da man sogar von ihr sagt, daß sie das Herz bessere; aber wie natürlich, wie notwendig, seh' ich jetzo das Band zwischen Liebe und Tugend, wenn jene anders den Namen Liebe verdient! Wahrlich die Liebe ist das edelste Geschenk, das Gott dem Menschen auf Erden gab. Ohne sie würden wir unter der Schwere des Elends erliegen; mit ihr trotzen wir dem Unglück und der Verwesung, wandeln mit ihr zu der kristalle-

* ›An Selma‹, zugeschickt im November 1773.

nen Quelle der Seligkeit, und singen unserm Gott, dem Vater der Liebe. Aber wehe dem Menschen, der ihre heiligen Gesetze beleidigt! Alles Glück der Erden kann seinem Gewissen die Stille der Selbstzufriedenheit nicht wieder schenken! O meine liebe Ernestine, wie glücklich sind wir, daß wir uns gefunden haben! Gott hat uns gewiß füreinander bestimmt! Und so sollen mir denn alle Seufzer, alle Tränen willkommen sein, die die Liebe notwendig mit sich führt. Ich weiß, es ist nichts umsonst. Alles ist ein Streben, ein Hinseufzen zu einem Glücke, das gewiß uns dereinst auf ewig verbinden wird!

Voss an Ernestine

1. 1. 1775

Ich bin mit einer feierlichen Heiterkeit aufgestanden, habe alle meine Schicksale im vergangenen Jahr durchdacht und Gott gedankt, der mich so wunderbar und so gnädig geführt hat; ich habe geweint und neue heftige Entschlüsse für Tugend und Vaterland gefaßt: was kann ich nun eher tun als mich mit Dir, mein Alles nach Gott und Vaterland, zu unterhalten! Durch Dich, einzig durch Dich, ist mir dies stürmische Jahr, mit allen seinen Tränen, mit allen seinen Todesschrecken, ein Sabbat Gottes; und alle Freuden der vorhergehenden Jahre, da ich Dich noch nicht kannte, sind Spreu gegen eine Träne, die das selige Gefühl Deiner Liebe meinem Herzen entpreßte! –

Den achten Januar. Gestern kam endlich der so sehnlich gewünschte Brief, und nun sind alle Sorgen wie vom Winde weggeweht. Du hast recht, man ist noch einmal so fühlbar gegen das Glück, wenn es durch vorhergegangene Traurigkeit gewürzt ist. Dein ganzer froher Mut ist durch Deinen Brief in meine Seele geflossen.

Voss an Ernestine
8. 7. 1775

So ist's denn gewiß, daß ich Michaelis kommen darf? Gott! was wird das für eine Wonne sein! Nun so will ich denn allen Kummer wegjagen; es sind ja nur noch wenig Wochen hin! Für das Leben unsers Vaters bete ich täglich zu Gott; aber ich fange jetzt selbst an, sein Aufkommen unwahrscheinlich zu finden. Wir müssen in dem Falle, den Gott abwenden wolle, tun, was Religion, Vernunft und der Wille unsers ehrwürdigen Greises erfordert, geduldig sein. Und hierum bitte ich Dich bei allem, was heilig ist, überlaß Dich nicht Deinem Schmerz. Du gehörest nicht bloß Deinem Vater an, auch Deine Mutter, Deine Geschwister, Deine Freunde, und, den ich zuerst hätte nennen sollen, Dein Voß hat gerechten Anspruch auf Dein Herz. Für den schone Dich! Sein Leben hängt an Deinem, und die Welt wäre ihm zu enge, sobald Ernestine ihn verlassen hätte. Stelle Dir die schreckliche Todesstunde oft vor, damit sie Dich nicht ganz zu Boden schlage, wann sie kommt. Könnte ich doch alsdann bei Dir sein, um Deine wankende Seele zu unterstützen, und mit Dir zu weinen! Denk' immer an die heitere Miene, mit welcher der Mann, der seiner Verklärung sich naht, die Worte aussprach: »Du hast einen Vater im Himmel! Du bist würdig, den Stolz zu haben, Deine Mutter zu *trösten*, wenn sie unter der Last des größten Leidens ringt.« – Ach wenn ich doch den vortrefflichen Mann noch einmal in diesem Leben umarmen könnte!

Voss an Ernestine
1. 2. 1776

Ich schreibe mit starrenden Fingern, und, wie man sagt, mit warmem Herzen an mein Flensburgisches Mädchen. Heute gehst Du also in Dein einundzwanzigstes Jahr, und bist schon, wenn ich von der Zeit an rechnen darf, da wir, ohne uns gesehn zu haben, so süß voneinander träumten, und uns, wie wir's nannten, so herzlich gut waren, zwei Jahre meine Braut. Ich muß Dir doch erzählen, wie wir gestern Deinen Geburtstag gefeiert haben. Daß an einem solchen Tage nicht übersetzt werden konnte, verstand sich von selbst. Nach dem Kaffee spazierte ich auf und nieder mit meiner Pfeife Knaster, und meine Seele war in Flensburg. Hierauf machte ich eine Abschrift von meiner neuen Idylle für Dich, zog mich an und ging zu Claudius*. Sie hatten sich alle wie zu einem Feste geschmückt und die Stube aufgeräumt. Claudius war sogar gepudert, und seine Frau ging weiß, weil das meine Lieblingsfarbe ist. Zu Mittag tranken wir in Bischof erst Deine, dann Deiner Eltern, darauf Deiner Geschwister, und endlich unsrer gemeinschaftlichen Freunde Gesundheit; und sprachen von nichts als von Dir und unsrer Liebe. Wir wußten auf ein Haar, welche Gesundheit jetzt in Flensburg getrunken würde und wie vergnügt ihr alle aussäht, und unser Glück dächtet. Nach Tisch schickten wir einen Boten nach der Stadt, um was für den Abend einzukaufen, und gingen in dem schönen Sonnenscheine spazieren. Um fünf kam der Bote zurück und brachte einen schönen fetten Kapaun und zwei Flaschen Rheinwein. Der Kapaun war schon gepflückt, und Madam machte gleich Anstalt, ihn zu braten. Beim Abendessen ging das Gesundheittrinken wieder los. Deine ward bei jedem Glase mit einiger Veränderung wiederholt. Um elf ging ich zu Hause, legte mich gleich zu Bette und schlief, nach einem herzlichen Gebete, recht süß, voll Ahndung der nahen Freuden unsrer Verbindung.

* Matthias Claudius, volkstümlicher Lyriker und Prosaschriftsteller, befreundeter Dichter aus dem Göttinger Hainbund.

Ernestine Voss: ›Mitteilungen aus dem Leben Johann Heinrich Voss'‹

(Wandsbek, von Sommer 1777 bis Herbst 1778)

Im Frühling 1777 kam Voß nach Flensburg mit dem festen Entschluß, nicht ohne mich zurückzukehren. Er hatte alles, was man vernünftige Gründe nennen kann, aufgeboten, meine Mutter zu überzeugen, daß wir heiraten dürften, ohne bei bescheidenen Wünschen in Nahrungssorgen zu geraten, und seine Ansicht ward von vielen, die ihn liebhatten und seine Lage genau kannten, unterstützt. Er forderte sie auf, in ihrer Umgebung jeden zu ihrer Ruhe nötigen Rat einzuziehen, und wenn sie ihn überzeugen könnte, er handle leichtsinnig bei seinem Begehren, so wolle er nachlassen. Im Anfang verwarf sie die ganze Sache; allmählich kam sie zu der Erklärung, sie könne nichts anführen als eine unwiderstehliche Abneigung, ihre Tochter einem Manne zu geben, der kein Amt habe.

Ich befand mich den Winter in einer sehr peinlichen Lage, die nachteilig auf meine Gesundheit wirkte. Wir hatten bei dem langen Leiden meines Vaters unbeschreiblich schwere Zeiten durchlebt. Als er im Frühling 1776 von uns schied, traten neue Sorgen ein, wie wir von dem Wenigen, was uns nachblieb, leben würden. Sollte ich bei meiner Mutter bleiben, so mußte ich für meinen eigenen Bedarf durch der Hände Arbeit sorgen. Die kindliche Liebe zu meiner Mutter erleichterte mir, was ich von ihren Launen zu tragen hatte. Daß meine Sehnsucht, mit Voß vereinigt zu werden, groß war, darüber durfte ich mir keine Vorwürfe machen. Ich hatte ihr oft erklärt, ohne ihre Erlaubnis wollten wir nichts durchsetzen, was uns keinen Segen bringen könnte. Aber was sie von mir begehrte, gemeinschaftlich mit ihr gegen Vossens Plan, ohne Amt zu heiraten, zu wirken, verweigerte ich, da ich innig überzeugt war, daß Voß bei der Einnahme vom Almanach, die durch mitgeteilte Kontrakte auf eine

Reihe von Jahren fest stand, nur dann zur Tätigkeit, die in seinem ganzen Wesen lag, gelangen konnte, wenn wir vereint lebten. Oft mußte ich die Worte hören, wenn ich diese unglückliche Neigung nicht hätte, so könnte ich der Trost und die Stütze meiner Mutter sein; jetzt hätte sie bei ihrer großen Liebe für mich nur die drückende Sorge, daß es mit uns nie zu etwas Gründlichem kommen würde. Im Hintergrunde stand mein Schwager Jessen, auf dessen Wort sie großes Gewicht legte. Dieser erklärte sich gleich anfangs gegen unsern Verein mit dem Bemerken, bei einem, der Verse mache, könne man so wenig beständige Neigung als gründliche Kenntnisse erwarten, die auf ein nährendes Amt hoffen ließen. (...) Oft war sie recht zärtlich gegen mich und verlangte keine Briefe zu lesen, die ich schrieb oder bekam; dann wieder zürnend über das ewige Schreiben, welches Zeit und Geld koste.

Ganz durfte ich Voß in meine Lage nicht einweihen, teils um ihn zu schonen, teils, weil ich seine Heftigkeit fürchtete, die er wohl gegen meine Mutter zurückgehalten hätte, nicht aber gegen meinen Schwager, deren Folgen ich zu fürchten Ursache hatte. Auch war es wohl falsche Scham von mir, daß ich ihm nicht zu sagen wagte, in welcher bedrückten Lage der äußeren Umstände wir waren. Seine Aussichten waren für mich völlig beruhigend, bei meinem festen Glauben an seine ausdauernde Tätigkeit bei heiterer Stimmung; sie konnten es noch mehr werden, da Stolberg ihm seine Ilias schenkte, deren Ertrag, wenn er seine Schulden bezahlt, für die erste Einrichtung noch etwas übrig ließ. Seine letzten Briefe zeigen unsere Lage und Stimmung von allen Seiten. Er, fest überzeugt, nichts Unvernünftiges zu begehen und alle Gegengründe zu hören bereit; meine Mutter leidenschaftlich gegen eine Heirat ohne Amt; ich selbst ihm schwankend erscheinend, weil ich ihn mit zu bereden suchte, noch ein Jahr zu warten. Zuletzt ward die Mutter krank, einige Tage bedenklich; sie weinte viel und war sehr zärtlich gegen mich. Jetzt stürmte alles in mir, und von meinem Schwager hatte ich heftige Vorwürfe zu hören, die meine Schwester mit Tränen unterstützte. In fast verzweiflungsvollen Zustand geriet ich, ohne jemand zu haben, der mir kräftig zureden konnte. In dieser Angst schrieb ich an Klopstock; er möge Voß bereden, freiwillig die Sache noch aufzuschieben. Seine Antwort brachte einige Ruhe ins Haus. Die Mutter erholte sich schnell und ward wieder heiterer, als Voß sie dringend bat, alles ruhn zu lassen, bis er selbst käme, und sie vorerst bei der wiederholten Versicherung zu beruhigen, daß ohne ihre Einwilligung von uns nichts verlangt werden solle. Er war sehr dringend, seine Reise zu uns zu beschleunigen, sie immer bemüht, einen Grund zum Aufschub zu finden, und ich in einem Zustand innerer Unruhe, bei dem meine Gesundheit sehr litt.

Voss an Ernestine
13. 2. 1777

Die Einnahme des Almanachs ist mir nun zeitlebens gesichert. Bohn will nicht nur für den 79. Almanach mir vierhundert und Göckingken hundert Rthaler geben, sondern verspricht auch, wenn nach der Zerstörung des Dietrichschen Almanachs der Absatz des seinigen über 5000 steige, verhältnismäßige Erhöhung des Honorars. Du siehst, daß ich dann alle guten Köpfe gewinne und daß unmöglich ein andrer Almanach neben dem meinigen aufkommen kann. Von den etwa aufblühenden Genien wird sich's jeder zur Ehre schätzen, in meinem Almanach zu erscheinen, und die Neigung, Verse zu lesen, wird man nicht verlieren, denn sie ist in allen Zeitaltern unter allen Nationen. – Ich bin überzeugt, daß ich nun zeitlebens kein Amt nötig hätte, aber gleichwohl will ich ein Amt suchen und will heiraten, um dazu mehr Ruhe und Lust zu kriegen, als ich jetzt bei der ewigen Verwirrung haben kann.

Ich habe Deinen Brief eben gelesen. Alles was da steht

von Nichtübereilen, von Ruhigsein, von nach Kiel gehen und Gutmeinen, sind Sachen, die nicht hierher gehören. Die Frage ist: Können wir jetzt leben? Und wenn wir leben können, ist's dann nicht *Pflicht* zu heiraten? Unglücklich machen werde ich Dich nicht. Ich habe Dich lieber, als Mama Dich haben kann, und dies ist kein jugendlicher Einfall. (...) Hast Du noch Bedenklichkeiten, so sage; ich getraue mir alle zu heben. Und gesetzt, es bliebe noch eine kleine Unbequemlichkeit – wo in aller Welt, Liebchen, wirst Du alles vollkommen finden? Komm in meine Arme, Du sollst es gut bei mir haben. Wir übereilen uns nicht und werden uns nicht unglücklich machen. Wir sind ja beide genügsam, und haben *uns*. Mumsen schafft uns ein Klavier; das Lusthaus im Garten wird gebessert und neue Blumen gepflanzt. Du sollst hier die Königin des Gartens sein, und jede Laube ein Tempel unsrer Liebe. Sieh, ich bitte, ich überrede Dich; wie könnte ich das, wenn ich nicht ganz von der Güte der Sache überzeugt wäre?

Ernestine Voss: Mitteilungen*

Die ersten Tage lebten wir jungen Leute wie im Rausch, aber allmählich ward die Mutter wieder ernst und stille. Als Voß sie an ihr gegebenes Versprechen erinnerte, daß wir unsern Hochzeitstag selbst bestimmen dürften, kam sie mit mehreren Einwürfen. Den früher schon aufgegebenen Vorschlag, nicht gleich eine eigene Wirtschaft anzufangen, setzte sie von neuem als Bedingung fest und fand keinen Widerspruch. (...) Voß arbeitete damals sehr eifrig an seiner Odyssee und hatte auch zur Herausgabe des Almanachs die vorrätigen Papiere mitgebracht. Da entschloß er sich gleich, sich auch in Tätigkeit zu setzen. Ich stand jeden Morgen vor

* 1777, während Vossens Aufenthalt in Flensburg, nachdem die Mutter die Zustimmung zur Hochzeit gegeben hatte.

vier Uhr auf und ging, um die Mutter nicht zu stören, mit der Magd in die Küche, die immer sauber wie ein Zimmer gehalten ward. Nach dem Frühstück ging ich mit Voß auf sein Zimmer. Da fing unser schönes Leben zuerst an, wo ich teilnehmen durfte an seiner Arbeit und wo ich Sitz und Stimme erhielt, indem er meinte, es würde ihm leichter bei einer Schwierigkeit, wenn er sich aussprechen könne. Vor Tisch machte er oft einen Spaziergang allein nach der schattigen Reifer-(Seiler-)bahn oder dem nahen Hafen. Nachmittags war ihm sein Zimmer zu heiß von der Sonne. Dann ward ihm der Arbeitstisch in die Küche gestellt, auf dessen kleinerer Hälfte wir unsern Kaffee auskramten. (...)

(Am Hochzeitstage:) Nach dem Frühstück ging Voß spazieren, um dem Aufräumen überall auszuweichen. Hand anlegen durfte ich nirgend, also blieb ich mir allein überlassen. In meiner Einsamkeit flocht ich mir einen hübschen Brautkranz von den Zweigen eines Myrtenstöckchens, das eine arme Gärtnerfrau brachte, der meine Eltern in einer Krankheit viel Liebes getan hatten, und gewiß, es fielen manche Tränen auf die Zweiglein, so innerlich heiter ich auch war. Von Freundinnen kamen noch mehrere Körbchen mit Myrten und Blumen; die erste Gabe blieb aber die schönste. Voß hatte versprochen, nicht lange auszubleiben; es zog aber ein starkes Gewitter auf, welches mit Platzregen endigte, und so kam er bis auf die Haut durchnäßt heim. Er hatte den Anfang des Regens in einer Hütte auf der Reiferbahn zugebracht und nach kurzer Unterhaltung mit einem alten Manne, der ihm einen Stuhl herbeiholte, seinen Wettsteinschen Homer, den er auf Spaziergängen immer in der Tasche trug, herausgezogen und mehrere Verse aus der Geschichte der Nausikaa übersetzt. Bis zur Trauung blieben wir allein. Mein Haar mußte ich mächtig frisieren und pudern lassen. Während Voß mit seinem Haar ein gleiches vornehmen ließ, schmückte ich mich selbst mit Hilfe einer Verwandten;

denn meine liebste Freundin als Brautjungfer um mich zu haben war mir von der Mutter, um nicht andere zu beleidigen, abgeschlagen worden. Den Brautkranz, der auch ihm viel Freude machte, fügte Voß selbst in meine Haare, und recht wohl gefiel er mir, als er mit einem Kuß versicherte, er habe eine recht hübsche Braut. Kaum waren wir fertig, als die Mutter kam, uns zur Trauung abzuholen. Ich schämte mich meiner Tränen nicht, denn sein kräftiger Händedruck sagte mir, daß auch er sehr bewegt war. Der Pfarrer, ein stattlicher, aber uns fast unbekannter Mann, erörterte in einer langen Rede, wie schon die blinden Heiden einen hohen Begriff von ehelicher Glückseligkeit gehabt hätten, führte dieses durch bis zur christlichen Religion; und nach gemachter Nutzanwendung auf den Herrn Bräutigam, der die Alten gründlich studiere, aber den höhern Wert der christlichen Religion fühle, und auf die Jungfer Braut, deren Tugenden recht hervorgehoben wurden, segnete er uns zu einer glücklichen Ehe ein. Voß schloß mich mit den Worten in seine Arme: Jetzt trennt uns nur der Tod. – Es folgte ein peinlicher Nachmittag im engen Zimmer in für unsere Stimmung viel zu steifer Gesellschaft. Die Sonne schien so heiß, und nirgends war ein Mittel auszuweichen. Vor dem Fenster führten Stufen auf den mit Bäumen umringten Kirchhof. Da stand es den ganzen Nachmittag voll Neugieriger aus der unteren Klasse. Als die Lichter angezündet wurden, sammelte sich die mir nahe stehende junge Welt; aber hinausgehn zu ihnen, das schickte sich nicht. Wie oft hat Voß noch in den letzten Jahren gesagt, dieser Tag sei der langweiligste seines Lebens gewesen. Bei Tisch trat der Nachfolger meines Vaters herein und setzte sich mit den Worten: »Eingeladen oder nicht, ich weiß, ich bin ein willkommener Gast!« zu uns. Das Ungewöhnliche verbreitete Leben unter die ganze Versammlung, und wir freuten uns, doch ein Gesicht vor uns zu haben, welches herzlichen Anteil an uns nahm und unsere Zuversicht für die Zukunft teilte. Selbst mein

Schwager ward recht heiter und zwar noch ehe vom Bräutigam seine Gesundheit ausgebracht ward, weil er so edlen Wein zum Feste gespendet hatte.

Einige Tage nach der Hochzeit erfolgte unsere Abreise.

»Frei und sicher bewegt sich meine Seele unter Euch«

Schillers »Doppelbrautschaft«. Schiller – Lotte von Lengefeld und Karoline von Beulwitz 1788–1790

Während sich in Berlin im Tugendbund der Henriette Herz, bei dem Paar Wilhelm von Humboldt und Caroline von Dacheröden und später im Geist der Romantik die Heiligsprechung der Ehe herauskristallisiert, ist in Weimar keine allzu große Achtung vor dem Ehebund zu verzeichnen. Dabei kreist doch der klassische Humanitätsgedanke auch der Weimarer Geister um Seelenschönheit und innere Werte des Individuums. Dies hindert unsere Klassiker nicht daran, sich über bürgerliche Normen hinwegzusetzen und aufs unbefangenste als Geliebter verheirateter Frauen die Rolle eines Dritten im Bunde in einem entleerten Eheverhältnis einzunehmen. Die Weimarer Frauen, ob Frau von Stein oder die unglückliche Charlotte von Kalb – sie nämlich war die Geliebte Schillers, die ihn bei seiner Ankunft 1787 in Weimar einführte –, können ein Lied von der Weimarer gelockerten Ehemoral singen. Schiller und Goethe mögen bei dieser Bereitschaft, sich über Konventionen hinwegzusetzen und der Natur des Menschen freien Lauf zu lassen, von den berühmten literarischen Vorbildern bestärkt worden sein. Wie ein »St. Preux« in Rousseaus ›Julie, ou la Nouvelle Héloïse‹ oder Woldemar in Jacobis Roman, trat Schiller in freundschaftlichen Kontakt zu dem Ehemann seiner Geliebten.

Nun ist Schillers Brautstand mit Lotte von Lengefeld, der ebenfalls in die ersten Weimarer Jahre fällt, in die Literaturgeschichte als eine sogenannte »Doppelliebe« oder dramatischer als »Doppelbrautschaft« eingegangen. Die Verhältnisse

Charlotte Schiller, geb. von Lengefeld (1760–1826)
Stich von Ch. Scholer

Friedrich Schiller (1759–1805)
Gemälde von Anton Graff, 1786

sind natürlich nicht die des Dritten im Bunde, sondern eines ungemein regen, intensiven Gedanken- und Gefühlsaustauschs zwischen drei Menschen: zwischen Schiller und den Schwestern aus dem Hause Lengefeld, mit Lotte und ihrer verheirateten Schwester Karoline von Beulwitz. Wiederum im Woldemar-Stil pflegt Schiller zudem einen freundschaftlichen Umgang mit dem an seiner Frau wahrlich desinteressierten Ehemann Karolines, der zeitweise im Gärtnerhaus der von Lengefelds wohnt. Die »Doppelliebe« ist, wie man weiß, Episode geblieben in Schillers und Lottes Leben. Das Bild von Schillers Ehe, das Bild auch der Dichtergattin Lotte Schiller und schließlich der Witwe Schillers, Goethes vertrauter Briefpartnerin und Beobachterin der Weimarer Kulturwelt, ist geradezu ein Muster bürgerlicher familiärer Vorstellungen. Nicht umsonst haben sich die Romantiker über die Idyllik von Schillers ›Glocke‹ scharfzüngig mokiert.

Der Dreierbriefwechsel ist auch nicht »skandalös«. Von »Libertinage« keine Spur. Einmal deutet Schiller im Briefwechsel mit den Schwestern, als alle drei die schöne Griechin in seinem ›Geisterseher‹ interpretieren, an, daß »die Liebe auch ohne Moralität imponieren kann«. Doch steht die doppelte Anziehung während Schillers Brautzeit für ihn selbst keinesfalls außerhalb der Moralität. Im Gegenteil, der Bräutigam erfährt nun die neuen, tiefen menschlichen Bindungen als »denselben Lichtstrahl . . ., der nur verschieden widerscheint aus verschiedenen Spiegeln«. Ein seltsamer Kontrast ist das »zarte Verhältnis« jedoch zu den bürgerlichen Lebensvorstellungen. Wie ließ sich die Harmonie der Individuen vereinbaren mit einer Art von Ménage à trois, einem räumlichen Miteinanderleben, das allen Ernstes geplant war. Eine lockere Bindung hat Schiller nicht im Sinn, als er sich in seinem ersten Weimarer Winter nach dem Erkalten der Beziehung zu Charlotte von Kalb nach einem wirklich bürgerlichen, häuslichen Leben sehnt. Seine Gedanken kreisen um Heirat als das einzige Mittel, das seiner inneren Rastlosigkeit ein Ende machen kann. Ihn drückt die Enge der Weimarer Zirkel, die Art, wie sich die Weimarer Familien in ihr häusliches Schneckenhaus zurückziehen. Im Winter 1888 macht der Dichter der ›Räuber‹ und des bürgerlichen Trauerspiels ›Kabale und Liebe‹ in einem Brief an Huber seinem Herzen Luft: »Kann ich das Wohl und Wehe eines Geschöpfs, das mir ganz ergeben ist, in meine Wirksamkeit verflechten, so habe ich eine große Aufforderung mehr, meine Kräfte zu brauchen. Was ist jetzt mein Zustand, oder was war er, seitdem Du mich kennest? Eine fatale fortgesetzte Kette von Spannung und Ermattung, Opiumschlummer und Champagnerrausch. Habe ich, solange wir uns näher waren, dieses wohltätige Gleichgewicht genossen, das der Körper selten verliert und Du oft schon genossen hast? Und auf welchem andern Weg kann ich diese gleichförmige Zufriedenheit erhalten als durch häusliche Existenz?«

Ob sich das bereits auf Lotte bezieht? Er kannte sie zu diesem Zeitpunkt schon. Die Begegnung hatte am Ende des Jahres 1778 stattgefunden, als Schiller in Begleitung des jungen Wilhelm von Wolzogen, Cousin der Schwestern Karoline und Lotte, übrigens auch Karolines heiße Jugendliebe, in Rudolstadt haltmacht und »die herzensgute Familie« (Caroline Herder) von Lengefeld kennenlernt. Der Besuch hatte Schillers brieflichen Mitteilungen zufolge keine aufgeregten Gefühle hinterlassen. Als Schiller jedoch, ermuntert durch den Briefverkehr mit den Schwestern Lotte und Karoline in der zweiten Hälfte Mai 1789, ein – arbeitsames – Sommerquartier in der Nähe des Lengefeldschen Hauses bezieht, kommt er den Zielen eines beschaulichen familiären Lebens schon näher. In den glücklichen Sommermonaten wird er ein anhänglicher Freund des Hauses. Unter dem wachsamen Auge der »Chère mère« werden die Abende mit Lektüre und Gesprächen verbracht. Zettel gehen zwischen den beiden Wohnungen hin und her.

Karoline von Wolzogen, geb. von Lengefeld (1763–1847)
Gemälde von Johann Heinrich Lips

Als Schiller Lotte kennenlernte, war sie zwanzig Jahre alt, ihre Schwester um drei Jahre älter. Die standesbewußte Mutter hatte trotz bescheidener finanzieller Mittel den Töchtern eine den hochadeligen Familien des Fürstentums Schwarzach-Rudolstadt angemessene Erziehung angedeihen lassen, wozu eine Bildungs- und Sprachreise in die Schweiz gehörte, als Lotte erst fünfzehn Jahre war. Das schüchterne junge Mädchen war auch bereits in das Weimarer Hofleben eingeführt worden, verfügte also über Etikette und Bildung. Ihre leidenschaftliche und temperamentvolle Schwester aber auch. Das Brodeln im kameradschaftlichen Umgang mit Schiller war zuerst von Karoline, einer labilen und ungestillt sehnsüchtigen jungen Frau ausgegangen. Lotte war, wiewohl nicht weltfern erzogen, ein scheues, noch kindlich verträumtes Geschöpf, das den Rückzug auf sich selbst, die Natur und die Lektüre liebte. Im Jahre 1789, das für Schiller auch einen beruflich wichtigen Einschnitt bedeutet, da er sich auf eine zunächst ehrenamtliche Professur der Geschichte nach Jena berufen läßt, beginnt die seltsame »Doppelbrautschaft«. Die Eheabsichten mit Lotte sind natürlich ernst gemeint. Etwas zaudernd und zaghaft verhält sich Schiller, der sich nach einem kurzen Besuch erst nach einem Hinweis Karolines einen Ruck gibt, um an Lotte am 3. August 1789 das entscheidende Wort zu schreiben: »Daß Karoline in Ihrer Seele gelesen . . .«. (S. 127) Es bedurfte Karolines Winks, um ihn erraten zu lassen, daß hinter der scheinbaren Sprödigkeit Lottens sich ein sehnsüchtiges Warten verbarg. Der Dreierbriefwechsel, übrigens ein geistesgeschichtlich kostbares Dokument des Austauschs von Lektüreerlebnissen und Reflexionen, enthält nun die wohl psychologisch verwickeltsten Brautbriefe, die je ein deutscher Dichter geschrieben hat. Bedenken über dieses Dreiecksverhältnis mögen wohl nicht der Grund gewesen sein, warum Schiller erst am 18. Dezember der »Chère mère« die heimliche Verlobung entdeckt. Sorgen mögen ihm allenfalls der Adelsstolz der Frau von Lengefeld gemacht haben. Dies allerdings zu Unrecht. Angesichts des gewachsenen Vertrauensverhältnisses zwischen Schiller und ihrer Familie gibt Frau von Lengefeld dem Dichter ohne Zögern ihr Einverständnis. Die Zeit bis zum offiziellen Verlöbnis ist für Lotte die schwerste Phase ihrer Verlobungszeit angesichts der verunsichernden Werbungsumstände. In Schillers Briefen bricht ein wahrer Taumel aus; er genießt ein erhöhtes Selbstgefühl in »einem lebhaften Glauben an Eure Liebe«. Der bürgerliche Rahmen des Brautstands will nun gar nicht zu jener sprachlichen Akrobatik von Schillers Briefen passen, in denen vor allem der unbefangene Wechsel der Pronomina ins Auge fällt. Bald springt er in den Briefen an Lotte vom »Du« wieder zum beide Schwestern gemeinten »Ihr«, bald will er Karolines »schöne Seele auffassen«, bittet die ältere um ihr liebendes Einfühlungsvermögen in sein wahres Wesen. Bald sind der Einfachheit halber solche Wünsche gleich an beide Schwestern gerichtet. »In mir lebt kein Wunsch, den meine Karoline und Lotte nicht unerschöpflich befriedigen können«. (S. 130) Die schönsten, zukunftstrunkenen Liebesworte sind tatsächlich an zwei Menschen zugleich gerichtet.

Psychologischer Klatsch, allerdings der höheren Sorte, kommt nun von einem befreundeten Verlobtenpaar. Vom Jahre 1789 an mischt Caroline von Dacheröden, die die Schwestern während eines Kuraufenthaltes kennengelernt hatte, im Briefwechsel mit und wechselt mit dem Verlobten Wilhelm von Humboldt weitere Kommentare über das verwickelte Verhältnis. Zunächst erscheinen Caroline von Dacheröden Schillers Ehewünsche mit Lotte als Fehltritt: »Eine Unerklärbarkeit bleibt mir in Schiller. Hat er nie Carolines Liebe empfunden, wie konnte er mit Lotte leben wollen? Hat er sie gefühlt, so nahm er die Verbindung mit Lotte nur als Mittel an, mit jener zu leben. – O, möge die Zeit dies freundlich lösen! . . .« Humboldt stimmt ihr zu, wenn er das wahre Feuer der Liebe nur zwischen ähnlichen Geistern der älteren Schwester und Schiller für möglich hält. »Nein, Schiller ist jugendlich, unerfahren, hat gefehlt und wird zu hart büßen, weil er die, an der seine ganze Seele hängt, nicht glücklich sehen wird. Aber er konnte nie Lotte bloß als Mittel ansehen, er ist zu delikat, zu edel dazu.« Die Kommentare sind nicht nur klatschsüchtig, sie werden auch der armen Lotte nicht gerecht, die als so gar nicht dem Dichter angemessen erscheint. »Sie war gemacht, in einem engen Kreis von Empfindungen zu leben ...«, so lautet der Kommentar Karoline von Dacherödens. Die oberflächlichen Bemerkungen enthüllen wohl nur einen Teil des Verhältnisses. Schillers und Lottes Briefwechsel spricht eine andere Sprache. Die »Unklärbarkeit« allerdings bedarf einer Auflösung. Erfreulicherweise werden Karoline von Dacherödens Einmischungen schließlich in diesem Sinne hilfreich. Sie ist es nämlich, die Lotte aufrüttelt. »Es täte mir zwar weh, wenn Du aus dem schönen Wahn, daß alles unter Euch harmonisch sei, gestört würdest, aber dies steht denn doch in keinem Verhältnis mit der dauernden Unruhe Deines Herzens ...« Die Freundin warnt Lotte, sich in dem idealistischen Plan zu übernehmen, Schiller auch die Harmonie mit der Schwester möglich zu machen. Lottes passives Wesen bedurfte der Ermutigung, um Schiller allmählich darauf zu drängen, sich in seinem Schwärmen zu präzisieren. Er mußte schließlich Lottes Bedrückung wahrnehmen und schrieb den ausführlichen Brief vom 15. November 1789, in dem er Lottes Wesenszüge, ihre Anschmiegsamkeit und Bildsamkeit als festen Grund seiner Liebe zu ihr darstellt. Ob dies wirklich für Lotte eine Beruhigung gewesen sein mag, sei dahingestellt. Nach Schillers brieflicher Nuancierung seiner Anziehung durch die unterschiedlichen Charaktere der beiden Schwestern antwortet sie – ohne den Grund zu nennen – äußerst bedrückt (vgl. S. 138). Bis zum Ende der Brautbriefe wiederholt Schiller den Glauben an die Souveränität seiner »Doppelliebe«: »Frei und sicher bewegt sich meine Seele unter Euch.« (S. 136) Ja, es klingt an, als ob solch weitgespanntes

Fühlen gerade die Stärke der männlichen Liebe sei. Schillers Mitteilungen sind zudem im überzeugtesten Vokabular der idealistischen Vorstellungen von der schönen Moralität des Menschen geschrieben.

Aus den Briefen ist nicht ganz zu ersehen, ob Schiller je in dem spannungsreichen Verhältnis Lottens Beunruhigung erfaßte. Die Klärung haben die Schwestern selbst unter sich behutsam in die Wege geleitet. Die eifrige Caroline von Dacheröden und ihr Verlobter stützen weiterhin Lottes Selbstvertrauen. Ordnung schafft schließlich die ersehnte häusliche Existenz, die nach der Trauung am 22. Februar 1790 beginnt. Ein festes Gehalt vom Weimarer Herzog erlaubt erst jetzt dem jungen Paar bescheidene Wohnverhältnisse in Weimar. Noch liegt am Beginn des von Schiller als wohltuend empfundenen häuslichen Lebens über dem jungen Paar der Schatten Karolines, die leidenschaftlich immer wieder anderen Männern zugetan war. Caroline von Dacheröden schreibt noch einmal kurz vor dem Ende der Brautzeit: »Lottes Stimmung ist leicht und heiter, Schiller hat seine Lage, sein schweres, vielleicht einziges Verhältnis gegen beide ganz durchschaut. Ich habe mich bei seinem Hiersein davon überzeugt. Karolinens Ruhe gründet sich auf die Zufriedenheit, das Glück ihrer Schwester, – die Zeit muß das ausreifen.«

Friedrich Schiller an Lotte von Lengefeld
3. 8. 1789

Ist es wahr, teuerste Lotte? Darf ich hoffen, daß Karoline in *Ihrer* Seele gelesen hat und aus Ihrem Herzen mir beantwortet hat, was ich mir nicht getraute zu gestehen? O wie schwer ist mir dieses Geheimnis geworden, das ich, solange wir uns kennen, zu bewahren gehabt habe! Oft, als wir noch beisammen lebten, nahm ich meinen ganzen Mut zusammen und kam zu Ihnen, mit dem Vorsatz, es Ihnen zu entdecken – aber dieser Mut verließ mich immer. Ich glaubte, Eigennutz in meinem Wunsche zu entdecken, ich fürchtete, daß ich nur *meine* Glückseligkeit dabei vor Augen hätte, und dieser Gedanke scheuchte mich zurück. Konnte ich *Ihnen* nicht werden, was *Sie* mir waren, so hätte mein Leiden Sie betrübt, und ich hätte die schöne Harmonie unserer Freundschaft durch mein Geständnis zerstört, ich hätte auch das verloren, was ich hatte, Ihre reine und schwesterliche Freundschaft. Und doch gab es wieder Augenblicke, wo meine Hoffnung auflebte, wo die Glückseligkeit, die wir uns geben konnten, mir über alle alle Rücksichten erhaben schien, wo ich es sogar für edel hielt, ihr alles übrige zum Opfer zu bringen. Sie konnten ohne mich glücklich sein – aber durch mich nie unglücklich werden. Dieses fühlte ich lebendig in mir – und darauf baute ich dann meine Hoffnungen. Sie konnten sich einem andern schenken, aber keiner konnte Sie reiner und zärtlicher lieben als ich. Keinem konnte Ihre Glückseligkeit heiliger sein, als sie es mir war und immer sein wird. Mein ganzes Dasein, alles, was in mir lebt, alles, meine Teuerste, widme ich Ihnen, und wenn ich mich zu veredeln strebe, so geschieht's, um Ihrer immer würdiger zu werden, um Sie immer glücklicher zu machen. Vortrefflichkeit der Seelen ist ein schönes und ein unzerreißbares Band der Freundschaft und der Liebe. Unsre Freundschaft und Liebe wird unzerreißbar und ewig sein wie die Gefühle, worauf wir sie gründen.

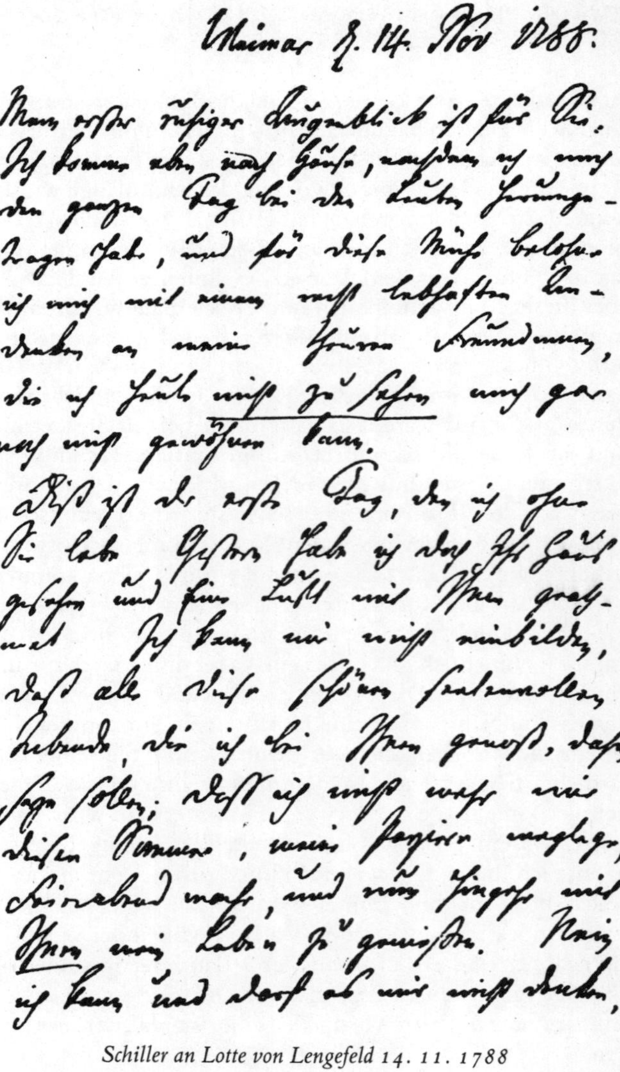
Weimar d. 14. Nov 1788.

Mein erster ruhiger Augenblick ist für Sie. Ich komme eben nach Hause, nachdem ich mich den ganzen Tag bei den Leuten herumgetragen habe, und für diese Mühe belohne ich mich mit einem recht lebhaften Andenken an meine theuren Freundinnen, die ich heute nicht zu sehen mich gar noch nicht gewöhnen kann.

Dieß ist der erste Tag, den ich ohne Sie lebe. Gestern habe ich doch Ihr Haus gesehen und eine Luft mit Ihnen geathmet. Ich kann mir nicht einbilden, daß alle diese schönen seelenvollen Abende, die ich bei Ihnen genoß, dahin seyn sollen; daß ich nicht mehr wie diesen Sommer, meine Papiere weglegen, Feierabend machen, und nur hingehen mit Ihnen mein Leben zu genießen. Nein, ich kann und darf es mir nicht denken,

Schiller an Lotte von Lengefeld 14. 11. 1788

Schiller an Lotte und Karoline*
3. 8. 1789

Welche schöne himmlische Aussicht liegt vor mir! Welch göttliche Tage werden wir einander schenken! Wie selig wird sich mein Wesen in diesem Zirkel entfalten! O, ich fühle in diesem Augenblick, daß ich keines der Gefühle verloren habe, die ich dunkel in mir ahnte. Ich fühle, daß eine Seele in mir lebt, fähig für alles, was schön und gut ist. Ich habe mich selbst wiedergefunden und lege einen Wert auf mein Wesen, weil ich es Ihnen widmen will.

Ja, Ihnen sollen alle meine Empfindungen gehören, alle Kräfte meines Wesens sollen Ihnen blühen! Zu Ihnen will ich leben und meines Daseins mich erfreun. Ihre Seele ist mein – und die meinige ist Ihnen. Lassen Sie mich für meine Freunde mit angeloben. Auch *sie* sind Ihnen, und *Sie* schenke ich meinen Freunden. Wie reich werden wir durch einander sein!

Aber bestätigen Sie mir beide, daß meine Hoffnung mich nicht zu weit geführt hat, sagen Sie mir's, daß ich Sie ganz verstanden habe, daß Lotte mein sein will, daß ich Sie glücklich machen kann. Noch mißtraue ich einer Hoffnung, einer Freude, von der ich noch gar keine Erfahrung habe; lassen Sie meine Freude bald auch von *dieser* Furcht ganz rein sein. Sie können nicht handeln wie gewöhnliche Menschen, Sie brauchen also auch gegen mich nichts als Wahrheit, wir dürfen alle diese Umständlichkeiten überspringen und unsre Seelen frei und rein voreinander entfalten.

* Karoline von Beulwitz, spätere Wolzogen, Lottes Schwester

Lotte an Schiller
5. 8. 1789

Schon zweimal habe ich angefangen, Ihnen zu schreiben, aber ich fand immer, daß ich *zu viel fühle*, um es ausdrükken zu können. Karoline hat in meiner Seele gelesen und aus meinem Herzen geantwortet.

Der Gedanke, zu Ihrem Glück beitragen zu können, steht hell und glänzend vor meiner Seele. Kann es treue, innige Liebe und Freundschaft, so ist der warme Wunsch meines Herzens erfüllt, Sie glücklich zu sehn.

Adieu! Ewig
Ihre treue
Lotte

Schiller an Karoline
25. 8. 1789

Dein Brief, teuerste liebste Karoline, hat meine Seele tief ergriffen und bewegt, und ich weiß nicht, ob ich Dir sogleich etwas daraus beantworten kann. Aber vor meiner Seele steht es verklärt und helle, welcher Himmel in der Deinigen mir bereitet liegt. O, was für himmlisch schöne Tage öffnen sich uns! In ihrer ganzen Fülle darf ich sie mir jetzt kaum denken, wenn mein Wesen nicht für die Wirklichkeit ganz unbrauchbar werden soll. Wir haben einander gefunden, wie wir füreinander nur geschaffen gewesen sind. In mir lebt kein Wunsch, den meine Karoline und Lotte nicht unerschöpflich befriedigen können. Und wohl mir, Teuerstes meiner Seele, wenn Ihr in mir findet, was Euch glücklich machen kann. Wohl mir, Karoline, daß Du die Quelle in mir aufsuchst und Deine Forderungen, Deine Erwartungen an mein Wesen, und nicht an wandelbare Erscheinungen in mir richtest. Denn ich fühle, daß in manchen Stunden nichts in mir übrig ist als die Kraft zu etwas Besserm. Behalte diesen Glauben, dieses holde Vertrauen an mein Wesen, wenn auch Wolken über meine Seele gehen und alles verhüllen. Dann nur kann ich leicht und frei vor Euren Augen existieren, wenn die Sorge ganz aus mir verbannt ist, verkannt oder mißverstanden zu werden.

O, wie sehnlich wünsche ich, daß Ihr mich ganz durchschaut haben möchtet, alle meine Schwächen gesehen hättet, alle, und dennoch mich gewählt. Solang ich fürchten muß, daß Euch Mängel in mir überraschen können, worauf Ihr nicht bereitet wart, so lange seid Ihr nicht mein auf ewig. Eure Herzen hab ich durchschaut, und meine Empfindung für Euch ist keinem Wandel mehr unterworfen.

An *meinem* Wesen haben Schicksale sehr gewaltsam gezerrt. Durch eine traurige düstre Jugend schritt ich ins Leben hinein, und eine herz- und geistlose Erziehung hemmte bei mir die leichte schöne Bewegung der ersten werdenden Gefühle. Den Schaden, den dieser unselige Anfang des Lebens in mir angerichtet hat, fühle ich noch heute – ach, ich fühle ihn in diesem Augenblicke! Denn ohne ihn würde selbst dieses Mißtrauen mich nicht martern.

Bereite Dich, edles Geschöpf, in mir nichts zu finden als die Kraft zum Vortrefflichen und einen begeisterten Willen, es zu üben. Deine schöne Seele will ich anfassen, Deine schönen Empfindungen verstehen und erwidern, aber ein Mißton in den meinigen muß Dich weder betrüben noch befremden. Glaube alsdann aber fest, daß diese fremden Gestalten meines Gemütes von außen hereingekommen sind. Die Spuren der Gestalten, die von frühen Jahren an bis jetzt mich umgaben, konnte mein bessres Wesen nicht ganz von sich scheiden.

Aber Du glaubst an meine Seele, und auf diesen Glauben will ich bauen. Bei allen meinen Mängeln – denn alle sollt Ihr endlich kennen – wirst Du das immer finden, was Du einmal in mir liebtest. Meine Liebe wirst Du in mir lieben.

Lotte an Schiller
27. 8. 1789

Also kam ich Dir oft kalt vor? Mein Betragen zu abgemessen? Du ahntest nicht, daß eben diese Kälte nur scheinbar war, nur eine Hülle, Empfindungen zu verbergen, die ich mir nicht gestehn wollte, und noch weniger andern, weil ich nicht immer Deiner Anhänglichkeit für mich gewiß war; oft war es mir, als wäre nichts mehr zwischen uns, und Du fühltest, was Du mir wärest, und zuweilen wieder, als wäre ich Dir nichts, gar nichts. Deine Gefühle ahnte ich dunkel, aber ich wußte nicht, daß eben mein Betragen Ursache war; es ist überhaupt in mir, finde ich, daß ich selten ganz ausdrücken kann, was ich fühle. Ich habe zu wenig auf meine Gefühle gemerkt und darinnen gelebt, daher vielleicht, daß ich so wenig sagen kann, wie es mir ist. Nur insofern bin ich ruhig, mein Lieber, daß ich nun weiß, daß Du mich liebst, daß sich unsre Seelen gestanden, daß sie unzerreißbar fest verbunden sind. Du würdest mich nicht verkannt haben, wenn Du die Kämpfe, die in meiner Seele vorgingen, hättest fühlen können. Ich konnte mir mein Glück nicht ohne Dich denken, konnte mir kein fremdes Wesen denken, das außer uns noch zu Deinem Glück beitragen könnte und Dich glücklich durch wahre innige Liebe gemacht hätte. – Meine Hand hätte ich vielleicht hingeben können und müssen, nicht durch Zwang, sondern durch meiner Mutter Wünsche, aber nicht mein Herz voll warmer treuer Liebe zu Dir. Dies gab mir den bittersten Kummer, ob dann unser Verhältnis so hätte dauern können, ob Du Dir nicht Pläne für die Zukunft entworfen hättest, in die auch ich gehörte, und das wäre nun zerstört worden, ich unglücklich, und Du vielleicht hättest mir auch Deine Freundschaft entzogen, weil Du mich verkannt hättest. Dies gab mir manche unglückliche Stunde.

Lotte an Schiller
9. 9. 1789

Es ist mir eine süße, aber doch ängstliche Sache, Dich zu erwarten, denn Du kommst mir immer zu spät. Wie schön soll uns die Zeit vergehen beieinander! Und es wird uns noch vieles klarwerden von unserm vorigen Betragen. Jetzt erst wundert es mich, wie Du mich so kalt glaubtest, und ich fürchtete jeden Augenblick, die warmen Gefühle meines Herzens zu verraten, und Du ahntest erst so spät, daß Du mir viel warst? Erst bei dem Auftritt mit der chère mère. Ich trug, wie ich jünger war, immer das Gefühl mit mir herum (ich weiß nicht, woher), daß man mich nicht lieben könne, nicht so zum wenigsten als ich. Daher mag mir vielleicht dieser Anschein von Kälte, von Verschlossenheit geblieben sein, weil ich immer sorgfältig jedes meiner Gefühle verbarg. Es lieben gewiß wenige so stark und treu wie ich, und ich kann es so wenig fühlbar machen! Aber nun, mein lieber teurer Freund, weißt Du es und fühlst es, nicht wahr?

Schiller an Lotte und Karoline
10. 9. 1789

Wieder ein Tag überstanden, um den ich Euch näher bin. – Wie langsam schleicht *jetzt* die Zeit, und wie unerbittlich schnell wird sie mir bei Euch vorübereilen! Wäre indessen die Periode nur da, wo wir uns bloß über die *Flüchtigkeit* des Lebens zu beklagen hätten!

O meine teure Karoline! Meine teure Lotte! Wie so anders ist jetzt alles um mich her, seitdem mir auf jedem Schritt meines Lebens nur Euer Bild begegnet. Wie eine Glorie schwebt Eure Liebe um mich, wie ein schöner Duft hat sie mir die ganze Natur überkleidet.

Lotte an Schiller
22. 9. 1789

Möge der Engel unsrer Liebe Dich begleiten! Mein Teurer, Lieber; Du bist nun nahe bei Jena, und ich hoffe, ohne allen Anstoß soll Deine Reise sich enden. Ich sah Deinem Wagen nach, und die liebliche Sonne tat mir wohl, aber mehr noch der Gedanke, daß Du doch nur acht Stunden von uns wärst. Dein Kommen und Gehen, wie ist es doch nun so anders! Seit ich weiß, daß wir uns immer wieder so finden, wie wir uns verließen, daß unsre Liebe bleibend ist, so dauernd wie unser Dasein. Ängstlich sah ich Dich sonst gehn, denn ich wußte nicht, ob nicht mein Bild aus Deiner Seele verdrängt werden könnte, ob Dir nicht ein andres Wesen das geben könnte, was nur meine Liebe Dir zu geben wünschte, Dein Kommen erwartete ich furchtsam, ob ich Dich noch so finden würde wie ehedem. Diese Besorgnisse sind aus meiner Seele verschwunden, und es trägt etwas bei, mir den Gedanken der Trennung von Dir zu erleichtern. Aber fehlen tust Du mir immer; und es ist mir, als wäre ich von dem besseren Teil meines Wesens geschieden. Es ist alles leer und tot außer mir, da ich Deine Gestalt nicht mehr sehe, aber in meiner Seele stehst Du immer vor mir, und ich wähne Dich überall zu finden und möchte das liebe Bild festhalten. (...)

Schiller an Karoline
3. 11. 1789

Ich habe zwei oder drei glückliche Tage erlebt, Karoline, und ich habe mein eigenes Herz dabei beobachtet. Eine Arbeit, die mir anfangs nichts versprach, hat sich plötzlich unter meiner Feder, in einer glücklichen Stimmung des Geistes veredelt und eine Vortrefflichkeit gewonnen, die mich selbst überrascht. Ich habe noch nichts von diesem Werte gemacht, wenn mich anders die noch zu große Wärme meines

Kopfs, die leicht auch auf mein Urteil übergehen konnte, nicht irret; nie habe ich soviel Gehalt des Gedankens in einer so glücklichen Form vereinigt und nie dem Verstand so schön durch die Einbildungskraft geholfen. Du wirst mich über mein Selbstlob auslachen, aber ich spreche wie ein fremder Mensch von mir, denn wirklich bin ich mir in dieser Arbeit selbst eine fremde und neue Erscheinung geworden. Es tut mir nur leid, daß Du die ganze Schönheit nicht wohl genießen kannst, weil sie einige genaue historische und politische Kenntnisse voraussetzt, die Dir fehlen und recht gut fehlen dürfen. Es war mir aber nie so lebhaft, daß jetzt niemand in der deutschen Welt ist, der gerade *das* hätte schreiben können als ich. Noch einmal! Du wirst mich auslachen, aber möchtest Du es immer – wenn ich Dir nur so nahe wäre, es zu sehen.

Ach! Und wie hat sich auch dieses innige Geistesvergnügen doch wieder an mein Liebstes, mein Alles, angeschlossen und ist von Euch schöner und süßer zu mir zurückgekehrt. Ich gehöre nicht mehr mir selbst! Nur daß ich Eurer werter bin, daß ich dem Bilde näher trete, das Eure Liebe Euch von mir machen läßt, nur dieses ist es, was mich entzückt, wenn ich mir über etwas Großem begegne, wenn ich mir meine eigene Achtung abgewinne. Jedes erhöhte Selbstgefühl wird zu einem lebhaftern Glauben an Eure Liebe, und darum vergebe ich es mir auch selbst.

Ach! Was für himmlisch süße Stunden uns bevorstehen, wenn wir zusammen wohnen werden, teure Liebe! Wenn meine Seele, durch eine gelungene Beschäftigung aufflammend und bewegt, auch meiner Liebe Flammen der Schöpfung zubringen und Eure Liebe meinem Geiste Feuer und Leben borgen wird. Wie viele solcher Augenblicke erhöhterer Empfindung habe ich gestern und heute in toter Einsamkeit, ohne Gewinn für mein Herz und für das Eurige, verzehren müssen! Wieviel hätte ich Euch in diesen Stunden geben können, und wieviel von Euch empfangen! Auch selbst von Euch getrennt, wurde meine höchste Begeisterung zur Liebe, und selbst meine Geistesarbeiten haben Euch so lieb, daß sie mich, ohne den Gedanken an Euch, nicht entzücken wollen.

Schiller an Lotte und Karoline
15. 11. 1789

Ich hatte nicht geglaubt, daß das Gefühl, das Eure Liebe auch schon in fernen Ahnungen mir gewährt, in meiner Seele sich erhöhen könnte. Aber mit jedem Tage wird es reicher und unerschöpflicher – ach, die Liebe ist das einzige in der Natur, wo auch die Einbildungskraft selbst keinen Grund findet und keine Grenze zieht. Nur in Euch zu leben und Ihr in mir – o, das ist ein Dasein, das uns über alle Menschen um uns hinwegrücken wird. Unser himmlisches Leben wird ein Geheimnis für sie bleiben, auch wenn sie Zeugen davon sind.

Du kannst fürchten, liebe Lotte, daß Du mir aufhören könntest zu sein, was Du mir bist. So müßtest Du aufhören, mich zu lieben! Deine Liebe ist alles, was Du brauchst, und diese will ich Dir leicht machen durch die meinige. Ach, das ist eben das höchste Glück in unsrer Verbindung, daß sie auf sich selbst ruhet und in einem einfachen Kreise sich ewig um sich selbst bewegt – daß mir die Furcht nicht mehr einfällt, Euch jemals weniger zu sein, oder weniger von Euch zu empfangen. *Unsere* Liebe braucht keiner Ängstlichkeit, keiner Wachsamkeit – wie könnte ich mich zwischen Euch beiden meines Daseins freuen, wie könnte ich meiner eigenen Seele immer mächtig genug bleiben, wenn meine Gefühle für Euch beide, für jedes von Euch, nicht die süße Sicherheit hätten, daß ich dem anderen nicht entziehe, was ich dem einen bin. Frei und sicher bewegt sich meine Seele unter Euch – und immer liebevoller kommt sie von einem zu dem anderen zurück – derselbe Lichtstrahl – laßt mir diese stolzscheinende Vergleichung – derselbe Stern, der nur verschieden widerscheint aus verschiedenen Spiegeln.

Karoline ist mir näher im Alter und darum auch gleicher in der Form unsrer Gefühle und Gedanken. Sie hat mehr Empfindungen in mir zur Sprache gebracht als Du, meine Lotte – aber ich wünschte nicht um alles, daß dieses anders wäre, daß *Du* anders wärest, als Du bist. Was Karoline vor Dir voraus hat, mußt Du von mir empfangen; Deine Seele muß sich in meiner Liebe entfalten, und *mein* Geschöpf mußt Du sein, Deine Blüte muß in den Frühling meiner Liebe fallen. Hätten wir uns später gefunden, so hättest *Du* mir diese schöne Freude weggenommen, Dich für mich aufblühen zu sehen.

Wie schön ist unser Verhältnis gestellt von dem Schicksal. Worte schildern diese zarten Beziehungen nicht, aber fein und scharf empfindet sie die Seele.

Nur *Dein* Schicksal, meine Karoline, ist es, was mir Unruhe macht. Ich kann dieses trübe Verhältnis noch nicht aufklären, und es wird noch verwirrter, wenn ich an meine Lage denke. Bleibe ich in Jena, so will ich mich gern ein Jahr und etwas drüber mit der Notwendigkeit aussöhnen, daß Du mit B. allein lebst. Von diesem Jahr kannst Du die Hälfte bei uns zubringen, und die kleinen Zwischenräume der Trennung machen es erträglicher. Aber mein Bleiben in Jena läßt sich nur nicht gut mit der ganzen Sache vereinigen, und ich habe es nicht einmal in der Gewalt zu bleiben, wenn sich vorteilhaftere Aussichten für mich öffnen sollten. In Jena könnte ich es im nächsten Jahre noch nicht möglich machen, mit Lottchen zu leben, denn ich weiß, was ich vom Herzog erhalte, wenn es äußerst glücklich geht, und dieses reicht nicht hin, denn es ist noch nicht alles mein, was ich einnehme, leider! Was noch mangelt, kann ich im nächsten Jahr noch nicht hoffen, durch vieles Collegienlesen zu ersetzen. Dies ist erst in zwei Jahren möglich. Ich muß mir also schlechterdings durch einen beträchtlichen fixen Gehalt helfen, und eben darum arbeite ich auch jetzt so ernstlich an dieser Angelegenheit. Es wäre schrecklich, wenn das nächste Jahr, wie dieses, vorübergehen sollte.

Schiller an Lotte
21. 11. 1789

Kummer drückt Dich, meine teure Lotte, nicht Krankheit allein, Dein Brief hat mich geängstigt. Was ist Dir? Du hast düstere Blicke in die Zukunft, Dein Herz ist gedrückt. Ich erkenne Deinen ruhigen heitern Geist in dieser Stimmung nicht mehr und werde nun die Ruhe wieder zurückwünschen müssen, die ich Dir sonst zum Vorwurf gemacht habe. Wenn es nicht das Ungewisse in unserm Schicksale ist, was kann Dich betrüben, meine Lotte? – O erhalte mir Deine Zufriedenheit, die stille sanfte Gleichheit Deiner Seele, die mir so wohltätig werden soll, die meinen unruhigen Geist liebevoll zurückrufen wird. Laß mich immer – immer in den tiefsten Grund Deiner Gedanken blicken – und wenn alles trüb und umwölkt ist um uns her, so laß Deine Seele mir helle sein! Schreibe mir bald, meine Liebe, daß Du besser – und heiter bist. Ich drücke Dich an mein Herz. Dein für immer.

Schiller an Karoline
5. 12. 1789

Unser Wiedersehen hat nicht gut auf Dich gewirkt, Du hast mehr erwartet als gefunden, wenn Du Dir's auch selbst nicht gestehst. Ich fürchte dieses um so mehr, weil ich mich recht gut erinnre, wie wenig ich Euch eigentlich war. Diese Eilfertigkeit, diese gestohlenen Augenblicke lassen mich nie ganz sein, wie ich gerne möchte. O ich habe Euch mit so heißer Sehnsucht, mit einem so vollen Herzen erwartet, und ich konnte es nicht ausgießen vor Euch. Meine Freude fand keine Sprache. Habe ich Dich erraten, meine Liebe? Ich war Dir diesmal zu wenig. Gesteh es immer, denn dies ist ein Vorwurf, den ich so leicht widerlegen kann. Ach, wenn Du erfahren wolltest, wie sehr ich Dich liebe, so müßtest Du mir eine neue Sprache und ein unsterbliches Leben geben. Wenn der Zwang außer uns erst hinweg sein wird, wenn unser Leben endlich *unser* ist und Gegenwart und Zukunft in großen weiten Räumen vor uns ausgebreitet liegen, dann kann auch die Liebe alle ihre Reichtümer zeigen und sich mit immer neuen und immer schöneren Blüten überraschen. Wie oft und wie lebendig fühlt' ich es in mir, wenn ich unter Euch wohnte, welche Fülle von Liebe mein Herz noch verschließt, wie die Töne meines Herzens umsonst nach einem Ausdruck, nach einer Sprache rangen.

Karoline an Schiller
17. 12. 1789

Wie glücklich machte mich Dein lieber Brief, mein Teuerster! Auch meinem Leben gibt die nahe sichere Aussicht des Zusammenseins einen Reiz, den ich nicht aussprechen kann. Unser Plan hat keine Schwierigkeiten, Körners Einstimmen freut mich auch – dem ruhigen Blick der Freundschaft können wir trauen. Humboldt ist hier, in diesem Moment mit Carolinen* in meinem Zimmer. Es hat sich schnell unter ihnen entschieden – sie werden zusammenleben. Humboldt raisonniert über seine Gefühle, ist sich selbst ein Gegenstand der Kontemplation – vielleicht ist dieser Zustand nur vereinbar mit einer Innigkeit, die sich in *einem* Gegenstande verliert. Er sagt, daß er Carolinen nicht liebe, doch glücklich mit ihr sein werde – ich spreche mit Dir darüber. Es wird ein sehr zartes Gewebe unter ihnen sein.

* Caroline von Dacheröden.

Lotte an Schiller
3. 1. 1790

Es werden noch ruhige Tage kommen, wo ich Dir, hoffe ich, das Gefühl meiner Liebe recht klar, recht fühlbar machen kann. Es könnte mich oft drücken, wenn ich nicht den unwandelbaren Glauben an Deine Liebe in meiner Seele trüge, daß ich so wenig Dir sagen, ausdrücken kann, wie mein Herz Dich umschließt, mein Geliebter, und ich könnte zuweilen deswegen fürchten, daß Dein Herz meine Liebe nicht so heiß auffassen könnte, wie ich sie Dir möchte fühlbar machen. Ein ununterbrochnes Zusammensein, tiefere Blicke in mein Herz, meine Bemühungen, Dir das Leben leicht und schön zu machen, wird Dir das Bild meiner Liebe in schönern, hellern Farben darstellen, hofft mein Herz. Kein Gefühl, daß wir nur am Tage vereinigt sind, wird uns stören. Die Abende sollen schön werden, wenn Du nach Deinen Geschäften bei mir bist und ich dann auch recht fleißig gewesen, oh, es wird schön werden, mein teurer Einziger.

»Nichts ist so heilig im Zusammenleben als die Individualitäten eines jeden Charakters«

Die Briefe Wilhelm von Humboldts und Caroline von Dacherödens 1790–1791

Als Wilhelm von Humboldt den sieben Jahre älteren Schiller, den er Weihnachten 1789 über seine Verlobte Caroline von Dacheröden kennenlernt – »Schiller wurde uns in den ersten Stunden vertraut« –, und den Älteren in dessen Heiratsplänen eindringlich berät, zeigt sich, wie erstaunlich rasch dieser Einundzwanzigjährige selbst zur Ehe bereit ist. Dabei scheint der junge Humboldt kein glühender, verträumter Jüngling gewesen zu sein. Zeitgenossen aus den Berliner Salons haben ihn einen »Sophisten« und eine »eiskalte Seele« tituliert (Genz). Nun, die Herzensgeschichte Humboldts birgt etliche zu vermutende Widersprüche in der Seele des berühmten Philosophen und Philologen. Am 22. Juni 1767 wurde Humboldt in Potsdam geboren und erhielt eine den preußischen Adelsfamilien entsprechende standesgemäße Erziehung. Der Vater Alexander Georg, preußischer Major und Kammerherr, stirbt, als Wilhelm zwölf Jahre alt ist. Die Ausbildung Wilhelms und seines zwei Jahre jüngeren Bruders Alexander wurde von der kühlen und in ihrem leidenden Zustand öfter verstimmten Mutter in die Hände des nüchternen Beamten Christian Kunth gelegt. Ein Mann, wie Henriette Herz in ihren Erinnerungen an ihren ersten Berliner Salon schreibt, dem Wilhelm von Humboldt angehörte, ein »ernster, dem regsamen Geist seiner Zöglinge wenig entsprechender Mentor«. Die zurückgezogenen Kinderjahre bereiten den beiden Brüdern manch öde Stunde während des abendlichen Zeremoniells der steifen Unterhaltung mit Mutter und Hofmeister. Solch

Caroline von Humboldt, geb. von Dacheröden (1766–1829)
Gemälde von Gottlieb Schick, um 1804

Wilhelm von Humboldt (1767–1835)
Marmorbüste von Berthel Thorwaldsen, 1808

preußischen Erziehungsriten haben aber die geistige Entwicklung des berühmt gewordenen Bruderpaars nicht gehemmt. Sie erhalten eine solide Ausbildung durch weitere Hofmeister wie die Aufklärungsautoren Campe und Engels. Einiges in ihrer nüchternen Erziehung erklärt ihren stürmischen, brillanten und individualitätsbezogenen wissenschaftlichen Höhenflug, der sich aus einer Mischung aus solider Bildung und subjektiver Protesthaltung herleitet. Alexander wurde der berühmte Naturwissenschaftler, Forscher und Entdeckungsreisende. Und bei dem philosophischen Wilhelm, so schreibt Henriette Herz, hatte die »Zurückgezogenheit seiner früheren Jahre (...) die lebhafte Empfänglichkeit (...) für den Umgang mit Frauen nicht unterdrücken können.«

Noch nicht siebzehn Jahre alt, wird ihm in dem in empfindsamen Freundschafts- und Schönheitsgefühlen schwelgenden Kreis der geistreichen Henriette Herz die weibliche Führung seines Herzens zuteil. Der Berliner »Bund« zur »gegenseitigen moralischen und geistigen Heranbildung«, zur »Übung werktätiger Liebe mit eigenen Chiffren und Statuten«, ist, wenn auch Zeiterscheinung, ein wichtiger Bildungshorizont für eine Reihe von deutschen Geistern. Die Kultivierung einer weiblich-zärtlichen Empfindungsart durch die berühmte Jüdin haben später auch Schleiermacher und der junge Friedrich Schlegel erfahren. Auch Schleiermacher könnte gesagt haben, was Wilhelm seiner Verlobten Caroline später mitteilt. »Den größten Teil meiner Bildung verdanke ich unserer Jette.« Unter Henriettes Führung leben die empfindsamen Seelen die in den Etiketten ihrer formalen Erziehung unterdrückten Wünsche nach Seelenverschwisterung aus. Zart empfindende Männlichkeit und vergeistigte Weiblichkeit ist ein Ideal, das sich dem jungen Humboldt für seine Bildungsgeschichte auftut. In den 80er Jahren gehören neben Humboldt dem Kreis noch die aus der jüdischen Familie Mendelssohn stammenden Töchter Dorothea Veit und ihre Schwester Henriette Mendelssohn an, jene Dorothea Veit, die sich später scheiden läßt, um Friedrich Schlegel zu heiraten. In Humboldts Studienzeit – er studiert Jura in Göttingen – wird der Kreis bereits erweitert durch brieflich am Freundschaftskult teilnehmende Frauen. Ein weiteres Bundesmitglied ist Carl von La Roche, der Sohn der Sophie La Roche. Er bringt über Briefkontakt die junge Caroline von Dacheröden mit dem Kreis zusammen. Humboldt seinerseits zieht die Göttinger Gelehrtentochter Therese Heyne, mit der ihn eine brodelnde, leidenschaftliche Affäre verband, in den Gedankenaustausch hinein. Ein Hauptvergnügen des Tugendbunds war schließlich auch das »Stiften von (Liebes-)Verbindungen«. Entgegen Henriette Herz' Erwartungen aber ist nicht die bereits verlobte Therese Heyne, spätere Forster, Wilhelms ideale Partnerin. Über den Kreis lernt er nicht nur die im deutschen Geistesleben so einzigartig gebildeten jüdischen Frauen kennen, sondern auch das junge Mädchen, das für seine Bildungsgeschichte Ähnliches bei ihm in Gang setzen wird: Caroline von Dacheröden.

Caroline von Dacheröden ist ein Jahr älter als Humboldt. Am 23. Februar 1766 wurde sie in Minden geboren. So wie Humboldt vaterlos aufwuchs, verlor die einzige Tochter des reichen preußischen Kammerpräsidenten von Dacheröden früh ihre Mutter und lebte in der Kindheit in Erfurt oder im Sommer auf den Gütern Burgörner und Auleben. Der Hofmeister ihres Bruders, der Schriftsteller Zacharias Becker, und der Koadjutor von Dahlberg trugen zu ihrer Bildung bei. Die begüterte junge Dame ist durchaus selbstbewußt, mutwillig, voller spontaner Einfälle, und an schwärmerische Huldigungen gewohnt. Sie kommt Wilhelms Suche nach weiblicher Erziehung der Männlichkeit zu Edlem und Schönem über die Empfindsamkeitsfloskeln des Tugendbunds rasch entgegen. Schon durch den Bund im geschwisterlichen Du verbunden, sehen sich die beiden im August 1788 zum erstenmal in Burgörner. Vertrauensselige Briefe an die »Geliebte« und »Schwester«, wie sie auch ähnlich im Tugendbund der Henriette Herz kursieren, gehen hin und her, freundschaftlich zunächst, trotz des gegenseitigen starken Eindrucks bei der Begegnung. Caroline ist die stärker Berührte. Sie ist auch in langjähriger Freundschaft den Schwestern Lotte von Lengefeld und Karoline von Beulwitz verbunden. Zu psychologischen Einblicken in das Seelenleben anderer ist viel Anlaß in den ersten Briefen des Paars. Das verwickelte Verhältnis Schillers zu den beiden Schwestern ist ein oft ausgebreitetes Thema ihrer ersten Briefe, nicht weniger übrigens auch als Schilderungen der vermeintlichen Verbindung Humboldts zur Forster und derer Caroline von Dacherödens zu La Roche. Als die zarten Mitteilungen doch nicht zum entscheidenden Wort führen, greift Caroline zum probaten Mittel der empfindsamen »Verbindungsknüpfung«. Im Januar 1790 verrät sie Humboldt die Gedanken der Freundin Karoline von Beulwitz über ihr beiderseitiges Verhältnis als einer »Verbindung«, womit dann auch gleich die eheliche gemeint ist. Noch quält sie die Rücksicht auf die vermutliche Bindung Humboldts an Therese Forster. Nicht ohne Berechtigung meint sie bei Wilhelms Besuch im Januar 1790 – so lange zog sich die Seelenfreundschaft hin –, in seinem Blick etwas Trübes, etwas »Unerwidertes« bemerkt zu haben. Als Pendant zur aktiven Teilhabe an Schillers Verlobungswirren sind die Eröffnungen Wilhelms an Karoline von Beulwitz vom Oktober 1789 zu sehen. Er verhehlt nicht, daß er »eigentlich nicht den Wunsch gehabt (habe), Li zu besitzen, aber wenn Li sein zu sein wünsche, würde ihn das glücklich machen, denn ich liebe ja keine andere«. Und Karoline von Beulwitz schreibt an Schiller, daß Humboldt und seine Verlobte sich darin einig waren, daß die Ehe kein »Bund der Seelen« sei. Wie wenig romantisch das klingt – Humboldt fängt doch schnell Feuer. Denn er findet in Caroline die Frau, die seinem Wunsch entspricht, ihn bildend zu heben: »Und wie könnte ich nicht glücklich sein mit ihr«, schreibt er ihr, »nicht glücklich im ununterbrochenen Anschauen und Bewundern der schönsten, reinsten, feinsten weiblichen Seele.«

Während nun die Vorbereitungen zur Hochzeit, die am 21. Juni 1791 in Erfurt stattfinden wird, rasch beginnen und auch alle geringfügigen Bedenken des Schwiegervaters behoben werden, so daß es sich Humboldt nach einer Tätigkeit als Gerichtsreferendar in Berlin im Frühjahr 1791 gestatten kann, auf die Beamtenkarriere zu verzichten und sich der Präsident von Dacheröden mit dem Titel des Schwiegersohns als Legationsrat zufriedengibt, entfalten die beiden Verlobten einen einzigartigen Briefwechsel, wie er tiefgründiger und gedankenschwerer kaum in der deutschen Geistesgeschichte zu finden ist. Die anderthalbjährige Wartezeit ist, wie Humboldt schreibt, eine im Schriftlichen ausgebreitete Bereicherung der gesteigerten »Besitznahme voneinander«. Da mag Humboldts egoistische, kühle Haltung als Liebender etwas befremden. Ist dies anspruchsvolle wechselseitige Idealisieren überhaupt eine rechte jugendliche Verliebtheit? Schwer ist es überhaupt, in den schwelgenden Überhöhungen dieser wechselseitigen Anbetungen die Charaktere der beiden Brautleute zu erkennen. Der kühl wirkende Humboldt gesteht Caroline seine Widersprüche, seine Sentimentalität bei allem reservierten Auftreten. Gerade diese Hemmung und Unsicherheit ist dann aber die Triebfeder der brieflichen Idealisierungen.

Die Briefe sind einzigartig in der deutschen Geistesgeschichte. Die Verlobten nehmen die romantische Heiligsprechung der Ehe als Institution und als Möglichkeit der moralischen Vervollkommnung des Menschen vorweg. Das Bild der höheren Menschheit, das durch die moralisch tiefer empfindende Weiblichkeit gefördert wird, ist Teil auch der später entwickelten Humanitätsphilosophie des Philosophen Humboldt. Ähnliche Reflexionen wie in den Briefen breitet er später in den beiden Aufsätzen aus, die er Schiller für dessen Zeitschrift ›Die Horen‹ liefert: »Über den Geschlechtsunterschied und dessen Einfluß auf die organische Struktur« und »Über die weibliche und männliche Form«. Hier umreißt er ein ästhetisches Menschheitsideal, nach dem der Mann sich dem Weibe nähert, um sein Gemüt zur Zartheit zu stimmen, ja, Liebe und Ehe das eigentliche innerliche Bildungsabenteuer in jedem Menschen zu sein habe. Der Briefwechsel des Paares Humboldt-Dacheröden, die eigentliche Hochblüte des idealistischen Ideenaustauschs, ist zweifellos noch anspruchsvoller als Schillers ästhetisch-philosophischer Ansatz in seinen Brautbriefen. Humboldt, nicht uneitel, weiß dies auch, wenn er später ausdrückt, daß Schiller nicht die »eigentümliche Liebe« zum Empfinden schöner Weiblichkeit gehabt habe. Aber sicher erwächst auch eine ernste Bindung aus Humboldts Bedürfnis nach den ihm geltenden Blicken idealer Weiblichkeit. Denn auch die Braut Caroline von Dacheröden gestaltet, wohl erstmals in der deutschen Geistesgeschichte, die Brautzeit zu einer Bildungsphase, in der beide an der Verschönerung des ureigensten Wesens mitarbeiten. Das »sonderbare Mädchen«, das den Geliebten »unvernünftig« umschwärmt und nachdenklich und zart sein besseres Inneres enthüllt, tut dies durchaus eigenständig. Erstaunlich – diese Verlobten benötigen kaum die empfindsame Lektüre zum Ausdruck ihrer Wesenseigentümlichkeiten. Caroline von Dacheröden hat vor allem eines – neben ihrer sprachlichen Begabung: Sie hat jenen Freiheitssinn, der die Voraussetzung zum Philosophieren über die schöne Individualität des deutschen Idealismus ist.

In ihrem Brautbrief vom 14. April 1790 formuliert Caroline von Dacheröden zum erstenmal als eine weibliche Briefschreiberin die Partnerwahl durch den Wunsch, sich in ihrer Individualität ganz verstanden zu fühlen. »Vor Dir existiert mein Geist fast einzig in all der Freiheit, deren er bedarf, um sich lebendig zu fühlen.« Nicht von Humboldt angeleitet sind die philosophischen Reflexionen seiner Partnerin, allenfalls paßt sie sich intuitiv Wilhelms Sehnsucht des Erratenwerdens an, hat aber selbst Ansprüche, auch ihr Geistesleben gegen äußere Zwänge zu verwirklichen – dies in der idealen Partnerschaft. Die deutsche Sehnsucht nach dem Wahrnehmen des Eigentümlichen des Menschen durch den äußerlichen verstellenden Schleier hindurch erzeugt eine ungewöhnliche Briefsprache: Beide balancieren zwischen bildungsphilosphischen Idealen und Anschauungen und einer sehnsuchtsvollen Liebessprache. Carolines Briefe zeugen dabei von einer wohl tiefer empfundenen echten Leidenschaft, sie läßt sich hinreißen zu einem hymnischen und mystischen Schwelgen. Doch die Prinzipien der ästhetischen Menschenbetrachtung werden von beiden ernst genommen und als Respekt vor der inneren Freiheit des anderen verstanden.

Zu der reflexionsfreudigen Bildungsphase dieses Brautpaars gehört natürlich der Blick auf ein immerhin achtundzwanzigjähriges eheliches Zusammenleben. Die Tendenz in den Briefen Humboldts, der im Angeschautwerden und in der Anschauung schönster Weiblichkeit sein Bildungserlebnis erfährt, war eine erstaunlich treffsichere Basis für das Experiment der moralisch gehobenen Ehe. Zu erraten ist: Wilhelm von Humboldt nimmt die ihm zuteil werdende, ihn harmonisierende Weiblichkeit seiner gebildeten Partnerin dankbar auf. Ein leidenschaftliches Verschmelzen, solche unkontrollierten Gefühle, standen seinem Gemüt überhaupt fern. Es wurde eine eher empfindsame und freundschaftliche Ehe, in der die Vereinbarungen aufgehen. Rahel Varnhagen sagt später von Caroline: »Mit größerer Grazie war noch niemand verheiratet, völlige Freiheit gebend und nehmend.« Gegen das Ende seines Lebens schreibt Humboldt aus London an Caroline: »Ich kann mir Schritt für Schritt nachweisen, wie ich alles durch Dich geworden bin, teures geliebtes Wesen, wie selbst, was mir angehört, sich höchstwahrscheinlich nie entwickelt hätte, und wie das Gefühl der vollsten, natürlichsten und klügsten Weiblichkeit, die noch keine Frau auf Erden so wie Du gibt, eine Eigentümlichkeit in mir ausgebildet hat, an der alles andere hängt und die kein Mensch außer mir kennt und ahndet.« Diese Zuneigung hat die Eheleute über viele Schicksalsschläge hinweggetragen. Sie mußten den Tod dreier früh gestorbener Kinder hinnehmen, von den acht Kindern, die Caroline dem Gatten geboren hat. Besonders schmerzlich war der Tod des neunjährigen Lieblingssohns Wilhelm. Die Selbständigkeit der Charaktere wurde gelebt in einem bewegten, interessanten Leben. Die Ehepartner reisten viel, lebten des öfteren getrennt, dies aufgrund von Humboldts diplomatischer Karriere. Eine große Verantwortlichkeit übernimmt er durch sein politisches Wirken, als er ab 1809 als Geheimer Staatsrat und Leiter der Sektion Kultus und Unterricht zum Reformer des preußischen Bildungswesens wird. Entgegen den Formulierungen ihrer Brautbriefe haben sie sich nicht in schwärmerische, verinnerlichte Anbetungen versenkt, sondern ein weltoffenes Leben geführt. Dabei sind in dem achtbändigen Briefwechsel Worte der Vertrautheit und Beglükkung zu finden, die die geistigen Anschauungen der Verlobungsbriefe in Erinnerung rufen.

Wilhelm von Humboldt an Caroline von Dacheröden
30. 3. 1790

Es ist eine so schöne Stelle Deines Briefes, meine Lina, wo Du sagst, die Bestimmung des Weibes sei, die Freude eines edlen Mannes zu sein. Und doch, wie wenig sagt dies Wort in Vergleichung mit dem, was ich empfinde. Es ist doch so keine Ahndung eines andern Glücks, einer andern Seligkeit in mir, es füllt mich so ganz, es regt sich keine andre Sehnsucht in mir, als nach dem vollen ungestörten Genuß dieser

Wonne. Oft denke ich es mir, Du hättest wohl einen Mann gefunden, dessen Geist und Herz Dir mehr genügt, dessen höheres Wesen Dich mit höheren Gefühlen erfüllt hätte; aber geliebt hättest Du keinen wie mich, denn keinen hättest Du so beglückt.

Caroline an Humboldt
14. 4. 1790

Mein Herz geht immer auf, teurer Geliebter, wenn es sich in dieser lieben Unterhaltung vor Dir ergießt. O ich fühl es, mein ganzes Wesen wird schöner in Deiner Nähe aufblühen, die ewige Harmonie der Dinge mich inniger ansprechen, wenn so gar nichts Verworrenes mehr in mir ist und ich die Nähe eines Wesens ahnde, in das das meine süß, namenlos, in ewig steigenden Gefühlen versinkt. Ach, wie könnte in diesem Herzen etwas Verschlungenes sein, das Deine Liebe nicht löste? Deine Liebe ist ihm ja Fülle des Lebens. O, Wilhelm, Wilhelm, Du hast Dir meine Seele neu erschaffen, was weniger und was mehr konnt ich Dir geben als sie selbst! Ja Dein, o Du Lieber, bin ich so ganz, daß ich mein eigenes Wesen nur wiederfinde in Dir, daß ich keine Existenz mehr ahnde als die, die Deine Liebe mir geben wird. So oft muß ich weinen – wenn mein überschwellend Herz seine Seligkeit nicht mehr zu umfassen vermag, o es sind süße, wonnevolle Tränen, ein Hauch höhern Friedens kommt mit ihnen über meine Seele, die diese glühende, verzehrende Sehnsucht so oft schmerzlich bewegt.

Nein, teurer Geliebter, nie hätte ich einen Mann gefunden, dessen Geist und Herz mir mehr gegeben, dessen Wesen mich mit höhern Gefühlen erfüllt hätte. Du allein konntest mein Herz diesem neuen Leben aufschließen, diese süße, beglückende Gewißheit, ganz verstanden zu werden, mir in die Seele legen, vor Dir existiert mein Geist fast einzig in all der Freiheit, deren er bedarf, um sich lebendig zu fühlen in seinen besten Kräften, es ist auch so gar nicht eine entfernte Ahndung in mir, daß ich an Deiner Seite nicht den mannigfaltigen Gestalten meines Herzens und Geistes leben dürfte. Dies letzte, ich gestehe es, gehörte immer ausschließend zu meinem Glück. Es ist mir nichts so interessant zur Beobachtung, nichts so heilig im Zusammenleben, als die Individualitäten eines jeden Charakters. Sie in einem so engen Verhältnis wie die Ehe respektiert zu sehen war das einzige, was ich bei dem Manne suchte, dem ich meine Hand geben wollte – was ich bei keinem fand, der mir diese Verbindung antrug. Auf Liebe hatte ich längst Verzicht getan. Ich hatte mich fast überredet, sie für eine süße Illusion meines Herzens anzusehen. O ich könnte Dir stundenlang von den Träumen, den scheinenden Widersprüchen meines Herzens reden.

Humboldt an Caroline
Sommer 1790

Ich fühle es so lebhaft vorher, wie erst das mich gut und stark und groß machen wird, dies ewige ungestörte Anschauen Deiner unendlichen Güte, der Feinheit, der Grazie Deiner Seele! Wir werden uns so viel einander geben, wir werden jeder nur durch den andern eigentlich leben und dasein, und doch wird gerade dieser Gedanke noch der kleinste Teil unseres Glückes sein. Aber Dich leben und weben zu sehen in der ungebundenen Freiheit Deines Wesens, die immer neuen, mannigfaltigen und immer gleich schönen Gestalten Deiner Seele zu beobachten, das wird mein Leben so wonnevoll machen. Wie meine Seele, genährt mit diesem Anblick, sich dann höhere und schönere Ideale schaffen, wie sie mit rüstiger Kraft zu ihnen aufstreben wird! Wieviel mehr Gutes in mir entstehen, wieviel mehr von mir ausgehen wird! Nicht wahr, meine Lina, Du lebst wie ich in dieser seligen Zukunft? Du warest noch nie recht glücklich, der

Stunden eigentlichen Genusses wurden Dir so wenige, und mancher Kummer trübte sie wieder. Aber dann wirst Du glücklich sein.

Caroline an Humboldt
Sommer 1790

O, ich fühle es an dem Ausdruck Deiner Seele, an jedem Wort deines lieben Herzens, daß Du glücklich bist und das Gefühl des Glücks, das Du über mich ausgießest, voll in der Seele trägst. Und wenn ich frage, so verzeih – es ist eine Wiederholung, deren man nicht müde wird – ewig neu und ewig dieselbe erscheint sie mir in unzähligen Gestalten, diese Liebe, und wie ich in ihr einzig den Zweck meines Daseins empfinde, muß ihn noch kein Wesen inniger empfunden haben.

Dein zu sein, Dir anzugehören, alle Wahrheit meines Lebens nur zu nehmen aus Dir, o Wilhelm, welche süße dauernde Bestimmung gibt das meinem Leben, ich kann mich nun nie mehr allein fühlen, wie das sonst so oft mein Fall war, ich fühle mein Wesen verflossen in ein anderes und verwebt in die Harmonie des Ganzen durch seine Liebe. – So werd ich leben, mein Wilhelm, in der Schönheit und Wahrheit Deiner Seele, in den mannigfaltigen Gestalten Deines Geistes, so vielleicht vermögen ein schöneres Dasein, eine lieblichere Welt um Dich zu bilden und Dir einen Teil der Glückseligkeit zu erstatten, die Du mir gibst.

Caroline an Humboldt
18. 6. 1790

Im Zurückkommen vom Spaziergang ging ich allein durch den kleinen Busch, in dem die Laube ist, es war alles so schön, das Laub so erfrischt, und auf jedem Hälmchen zitterte ein Tautropfen, die Nachtigallen schlugen ihre süßen Lieder, und von den wilden Rosenbüschen wehten balsamische Düfte – ich kann Dir nicht sagen, mein Wilhelm, wie mir war – ich konnte das alles so aufnehmen in mein Herz, mich verweben in diese jugendliche, blühende Natur – wohl mir, daß ich's konnte. –

Dein Herz ist mir heilig – o, wie manche süße Stunde denke ich seinem Gang, dem Gewebe seiner Empfindungen nach – dieser feine Sinn vor allem, besonders für Weiblichkeit, diese Festigkeit, diese Kraft und diese Weichheit des Gefühls – wie so selten ist das alles vereint – Wilhelm, wie namenlos glücklich bin ich in Dir. Ich höre so lang, seit vierzehn Tagen nichts von Karolinen*. Es macht mich fast bang. Lebe wohl. Ich muß schließen – ich schließe Dich ans Herz.

Humboldt an Caroline

19. 6. 1790

Die Stelle, die Du mir in diesem Briefe aus meinem Zettel, eh ich nach Paris reiste, wiederholst, hat mich heftig ergriffen. Es war mir unmöglich, es beim ersten Anblick für meine Worte zu halten. Ich wagte es damals nur so selten, mich ganz auszusprechen, und es liegt da in jedem Ausdruck so eine lang und tief verhaltene Fülle heftigen Gefühls.

Ja, meine Lina, ich glaubte Dein Herz mit allen Banden einziger, ausschließender Liebe an Carl gebunden. Wenn Du von ihm sprachst, warst Du inniger gerührt, wenn Du mit ihm saßest, warst Du schmerzlicher und heftiger bewegt. Darum sprach ich allein mit Dir von ihm, darum so wenig und selten von mir. Ach, ich war zu sehr in der Stimmung, in der man kein Wort sagen kann, ohne alles zu verraten, und es lag mir so viel daran, daß alles Dir ein ewiges Dunkel bliebe. Ich dachte, Du würdest glücklich sein, wenn ich Dich

* Karoline von Beulwitz

besäße und Du dann ganz Deinen lieben Gefühlen leben könntest. Stören, wußte ich, fordern würd ich nie. Ich wußte, ich würde glücklich sein, wenn ich Dich glücklich sähe und Du so gut und liebevoll gegen mich wärest, aber ich wußte auch, daß dieses Glück mein Leben aufreiben würde (...).

Aber Du warst mir näher, als ich zu hoffen es wagte, und sahst so tief in die innersten Gefühle meines Herzens. Als ich nun wiederkam, war das anders. Es war mir so lebhaft, als liebtest Du mich, und doch vermochte ich's nicht zu fassen. Ach! dachte ich oft, wenn es nur wäre, um Dich glücklich zu machen, nur weil diese Engelsseele nicht leben kann, ohne zu beglücken, was um sie ist, und weil ihr zarter Sinn zu tief fühlt, daß nur Liebe beglückt. Es geht mir so ganz wie Dir, ich bin so ein eigenes, kindisches Geschöpf. So ewig mißtrauend der Dinge, die mich beglücken. Meine Seele braucht lang, entzückende Gewißheit zu fassen. Jetzt selbst, Lina, jetzt, da sie so ganz und ohne Zweifel mein ist, jetzt noch werd ich dennoch, wie Du, erst in einem Blick, in einer Umarmung von Dir suchen, ohne was meine Seele nicht zu ruhen vermag. Es ist mir lieb, daß wir uns so lang einer mit dem andern beschäftigten, daß wir umeinander litten, ehe wir diese Stufe erlangten, die uns jetzt so beseligt. Man dringt dann tiefer ineinander ein, umfaßt einander voller und ist gewisser des gegenseitigen Besitzes.

Caroline an Humboldt
7. 7. 1790

Konnte ich doch den ganzen Tag nicht zum Schreibtisch kommen, hundert Kleinigkeiten hielten mich ab. Aber den Tag kann ich nicht vollenden, ohne mit Dir gesprochen zu haben, Liebster, Bester ... Gott, wenn Du nur nicht so von mir und Dir sprächst, wie Du's tust. Ich kann nicht sehen, daß Du mich so über Dich erhebst. Was wäre ich denn ohne Dich? Das bißchen Festigkeit, das Du so rühmst – Deine

Liebe, das heilige Gefühl, das Du meinem Herzen eingeflößt hast, gibt sie mir erst. Ich bin Deiner nicht unwert, ich bin gut, denn ich liebe Dich ja, und ich fasse Dein heiliges Herz – aber Wilhelm, das Ideal Deines Geistes? – Wenn ich Dich nicht so überschwenglich liebte – wenn ich nicht fühlte, daß Du nur Liebe verlangst, könnte mir recht bang werden.

Humboldt an Caroline
16. 9. 1790

Ich bin wieder hier, meine Li, mit welchen Empfindungen, vermag ich Dir nicht zu beschreiben. Mit wie ängstlich beklommenem Herzen ich die Türme schon von ferne erblickte, wie schwer die Idee auf mir lag, nun wieder ein einsames, getrenntes Leben zu führen, so fern von dem Wesen zu sein, wo ich allein atme, empfinde, o! Du teilst ja jedes dieser Gefühle mit mir, Du weißt, wie mir war. Kaum war ich ins Zimmer zu Kunth getreten, so gab er mir Deinen Brief. Ach, Lina, wie erheiterte der Moment auf einmal meine ganze Seele! O! wie Du so sorgsam bist, mir Freude zu geben, liebe, holde Seele. Welche Tage werden mir an Deiner Seite hinfließen, wie in ewiger entzückender Wonne. Du, Du allein kannst lieben, Du allein die höchste, sonst jedem Sterblichen unerreichbare Seligkeit gewähren. Die Güte und die Stärke, die o! wahrlich übermenschliche Größe. Wie Du da standest in dem Moment unserer Trennung, wie Du mir sagtest: »Nun geh.« Ich sah den schrecklichen, schmerzlichen Kampf in Dir, und Du bliebest, wie Du sein wolltest. Nenne Dich nicht schwach, süßes Leben. Gerade diese unendliche Reizbarkeit, verbunden mit dieser festen Stärke, ist so unnachahmlich schön. (...) Und nun liebst Du mich so, verstehst Du mich, wie nie ein Mensch mich verstand, gehst Du so tief in mich ein, trägst mich so unendlich süß in Deiner Liebe. O! darum sag ich's auch mit der Zuversicht, daß niemand, niemand auf Erden so glücklich durch Dich mehr sein könnte als ich.

Ich pflückte heut in Tegel ein paar herbstliche Blumen, ich habe sie so gern, so das letzte Geschenk des fliehenden Jahres. Ob ich künftig Jahr an Deiner Seite sie pflücke? Es wäre doch so schön, wenn unsre Verbindung im künftigen Sommer wäre. Vielleicht ist's. In wenig Wochen sollst Du Gewißheit haben.

Humboldt an Caroline
30. 9. 1790

Wie so ein schöner Gedanke ist's, meine Li, daß alles Vollkommenerwerden nur ein Zurückkehren ist zu dem ursprünglichen Dasein. Auch mir war's oft so. Durch alle Hüllen hindurch, die in dem eingeengten Leben die Urschöne der Seele verdecken, erblickt man doch in Momenten der Begeisterung die eigentümliche Gestalt und ahndet mit hoher, fester Gewißheit, daß einst eine Zeit die Schleier hinwegheben wird. Und immer ist der Genuß in diesen Momenten zwiefach. Denn auch sich empfindet man größer und schöner, weil es des vereinten Strebens der edelsten, besten Kräfte bedarf, um zu fassen, was den meisten Blicken entschlüpft. Darum irrt man sich in seiner Menschenkenntnis so oft, weil man nicht unterscheidet, was den Menschen eigentümlich ist und was nur aus dem Zusammenhange der Umstände von außen und aus dem inneren Mißverhältnis und Entgegenarbeiten der Kräfte entsteht. Nur aus dieser eigentümlichen Gestalt läßt sich beurteilen, wieviel ein Mensch je zu werden vermag, und nur durch ihren Anblick läßt sich die Gewißheit über einen Charakter erhalten, die ohne ihn durch das bloße Urteilen aus einzelnen Ideen, Handlungen, Reden alle Augenblicke wankend werden muß, besonders bei Menschen, deren Ideengang schnell und ungleichförmig ist. Nur nach dieser Urgestalt müßte man

Charaktere schildern, und nur durch sie entsteht Liebe im echten Sinne des Worts. Und hier, dünkt mich, liegt der Grund, warum die Liebe immer von der Sinnlichkeit unabtrennbar, immer bedürfend der Gegenwart ist. Denn nur das Wahrnehmen des ganzen Menschen in jeder möglichen Art der Äußerung vermag ein Bild dieser Urgestalt zu geben. Der ganze Körper, vor allem aber das Auge, ist ihr Abdruck; einmal der Körper in Ruhe, dann aber vorzüglich in Bewegung. Die Schnelligkeit oder Langsamkeit, die Heftigkeit oder Ruhe, die Leichtigkeit oder Ungeschicklichkeit, die Feierlichkeit oder Einfachheit der Bewegung in ihren kleinsten Graden und feinsten Nuancen sind eigentlich das, woraus man die Natur der Empfindung, die Weite, Tiefe, Lebhaftigkeit berechnen kann. In Dir ist der Ausdruck dieses eigentümlichen Wesens unendlich stark und lebhaft. Wie ich Dich auch noch wenig gesehen hatte, wußte ich doch mit Gewißheit, wie Du in jeder Lage, bei jeder Empfindung, jeder Handlung sein müßtest, und nur weil ich überzeugt war, wie unendlich schön und groß Du in jedem Moment erscheinen müßtest, konnt ich zu diesem Gefühle von Liebe gehoben werden. Oft ist's mir, als könnt ich gar nicht schreiben. Du mußt es auch an meinen Briefen fühlen. Da ring ich mit meinen Empfindungen, die ich nicht loszureißen vermag, mit der Sprache, die sich der Idee nicht anschmiegen will. Laß mich erst bei Dir sein, mit Dir leben, dann wird's besser gehn. Trage mich bis dahin. Ach! wie ist Dein letzter Brief so schön und so lieb.

Caroline an Humboldt
13. 10. 1790

Du wirst in Deinem Leben von wenigen gekannt werden, aber wer Dich kennen wird, wird Dich anbeten. Und soll ich Dir alles sagen, mein Geliebter? Du bist so gemacht, daß Du vielleicht nie ganz von einem Manne gefaßt, empfunden werden wirst. Deine Kenntnisse, die Fülle Deiner Ideen, die Neuheit Deiner Ansichten, selbst die Eigenheit Deiner Sprache wird den geistreichen, feinfühlenden Mann in Deinem Umgange zerstreuen – Du wirst ihm entschlüpfen. Dein Selbst, die höchste Schönheit Deines Wesens, jene entzückende Einheit in Dir empfindet man allein in Momenten der Begeisterung, zu der nur die Liebe den Geist erhebt, und lieben – ach, Du weißt, was ich mit diesem Wort mich vergebens zu sagen bemühe – lieben kann nur das Weib den Mann, der Mann das Weib. –

Humboldt an Caroline
Oktober 1790

Der Dinge Urwesen bleiben, wie sie waren, ewig, selbständig, unveränderlich erscheinen sie nur dem beobachtenden Auge in wechselnden Gestalten. Durch alle Wechsel hindurch streben sie, zurückzukehren zu der hohen, ursprünglichen Einfachheit. In dem Innersten unsrer Seelen sind sie, oder vielmehr wir sind sie selbst, nur daß wir uns selbst nicht zu schauen vermögen, gehemmt durch die Schranken unseres eingeengten Daseins. Daß wir dies aber sind, sagen Momente des Lichts, wo der Schleier auf Augenblicke zerreißt und wir neue Sinne und Kräfte fühlen und staunen ob dem, was wir nicht kannten. Wo diese Urwesen vereint sind, da ist die Empfindung ewig wie sie, und keine Trennung denkbar, denn die Zukunft liegt in dem Keime der Vergangenheit, und was sein wird, wird sein, weil es war. So werden wir eins sein, weil wir eins waren, seit der erste Moment des Daseins währt, wenn der erste Moment nicht täuschendes Bild unsrer Phantasie ist und nicht alles nur darum nicht ewig eins und unveränderlich ist, nicht weil es in sich von Dasein zu Dasein überginge, sondern nur, weil wir es nicht anders zu sehen vermögen, als wie in ewigem Strome nie bleibender Gestalten.

Caroline an Humboldt
24. 11. 1790

Ich habe einmal gedacht, vorigen Winter, Du hättest Spaß am Dienst, und da habe ich geschwiegen, weil ich bei allen meinen Grillen und wie sehr ich dran hänge, doch fühle, wieviel richtiger sich die Dinge in andren Köpfen gestalten mögen als in meinem. Aber der Sommer hat mir eine andere Ansicht Deiner Ideen gegeben und – wie sehr ich Dich auch schon kannte und empfand –, ein unendlich innigeres Gefühl Deines Wesens. Laß es mich Dir aufrichtig sagen, Bill, Du bist nicht für den Dienst gemacht, es gehört eine gewisse Art Eitelkeit dazu, von der Dein Wesen ewig geschieden sein wird, sich viel von dem großen Nutzen vorzuerzählen, den man stiftet. Dein Blick ist zu fein und durchdringend, als daß Dir die Wahrheit entgehen sollte. Ich will nicht sagen, daß es nicht vielleicht im Dienst Stellen gibt, wo ein Mann auf seinen rechten Platz zu stehen kommt und sich einen ausgebreiteten und wohltätigen Wirkungskreis zu schaffen vermag, aber sie sind selten, und seltener ist's wohl noch, diesen Wirkungskreis in den schönen Jahren der Jugend zu erlangen. Dein Wesen ist gemacht, in schönen, geistigen Gestalten zu schweben, es ist ein Reichtum der Ideen und eine Eigenheit der Ansichten in Dir, die Dich zu etwas anderem bestimmt – Du ahndest Dich so selten, mein süßes, einzig liebes Wesen –, und es liegt so eine Größe auch darin, aber in den seligsten Momenten unseres Zusammenseins fühlt ich doch, wie Du Dich inniger empfandest. O, sie werden wiederkommen, diese seligen Momente, werden schöner noch wiederkommen in dem Gefühl ihrer ununterbrochenen Dauer.

Humboldt an Caroline
Winter 1790

Höhere und schönere Zwecke strahlte Dein Blick mir entgegen, da ich es sah, daß Du nun nicht mehr sein würdest ohne mich. Zu werden, was Menschen zu werden vermöchten, strebten wir, und die Liebe erringt es mit uns. Nur Du vermochtest diese Idee mir zu geben, nur mit Dir hat sie Wahrheit und tiefen Gehalt, das ganze Dasein hinzugeben für das, was man zu erreichen vermag durch der Liebe heilige, segnende Glut. Nicht zu achten den Schmerz, nicht die trübe Wehmut, wenn wir nur das Ziel nicht verfehlen.

Langsam bildete sich der schöne Plan in mir, aber wie ich zuerst Deine Schönheit erblickte, wie zuerst ihr entzückender Segen mich überwallte, da ahndete ich ihn, und in heiliger Einsamkeit bildete ich ihn mehr aus, weihte ich meine Seele, daß sie würdiger würde, ihn in sich aufzunehmen. Wenn ich, dacht ich, verbunden, wenn, ach! geliebt von ihr, ich durchs Leben gehen könnte, wenn es mir vergönnt wäre, sie ewig anzuschauen, wie in entzückender Freiheit ihr Wesen emporblüht, wenn sie mich mit sich emportrüge, und nun – von ihr geleitet – kein Aufstreben meines Wesens mehr vergeblich und leer wäre, dann müßte der Anblick zweier Menschen, so beglückt, so gehoben einer durch den andern und beide durch die Liebe, wohltätig auf alle andern Wesen übergehn.

Caroline an Humboldt
Winter 1790

Wie ruhig, mein Geliebter, ist die Nacht. Millionen Sterne glänzen am mitternächtlichen Himmel, und es weht eine milde, erquickende Luft. Ich lag am Fenster und atmete sie ein mit vollen Zügen und fühlte mein Herz neu geboren in der tiefen Stille, die mich umfloß. O, künftig werd ich oft in diesen Stunden neben Dir gehen, an Deiner Seite am Fenster liegen, und der Erinnerung mächtiger Zauber wird mein Herz mit einer wehmütigen Freude erfüllen. Du wirst mich lehren, sie zu segnen, diese Zeit der bängsten Trennung, diese Tage, in denen ich oft wähnte, die Bande zerreißen zu fühlen, die mich an das Leben knüpfen. O, wenn mein Wesen, das Dir und einzig nur Dir gehört, in ihnen reicher wurde, sei es auch nur an einer einzigen Blüte der Empfindung, der vollendeteren Schönheit, deren Du Dich freust, so seien sie gesegnet und gesegnet jede Stunde, die in namenlosem Jammer vorüberfloß. – Zu Deinen Füßen werd ich wieder liegen, meine Arme werden Deine Knie umfassen, mein Kopf auf Deinem Schoße ruhen. Da will ich aufblicken zu Dir, und ein liebes Lächeln, ein Kuß, ein Blick aus den teuren Augen soll es mir sagen, ob Du mit Deiner Li zufrieden bist. Dann, ach, dann schließe mich an Deine Brust. Wilhelm, Wilhelm, wann vernähme ich Dich nicht – in jeder Bewegung Deines lieben Körpers erscheint mir Deine innere Gestalt, sie tragen all das Gepräge von solch einem reinen, einfachen, unendlich milden Sinn. Ach es ist eine Einheit in Dir bei so viel Mannigfaltigkeit, daß ich's nur bewundern, nicht auszusprechen vermag! Zu leben in Deiner Nähe, umflossen von den reinen Strahlen Deines Geistes, Dich anbetend und liebend, wie man geahndete, höhere Wesen liebt –, ach, das wäre mir ja alles gewesen – und nun durch die heilige Kraft Deiner Liebe hinaufgehoben zu Dir, verwebt in Dein innerstes Sein – das glückliche Geschöpf, dessen ganzes Leben in Dich überströmt, dem Du alles gibst, und das alles Dir zurückzugeben strebt – laß mich's denken, was ewig keine Worte ausdrücken, und jeder Moment meines Daseins sage Dir, ob ich's in tiefer Seele fühle, was ich Dir danke, und was Du aus mir gemacht hast . . .

Auf der Suche nach Rosinette

Jean Paul und die letzten beiden Karolinen
Karoline von Feuchtersleben und
Karoline Mayer
(1799–1801)

Der Dichter der Abseitigen, der Träumer, der sensiblen Einsiedler, dem von einem begeisterten Leserpublikum zeitweilig eine mindestens so glühende Verehrung zuteil wurde wie dem Dichterfürsten Goethe, wurde am 1. März 1763 in abgeschiedener Landschaft, in Wunsiedel, geboren: Johann Paul Richter, der sich seit 1792 Jean Paul nannte. Für den Sohn eines armen Theologen mußten in den Entbehrungen der Jugendjahre Phantasie und Innerlichkeit über die erlebte Misere hinweghelfen. Nach abgebrochenem Theologiestudium versenkt sich Jean Paul in ein monomanisches enzyklopädisches Autodidaktentum, das ihm den Weg zur Schriftstellerkarriere sichern sollte. Er versucht sich zunächst als satirischer Schriftsteller. Plötzlich bricht über den in bislang in drückenden materiellen Verhältnissen Lebenden der literarische Ruhm herein. Der erste Roman, ›Die unsichtbare Loge‹ (1793), führt ihm das empfindungsselige Publikum der Zeit zu. Jean Paul, der bislang nur Dörfer und Kleinstädte kannte, erweitert seinen Gesichtskreis, betritt als selbstbewußter, skurriler Einzelgänger die zwar immer noch kleinstädtische, aber geistig so anspruchsvolle Weimarer Bühne. 1796 reist Jean Paul nach Weimar, um den befreundeten Herder zu treffen, und natürlich auch den (nicht kritiklos) bewunderten Goethe kennenzulernen sowie den ihn befremdenden Schiller und die ihm gar Mißtrauen einflößenden Romantiker. Schließlich auch – erstmals in seinem Leben – die einflußreichen, geistvollen reifen Frauen: in Weimar, in Berlin, oder auch schlicht zu Hause, wo er noch

Karoline Mayer, spätere Richter (1777–1860)
Kinderbildnis, 1783

Johann Paul Friedrich Richter (1763–1825)
Gemälde von H. Pfenninger, 1798

mit seiner Mutter lebt und wo ihn die Frauen, natürlich alles begeisterte Leserinnen, aufsuchen.

Jean Pauls kometenhafter literarischer Aufstieg hatte dem Gefeierten unter anderem einen legendären Erfolg in der Damenwelt beschert. Es muß ein unwiderstehlicher Charme von ihm ausgegangen sein, ein Charme, der sich zeittypisch verband mit der Wirkung seiner seelenvollen, tief empfindenden »hohen« Gestalten. Die Feder, die solches verströmte, verhieß den begeisterten Lesern – und Leserinnen – einen anbetungswürdigen Liebespropheten, einen Fachmann der weiblichen Gefühlswelt und erregte die Phantasien über den Mann, der solches zu beschreiben vermochte. Über die Korrespondenz nach der Lektüre seiner Romane setzten sich fast alle Werbungen um Jean Paul in Bewegung. Und er, der Vielschreiber, fand Zeit zu artistisch gelungenen Briefen, wie sie nach der Sprache seiner Romane von ihm erwartet wurden. Kurz, die Masse seiner Korrespondenz mit weiblichen Briefpartnerinnen zeigt einen fast austauschbaren Stil – erhabene Beschreibungen der in korrespondierenden Naturbildern sich öffnenden weichen Seelen, die sich verströmen und (nicht sehr sinnlich) verschmelzen. Aber genau dies, das erhabene Unendlichkeitsgefühl seiner Beschreibungen »hoher Liebe« war es, was seine Anbeterinnen hören wollten: Exklusiv vom Autor der ›Unsichtbaren Loge‹ und des ›Hesperus‹ wollten sie hören, wie »die Sehnsucht (sich) regte wie ein lebend Kind in meiner Brust, und ich hing liebkosend weich an der Seele, die ich liebe«, so schreibt Jean Paul etwa in Weimar an Charlotte von Kalb, die »Titanide«, wie er sie nannte, die gewiß die geringsten Aussichten hatte, den solches schreibenden Dichter auch zu heiraten. Ähnliches haben sie alle zu lesen und wohl auch gesagt bekommen: Aumone Herold, die erste Liebe der Hofer Zeit, der Jean Paul später »uneigennützig«, in sicherer Entfernung, sein unwandelbares ewiges Feuer unvergeßlicher Hochgefühle versichert, die Schriftstellerin Emilie von

Berlepsch, von der Jean Paul sagt: »Sie ist moralischer und schöner als die Krüdener und die Kalb, aber nicht so genialisch.« Und die wiederum von Jean in typischer Anbetermanier, schwärmt: »Sie scheinen mir in der Entfernung mehr ein Genius als ein Mensch.« Eine ähnliche Korrespondenz erhalten die »platonische« Bewunderin Josephine von Sydow – und natürlich die Frauen, denen er die Ehe versprach. Jean Pauls Verlobungen setzen (mit Ausnahme der Jugendverlobung mit der fünfzehnjährigen Schwester der ihn abweisenden Aumone Herold) erst in der Mitte des vierten Lebensjahrzehnts ein.

Insgesamt hat er viermal die Ehe versprochen. Seine Verlobungen waren kurz. Drei der Verlobten hießen Karoline. Die Vorletzte war adlig, sie hieß Karoline von Feuchtersleben. Die letzte, bei der er das Versprechen schließlich einlöste, war bürgerlich, jung und hübsch, gebildet genug, um seine Schriften zu hemmungslos zu bewundern, und entsprach dem Bild seiner häuslichen »Rosinette«, wie es der Verfasser des bekanntesten Eheromans der Zeit – ›Siebenkäs‹ – lange vor jeglicher Ehepraxis, zuletzt in seiner ›Konjektural-Biographie‹ geschildert hatte. Sie hieß Karoline Mayer und war die Tochter eines Hofrats in Berlin. Jean Paul ist ein Mann, dem eher zuviel Gunst als zuwenig geschenkt wurde, der »Macho« der deutschen Literaturgeschichte. Und welche Bewunderung, die gar an die Anbetung eines Halbgotts grenzte! Das mag (von seiner Anziehungskraft abgesehen) zum Teil an den Versprechungen seiner Liebessprache liegen, seinen Briefen, seinen druckreifen Huldigungen, die viel Arbeit, aber kaum erhabenes Gefühl verraten. Dies ist auch die Meinung des Jean-Paul-Biographen Günter de Bruyn. Und wohl auch daran, daß die kunstvollen Schwärmereien voll idealischen Gehalts einen Appetit weckten, dem sich Jean Paul in gekonnter Abwehr immer wieder entzog. »Ferne schadet der rechten Liebe weniger als die Nähe«, so haben es die Drängenden immer wieder zu hören bekommen. Nicht daß Jean Paul ein Don Juan gewesen wäre, der die über das Schwärmen hinausgehende Hingabebereitschaft ausgenutzt hätte: aber gerade daß er die Lieblingsbeschäftigung, die er mit den Frauen teilte, das Schwärmen und Seufzen, genoß, sich aber dem erotischen Abenteuer im letzten Moment entzog und lieber alle Erfahrungen mit der Frauenwelt als Vorübungen fürs literarische Schaffen benutzte, mochte die Verehrerinnen noch mehr gereizt haben.

In Jean Pauls eingeschränkter Jugend war vom Umschwärmtwerden wenig die Rede. Er war schüchtern, hatte wenig Sinn für das andere Geschlecht. So wie sich Jean Paul über den Rückzug in besessenes Schreiben über die gedrückten Kindheitserlebnisse und die gedrückten materiellen Verhältnisse auf dem Weg der Innerlichkeit erhebt, so waren seine ersten Begegnungen mit Frauen allenfalls Studium einer fremden Welt. In der Hofer Zeit gab es einen Kreis von Mädchen, unter anderem die Schwestern Herold, die er seine »erotische Akademie« nennt und in der der junge Jean Paul erst etliche Verklemmungen lösen muß. Die Verlobung im August 1793 mit der Schwester der zeitweise heftig angegebeten Aumone, Caroline Herold, wurde im Dezember – unter Freundschaftsbeteuerungen – gelöst. Nein, ernst mit Eheabsichten ist es Jean Paul lange nicht. Erst mit dem unerwarteten Genuß, der Nebenwirkung seines literarischen Ruhms, sich in weiblicher Bewunderung zu sonnen, mit seinem Betreten der Weimarer Bühne, ein Erfolg, der sich in Berlin wiederholen soll, mehren sich die Überlegungen zur Verehelichung. Er hat nur eine kluge Auswahl zu treffen. In Weimar geht es ihm wie vormals Schiller. Eine der stärksten Persönlichkeiten, die unglücklich verheiratete Charlotte von Kalb, Mutter dreier Kinder, bereit zu Scheidung und Neuverbindung, gibt dem Unerfahrenen den nötigen Schliff. Er, der, wie er selbst zugibt, der geistvollen, doch fatal an Abweisungen berühmter Männer Leidenden seine ganze Bildung verdankt, nennt sie »Titanide«, eine männlich heroische Seele: »Sie ist ein Weib wie keins, mit einem allmächtigen Herzen, mit einem Felsen-Ich, eine Woldemarin.« Ihr scharfes Urteil ist für seine literarische Entwicklung nötig, doch als Frau ist sie zu »genialisch«. Er überzeugt sich später, daß er zu »genialischer« Liebe (wie er sie selbst in seinen Romanen, dem ›Titan‹, dem ›Hesperus‹ schilderte) nicht tauge. Der Roman mit Charlotte von Kalb hat das typische Ende von Jean Pauls Ausweichmanövern: allen hat er das andauernde Strahlen seiner entfernten Seelenliebe zugesichert. In Äußerungen an seinen Freund Otto ist der Dichter, der recht pueril über die neuen Lockungen, die ihm die Geselligkeit in Weimar bietet, berichtet (»Weiber die Menge«!) so offen, wie man es sich nur wünschen kann. Am 2. 11. 1799: »Ich erschrecke, wenn ich jetzt zu den ausgebrannten Ehe-Kratern hinübersehe, in die ich so oft zu fallen im Begriff war, wenn keine fremde Hand mich gehalten hätte. In Jena, in Leibzig, Eisenach, Gotha (denn ich habe Dir nicht alles schreiben können), Hof (...) etc., etc., hing alles nur an einem Haar, so hing ich selber im Haar als elender Schneusvogel«. Damit sind nicht nur die Vertröstungen der Frau von Kalb gemeint. Da gab es die Weltdame, die blonde Schriftstellerin Juliane von Krüdener, die ihn eines Tages 1796 noch im Haus seiner Mutter, wenige Wochen vor der Weimarreise, besucht, die spätere Autorin des empfindsamen Romans ›Valéry‹. Sie erobert seine Seele – wiederum nach Schwelgen und Seelenverschmelzungsbeteuerungen. Er geht sogar mit ihr auf Reisen und trifft sich mit ihr in Bayreuth, vergißt dann aber plötzlich alle seine Begeisterung. Da war vor allem unter den geistreichen, reifen Frauen die 42jährige Emilie von Berlepsch, die seiner Tugend am gefährlichsten wurde. Sie besuchte den Dichter Anfang Juli 1897 und macht sich daran, den Vierunddreißigjährigen in idealischen Bildern ihrer Seelenfreundschaft zu verführen. Als Jean Paul sie im August in Franzensbad besucht, schreibt er: »... soviel kühle Besonnenheit und Unsinnlichkeit bei einer idealischen Phantasie. (. . .) Sie ist die erste genialische Frau, bei der mein Herz keine moralischen Schmerzen litt.« Aber bald erkennt Jean Paul, daß die »Unsinnlichkeit bei einer idealischen Phantasie« bei Emilie so ernst nicht gemeint ist. Sie will den ganzen Dichter – und im Januar 1789 verspricht er ihr die Ehe (ein Versprechen, das er im Februar sehr erleichtert zurückgenommen hat). Wieder ist eine Episode mit einer intellektuellen, adligen Frau zu Ende. Emilie gegenüber begründet er auch ausführlicher den Grund, warum ihn allzustarkes Drängen verschreckt: Es ist seine Universalliebe, auch »Tuttiliebe« genannt, die er von der gewöhnlichen »Partialliebe«, die nämlich ein einziges Wesen meint, unterscheidet: »Ich habe nie eine Seele der anderen geopfert. Die Liebe hat so viele Stufen, als es menschliche Liebenswürdigkeiten gibt. Soll ich jene Fülle des Herzens wiederbegehren, die die ganze Erde und alle Wesen und Planeten aus ihm heraussperrt, um den weiten Platz alles Liebenswürdigen mit Einem Wesen auszufüllen?«

Im Herbst 1799, wieder in Weimar angekommen, scheint es doch in Richtung einer Entscheidung für die eine zukünftige Partnerin zu gehen. Als sich Jean Paul 1799 noch so erleichtert über sein früheres Entweichen in seinem Brief an Otto äußert, schwärmt er bereits von einer neuen Aristokratin. Es ist Karoline von Feuchtersleben. Karoline von Feuchtersleben weilte als fünfundzwanzigjähriges Hoffräulein in ihrer Vaterstadt Hildburghausen, als sie ihren ersten Verehrungsbrief an den Dichter schrieb. Jean Paul erhielt ihre Silhouette und besuchte sie im Sommer 1799, und bald kam es zu einer aufsehenerregenden Verlobung, die nicht nur mit Neugier auf das Geschick des berühmten Dichters verfolgt wurde, sondern die auf seiten der Familie der Braut Entrüstung und Protest hervorrief. Standesdünkel bricht über den Dichter herein, der ihn aber kaum tangiert. Jean Paul war äußerst angetan von dem empfindsamen, in allen Künsten sich versuchenden Mädchen, das ihm so hingebungsvoll ergeben war.

Im August verleiht ihm der Herzog den Titel eines Legationsrats. Die Familie erkundigt sich nach den Einnahmequellen des Dichters, aber vor allem der Beifall der Jean-Paul-begeisterten Herzogin zwingt die Familie zum Nachgeben. Hat Jean Paul dennoch mit Recht eine gewisse Skepsis in die Zukunft mit dieser adelsstolzen Familie davon abgehalten, das ihm am 21. März 1800 von der überglücklichen Braut gemeldete Einverständnis der Eltern auch anzunehmen? Schon im März sollte es zu einer glücklichen Begegnung auf der Insel Ilmenau kommen. Jean Paul hatte es nicht eilig. Im Mai verbrachte Jean Paul, angereist mit dem befreundeten Ehepaar Herder, das seine Werbung eifrig unterstützt hatte, drei Frühlingstage in Ilmenau, sah die sehnsüchtige Braut – und löste danach den Bund. Begründet wird das Finale später durch die »Einförmigkeit im höheren Streben«, aber »jeder trägt diese in einer anderen Tonart, d. i. Individualität, vor – und dadurch wird das Ähnlichste das Unähnlichste, die Sekunde ist der größte Mißton.« Nicht daß Jean Paul sich in aristokratischen Kreisen sein Mütchen kühlen wollte. Zum Abschied mußte es kommen, denn der Dichter war empfindsam genug, zukünftigen Problemen auszuweichen. Leichten Herzens ist er auch immer nach erloschenen Gefühlen in seine wiedergewonnene Freiheit entschwunden. Aber da es, nun in schon gereiftem Alter, ein offizielles Verlöbnis war, ist bei dieser Verbindung nicht zu übersehen, daß sich Jean Paul nun auf die Suche nach einer weniger »felsenfest« fordernden Weiblichkeit, also einer mehr passiven Weiblichkeit macht. Nach allem, wie er das Fräulein von Feuchtersleben seinem Freund Otto beschreibt (vor allem natürlich ihre äußeren Reize), ist er empfänglich für die leisen Signale, die ihm ein ungestörtes, unbeschwertes Eheleben vergällen könnten. Zufrieden schildert er die Wirkung seiner Erziehung auf das Fräulein, wie sie seinetwegen mehr ißt und auf ihre Gesundheit achtet, deutet ihr »Hingeben, Vertrauen und Gehorchen« an, mal auch sein Erzürnen bei Widerstand ... »Ich zeigte vor ihr«, schreibt er, »Gott weiß wie, wenn nicht das fünfunddreißigste Jahr tut – eine regierende Festigkeit und genieße die heutigen Stunden nicht auf Kosten künftiger Jahre.« Aber schon aus den ersten, durchaus positiven Beschreibungen von Karolines Seelenschönheit läßt sich erraten, woran die »Ecken und Mißtöne« erkennbar waren: »Doch in keiner weiblichen Seele fand ich diese hohe, strenge, unnachlassende religiöse Moralität, die unerschütterlich und unbestechlich bis in die kleinsten Zweige treibt. Bei ihrer moralischen Zartheit fühlt man, daß man leider in Weimar lange gewesen. Sie würde, wenn ich mit ihr verbunden wäre, mein ganzes Wesen bis auf den kleinsten Flecken austilgen.«

Das läßt schon ahnen, warum Jean Paul – aber nicht mehr lange – doch lieber Junggeselle blieb. Zumal sich die anspruchsvolle moralische Zartheit mit wiederum einem ganz »partialen« Liebesverhalten verband. Schmerzlich müssen für die junge Adlige, die den Bruch mit der Familie riskiert hatte, die üblichen Jean-Paulschen Abschiedsversicherungen seiner über die Trennung andauernden Seelenliebe gewesen sein. Am 8. Juli 1800 schreibt Jean Paul ihr den endgültigen Abschiedsbrief, nachdem sie nach der Begegnung in Ilmenau mehrfach versucht hatte, ihn zurückzugewinnen. Herder (selbst recht irritiert über die Verlobungsangelegenheit seines Freundes) hatte sie getröstet. Jean Pauls Beruf sei nicht zu lieben, sondern die Liebe zu schildern, »aller Frauen Mann zu sein«. Karoline von Feuchtersleben, die erst mit 42 Jahren heiratete, feierte den ehemaligen Verlobten in ihren Erinnerungen. Jean Paul trifft bald die nächste Verlobte, wieder eine Karoline. Im Jahr der Entlobung reist er nach Berlin – auch da erwartet ihn ein Ansturm von Verehrerinnen. Am dritten Oktober trifft er für einen längeren Aufenthalt in Berlin ein. Jetzt hat er sich ernsthaft vorgenommen, sein Junggesellenleben zu beenden. Am 4. November – »endlich hat mein Herz sein Herz« – hat er die Richtige gefunden. Es ist die dreiundzwanzigjährige Karoline Mayer, die Jean wie einen Halbgott anbetet. Solches schreibt sie nach der ersten Begegnung (bei der sie Jean Paul noch nicht auffiel) bereits im Juni an ihre Schwester Minna Spazier: »Ach und die Güte, die Liebe, das ist mehr als alles! Jetzt kann ich mir die von Christus erzählten Wundergeschichten erklären.«

Die dritte Karoline hatte dann nach Jean Pauls Übersiedlung die Bekanntschaft nicht wie die anderen Frauen in einem literarischen Gespräch, sondern vielmehr durch eine Bitte um Rat in Herzensdingen eingeleitet. Ungeliebt sei sie mit ihrem Cousin verlobt, fragt, ob sie bei ihm bleiben oder sich trennen müsse. Am 30. Oktober antwortet der Dichter »unparteiisch«, »kalt«, daß sie sich natürlich trennen müsse. Sein Liebesbrief vom 4. November dann ist feurig und kurz. Am 9. November bittet er den Geheimen Ober-Tribunalrat Mayer, den Alleinerzieher dreier Töchter, um die Hand seiner Tochter. Die schwärmende Karoline bekommt ihr Dichtergenie, der müde Junggeselle, der sich mit 38 Jahren nicht nur »juristisch«, sondern auch physisch keusch in die Ehe begibt, seine Rosinette, die junge Frau, die, ihm ergeben, unbeschwert, fröhlich sein Alltagsleben verschönert. Er schreibt an den Freund Otto (19. 12. 1800): »Erstlich hat sie alles Gute von den Cidevants-Carolinen; und zweitens nicht das Schlimmste; und drittens Gesundheit ohnegleichen, Schönheit (unter den Deutschen selten schwarz-sanftes Auge, Madonnenstirn, artistischen Hals und Busen und Wangenrot und alles), Aufopferungsliebe ohnegleichen, Bescheidenheit, Offenheit etc. Die flammendste Liebe für mich brennt ihr auch nicht eine Seite zu irgend einem menschlichen anderen Ton des Mitleids herab etc. (...) Ich liebe sie mit allen Jugendkräften des Herzens, und mit allen Nestorkräften der Vernunft.« Warum dann vorher so viele Umwege? Beklagt hat er sich noch im August 1800 bei dem Freund Otto, daß »meine Treppe zum Ehebette (...) unendlich lang sein soll. Ich sorg indes, in Berlin spring ich hinein;

aber es muß bloß ein sanftes Mädgen darin liegen, das mir etwas kochen kann und das mit mir lacht und weint.« In Goethes »Pferdefuß-Stapfen« zu treten, d. h. ein einfaches Mädchen zu wählen, ist er bereit, er, der wohl immer nur von den Aristokratinnen auf eine falsche Fährte gelockt wurde. Jedoch ist Karoline Mayer, der der Vater wie all seinen Töchtern eine solide »männliche« Bildung gegeben hatte, was sie in der damaligen Zeit aber um so anfälliger für die Dichteranbetung machte, glücklicherweise für ihn mehr als ein einfaches Mädchen vom Volk. Vor allem – das sind die Leitmotive der Ehe – ist Karoline weiter von demütiger Anbetung und dem Bewußtsein, den bedeutendsten Menschen ihrer Zeit geheiratet zu haben, erfüllt.

Jean Paul als Ehepartner bleibt ein Pseudojunggeselle. Er ist mit der Schriftstellerei verheiratet, aber nicht mit einer Frau. Er hatte das auch einmal in den für ihn typischen puerilen Phantasien an den Freund Otto so ausgedrückt: »Hab ich geheiratet, so kriech ich in ein Loch und stecke nur den Schreibfinger heraus.« Mit der Heirat und der Übersiedlung nach Bayreuth 1804 sind Jean Pauls Jahre produktivsten Schaffens zu Ende (von da an galt seine Hauptarbeit dem unvollendeten Roman ›Der Komet‹). Teils erfüllt sich Jean Pauls häuslicher Traum. Kinder werden geboren. Und Karoline betet den Gatten noch nach zwanzig Jahren so an wie als schwärmerisches junges Mädchen. Auf diese Weise versuchen sie sich zu arrangieren, er in seiner ehelichen Schreibidylle, sie in der Rolle als hingebende Dichtergattin, über die sie aber nach zwanzig Jahren in Briefen an die viel glücklichere Ernestine Voß klagt. Denn Jean Paul zieht sich in späteren Ehejahren, vor allem nach dem Tod des einzigen Sohns 1821, immer mehr von der Familie zurück. Im Juni 1819 hat Jean Paul Mühe, die eifersüchtige Mahnerin zu beruhigen, die ihn mit Vorwürfen über die »vertrauliche Tändelei mit einem jungen Mädchen« (die junge Sophie Paulus) während Jean Pauls längerem Aufenthalt in Heidelberg überschüttet. Doch zwiespältig genug ist, daß die sechzehn

Jahre jüngere Frau, die solches empörend findet und folgert: »Es ist also ein Beweis, daß du mich nicht liebst, sondern bloß Gewohnheit, Notwendigkeit Dich abhält, ein Band zu lösen, das Dich drücken muß«, im gleichen Brief auch in der demutsvollen Gewißheit schreibt, daß Jean Paul, als die »Ausnahme der Menschheit«, eigentlich eine »Ausnahme unter den Frauen« hätte bekommen sollen: »Ich fühle es in jedem Augenblick, wie armselig, wie elend ich gegen Dich bin, allein die Liebe, die unendliche, die niemand weiter so empfinden kann, die gab mir Ansprüche, mit denen ich allzu kühn vor neunzehn Jahren Deine mir angebotene Hand ergriff, in jener Unerfahrenheit, die schwärmerischen Menschen eigen ist.« Schwerer wiegt wohl bei solcher Rollenverteilung, daß das »häusliche Schaltier«, wie sich Jean Paul nannte, in den letzten Ehejahren gar in ein Junggesellenleben zurückfällt und sich in eine Arbeitsstube bei der Wirtin Rollwenzel, die ihn mütterlich betreut, zurückzieht. Der langjährige Junggeselle Jean Paul hat schließlich, nachdem er alle schwärmerischen Jünglingsgefühle vor der Heirat so lange wie möglich ausgelebt hat, die Grenzen seiner Ehebegabung recht gut gekannt. Er schreibt später selbstkritisch, aber wenig zum Trost der jüngeren Gattin: »Je später die Ehe, desto schwieriger. Einen Hagestolzen zu ehelichen ist fast gefährlicher als eine Witwe. Denn diese erwartet Männer, wie sie sind, und fühlt weniger Furcht, als sie vielleicht gibt. Jener hingegen verlangt alle seine vorigen Liebschaften in seiner letzten konzentriert, falls er nämlich bescheiden ist; – denn ein Unbescheidener fordert, daß die letzte alle übertreffe und seine vorigen Untreuen und seine jetzige Wahl rechtfertige.«

Jean Paul Richter an Karoline von Feuchtersleben
3. 6. 1799

Eine schöne Seele hat der Himmel nicht zum Entfliehen herabgesandt, sondern damit sie wirke und zeige, was andere nicht können. Doch, liebe schöne Seele, laß es Dir sagen, wie ich Dich achte und liebe, und soviel inniger und höher, seit ich Dich gesehen. Ich habe mit Glückwünschen für Dich in das Heiligtum Deines festen Herzens geblickt. Ich sage immer: »Werde einmal glücklich«, wenn ich Deinen Schattenriß anblicke, aber ich werde ihn nicht oft mehr ansehen, weil er mich so innig rührt.

Jean Paul an Karoline von Feuchtersleben
29. 7. 1799

Wenn ich eine Stunde bei Ihnen hätte, wie sie für uns gehört, eine Stunde, wo die Seele verklärt und zerfließend sich der ähnlichen zeigt und öffnet, und wo einmal um uns nichts wäre als eine untergehende Sonne oder ein aufgehender Mond – als ich auf der Wartburg stand und über die aufgerollte Karte von Wäldern und Bergen hinsah, und als ich mit der Menge durch einen herunterwachsenden Hain nach Hause ging, worein die Abendsonne vergoldete Bäume und Zweige pflanzte, und als mein Herz in Jugendkraft die Welt aufnahm: so drang doch ein Seufzer in die glückliche Brust, und er fragte mich, warum bist du allein? Neben Dir hätt' er mich nicht gefragt! Nein, wir müssen einmal in der großen Natur nebeneinander stehen und ein ganzes Leben in einer Minute verleben und dann mit abgewandten Augen scheiden und weinen. Gute Seele, weißt Du denn, wie ich Dich liebe?

Jean Paul Richter an Karoline von Feuchtersleben
31. 10. 1799

Ich habe den Umriß Ihres Herzens gefasset. Sie wissen nicht, wie oft Sie vor der Sonne vorübergehen und Ihre Gestalt abschattend malen. – Gib mir keinen Schmerz, denn nur Du kannst mir die größten geben.

Die innere Sonne braucht den äußern Sturm und Regen, um sich darauf in ihren Farbenbogen abzumalen. – Wir werden immer das frömmere Herz an das wärmere drücken. Mich zerrütten nur die Minuten vor Entscheidungen, nie diese. – Ein unaufhörlicher Frühling weht mir aus den versperrten Blumen zu, die fortwachsende Heiligung der Liebe.

R.

Karoline von Feuchtersleben an Jean Paul
31. 1. 1800

Geliebter! ich bin *Dein*! O nimm meine Seele auf und liebe mich ewig, wie ich Dich! Vor einer Stunde kamen die teuern, ersehnten Briefe, die das Glück unseres ganzen Lebens bestimmen. Dank, Geliebter, tausend Dank für Deine Schonung, Deine Liebe! Tausend Dank den edeln, teuren Herders für ihre reine Freundschaft! Worte habe ich heute nicht, nur Liebe. Aber, um auch Deine Freude und Dein Glück nicht um eine Stunde zu verspäten, eile ich, Dir die Versicherung zu geben, daß meine Seele und mein ganzes Leben auch vor der Welt Dein sind, daß ich nun ganz Deine Hermine bin. Das Jawort unserer Mutter wirst Du, wenn auch nicht von ihr selbst geschrieben, doch von meinem Onkel erhalten, was sich aber verspäten könnte, da die Briefe noch erst hin und her zu gehen haben.

O mein geliebter Richter, wir werden sehr, sehr glücklich sein! Gott segne Dich und mich! Ich achte und liebe Dich unsäglich und will Dich so glücklich machen, als ich es durch meine Liebe kann. Ich kann nicht schreiben, bald sollst Du viel, viel von mir und meinen Hoffnungen hören. Ich bin gesund, das Glück und die Freude werden meine Gesundheit befestigen. Lebe wohl und froh und glücklich, ich liebe Dich ewig.

Karoline

Sei froh, beste Seele, Deine Hermine ist es auch.

Karoline von Feuchtersleben an Jean Paul
5. 3. 1800

Teuerster! Ich komme wieder zu Deinem Herzen, zu dem einzigen, das mich liebt. Hier ist der Brief meines Onkels an mich. Wie er Dir geschrieben hat, kann ich nicht erraten. Mir hat er seine Einwilligung gegeben, aber – seine Liebe genommen. Es sei! Ich werde sie wenigstens zu verdienen suchen. O mein Richter, ich habe nun in der weiten Welt nichts mehr als Dich, und von allen Herzen keines als Deines. Fühle nur, wie unbegrenzt ich Dich liebe, wie unter Millionen Wesen ich mit Dir allein stehe und in Dir meine Welt umfasse. Aber ich müßte erst sehr unglücklich werden, eh ich glücklich sein darf.

Ach, Geliebter, vergib mir meinen Schmerz, ich sollte vielleicht jetzt keinen mehr haben, oder wenigstens zeigen, aber mein Herz ist noch zu sehr bedrückt. Daß an meinem Kummer niemand teilnahm, war ich gewohnt, aber daß mit Dir sich niemand freut, gibt mir neue Qual. Wenn mein Herz zuweilen es wagt, in Freude laut zu werden, so dringt ein fremder, kalter Blick, ein Seufzer wie ein schneidendes Messer durch meine Seele, und die Wallung der Freude wird zu einem Schauer des Schmerzens.

Karoline

Karoline von Feuchtersleben an Jean Paul
31. 3. 1800

Wie eil' ich zu Dir, Du von Allen Geliebter! Aus dem Strudel des Hofes konnt' ich bis jetzt keine Minute für Dich und mich retten, und ich habe Dir so viel zu sagen. Unbeschreiblich glücklich machten mich Deine Blätter. Für die Erklärung und das Geständnis Deiner frühen Liebe gegen mein warmes Herz danke ich Dir innig. Du weißt nicht, welche bange Gedanken und dunkle Zweifel Du dadurch auf immer in mir niedergeschlagen hast. Denn lange hielt ich Deine gezeigten Empfindungen nur für die höchste Freundschaft und die zuweilen in Briefen und Worten auflodernde Flamme für einen sprühenden Feuerfunken des Dichters. Deine Liebe zeigte sich stärker – ich glaubte ihr; aber als ich in jener kampfvollen Minute *Dich zuerst fragte*: »Willst Du mein sein?« war Deine Antwort: »Das muß ich *Dich* ja fragen!« ein Gifttropfen für mein Herz, der nie zerrinnen wollte. In mancher schwarzen Stunde schlich sich ein dumpfes Gefühl in mein Inneres und wollte mir sagen, Du habest meine Liebe zu früh gesehen und aus Mitleid mir Deine Liebe und Deine Hand gegeben. Du siehst, wie glücklich mich Deine jetzige Entscheidung machen muß. (...) Seele, habe Dank, Du hast mir ohne es zu wissen das schönste, reichste, heiligste Jahr meines verflogenen Lebens beschert. Du hast mich erzogen, veredelt, beglückt, und wohl mir, wenn ich Dir lohnen kann.

Adieu, Lieber, ich schweige nun bis zum Wiedersehen, bedenke die Größe der Strafe und eile, ihr zu entgehen, nach Ilmenau. Lebe wohl, mein Geliebter, meine Welt, in der ich atme, lebe. O Du, sei glücklich, sei froh, ich bin ewig, ewig Dein und liebe Dich unaussprechlich.

Karoline

Karoline von Feuchtersleben an Jean Paul
1. 4. 1800

Teurer! Du forderst mein Urteil über die Wärme Deiner Freundinnen und ich gebe es Dir willig und ohne Hülle. Josephinens Briefe sind Beweise eines edlen, gebildeten Charakters und eines warmen, aber unglücklichen Herzens. Sie liebt Dich. Gehe, mein Geliebter, heile dies wunde Herz und tröste die gedrückte Seele, sie verdient es. O wie wird es mich und Dich beruhigen, wenn Du ein drittes Wesen beglückst, ein heißes Sehnen gestillt und jene überfliegende Phantasie mit der Hand der Freundlichkeit in die Seele voll Frieden zurückgeführt hast. Ich nehme teil an Josephinens Geschick, weil es traurig ist, ich achte sie, weil sie Dich liebt, sag ihr dies, wenn Du bei ihr bist, und gib ihr alles, was sie trösten kann, ich werde Dir danken dafür, denn sie ist ein Weib, ist meine Schwester. Doch eine Bitte hab' ich an meinen Richter: Guter, zeige mir keine Briefe mehr von Deinen übrigen Freundinnen. Liebe sie alle, schreibe an alle, sei ein warmer Freund aller guten weiblichen Seelen, aber – sage mir nichts mehr davon. Sieh, Guter, ich lege unbesorgt den Frieden meiner Seele in Deine Hände und Deine reine Seele.

Jean Paul Richter an Karoline von Feuchtersleben
23. 7. 1800

Deine Wachsbüste soll wie ein Heiligenbild mich durch mein Leben begleiten, und wenn ich weinen will, will ich sie ansehen. Eine liebende Entfernung ist dem Herzen lieber als eine kalte Nähe. – Wenn das Schicksal mein armes Herz mit einem ewigen Felsen zerschmettern und es in langsamer Qual totquetschen will, so läßt es Dich sterben. O lebe für mich! Soll ich ohne Dich mit ewigen Tränen durch das lange Leben gehen? Lieb' ich Dich denn nicht?

Karoline Mayer an Jean Paul
Juli 1800

Was will ich denn eigentlich? Nur mein Herz erleichtern, Ihnen sagen, wie der Nachhall der schönen verliebten Zeit noch immer tönt. Denken Sie sich die untergegangene Sonne, wie ihr Schein die kleinen Wolken rötet: so färbt uns der Strahl Ihres Wesens, und mir ist, als strahlten wir selbst. In der Tat, Ihre Erscheinung ist ein Segen für uns alle, einen großen, raschen Sprung haben wir getan. O der Gedanke muß Ihnen Freude machen, daß die Funken Ihres Geistes in keine toten Herzen gefallen sind. Wie dürfte auch ein verderbtes oder kraftloses es wagen, Sie zu lieben? Diese selige Wirkung macht mich auch so ruhig, als ich nie war. Oft halte ich mich für beneidenswert, wenn ich so in den Blüten Ihres Geistes schwelge; ich möchte Sie anbeten, vor Ihnen knien, wie man vor Gott sich beugt. Dann möchte ich Ihnen wieder mitteilen, was von Ihnen ausströmt, damit Sie mitgenössen, mitbewunderten. (...)

Ach Gott, vergeben Sie mir, wenn diese Wärme für das Höchste ein Fehler ist! Die damit verbundene Ruhe, dieses frohe Glück, kann doch nur aus einer reinen Quelle fließen ... Ich glaubte, wir würden unglücklich sein, sobald wir von Ihnen getrennt wären, die schale Wirklichkeit würde uns schmerzlich von der idealen Höhe herabziehen. Ich fühle aber eine Kraft, einen Mut, den Schmerz zu verachten, so daß ich glücklich sein könnte, ohne Sie in diesem Leben wiederzusehen.

Jean Paul an Karoline von Feuchtersleben
7. 9. 1800

Im Tumulte der dichterischen Schöpfung, die brausende Welten und Kometen durch die Seele jagt, im Wogen auf dem weiblichen Meer, das sich zu keinem schmalen Bach einschränkte, der sanft regierend mein Wesen führte und lenkte, da ist es mir schwerer und anders als sonst – mir werden alle Steige der Windrose angewiesen. Ihr Weiber wisset nicht, wieviel mehr Versuchungen und Kreuzwege ein Mann in seiner Wüste hat als ihr in eurem Gartenleben. Mein Leben ist öde und stürmisch zugleich.

Karoline von Feuchtersleben an Jean Paul
14. 9. 1800

Dank, Dank, mein Freund für Ihre lieben Worte, nach denen ich mich lange und lange gesehnt ... Als ich glücklich, selig war und die ganze Welt wie einen Himmel um mich liebte, da liebte ich auch Josephinen. Sie war mir Schwester, Freundin, als Freundin meines guten Richters gehörte sie zu mir. Du siehst sie wieder, lange, länger als Du die verlassene Karoline je gesehen, und wenn Ihr glücklich, selig Euch fühlt, wenn Josephinens Wunsch und Sehnen gestillt ist durch Dein freies Herz, so zeig ihr meine Seele und meine Anteilnahme und die sonst von ihr beneidete Karoline in ihrer jetzigen Armut – und wenn sie nicht triumphiert, dann ist sie edel und Deiner wert. Grüße sie! ...

O Guter! Noch bist Du glücklich – bleib es lange! Aber wenn Du es einst nicht mehr wärest, wenn die Menschen mit ihrer Liebe Dich verlassen könnten, dann nenne meinen Namen, rufe meine Seele, und sie ist Dein! Jetzt bedarfst Du meiner nicht, weil Du alles hast; aber wenn Du einst einsam bist, so will ich um Dich sein; wenn der Schnee des Alters Dein Leben erkältet und Einsamkeit Deine Tage verödet, so soll die Sonne der Liebe Dein Herz umwärmen und Deine Stunden umblühen; die Liebe, die Du jetzt entfernst, wird Dich dann segnen. Seele gegen Seele, so verlasse ich Dich nie.

Jean Paul an Karoline Mayer
4. 11. 1800

Auf Deine Schwester und Deinen Brief wart' ich immer mitten in den Flammen der Arbeit, meine Einzige und Ewige! Ich sehne mich nach den Lauten Deines Herzens, nach den Nachtönen unserer Gegenwart. O wie wohl tut es der vollen Seele, daß sie alles sagen darf, daß ich Dir alle Namen der Liebe geben darf, bloß um meine Liebe nur immer voller und wärmer zu haben. Der Ausdruck der Liebe ist dann nicht ihr *Ableiter*, sondern ihr *Blitz*, und sie will immer mehr sagen, je mehr sie gesagt hat, und sie wächst in sich selber.

Einzige! endlich hat mein Herz sein Herz – endlich ist mein Leben gerade und licht. So bleibt es, und niemand könnt' uns trennen als wir, und wir tun es nicht.

Eben bekomm' ich unter dem Essen dein spätes Blättgen. Ich kann Dir keine Arbeit geben als die, die *Palingenesien* zu lesen, worin ich das schildere, was ich jetzt – habe! O du Meine! Ich bleibe Dein, Dein, ewig.

Karoline Mayer an Jean Paul
10. 11. 1800

Wie ich nun doppelt mein Glück fühle, seitdem der Segen des besten Vaters meine Empfindungen heiligt, kann ich nicht ausdrücken. – Erlassen Sie es mir, Ihnen mehr zu sagen – mein Herz ist zu voll – ich kann nur dem Himmel danken, daß er mich so glücklich machte, meinem Vater durch mich seine Sorgen zu lohnen – und Ihnen mein Leben zu weihen.

Ihre Karoline

Karoline mayer an Jean Paul

O Du Geliebter, es tönt noch alles in mir, so berauschend und selig. Am Morgen träumt ich wachend noch einmal den schönen Traum. Ach wär' ich doch bei Dir, könnte ich heute für Dich sorgen! Engel Du – Einziger – hoher Geliebter! Ich schmiege mich an Deine geliebte Brust, liebe mich immer! Deine

Karoline

Jean Paul an Karoline Mayer
10. 11. 1800

Teuerste Karoline! Nach einer dreitägigen Unsichtbarkeit sehnet man sich nach dem fremden Auge. Aber ich kann heute nicht zu Ihnen, bis Sie mir nur mit einem Worte die Unwissenheit über das Schicksal meines gestrigen Briefes genommen haben. Das eine Wort bestehe aus recht vielen Adieu, liebe Seele!

Wie sehne ich mich zu Dir!

Richter

Jean Paul an Karoline Mayer
14. 11. 1800

Gute! Du bist doch glücklich? »Gib mir lange keinen solchen Abend wieder?« – Diese Stelle soll, hoff ich, das Umgekehrte heißen. – Am Sonntage sehe ich Dich vielleicht. Die Posten laufen ja während dieser Zeit hin und her. Man könnte sogar, wenn der Himmel sein blaues Auge auftut, etwas für den Tiergarten zusammenordnen. – Der Wille des Vaters ist meiner. – Lebe wohl und liebe Dich und mich! Unendlich selig war ich gestern, nachdem ich's anfangs nur endlich gewesen war.

Jean Paul an Karoline Mayer
Weihnachten 1800

Ich schwimme ja in Deinen Gaben. Wahrlich, Du übertäubst mich durch Deine Ströme. Ich kann Dir nicht sagen, wie mich Deine *dichterisch*-blühende Weste – da ich *allein* dieses *Kleider-Mittel*stück an mir liebe – bezaubert hat. Die neue OberWeste zieh ich heute, aber als einen Ornat an, der Handschuhe verlangt – auch die neue Unterweste; die alte gehört so nicht in Deine Hände. – Entzogen hat mich niemand Dir; das versucht man nicht einmal; sondern es war ja *unser* Doppel-Kontrakt, den Abend statt des Mittags zu nehmen. Habe tausendmal Dank, Du Überfließende! Ich gab Dir noch so wenig, oft hält der Mann das Fordern für Geben. *Adio carissima!* Du Arbeitsame, zu sehr Fleißige für Deinen

Paul

Jean Paul an Karoline Mayer
1801 (?)

Dein philosophisches Blättgen ist vom Baum des Erkenntnisses und duftet süß. Bis morgen ist lang, und bis zum Sonntag, wo wir erst eigentlich beisammen sind. Auch ich arbeite den ganzen Tag; dadurch stillt sich das Sehnen. Du erfreuest mich neu in allen Verhältnissen, also auch im gestrigen. Lebe wohl, meine Seele, meine Meine. Wie soll ich Dich nennen, Holdeste?

Jean Paul an Karoline Mayer
1801 (?)

Mitten aus dem brausenden Strom meines Dichtens heb' ich doch den Kopf für die Meinige, für Dich heraus, mein Herz, um Dich anzulächeln. Jetzt, da ich's getan habe, tauch' ich wieder unter und rausche weiter dahin.

Karoline Mayer an Jean Paul
1801 (?)

O wie gern flög' ich an Dein Herz, Du mein ewig und unaussprechlich geliebter Mensch! Da nur bin ich glücklich und selig. Doch durchdringt seit einigen Tagen ein Schmerz mir die Brust, den ich selbst nicht begreife: ich möchte an allem vergehen, mich in Tränen auflösen. Die Eindrücke der Briefe der unglücklichen Karoline müssen diese Wehmut in mir erregt haben. Ich kann den Gedanken nicht loswerden: So nah an Deinem Besitz Dich, Dich verlieren! Und bin ich denn besser als sie? Und habe ich nicht ihre Fehler, so habe ich doch andere, die Du nicht ertragen könntest; und könnte ich auch diese bekämpfen, wie ich es will – fehlen mir nicht alle die Vorzüge des Geistes, diese Feinheit und Zartheit der Seele, die sie hat und deren Du bedarfst? Wenn ich sehe, wie Du über alles herrschest, über das Erhabene wie über das Gewöhnliche, so drückt es mich noch mehr, daß ich diese Vollendung nicht erreichen kann; aber wie peinigte mich doch gestern der Gedanke Deines Verlustes! Als ich am Klavier Deinen Tönen zuhörte, sann ich nach, wohin ich wohl fliehen würde, wenn Du mich wohl losließest von Deiner Hand, von Deinem Herzen. Mir war, als wäre mein Glück schon durch den Gedanken zernichtet, schreckliches, verhaßtes Bild! wie kam es in meine Seele? O Du einziger, Du Seligkeit für dieses und jedes Leben, ich hänge ja so fest an

Dir – und eine Liebe wie die meine würdest Du überall entbehren. Und ist nicht Liebe alles, alles? Deine

Karoline

Lektionen zum »Glücke einer künftigen Ehe«

Kleists Briefe an seine Braut Wilhelmine von Zenge 1800–1802

Selten klaffen bei einem deutschen Dichter das komplexe, abgründige literarische Werk und die Naivität des Briefschreibers auseinander. Ungeheuer modern erscheint im ersten Jahrzehnt des 19. Jahrhunderts in der deutschen Literatur die Wucht, mit der Heinrich von Kleist seelische Umbrüche im Innenleben seiner Gestalten plötzlich zutage treten läßt. Unerhört ist auch, daß er seine Figuren an den Rand des Katastrophalen führt – ohne alle moralisierenden Deutungen des Aufklärungszeitalters. Der Dichter Kleist hat einmalige Frauenporträts geschaffen: die ›Marquise von O.‹, das ›Käthchen von Heilbronn‹ oder gar die Amazonenkönigin Penthesilea.

In seinem vierunddreißigjährigen Leben jedoch klammert sich Heinrich von Kleist an ein traditionelles rousseauistisches Weiblichkeitsideal. Als Braut wählte er die ganz konventionell erzogene Generalstochter Wilhelmine von Zenge – beide stammten aus der gleichen Gesellschaftsschicht des preußischen Landadels – und traktierte sie in seinen Brautbriefen mit pedantischen Belehrungen zu eben diesem hausbackenen Sittlichkeitsideal. Genauer betrachtet sind Kleists ungewöhnliche literarische Frauengestalten, die so ganz im Kontrast zur gewählten Braut stehen, in Wahrheit allesamt Abbildungen eines einzigen Rätselwesens: das der eigenen Seele. Seine Braut, die einzige Frau seines Lebens, der er sich werbend nähert, hat seine Phantasien kaum entzündet. Kleists zweijährige Verlobungszeit läßt ihn als den exzentrischsten Bräutigam der deutschen Literaturgeschichte

Wilhelmine von Zenge, Kleists Verlobte (1780–1852)
zeitgenössisches Porträtmedaillon

Heinrich von Kleist (1777–1811)
Kreidezeichnung nach einer Miniatur seiner Braut

erscheinen, der seiner Verlobten mit großem Pathos und heftigen Krisen in seinen Brautbriefen seinen Selbstvervollkommnungsglauben darstellt. Es sind die abstraktesten und trockensten Brautbriefe, die zu finden sind. Eine Sammlung von Kuriosa sind die »Denkübungen«. Unermüdlich fordert Kleist die Braut auf, schriftliche Hausaufgaben anzufertigen zu Themen wie »Was ist besser, gut sein oder gut zu handeln« oder »Welcher von zwei Eheleuten verliert am meisten bei dem Tode des anderen«. So penetrant diese Vernünfteleien sich anhören, Kleist glaubt an die Ausbildbarkeit logischen Denkens und will zugleich Wilhelmine auf ihre zukünftige Rolle in Mutterschaft und Kindererziehung vorbereiten. Kein Wunder also, daß Wilhelmine als Persönlichkeit kaum Konturen annimmt in den Briefen. Einen »umgekehrten Pygmalion« hat man Kleist genannt, der die wirkliche Braut in eine Kunstfigur verwandeln wollte. Gäbe es nicht Wilhelmines späteren Bericht an den neuen Verlobten, den ordentlich bestallten Professor Krug (im übrigen Verfasser konventioneller Ehetraktate), dem sie 1803 die Hand reichte, besäßen wir gar kein Bild über Wilhelmines Rolle in der leidvollen Brautzeit. Hier lesen wir auch den Auftakt der Verlobungsgeschichte, als der zweiundzwanzigjährige Kleist, der im April 1799 sein Studium in Frankfurt an der Oder begonnen hatte, sich im Hause der kürzlich nach Frankfurt versetzten Offiziersfamilie von Zenge einführte. In seiner mürrischen, belehrenden Art machte er nicht gerade den besten Eindruck auf Wilhelmine und ihre »goldene« Schwester Luise und einen Kreis von insgesamt zwölf jungen Damen, die den Studenten Kleist als pedantischen Lehrer kennenlernten. Der 1777 als Sohn eines preußischen Landbesitzers geborene Kleist war zu diesem Zeitpunkt erstmals wieder in den Kreis seiner eigenen Familie zurückgekehrt, die er als Elfjähriger verlassen hatte. Glänzend sind seine Zukunftsaussichten auch nicht: Nach seiner Volljährigkeit würde ihm nur ein begrenztes Vermögen zur Verfügung stehen, oder der junge Mann konnte im Militär-

oder Staatsdienst sein Einkommen sichern. Sieben Jahre beim preußischen Militär liegen bereits hinter ihm, der erste Schwenk in seinen wechselnden Lebensplänen.

Das Zurückschrecken des jungen Mädchens vor Kleist, der »melancholisch und finster« im Gegensatz zu seinem lebenslustigen Bruder Leopold Heinrich in der Damengesellschaft auftrat, war, wie sich später herausstellte, nur allzu berechtigt. Heinrich fiel aber dadurch auf, daß er Vorlesungen über die Experimentalphysik seines Lehrers Wünsch weitergab und die jungen Mädchen unerbittlich in Orthographie und Grammatik korrigierte. Eine sehr intime Mitteilung findet Wilhelmine zu ihrer großen Überraschung in einem korrigierten Aufsatz: Kleist warb um ihre Hand. Wilhelmine ist von dem Werber nicht gleich angetan. Aber Kleist ist beharrlich, bestürmt sie und verlangt von ihr, daß sie ihm schriftlich ausarbeitet, wie sie sich den gewünschten Mann vorstelle. Sie beschreibt ihn. Kleist verspricht, ihr Ideal zu erfüllen. Solcher Ernst und Überschwang läßt Wilhelmine einwilligen, wenn sie auch einer sonderbaren Bitte nicht nachgab, nämlich der weiteren Geheimhaltung der Verlobung. Die Einwilligung der Familie wird Kleist jedoch gegeben. Kleist hat schließlich einen berühmten Namen in Preußen, wenn er auch keine Existenzgrundlage besaß. Aber diese will er sich nun erwerben. Er schreibt der Braut: »Sie wissen, daß ich bereits entschlossen bin, mich für ein Amt zu bilden.« Aber er schreibt auch: »Aber noch bin ich nicht entschieden, *für welches Amt* ich mich bilden soll.« Dieser Konflikt wird Kleists weiteres Drama bleiben in den nächsten zwei Jahren. Aber für seine Skrupel und die Darstellung seiner hohen Ideale im gewählten Amt hat er jetzt eine geduldige Gesprächspartnerin. Der Bräutigam ist unersättlich darin, von der Braut schriftliche Bestätigungen ihrer Liebe und ausführliche Begründungen zu hören. Bis zum Sommer 1800 werden fast täglich Briefe getauscht, in denen Kleist immer wieder hören will, daß er Wilhelmines Liebe wert sei. Ja, er versteigt sich in den naiven Ausruf »Bin ich nicht ein edler Mensch, Wilhelmine?« In der ersten Zeit seiner Brautschaft ist Kleist sicherlich in das anmutige neunzehnjährige Mädchen verliebt, denn auch romantische Szenen und Umarmungen werden in den Briefen erinnert. Daß Wilhelmine eher passiv war und ihr den seltsamen Anforderungen des Verlobten gegenüber das rechte Selbstvertrauen fehlte, ist leicht zu erraten. Sie fand sich selbst nicht anziehend und hatte doch als sanfter, reizvoller Mädchentyp mit dem schwarzbraunen Lockenkopf, den braunen Augen, den kindlichen zarten Gesichtszügen Kleist, der so tiefliegende Ängste vor dem »schwachen Geschlecht« besaß, anzuziehen vermocht. So passiv Wilhelmine war, erkannt hat sie recht wohl, wie unreif und bedrückend für sie das ständige Umschaffen in ein Ideal war, das der Bräutigam mit ihr vornahm. »Er hatte einen erhabenen Begriff von Sittlichkeit, und mich wollte er zum Ideal umschaffen, was mich oft bekümmerte.«

Aber im zweiten Verlobungsjahr – Kleist ist nach seiner Abreise aus Frankfurt im August 1800 von nun an fast ununterbrochen auf Reisen – werden die Forderungen des Bräutigams nach Liebesbekenntnissen immer bedrohlicher. Am 11. Januar 1801 etwa schreibt Kleist: »Ja, liebe Wilhelmine, wenn jemals die Erinnerung an Dich in mir immer kälter und leiser werden sollte, so bin ich in meinem heiligsten Innern überzeugt, daß es einzig Deine Schuld sein würde, nie die meinige. Nur dann könnte und müßte ich gleichgültig gegen Dich werden, wenn die Erfahrung mich lehrte, daß der Stein, den ich mit meiner ganzen Seele bearbeite, den Glanz aus ihm hervorzulocken, kein Edelstein wäre – ich würde Dich darum nicht verlassen – denn warum solltest *Du* den Irrtum büßen, den *ich* beging?« Hans-Dietrich Zimmermann vermutet in seiner neuen Kleistbiographie (›Kleist, die Liebe und der Tod‹), daß Kleist von nun an verschweigt, daß seine Liebe immer kälter wurde. »Er ist im Wort, doch lieben kann er sie nicht.« Kleists Berufspläne (wie er sie noch emphatisch in seinem »fünffachen Scheideweg« am Anfang der Verlobung aufrollt) scheitern allesamt. Kurz, die Verlobung ist als ein Versuch zu sehen, in dem ein unangepaßter Radikaler und weltfremder Sonderling sich kurzfristig den Zwang auferlegt, seine Bestimmung als Mann und Erzeuger zu erfüllen – das heißt auch zur Befriedigung seiner erotischen Bedürfnisse auf bürgerlich sanktioniertem Wege zu gelangen, denn auch solches klingt in seinen Briefen durch. Sonderbar ist nur, daß Kleist diesen Irrtum Wilhelmine nie zugegeben hat. Bis zur Auflösung des Verlöbnisses im Mai 1802, wo er ihr ein letztes Mal von seiner Aarinsel in der Schweiz von seinem Rückzug in ein Bauernidyll und der neu entdeckten schriftstellerischen Isolation schreibt, fordert er weiterhin ihre Folgsamkeit und zieht sich von der Braut, von der er so Unmögliches fordert, unversöhnlich zurück. Wilhelmine zeigt schon vorher Resignation, was ernsthafte Zukunftspläne angeht, bleibt dem fernen Bräutigam aber noch aufopferungsvoll verbunden durch das Wissen, »es könne außer mir kein weibliches Wesen mit ihm fertig werden«, so gut wußte »in sein sonderbares Wesen zu schicken«. Spätestens dann, als Kleist mit seiner Schwester Ulrike nach Paris gereist war und sie fünf Monate ohne alle Antwort geblieben war, war alle Erwartung »von einer frohen Zukunft (...) schon längst in (ihr) gesunken«.

Gewiß ist das Verlöbnis lange vor dem offiziellen Ende aufgelöst. So sind Kleists Brautbriefe vor allem Dokumente für die Kleistbiographen, die auf Kleists verwickelten Lebensgang neugierig sind. Einige rätselhafte Details scheinen besonders interessant. Da sind Kleists abrupte Reisen, nicht nur der in Erschütterung und Ratlosigkeit begonnene panikartige Aufbruch nach Paris im Frühjahr 1801, sondern schon die mysteriös verschleierte Reise nach Würzburg im Herbst 1800. Diese findet noch zur Zeit seiner ernsthaften Berufspläne statt. So läßt er, jedoch recht geheimnisvoll, hinter der Reise, die er mit seinem Freund Brokes und einer ganzen Maskerade von gefälschten Pässen ursprünglich nach Wien plant und doch unerklärterweise in Würzburg beendet, als einen geheimen Staatsauftrag vermuten. Als Auftrag läßt sich eine Art Gesellenstück in Industriespionage annehmen, und zwar alles im Rahmen seiner Vorbereitung für ein Amt. Kleist war schon Sommer 1800 in Berlin bei dem Minister Struensee, dem Chef des Acquise- und Zolldepartements, als Volontär in den Dienst getreten. Die Würzburger Reise sei »politischer Natur« gewesen, solches hat er seiner Schwester Ulrike geschrieben. Er führt im Rückblick der Schwester auch plausibler vor, warum er schließlich auf solche Tätigkeit verzichtet. »Aber es kommt hauptsächlich auf List und Verschmitztheit an, und darauf verstehe ich mich schlecht. Die Inhaber inländischer Fabriken führen keinen Kenner in das Innere in der Werkstatt. Das einzige Mittel, also doch hineinzukommen, ist Schmeichelei, Heuchelei, kurz Betrug – ja, man hat mich in diese Kunst zu betrügen schon unterrichtet – nein, mein liebes Ulrikchen, das ist nichts für mich.« Für Wilhelmine muß die ganze Reise noch geheimnisvoller geklungen haben, hat er ihr doch bedeutungsvoll mitgeteilt, sie sei es, »für deren Glück er sein Leben wagte«. Wie H.-D. Zimmermann vermutet, hat sich Kleist in Würzburg der Gefahr eines medizinischen Eingriffs ausgesetzt. Kleist war in Würzburg bettlägerig gewesen und laut den Ratskontrollen der Stadt Würzburg bei dem Arzt Josef Wirth einquartiert worden. Interessant ist das medizinische Abenteuer jedoch im Hinblick auf Kleists Ehewünsche. Eilig hatte Kleist Wilhelmine an jenem Abend vor der Reise verlassen, an dem sie ihm ihre auf seine Anforderung hin ausgearbeiteten Vorstellungen des späteren Ehelebens überreicht hatte. Aus Würzburg schreibt er ihr: »Damals war ich Deiner nicht würdig, jetzt bin ich es. (...) Damals quälte mich das Bewußtsein, Deine heiligsten Ansprüche nicht erfüllen zu können, und jetzt, jetzt – doch still!« Die Zeit ist prüde. Aber Kleist hatte noch mehr zu verschleiern als einen für seine Ehetauglichkeit vorgenommenen medizinischen

Eingriff. In der Phase seiner Würzburgreise ist der Eheplan für Kleist auf jeden Fall mit allen Aspekten der Erzeuger- und Versorgerrolle verbunden. Wie aber steht es mit seinem Bedürfnis nach seelischer Nähe?

Kleists liebende Bezugsaufnahme war sicherlich empfindlich gestört. Kleist ist der Dichter, der die Liebesbesessenheit in ihren Extremen gezeichnet hat, im ›Käthchen von Heilbronn‹ die obsessive Unterwürfigkeit und in der ›Penthesilea‹ die nicht minder liebesbesessene, selbstzerstörerische Gewalttätigkeit Penthesileas gegenüber dem Mann, den sie liebt. In Kleists einzigem bürgerlichen Eheplan hat er tatsächlich von seiner Partnerin das gar Menschenunmögliche gewollt: totales, grenzenloses Verstehen. Das Scheitern dieser Wünsche wird in dem zweiten panischen Aufbruch, der Parisreise, nach seiner philosophischen Erkenntniskrise, der sogenannten Kantkrise, deutlich. Dient nicht alles Schreiben und Erkennen einem drängenden Bedürfnis Kleists: der sprachlichen Mitteilbarkeit seines Innersten? Der Schwester Ulrike schreibt er, schon zweifelnd: »Und gern möchte ich Dir alles mitteilen, wenn es möglich wäre. Aber es ist nicht möglich, und wenn es auch kein weiteres Hindernis gäbe als dieses, daß es uns an einem Mittel zur Mitteilung fehlt. Selbst das einzige, das wir besitzen, die Sprache, taugt nicht dazu, sie kann die Seele nicht malen, und was sie uns gibt, sind nur zerrissene Bruchstücke. Daher habe ich jedesmal eine Empfindung, wie ein Grauen, wenn ich jemandem mein Innerstes aufdecken soll; nicht eben, weil es sich vor der Blöße scheut, aber weil ich ihm nicht *alles* zeigen kann, nicht *kann*, und daher fürchten muß, aus den Bruchstücken falsch verstanden zu werden.« Ganz besonders gehen seine gequälten Erwartungen aber seine Braut und Briefpartnerin an. Der Satz Wilhelmines, den er in seinem Brief vom 22. März 1801 zitiert, auf den er sich wie einen Rettungsanker stürzt, lautet: »Wie sieht es aus in Deinem Innern? Du würdest mir viele Freude machen, wenn Du mir etwas mehr davon mitteiltest als bisher; glaube mir, ich kann leicht fassen, was Du mir sagst, und ich möchte gern Deine Hauptgedanken mit Dir teilen.« Auf solch ein Angebot bricht ein Sturm von Kleists Offenbarungen aus, mit denen er der Braut seine erkenntnistheoretischen Zweifel mitteilt, seine Verzweiflung darüber, »daß hinieden keine Wahrheit zu finden ist«. Ist es nicht weniger die Verzweiflung über die Unmöglichkeit der verstandesmäßigen Wahrheitsfindung als vielmehr die Verzweiflung über die Unmöglichkeit, sich einem anderen Menschen gänzlich verständlich zu machen? So klang es schon in dem Brief an Ulrike an: »Ach, es gibt kein Mittel, sich andern *ganz* verständlich zu machen, und der Mensch hat von Natur keinen anderen Vertrauten als sich selbst.« Nun war mit dem Bruch mit Wilhelmine auch der letzte Versuch aufgegeben, das Verstandenwerden von einer Lebenspartnerin schreibend einzuüben. Nach dem Verlöbnis ist nicht nur das weiterhin Ungelöste in Kleists erotischer Orientierung zu verzeichnen, denn die nächsten Liebesworte schreibt er am 7. Januar 1805 an einen Mann, nämlich Ernst von Pfuel, den er mit »wahrhaft mädchenhaften Gefühlen betrachtet«. »Ich heirate niemals, sei Du die Frau mir, die Kinder und die Enkel.« Aber auch bei dem Freund gibt Kleist seine Suche nach dem Verstandenwerden nicht auf. Schließlich sucht Kleist – und dies ganz unabhängig vom Geschlecht – weitere Kommunikationspartner für sein unermeßliches Bedürfnis. Es ist am Ende eine Frau, die seinen Gedanken aufgreift und mit ihm in den Tod geht. Am 21. November 1811 erschießt sich Kleist zusammen mit Henriette Vogel am Wannsee in Berlin.

Heinrich von Kleist an Wilhelmine von Zenge
Anfang 1800

– was soll ich aus dem Frohsinn, der auch Sie seit gestern belebt, was soll ich aus den Freudentränen, die Sie bei der Erklärung Ihres Vaters vergossen haben, was soll ich aus der

Güte, mit welcher Sie mich in diesen Tagen zuweilen angeblickt haben, was soll ich aus dem innigen Vertrauen, mit welchem Sie in einigen der verflossenen Abende, besonders gestern am Fortepiano, zu mir sprachen, was soll ich aus der Kühnheit, mit welcher Sie sich jetzt, weil Sie es dürfen, selbst in Gegenwart andrer mir nähern, da Sie sonst immer schüchtern von mir entfernt blieben – ich frage, was soll ich aus allen diesen fast unzweifelhaften Zügen anderes schließen, was anderes, Wilhelmine, als daß ich geliebt werde?

Aber darf ich meinen Augen und meinen Ohren, darf ich meinem Witze und meinem Scharfsinn, darf ich dem Gefühle meines leichtgläubigen Herzens, das sich schon einmal von ähnlichen Zügen täuschen ließ, wohl trauen? Muß ich nicht mißtrauisch werden auf meine Schlüsse, da Sie mir selbst schon einmal gezeigt haben, wie falsch sie zuweilen sind? Was kann ich im Grunde, reiflich überlegt, mehr glauben, als was ich vor einem halben Jahre auch schon wußte, ich frage, was kann ich mehr glauben, als daß Sie mich *schätzen* und daß Sie mich *wie einen Freund* lieben?

Und doch wünsche ich *mehr*, und doch möchte ich nun gern *wissen*, was Ihr Herz für mich fühlt. Wilhelmine! Lassen Sie mich einen Blick in Ihr Herz tun. Öffnen Sie mir es einmal mit Vertrauen und Offenherzigkeit. So viel Vertrauen, so viel unbegrenztes Vertrauen von meiner Seite verdient doch wohl *einige* Erwiderung von der Ihrigen. Ich will nicht sagen, daß Sie mich lieben müßten, weil ich Sie liebe; aber vertrauen müssen Sie sich mir, weil ich mich Ihnen unbegrenzt vertraut habe. – Wilhelmine! Schreiben Sie mir einmal *recht innig und herzlich.* Führen Sie mich einmal in das Heiligtum Ihres Herzens, das ich noch nicht mit Gewißheit kenne. Wenn der Glaube, den ich aus der Innigkeit Ihres Betragens gegen mich schöpfte, zu kühn und noch zu übereilt war, so scheuen Sie sich nicht, es mir zu sagen. Ich werde mit den Hoffnungen, die Sie mir gewiß nicht entziehen werden, zufrieden sein. Aber auch dann, Wilhelmine, wenn mein Glaube gegründet wäre, auch dann scheuen Sie sich nicht, sich mir ganz zu vertrauen. Sagen Sie es mir, wenn Sie mich lieben – denn warum wollten Sie sich dessen schämen? *Bin ich nicht ein edler Mensch*, Wilhelmine?

Zwar eigentlich – – ich will es Ihnen nur offenherzig gestehen, Wilhelmine, was Sie auch immerhin von meiner Eitelkeit denken mögen –, eigentlich bin ich es *fest überzeugt*, daß Sie mich lieben. Aber, Gott weiß, welche seltsame Reihe von Gedanken mich wünschen lehrt, daß Sie es mir sagen möchten. Ich glaube, daß ich entzückt sein werde und daß Sie mir einen Augenblick, voll der üppigsten und innigsten Freude bereiten werden, wenn Ihre Hand sich entschließen könnte, diese drei Worte niederzuschreiben: *ich liebe Dich*.

Ja, Wilhelmine, sagen Sie mir diese drei herrlichen Worte; sie sollen für die ganze Dauer meines künftigen Lebens gelten. Sagen Sie sie mir *einmal* und lassen Sie uns dann bald dahin kommen, daß wir nicht mehr nötig haben, sie uns zu wiederholen. Denn nicht durch Worte, aber durch Handlungen zeigt sich *wahre Treue* und *wahre Liebe*. Lassen Sie uns bald recht *innig* vertraut werden, damit wir uns ganz kennenlernen. (...) Ja, Wilhelmine, auch die Achtung ist eine unwiderrufliche Bedingung der Liebe. Lassen Sie uns daher unaufhörlich uns bemühen, nicht nur die Achtung, die wir gegenseitig füreinander tragen, zu erhalten, sondern auch zu erhöhen. Denn dieser Zweck ist es erst, welcher der Liebe ihren höchsten Wert gibt. *Edler und besser sollen wir durch die Liebe werden*, und wenn wir diesen Zweck nicht erreichen, Wilhelmine, so mißverstehen wir uns. Lassen Sie uns daher immer mit sanfter menschenfreundlicher Strenge über unser gegenseitiges Betragen wachen. (...)

Und nun noch eine Hauptsache, Wilhelmine. Sie wissen, daß ich bereits entschlossen bin, mich für ein Amt zu bilden; aber noch bin ich nicht entschieden, *für welches Amt* ich mich bilden soll. Ich wende jede müßige Stunde zum Behufe der Überlegung über diesen Gegenstand an. Ich

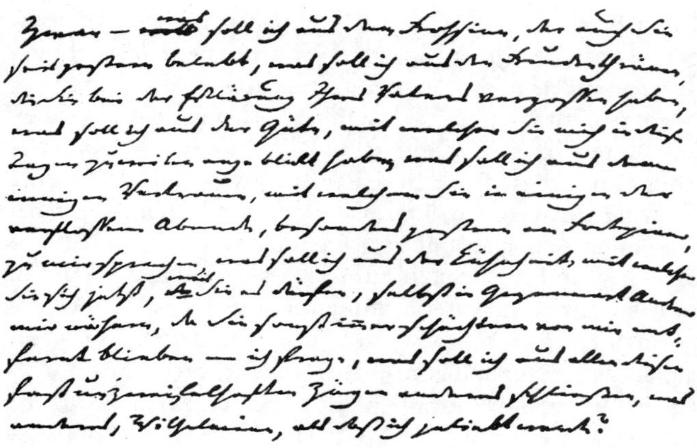
Zeugen – und soll ich auch der Hoffnung, die mich seit
seit gestern belebt, und soll ich auch der Freudenthränen,
die Sie bei der Erklärung Ihres Vaters vergossen haben,
und soll ich auch der Güte, mit welcher Sie mich in diesen
Tagen zuweilen angeblickt haben, und soll ich auch dem
innigen Vertrauen, mit welchem Sie in einigen der
verflossenen Abende, besonders gestern am [illegible],
zu mir sprachen, und soll ich auch der Eifersucht, mit welcher
Sie sich jetzt, da Sie es dürfen, selbst in Gegenwart Anderer
mir nähern, da Sie sonst immer schüchtern von mir ent-
fernt blieben — ich frage, und soll ich auch allen diesen
höchst unzweideutigen Zeugen mißtrauen, und
annehmen, Wilhelmine, daß ich getäuscht werde?

Heinrich von Kleist an Wilhelmine von Zenge

wäge die Wünsche meines Herzens gegen die Forderungen meiner Vernunft ab; aber die Schalen der Waage schwanken unter den unbestimmten Gewichten.

Wilhelmine von Zenge an Professor Krug*
16. 6. 1803

Daß ich von meinen Eltern sehr einfach und häuslich erzogen wurde, ist Ihnen bekannt. Von meinem sechzehnten Jahre an führte meine Mutter mich in alle Gesellschaften, sie begleitete mich in große Assembleen, wo ich das Hofleben anstaunte, Opern, Redouten und Bälle besuchte ich, und genoß, da mir diese Freuden so ganz neu waren, dies alles eine Zeitlang mit großem Interesse, doch blieb mein Herz bei dem allen sehr leer, und mit Freuden kehrte ich wieder in unsere stille Häuslichkeit zurück. Als ich achtzehn Jahr alt war, bekam mein Vater das Regiment in Frankfurt. Damals trennte ich mich sehr ungern von Berlin, da ich einen sehr geliebten Bruder und eine ebenso geliebte Freundin zurücklassen mußte; doch war mein Herz noch von keinem Manne besonders gerührt worden. (...) Der Lieutenant Leopold v. Kleist stand damals noch bei des Vaters Regiment. Auch er kam mit seinen Schwestern beinahe täglich zu uns und wurde von allen gern gesehen, weil er ein sehr fröhlicher junger Mann war und uns durch seinen Scherz oft zu lachen machte. Sein älterer Bruder Heinrich, welcher als Lieutenant bei der Garde stand, nahm damals den Abschied, um hier in Frankfurt zu studieren. Auch er wurde unser Nachbar, nahm aber keinen Teil an unserer Gesellschaft, wenn wir zu seinen Schwestern kamen. Erst als sein Bruder nach Potsdam versetzt wurde, und seine Schwestern ihren Begleiter und wir einen angenehmen Gesellschafter verloren hatten, gesellte er sich zu uns. Wir fanden aber alle, daß er die Stelle des

* späterer Ehemann Wilhelmines

Bruders nicht ersetze, denn er war sehr melancholisch und finster und sprach sehr wenig. Bald aber begleitete er uns auf allen Spaziergängen, kam mit seinen Schwestern auch zu uns, spielte und sang mit mir und schien sich in unserer Gesellschaft zu gefallen. Damals hörte er Experimentalphysik bei Dr. Wünsch, wovon er uns gewöhnlich nach dem Collegia mit großem Interesse unterhielt; auch wir nahmen so lebhaft Anteil an allem, was er uns darüber sagte, daß seine Schwestern, wir und noch einige Mädchen aus unserem Kreise zu dem Dr. Wünsch gingen und ihn baten, auch uns Vorlesungen darüber zu halten. Dies geschah, und wir waren sehr aufmerksame Zuhörerinnen, repetierten mit unserem Unterlehrer, dem Herrn von Kleist, und machten auch Aufsätze über das, was wir hörten. Als Kleist einen Abend die Aufsätze von seinen Schwestern gelesen hatte, bat er mich, ihm auch den meinigen zu zeigen; ich tat es, und er fand ihn gut, nur sehr fehlerhaft geschrieben.

Er bat sich die Erlaubnis aus, mir die Hauptregeln der deutschen Sprache nachgerade in kurzen Aufsätzen mitteilen zu dürfen, welches ich recht gern annahm und recht fleißig studierte, um seine Mühe zu belohnen.

Einen Abend, als ich bei Kleists war, gab er mir einen ähnlichen Aufsatz, wie gewöhnlich in ein weiß Papier geschlagen, doch wie erstaunte ich, als ich es zu Hause öffnete und darin von ihm einen Brief fand, worin er mir sagte, daß er mich schon lange herzlich liebe und ich ihn durch meine Hand sehr beglücken könne. Mir war es bis jetzt noch gar nicht eingefallen, daß ein Mann mich jemals lieben könne, denn ich fand mich immer sehr häßlich und unleidlich und war nie mit mir zufrieden. Ich hatte ihn immer sehr unbefangen behandelt und war ihm gut wie einem Bruder, doch liebte ich ihn nicht und erstaunte über seine Erklärung, da ich vorher auch nicht das Geringste davon geahndet hatte, sondern immer glaubte, er zöge meine Schwester Lotte mir sehr vor. Louisen machte ich zu meiner Vertrauten und gestand ihr, daß ich ihm gut sei, doch wäre er gar nicht der

Mann nach meinem Sinn. Den andern Tag schrieb ich ihm, daß ich ihn weder liebe noch seine Frau zu werden wünsche, doch würde er mir als Freund immer recht wert sein.

Leider konnte ich es nicht verhindern, ihn wiederzusehen. Er war außer sich über meine Antwort und wollte mir einen zweiten Brief geben, welches ich aber schlechterdings verbat. Acht Tage lang suchte er mich auf den Spaziergängen auf, da ich nicht mehr zu seinen Schwestern kam, und bat Louisen so sehr, den Brief zu nehmen, und reichte ihn mir noch einmal mit tränenden Augen, so daß ich endlich bewegt wurde und ihn annahm.

In diesem Briefe fragte er, was ich an ihm auszusetzen habe, und versicherte, ich könne aus ihm machen was ich wolle, ich möchte ihm nur sagen wie er meine Liebe gewinnen könne. Ich schrieb ihm wieder und schilderte den Mann wie er mich glücklich machen könnte. Er gab sich so viel Mühe diesem Bilde ähnlich zu werden, daß ich ihm endlich erlaubte an meine Eltern zu schreiben und ihm meine Hand versprach, sobald sie einwilligten.

Kleist an Wilhelmine
30. 5. 1800

Gesetzt, Du fragtest mich, *welcher von zwei Eheleuten, deren jeder seine Pflichten gegen den andern erfüllt, am meisten bei dem früheren Tode des andern verliert;* so würde alles, was in meiner Seele vorgeht, ohngefähr in folgender Ordnung aneinanderhangen.

Zuerst fragt mein Verstand: *was willst Du?* das heißt, mein Verstand will den Sinn Deiner Frage begreifen. Dann fragt meine Urteilskraft: *worauf kommt es an?* das heißt, meine Urteilskraft will den Punkt der Streitigkeit auffinden. Zuletzt fragt meine Vernunft: *worauf läuft das hinaus?* das heißt, meine Vernunft will aus dem Vorangehenden das Resultat ziehen.

Zuerst stellt sich also mein Verstand den Sinn Deiner Frage deutlich vor und findet, daß Du Dir zwei Eheleute denkst, deren jeder für den andern tut, was er seiner Natur nach vermag; daß Du also voraussetzest, jeder verliere bei dem Tode des andern *etwas*, und daß Du endlich eigentlich nur wissen willst, auf wessen Seite das Übergewicht des Verlustes befindlich ist.

Nun stellt sich meine Urteilskraft an die Quelle der Streitigkeit und fragt: was tut denn eigentlich jeder der beiden Eheleute, seiner Natur nach, für den andern; und wenn sie dieses gefunden hat, so vergleicht sie das, was beide füreinander tun, und bestimmt daraus, wer von beiden am meisten für den andern tut. Da findet nun die Urteilskraft zuerst, daß der Mann nicht bloß der Mann seiner Frau, sondern auch noch ein Bürger des Staates, die Frau hingegen nichts als die Frau ihres Mannes ist; daß der Mann nicht bloß Verpflichtungen gegen seine Frau, sondern auch Verpflichtungen gegen sein Vaterland, die Frau hingegen keine andern Verpflichtungen hat, als Verpflichtungen gegen ihren Mann; daß folglich das Glück des Weibes zwar ein wichtiger und unerläßlicher, aber nicht der *einzige* Gegenstand des Mannes, das Glück des Mannes hingegen der *alleinige* Gegenstand der Frau ist; daß daher der Mann *nicht mit allen* seinen Kräften für seine Frau, die Frau hingegen mit ihrer *ganzen Seele* für den Mann wirkt; daß die Frau, in der Erfüllung der Hauptpflichten ihres Mannes, nichts empfängt als Schutz gegen Angriffe auf Ehre und Sicherheit, und Unterhalt für die Bedürfnisse ihres Lebens, der Mann hingegen, in der Erfüllung der Hauptpflichten seiner Frau, die ganze Summe seines häuslichen, das heißt überhaupt *alles* Glückes von ihr empfängt; daß zuletzt der Mann nicht immer glücklich ist, wenn es die Frau ist, die Frau hingegen immer glücklich ist, wenn der Mann glücklich ist und daß also das Glück des Mannes eigentlich der Hauptgegenstand des Bestrebens beider Eheleute ist. Aus der Vergleichung dieser Sätze bestimmt nun die Urteilskraft, daß der Mann bei weitem, ja unendlich mehr von seiner Frau empfängt, als die Frau von ihrem Manne.

Nun übernimmt die Vernunft das letzte Geschäft, und zieht aus jenem letzten Satze den natürlichen Schluß, daß derjenige, der am meisten empfängt, auch am meisten verlieren müsse und daß folglich, da der Mann unendlich mehr empfängt als die Frau, er auch unendlich mehr bei dem Tode derselben verlieren müsse als die Frau bei dem Tode ihres Mannes.

Auf diesem Wege wäre ich also durch eine Reihe von Gedanken, deren jeden ich, ehe ich mich an die Ausführung des Ganzen wage, auf einem Nebenblatte aufzuschreiben pflege, auf das verlangte Resultat gekommen, und es bleibt mir nun nichts übrig, als die zerstreuten Gedanken in ihrer Verknüpfung von Grund und Folge zu ordnen und dem Aufsatze die Gestalt eines abgerundeten, vollständigen Ganzen zu geben. (...)

Du kannst doch Deine Lektion noch auswendig? Du liesest doch zuweilen meine Instruktion durch? Vergiß nicht, liebes Mädchen, was Du mir versprochen hast, *unwandelbares Vertrauen in meine Liebe zu Dir*, und *Ruhe über die Zukunft.* Wenn diese beiden Empfindungen immer in Deiner Seele lebendig wären, und durch keinen Zweifel niemals gestört würden, wenn ich dieses *ganz gewiß* wüßte, wenn ich die *feste Zuversicht* darauf haben könnte, o dann würde ich mit Freudigkeit und Heiterkeit meinem Ziele entgegengehen können. Aber der Gedanke – Du bist doch nur ein schwaches Mädchen, meine unerklärliche Reise, diese wochenlange, vielleicht monatelange Trennung – o Gott, wenn Du krank werden könntest! Liebes, teures, treues Mädchen! Sei auch ein *starkes* Mädchen! Vertraue Dich mir ganz an! Setze Dein ganzes Glück auf meine Redlichkeit! Denke, Du wärest in das Schiff meines Glückes gestiegen, mit allen Deinen Hoffnungen und Wünschen und Aussichten. *Du* bist schwach, mit Stürmen und Wellen kannst *Du* nicht kämpfen, darum vertraue Dich mir an, mir, der mit Weisheit die Bahn der Fahrt entworfen hat, der die Gestirne des Himmels zu seinen Führern zu wählen und das Steuer des Schiffes mit starkem Arm, mit *stärkerm* gewiß als Du glaubst, zu lenken weiß! Wozu wolltest Du klagen, Du, die Du das Ziel der Reise und ihre Gefahr nicht einmal kennst, ja vielleicht Gefahren siehst, wo gar keine vorhanden sind? Sei also ruhig! Solange der Steuermann noch lebt, sei ruhig! *Beide* gehen unter in den Wellen, oder *beide* laufen glücklich in den Hafen. Kann sich die Liebe, die *echte* Liebe, ein freundlicheres Schicksal wünschen? . . .

Kleist an Wilhelmine
5. 9. 1800

Wie doch zwei Kräfte immer in dem Menschen sich streiten! Immer weiter von Dir führt mich die eine, die Pflicht, und die andere, die Neigung, strebt immer wieder zu Dir zurück. Aber die höhere Macht soll siegen, und sie wird es. Laß mich nur ruhig meinem Ziele entgegengehen, Wilhelmine. Ich wandle auf einem guten Wege, das fühle ich an meinem heitern Selbstbewußtsein, an der Zufriedenheit, die mir das Innere durchwärmt. Wie würde ich sonst mit solcher Zuversicht zu Dir sprechen? Wie würde ich sonst Dich noch mit inniger Freude die Meinige nennen können? Wie würde ich die schöne Natur, die jetzt mich umgibt, so froh und ruhig genießen können? Ja, liebes Mädchen, das letzte ist entscheidend. (. . .) Die Post ist vor der Türe, adieu. Ich nehme diesen Brief noch mit mir. Er kommt zwar immer weiter von Dir ab, und später wirst Du ihn nun erhalten. Aber das Porto ist teuer, und *wir beide* müssen für ganzes Geld auch das ganze Vergnügen genießen.

Noch einen Gedanken –. Warum, wirst du sagen, warum spreche ich so geheimnisreiche Gedanken halb aus, die ich doch nicht ganz sagen will? Warum rede ich von Dingen, die Du nicht verstehen kannst und sollst? Liebes Mädchen, ich will es Dir sagen. Wenn ich so etwas schreibe, so denke ich mich immer zwei Monate älter. Wenn wir dann einmal, in der Gartenlaube, einsam, diese Briefe durchblättern werden und ich Dir solche dunkeln Äußerungen erklären werde und Du mit dem Ausruf des Erstaunens: ja so, so war das gemeint –

Wilhelmine an Professor Krug
1803

Er hatte etwas Vermögen, aber nicht so viel, daß wir davon leben konnten, doch hatte er vom König das Versprechen, in einem Amte angestellt zu werden, sobald er ausstudiert habe. Meine Eltern gaben ihre Einwilligung, doch mit der Bedingung, so lange zu warten, bis er ein Amt habe, welches ich auch sehr zufrieden war. Meine Ausbildung und Veredlung lag ihm sehr am Herzen. Wenn er aus dem Collegia kam, so beschäftigte er sich eine Stunde mit mir. Er gab mir interessante Fragen auf, welche ich schriftlich beantworten mußte, und er korrigierte sie. Er gab mir nützliche Bücher zu lesen, und ich mußte ihm meine Urteile darüber sagen oder auch Auszüge daraus machen. Er las mir Gedichte vor, und ich mußte sie nachlesen oder französisch übersetzen. Auch schärfte er meinen Witz und Scharfsinn durch Vergleiche, welche ich ihm schriftlich bringen mußte. So lebte er ganz für mich, ich gewann ihn recht lieb und machte mir es zur Pflicht, auch ganz für ihn zu leben. Wenn ich mir zuweilen gestand, daß er dem Ideale von Mann, welches ich mir entworfen hatte, noch immer nicht entsprach, so dachte ich, es gibt vielleicht keinen besseren, denn ich kannte auch keinen, der mir lieber war als er. Ich erfüllte mein Vorhaben redlich. Alles, was er an mir tadelte, suchte ich fortzuschaffen, jeden Wunsch, den er äußerte, suchte ich zu erfüllen, und alles, was ich dachte und tat, bezog ich auf ihn. So lebten wir ein halbes Jahr sehr glücklich, da hatte er sein Studium hier beendet, er ging nach Berlin, um sich dort noch mehr zu vervollkommnen und zu einem Amte vorzubereiten.

Sein Umgang war mir so wert geworden, daß ich bei seiner Abreise sehr unglücklich war und ihn nachher bei jeder Gelegenheit vermißte. Alle vierzehn Tage schrieb er an mich, und sooft er konnte, war er bei mir und war noch immer der herzliche, gute Mensch. Er hatte viel Geist, seine schnelle Fassungskraft wurde von allen seinen Lehrern bewundert, seine Phantasie war sehr lebhaft und verleitete ihn oft zu Schwärmerei. Er hatte einen erhabenen Begriff von Sittlichkeit, und mich wollte er zum Ideal umschaffen, welches mich oft bekümmerte. Ich fürchtete, ihm nicht zu genügen, und strengte alle meine Kräfte an, meine Talente auszubilden, um ihn recht vielseitig zu interessieren.

Kleist an Wilhelmine
9. oder 10. 9. 1800

Werde ich nicht bald einen Brief von Dir erhalten? Meine liebe, teure, einzige Freundin! – Wenn Du in so langer Zeit krank geworden sein solltest – wenn Du vielleicht gar nicht mehr wärst – o Gott! Dann wären alle Opfer, alle Bemühungen dieser Reise umsonst! Denn Liebe bedarf ich – und wo würde ich *so viele Liebe* wiederfinden? Für Dich tat ich, was ich nie für einen Menschen tat. – Du würdest mich inniger, treuer, zärtlicher, dankbarer als irgendein Mädchen geliebt haben. – O Gott! das wäre schrecklich! Schreibe, schreibe bald. Täglich besuche ich die Post. *Bald* muß ich Nachricht von Dir erhalten, oder meine so lange erhaltene Ruhe wankt. – Schreibe mir nur immer nach Würzburg. Ich bleibe hier, bis ich von Dir Nachricht erhalten habe, ich könnte sonst nicht ruhig weiterreisen. Vielleicht, *ja wahrscheinlich* reise ich auch gar nicht weiter. Adieu.

Kleist an Wilhelmine
15. 9. 1800

Ja, Wilhelmine, wenn Du mir könntest die Freude machen, immer fortzuschreiten in Deiner Bildung mit Geist und Herz, wenn Du es mir gelingen lassen könntest, mir an Dir eine Gattin zu formen, wie ich sie für mich, eine Mutter, wie ich sie für meine Kinder wünsche, erleuchtet, aufgeklärt, vorurteillos, immer der Vernunft gehorchend, gern dem Herzen sich hingebend – dann, ja dann könntest mir für eine Tat lohnen, für eine Tat –

Aber das alles wären vergebliche Wünsche, wenn nicht in Dir die Anlage zu jedem Vortrefflichen vorhanden wäre. Hineinlegen kann ich nichts in Deine Seele, nur entwickeln, was die Natur hineinlegte. Auch das kann *ich* eigentlich nicht, kannst nur *Du* allein. Du selbst mußt Hand an Dir legen, Du selbst mußt Dir das Ziel stecken, ich kann nichts als Dir den kürzesten, zweckmäßigsten Weg zeigen; und wenn ich Dir jetzt ein Ziel aufstellen werde, so geschieht es nur in der Überzeugung, daß es von Dir längst anerkannt ist. Ich will nur deutlich darstellen, was vielleicht dunkel in Deiner Seele schlummert.

Alle echte Aufklärung des Weibes besteht zuletzt darin, vernünftig über die Bestimmung ihres *irdischen* Lebens nachdenken zu können. Über den Zweck unseres ganzen *ewigen* Daseins nachzudenken, auszuforschen, ob der Genuß der Glückseligkeit, wie *Epikur* meinte, oder die Erreichung der Vollkommenheit, wie *Leibnitz* glaubte, oder die Erfüllung der trocknen Pflicht, wie *Kant* versichert, der letzte Zweck des Menschen sei, das ist selbst für Männer unfruchtbar und oft verderblich. Wie können wir uns getrauen, in den Plan einzugreifen, den die Natur für die Ewigkeit entworfen hat, da wir nur ein so unendlich kleines Stück von ihm, unser Erdenleben, übersehen? Also wage Dich mit Deinem Verstande nie über die Grenzen Deines Lebens hinaus. Sei ruhig über die Zukunft. Was Du für dieses Erdenleben tun sollst, das kannst Du begreifen, was Du für die Ewigkeit tun sollst, nicht; und so kann denn auch keine Gottheit mehr von Dir verlangen, als die Erfüllung Deiner Bestimmung auf dieser Erde. Schränke Dich also ganz für diese kurze Zeit ein. Kümmere Dich nicht um Deine Bestimmung nach dem Tode, weil Du darüber leicht Deine Bestimmung auf dieser Erde vernachlässigen könntest.

Kleist an Wilhelmine
16. 9. 1800

Deine Bestimmung, liebe Freundin, oder überhaupt die Bestimmung des Weibes ist wohl unzweifelhaft und unverkennbar; denn welche andere kann es sein *als diese, Mutter zu werden und der Erde tugendhafte Menschen zu erziehen?*

Und wohl Euch, daß Eure Bestimmung so einfach und beschränkt ist! Durch Euch will die Natur nur ihre Zwecke erreichen, durch uns Männer auch der Staat noch die seinigen, und daraus entwickeln sich oft die unseligsten Widersprüche.

(In der Folge mehr.)

Kleist an Wilhelmine
19.(–23.) 9. 1800

Und immer noch keine Nachrichten von Dir, meine *liebe* Freundin? . . . Hast Du sie schon verdammt, diese Reise, deren Zweck Du noch nicht kennst? – Ach, ich verzeihe es Dir. Du wirst genug leiden durch Deine Reue – ich will Dich durch meinen Unwillen nicht noch unglücklicher machen. Kehre um, liebes Mädchen! Hast Du Dich aus Mißtrauen von mir losreißen wollen, so gib es jetzt wieder auf, jetzt, wo bald eine Sonne über mich aufgehen wird. Wie würdest Du, in kurzem, herüberblicken mit Wehmut und Trauer zu mir, von dem Du Dich losgerissen hast, grade da er Deiner Liebe am würdigsten war? Wie würdest Du Dich selbst herabwürdigen, wenn ich heraufstiege vor Deinen Augen, geschmückt mit den Lorbeern meiner Tat? *Das* würdest Du nicht ertragen. – Kehre um, liebes Mädchen. Ich will Dir alles verzeihen. Knüpfe Dich wieder an mich, tue es mit blinder Zuversicht. *Noch* weißt Du nicht ganz, wen Du mit Deinen Armen umstrickst – aber bald, bald! Und Dein Herz wird Dir beben, wenn Du in meines blicken wirst, das *versprechen* ich Dir.

Ich ersuchte Dich doch einst mir aufzuschreiben, was Du Dir denn eigentlich von dem Glücke einer künftigen Ehe versprächst? – Errätst Du nicht, warum? Doch wie kannst Du das erraten! – Ich sehe mit Sehnsucht diesem Aufsatz entgegen, den ich immer noch nicht von *Wien* erhalten habe. Sein erstes Blatt, das Du mir mitteiltest und das mir eine unaussprechliche, aber bittersüße Freude gewährte, scheuchte mich aus Deinen Armen und beschleunigte meine Abreise. Weißt Du wohl noch, mit welcher Bewegung ich es am Tage vor unsrer Trennung durchlas und wie ich es unruhig mit mir nach Hause nahm – und weißt Du auch, was ich da, als ich allein war mit diesem Blatte, alles empfand? Es zog mein ganzes Herz an Dich, aber es stieß mich zugleich unwiderruflich aus Deinen Armen – Wenn ich es jetzt wieder lesen werde, so wird es mich dahin zurückführen. Damals war ich Deiner nicht würdig, jetzt bin ich es. Damals weinte ich, daß Du so gut, so edel, so achtungswürdig, so wert des höchsten Glückes warst, jetzt wird es mein Stolz und mein Entzücken sein. Damals quälte mich das Bewußtsein, Deine heiligsten Ansprüche nicht erfüllen zu können, und jetzt, jetzt – doch still!

Jetzt, Wilhelmine, werde auch *ich* Dir mitteilen, was ich mir von dem Glücke einer künftigen Ehe verspreche. Ehemals durfte ich das nicht, aber jetzt – o Gott! Wie froh macht mich das! – Ich werde Dir die Gattin *beschreiben*, die mich *jetzt* glücklich machen kann – und das ist die *große Idee*, die ich für Dich im Sinne habe. Das Unternehmen ist groß, aber der Zweck ist es auch. Ich werde jede Stunde, die mir meine künftige Lage übrig lassen wird, diesem Geschäfte widmen. Das wird meinem Leben neuen Reiz geben und uns beide schneller durch die Prüfungszeit führen, die uns bevorsteht. In fünf Jahren, hoffe ich, wird das Werk fertig sein.

Fürchte nicht, daß die beschriebene Gattin *nicht von Erde* sein wird und daß ich sie erst in dem Himmel finden werde. Ich werde sie in fünf Jahren auf dieser Erde finden und mit meinen irdischen Armen umschließen – Ich werde von der Lilie nicht verlangen, daß sie in die Höhe schießen soll wie die Zeder, und der Taube kein Ziel stecken wie dem Adler. Ich werde aus der Leinwand kein Bild hauen und auf dem Marmor nicht malen. Ich kenne die Masse, die ich vor mir habe, und weiß, wozu sie taugt. Es ist ein Erz mit gediegenem Golde, und mir bleibt nichts übrig, als das Metall von dem Gestein zu scheiden. (. . .) Liebe Wilhelmine, ich will nicht, daß Du aufhören sollst, Dich zu putzen oder in frohe Gesellschaften zu gehen oder zu tanzen; aber ich möchte Deiner Seele nur den Gedanken recht aneignen, daß es höhere Freuden gibt, als die uns aus dem Spiegel oder aus dem Tanzsaale entgegenlächeln. Das Gefühl, *im Innern schön zu sein*, und das Bild, das uns der Spiegel des Bewußtseins in den Stunden der Einsamkeit zurückwirft, das sind Genüsse, die allein unsere heiße Sehnsucht nach Glück ganz stillen können.

Kleist an Wilhelmine
22. 3. 1801

Liebe Herzens-Wilhelmine, diese Stunde ist seit unsrer Trennung eine von den wenigen, die ich vergnügt nennen kann, ja vielleicht die erste. – Nach vielen unruhigen Tagen kam ich heute von einer Fußreise aus Potsdam zurück. Als ich zu Carln in das Zimmer trat, fragte ich nach Briefen von

Dir, und als er mir den Deinigen gab, brach ich ihn nicht ganz ohne Besorgnis auf, indem ich fürchtete, er möchte voll Klagen und Scheltwörter über mein langes Stillschweigen sein. Aber Du hast mir einen Brief geschrieben, den ich in aller Hinsicht fast den *liebsten* nennen möchte – Es war mir fast, als müßte ich stolz darauf sein; *denn*, sagte ich zu mir selbst, wenn W.s Gefühl sich so verfeinert, ihr Verstand sich so berichtigt, ihre Sprache sich so veredelt hat, wer ist daran – wem hat sie es zu – . . .

Sei ruhig, solange Du in Deinem Innersten fühlst, daß Du meiner Liebe wert bist, und wenn Du an jedem Abend nach einem heiter verflossenen Tage in Deinem Tagebuche die Summe Deiner Handlungen ziehest, und nach dem Abzuge ein Rest bleibt für die guten, und ein stilles, süßes, mächtigschwellendes Gefühl Dir sagt, daß Du eine Stufe höher getreten bist als gestern, so – so lege Dich ruhig auf Dein Lager, und denke mit Zuversicht an mich, der vielleicht in demselben Augenblicke mit derselben Zuversicht an Dich denkt, und *hoffe* – nicht zu heiß, aber auch nicht zu kalt – auf bessere Augenblicke als die schönsten in der Vergangenheit – auf bessere noch? – Ich sehe das Bild, und die Nadeln, und Vossens Luise und die Gartenlaube und die mondhellen Nächte, – und doch – Still! – »Wer rief?« – mir wars, als drücktest Du mir den Mund mit Küssen zu . . .

Es hätte sich nicht leicht ein Umstand ereignen können, der imstande wäre, Dich so schnell auf eine höhere Stufe zu führen, als Deine Neigung für Rousseau. Ich finde in Deinem ganzen Briefe schon etwas von seinem Geiste – das zweite Geschenk, das ich Dir, von heute an gerechnet, machen werde, wird das Geschenk von Rousseaus sämtlichen Werken sein. Ich werde Dir dann auch die Ordnung seiner Lesung bezeichnen – für jetzt laß Dich nicht stören, den Emil ganz zu beendigen. –

Ich komme jetzt zu dem Gedanken aus Deinem Briefe, der mir in meiner Stimmung der teuerste sein mußte und der meiner verwundeten Seele fast so wohl tat wie Balsam einer körperlichen Wunde.

Du schreibst: »Wie sieht es aus in Deinem Innern? Du würdest mir viele Freude machen, wenn Du mir etwas mehr davon mitteiltest als bisher; glaube mir, ich kann leicht fassen, was Du mir sagst, und ich möchte gern Deine Hauptgedanken mit Dir teilen.«

Liebe Wilhelmine, ich erkenne an diesen fünf Zeilen mehr als an irgend etwas, daß Du wahrhaft meine Freundin bist. Nur unsre äußern Schicksale interessieren die Menschen, die innern nur den Freund. Unsere äußere Lage kann ganz ruhig sein, indessen unser Innerstes ganz bewegt ist – Ach, ich kann Dir nicht beschreiben, wie wohl es mir tut, einmal jemandem, der mich versteht, mein Innerstes zu öffnen. Eine ängstliche Bangigkeit ergreift mich immer, wenn ich unter Menschen bin, die alle von dem Grundsatze ausgehen, daß man ein Narr sei, wenn man ohne Vermögen jedes Amt ausschlägt. Du wirst nicht so hart über mich urteilen – nicht wahr?

Wilhelmine an Professor Krug
1803

Er reisete mit seiner Schwester nach Paris, schrieb mir anfänglich oft, doch als ich seit drei Monaten von ihm keine Nachricht erhalten hatte, schrieb er mir – er werde sich in der Schweiz ankaufen, und hoffe, ich werde ihm dorthin folgen, wenn er mich abholte. Ich bat ihn mit den rührendsten Ausdrücken, in sein Vaterland zurückzukehren, und gestand, daß ich ihm zwar folgen wolle, wohin er ginge, doch würde es mir sehr schwer werden, meine Eltern zu verlassen und besonders, mich so weit von ihnen zu entfernen. Ehe dieser Brief beantwortet wurde, mußte ich fünf Monate alle Posttage vergebens auf Antwort warten. Meine Hoffnung, und die Erwartung von einer frohen Zukunft, waren schon längst in mir gesunken, ich sagte mir es oft, daß ich mit dem Manne nie glücklich sein würde, da ich nicht imstande war, ihn glücklich zu machen. Doch wollte ich mein Wort halten und mich ganz für ihn aufopfern. Ich war ihm soviel Dank schuldig und nahm so innig Anteil an allem, was ihn betraf, daß ich wenigstens hoffte, ihn wo nicht beglücken, doch aufheitern zu können. Ich kannte seine Wünsche und wußte mich so gut in seinem sonderbaren Wesen zu schicken, daß ich überzeugt war, es könne außer mir kein weibliches Wesen mit ihm fertig werden. Nach fünf Monaten erfuhr ich endlich durch seine Schwestern wo er sich aufhielt, ich schrieb an ihn, und bekam zur Antwort [20. Mai 1802] – er habe nicht erwartet, von mir noch einen Brief zu empfangen, sondern habe mein letztes Schreiben als eine Weigerung angesehen, ihm nach der Schweiz zu folgen. Nach einem heftigen Kampfe habe er es endlich dahin gebracht, mein Bild aus seiner Seele zu entfernen, er bäte mich deshalb, nicht wieder an ihn zu schreiben. Da er durch Leichtsinn in Berlin sein Amt verscherzt habe und seine Reise die Menschen zu großen Erwartungen von ihm berechtigt habe, so könne er nicht ohne Ruhm wieder in sein Vaterland zurückkehren. Sein einziger Wunsch sei jetzt, bald sein Leben zu enden. – Dieser Brief erschütterte mich tief, doch beweinte ich mehr sein trauriges Schicksal als das meine. Ich sah es ein, daß ich nie die Seine werden konnte, und hatte auch schon lange aufgehört, es zu wünschen. Ich hatte die Kraft, mich von seinem Gemälde zu trennen, welches ihm sehr ähnlich war, schrieb noch einmal an ihn, tröstete ihn als Freundin und sagte er möchte wenigstens seine Freundin nicht vergessen, sondern mir zuweilen schreiben wie es ihm ginge, denn gewiß würde ich immer den lebhaftesten Anteil an seinem Schicksal nehmen. Hierauf hat er nicht geantwortet. (...) Mit der Zeit sahe ich es ein, daß diese Trennung zu meinem Glücke sei, und dankte dem großen Führer der Menschen für meine ertragenen Leiden, denn ich fühlte, daß sie mich zu einem besseren Wesen gemacht hatten.

Wilhelmine an Kleist*
10. 4. 1802

Ulrike wird Dir geschrieben haben, daß ich das Unglück hatte, ganz plötzlich meinen liebsten Bruder zu verlieren – wie schmerzlich das für mich war, brauche ich Dir wohl nicht zu sagen. Du weißt, daß wir von der frühesten Jugend an immer recht gute Freunde waren und uns recht herzlich liebten. Vor kurzen waren wir auf der silbernen Hochzeit unserer Eltern so froh zusammen, er hatte uns ganz gesund verlassen, und auf einmal erhalten wir die Nachricht von seinem Tode – Die erste Zeit war ich ganz wie erstarrt, ich sprach und weinte nicht. Ahlemann, der während dieser traurigen Zeit oft bei uns war, versichert, er habe sich für mein starres Lächeln sehr erschreckt. Die Natur erlag diesem schrecklichen Zustande, und ich wurde sehr krank. Eine Nacht, da Louise nach dem Arzt schickte, weil ich einen sehr starken Krampf in der Brust hatte und jeden Augenblick glaubte zu ersticken, war der Gedanke an den Tod mir gar nicht schrecklich. Doch der Zuruf aus meinem Herzen »es werden geliebte Menschen um dich trauern, *einen* kannst du noch glücklich machen!« der belebte mich aufs neue, und ich freute mich daß die Medizin mich wieder herstellte. Damals! lieber Heinrich, hätte ein Brief von *Dir*, meinen Zustand sehr erleichtern können, doch Dein Schweigen vermehrte meinen Schmerz. (...)

Freuden gibt es jetzt für mich sehr wenig – unsere kleine Emilie macht mir zuweilen frohe Stunden. Sie fängt schon an zu sprechen, wenn ich frage »was macht dein Herz?« so sagt sie ganz deutlich »mon cœur palpite«, und dabei hält sie die rechte Hand aufs Herz. Frage ich »wo ist Kleist?« so macht sie das Tuch voneinander und küßt Dein Bild. Mache

* Dieser Brief ging ungeöffnet von Thun an Wilhelmine zurück und ist deshalb der einzige überlieferte Brief.

Du mich bald froher durch einen Brief von Dir, ich bedarf *es sehr*, von *Dir* getröstet zu werden.

Der Frühling ist wiedergekehrt, aber nicht mit ihm die frohen Stunden die er mir raubte! Doch ich will *hoffen*!! Der Strom, der nie wiederkehrt, führt durch Klippen und Wüsten endlich zu fruchtbaren schönen Gegenden, warum soll ich nicht auch vom Strome der Zeit erwarten, daß er auch mich endlich schönern Gefilden zuführe? Ich wünsche Dir recht viel frohe Tage auf Deiner Reise, und dann bald einen glücklichen Ruhepunkt (...) Schreibe *recht bald* an *Deine Wilhelmine*.

Kleist an Wilhelmine
20. 5. 1802

Liebe Wilhelmine, um die Zeit des Jahreswechsels erhielt ich den letzten Brief von Dir, in welchem Du noch einmal mit vieler Herzlichkeit auf mich einstürmst, zurückzukehren ins Vaterland, mich dann mit vieler Zartheit an Dein Vaterhaus und die Schwächlichkeit Deines Körpers erinnerst, als Gründe, die es Dir unmöglich machen, mir in die Schweiz zu folgen, dann mit diesen Worten schließest: wenn Du dies alles gelesen hast, so tue, was Du willst. Nun hatte ich es wirklich in der Absicht, mich in diesem Lande anzukaufen, in einer Menge von vorhergehenden Briefen an Bitten und Erklärungen von meiner Seite nicht fehlen lassen, so daß von einem neuen Briefe kein bessrer Erfolg zu erwarten war; und da mir eben aus jenen Worten einzuleuchten schien, Du selbst erwartetest keine weiteren Bestürmungen, so ersparte ich mir und Dir das Widrige einer schriftlichen Erklärung, die mir nun aber Dein jüngst empfangner Brief doch notwendig macht.

Ich werde wahrscheinlicherweise niemals in mein Vaterland zurückkehren. Ihr Weiber versteht in der Regel ein Wort in der deutschen Sprache nicht, es heißt Ehrgeiz. Es ist nur ein einziger Fall, in welchem ich zurückkehre, wenn ich der Erwartung der Menschen, die ich törichterweise durch eine Menge von prahlerischen Schritten gereizt habe, entsprechen kann. Der Fall ist möglich, aber nicht wahrscheinlich. Kurz, kann ich nicht mit Ruhm im Vaterlande erscheinen, geschieht es nie. Das ist entschieden, wie die Natur meiner Seele.

Ich war im Begriff, mir ein kleines Gut in der Schweiz zu kaufen, und Pannwitz hatte mir schon den Rest meines ganzen Vermögens dazu überschickt, als ein abscheulicher Volksaufstand mich plötzlich, acht Tage ehe ich das Geld empfing, davon abschreckte. Ich fing es nun an, für ein Glück anzusehn, daß Du mir nicht hattest in die Schweiz folgen wollen, zog in ein ganz einsames Häuschen auf einer Insel in der Aare, wo ich mich nun mit Lust oder Unlust, gleichviel, an die Schriftstellerei machen muß.

Indessen geht, bis mir dieses glückt, *wenn* es mir überhaupt glückt, mein kleines Vermögen gänzlich drauf, und ich bin wahrscheinlicherweise in einem Jahre ganz arm. – Und in dieser Lage, da ich noch außer dem Kummer, den ich mit Dir teile, ganz andre Sorgen habe, die Du gar nicht kennst, kommt Dein Brief und weckt wieder die Erinnerung an Dich, die glücklicher, glücklicherweise ein wenig ins Dunkel getreten war –

– Liebes Mädchen, schreibe mir nicht mehr. Ich habe keinen andern Wunsch, als bald zu sterben.

»Trinke mich aus, solange ich schäume.«

Die Geschichte von Narziß und Psyche. Die Briefe Clemens Brentanos und Sophie Mereaus 1802–1803

Man ist versucht, die Geschichte dieser Liebe aus der Romantik, die Geschichte eines Poeten und einer Dichterin – Clemens Brentano und Sophie Mereau –, in dem überlieferten Material ihrer Briefe und weiterer Mitteilungen psychoanalytisch zu interpretieren. Es ist in der ersten Zeit ihrer Begegnung eine unglückliche Liebe, die nach zwei Jahren Bekanntschaft mit einer Trennung endet, zu der sich Sophie Mereau entschließt. Brentanos unglückliche Liebe ist zudem gespiegelt in seinem Roman ›Godwi‹ (1801). Der »verwilderte Roman« bewahrt auch die Kindheitserinnerung Brentanos an die früh verstorbene Mutter Maximiliane, die in einem Frauenbild aus Marmor wiederkehrt. Brentano hat im Roman das Schicksalhafte der Begegnung mit Sophie nicht verarbeiten können. Sophie ist, wie er in einem Brief an seinen Bruder schreibt, »ganz, körperlich und geistig, das Bild unserer verstorbenen Mutter«, und sie ist ihm in der dreijährigen Trennungszeit weiterhin begehrenswert. Das Bild der Geliebten und der Mutter verschmelzen schon in der ersten Zeit des Kennenlernens. Melancholisch und düster ist ein längerer Brief Brentanos an Sophie (18/21. 8. 1799). Sie ist damals noch unglücklich verheiratet. Clemens leidet mit ihr: »Dein Lächeln sieht aus wie die weiße Rose im Totenkranz, und Deine Träne wie die im wütenden Hochzeitstanze herabfallende zertretne Perle des Brautkranzes. Ich habe sonderlich an Dich gedacht (...) Es war mir, als ginge ich mit meiner Schwester in einem Garten, der mir gehörte, und sei ein ruhiger ansässiger Mann, in einem Busche stand Dein Bild von Marmor, und ich weinte, es war Dein Denkmal, Du

Sophie Brentano, geschiedene Mereau, geb. Schubert (1770–1806)
Bleistiftzeichnung von unbekannter Hand

Clemens Brentano (1778–1842)
Zeichnung von W. Schadow, 1805

warst, Gott sei Dank, tot, und ich glaubte darum wieder an einen Himmel, denn Du hattest nicht mit mir Dich vereinigen können, weil Du zu schwach warst, und ich kniete vor das Bild nieder und weinte heftig. Da sagte meine Schwester, du Armer, du wirst wohl nimmer wieder froh werden, meine Mutter war auch da und küßte das Bild.«

Brentanos Briefe gehen oft über ins Wahn- und Traumhafte. Nur allzuoft wird – in psychologischer Hinsicht – deutlich, was aus diesen Phantasien spricht, und auch, wie dringlich sie in solchen Bildern die Geliebte beschwören. An Sophie ist wohl das schöne Gedicht ›O Mutter, halte dein Kindlein warm‹ gerichtet. Oft hat Clemens Brentano Szenen beschworen, in denen sie die Stärkere, die Führende, die Mutter ist – und er das Kind, dem unermeßliche Zuwendung zuteil werden soll. Die schwache, versagende – und deshalb tote Geliebte ist sein größter Schmerz (»meine Mutter war auch da und küßte das Bild«). So ist sie erst recht eins mit jener verlorenen Mutter, die das Kind verraten hat. Brentano antizipierte in diesem Brief die Trennung, zu der sich Sophie, erschöpft durch ihre Ehesituation und schließlich durch den Tod ihres Sohnes im Januar 1800 im Sommer desselben Jahres unmißverständlich entschloß. Das war in einer Krisensituation, in der ihr der egoistisch fordernde Brentano alles andere als eine Unterstützung war.

Das Jahr 1803 bringt ihre Versöhnung. Am 29. November heiraten sie in Marburg. Brentano fügte sich nicht in die schicksalhafte Verlassenheit. Mit aller Gewalt wollte er sein Traumbild zum Leben erwecken. Bei dem dramatischen Verlauf und den seelischen Verwicklungen dieser Liebesgeschichte sind die Briefe der beiden in ihrer glücklicheren (aber nicht unproblematischen) Versöhnungszeit gewiß keine Brautbriefe im üblichen Sinne. Es sind, da Brentano, nun er die Geliebte gewonnen hat, aufs Heiraten drängt, Werbungsbriefe, verführerische, sinnliche, voller Abgründe, die auf den »Himmel« und die »Hölle«, die für Sophie das Eheleben sein sollte, deuten.

Clemens Brentano errang eine der gebildetsten, schönsten, geistvollsten Frauen der deutschen literarischen Zentren Jena und Weimar. Im Sommer 1799 sollen sich Clemens und Sophie bei einer Abendgesellschaft in den Jenaer Zirkeln kennengelernt haben, er zwanzig, sie achtundzwanzig Jahre alt. »Die Professorin Mereau«, angebetet in der Jenaer Welt als »eine liebliche Gestalt«, »voller Grazie und Gefühl«, voll sinnlicher Ausstrahlung, mit Grübchen und dunklen Augen, auffallend klein und zierlich, die »Miniaturgrazie«, wie Jean Paul sie nannte, war bereits eine erfolgreiche Schriftstellerin, Brentano hingegen Student zunächst der »Cameralwissenschaft«. Bald jedoch zündet bei dem künftigen Dichter in der Jenaer Atmosphäre, wo die Mitglieder der frühromantischen Bewegung, die Schlegels und Tieck weilten, wo Fichte lehrte (bei dem Sophie Mereau studierte), der literarische Funke. Sein Auftreten ist exzentrisch, ja kindlich. Ludwig Tieck: »Er fiel mit einem unendlichen und unleidlichen Zutrauen über uns her.« Clemens, am 9. September 1778 in der kinderreichen Frankfurter Brentanofamilie geboren, meist außerhalb des Elternhauses erzogen, kannte bislang nur planlose Ausbildungsversuche, versuchsweise auch zum Kaufmannsberuf. »Früh vernachlässigt« war er, so schreibt er selber, »später im Kaufmannsstand nicht allzuweise angewendet, dann auf Irrfahrten nach dem goldenen Vliese seekrank«. Der schwarzlockige, ruhelose Jüngling konnte andererseits von sprudelndem Witz, geistreich, unterhaltsam und charmant sein, ein heiterer Gefährte für die leidgeprüfte Sophie Mereau.

Über Sophie Mereau-Brentanos Leben informiert ausführlich ihre Biographin Dagmar Gersdorff. Die am 28. März 1770 als Tochter des Steuerbeamten Schubart in Altenburg geborene Sophie entwickelte schon früh Talent zu Dichtung.

Ohne wirkliche Neigung hatte sie am 4. April 1793 den achtundzwanzigjährigen Juristen Karl Mereau geheiratet, dem sie nach Jena folgte. In der unbefriedigenden Ehe verfolgt sie mit um so größerem Engagement das, was für sie – außer der Liebe zu Brentano –, ihr wichtigster Lebensinhalt wird: die Erfüllung ihres Wesens im Dichten und Schreiben. Auch eine Portion Freiheitsdrang ist ihr eigen – aber bei der gesitteten Sophie in den Bahnen der Weiblichkeit, einer sanften harmonischen Weiblichkeit, die an ihr gerühmt wird. Auch Brentano wird nicht müde, in späteren Briefen für Sophies Güte und ihre Sanftmut zu danken. Er nennt sie eine »Virtuosin des Lebens«. Nicht in lautem Protestversuch will sie sich gegen die äußeren Widersprüche bilden. Sie sucht den Ausgleich, das Seelengleichgewicht. Das, was Brentano anzieht, was beiden gemeinsam ist, der Drang nach sinnlicher Entfaltung, ist ebenfalls ausgeprägt. In beider Schriften ist dies romantische Liebesideal zu finden, wonach zur Absolutheit der Liebe im Leben auch die freie, echte Sinnlichkeit zählt. Schiller und Goethe wußten von der »Geschichte der kleinen Schönheit« (so Goethe). 1796 war sie mit dem Liederdichter Georg Philipp Schmidt aus Lübeck für eine vierzehntägige Reise aufgebrochen. Brentano wird ihr später über diese längst zurückliegende Affäre heftige Eifersuchtsszenen machen. Ihr Wesen ist in ihrer Dichtung erkennbar. Schiller, dessen Schülerin sie war und in dessen ›Thalia‹ sie ihre ersten Gedichte herausgab, lobt ihre »gewisse Innigkeit und selbst zuweilen eine Würde des Empfindens« (...) »und eine gewisse Tiefe kann ich ihr auch nicht absprechen.« Ihre Erzählung ›Das Blüthenalter der Empfindung‹ (1794) ist von klassizistischen Anschauungen geprägt. Wiederum um die Themen von Liebe, Ehe, Natur kreisend, nähert sich der 1803 erschienene Briefroman ›Amanda und Eduard‹ frühromantischen Vorstellungen. Friedrich Schlegel bemüht sich – zum Leidwesen Brentanos – als Rivale um die Dichterin.

Gewiß, Brentanos gesamtes literarisches Werk muß aus heutiger Sicht bedeutender scheinen, denn er entwickelt sich nicht in festgezogenen »Grenzen der Weiblichkeit« (z. B. rühmte Herder an der Mereau, daß sie »nie über die Grenzen ihres Geschlechts heraustrete«). Ja, Brentano schuf eine Lyrik, in der er sein Beherrschtsein von der Welt der Phantasie in eine assonanzenreiche Metaphernsprache umsetzen kann, die völlig neu in der deutschen Literatur ist und keinerlei Schulen und Vorbilder brauchte. Brentano entwickelte sich überhaupt nicht in irgendwelchen Grenzen. Seine Kreativität (Sophie nennt ihn später »göttlich«) hängt offenkundig mit seiner psychischen Instabilität zusammen. In der realen Welt mit ihren Anforderungen bringt diese Unausgewogenheit Leiden mit sich, bald auch für die sich sogleich ins Leidenschaftliche wendende Begegnung von Brentano und Sophie Mereau. Sie spürt den Absolutheitsanspruch seiner Zuwendung und damit auch die Reinheit einer Begegnung, wie sie sie nie vorher gekannt hat. »Selmar«, wie sie den Geliebten ihrer Gedichte anredet, weckte ihre Leidenschaft. Doch gibt es auch ›unbrentanosche‹ Töne: »Uns zwang Vernunft, den holden Wahn zu meiden.« Das Ende dieser in den ersten zwei Jahren eher belastenden als beglückenden Beziehung läßt ahnen, daß Brentano zu weit gegangen war. Die Kränkungen, seine Launenhaftigkeit, die seltsame Charaktermischung aus liebevollster Zutraulichkeit und kaltem »Witz«, die unberechenbaren Stimmungen, aus denen heraus er tödliche Beleidigungen aussprechen kann, ohne sich dessen bewußt zu sein, erklären die Radikalität des Schlußstrichs, den Sophie Mereau im Sommer 1800 zieht: »Sehen *kann* und *will* ich Sie nicht.«

Ohne Zweifel trennt sich Sophie unabhängig von ihrer Beziehung zu Mereau. Im Frühjahr 1801 wird die Ehe geschieden. Sophie beginnt ein neues Leben, zieht mit ihrer kleinen Tochter Hulda zu Verwandten nach Camberg, dann 1802 nach Weimar. Sie lebt, abgesehen von einer Unterhaltszahlung ihres geschiedenen Mannes, von ihrer Schriftsteller-, Herausgeber- und Übersetzertätigkeit. Und Clemens Brentano? Er ist auf Wanderschaft in Marburg bei Savigny, im Juni mit Achim von Arnim, dessen Freundschaft er gewinnt, am Rhein, im Winter in Thüringen, in der zweiten Hälfte Januar kehrt er nach Jena zurück, geht wieder auf Reisen, nach Marburg und Münster. Marburg wird dann von 1803 für längere Zeit sein ständiger Wohnsitz. Als er in diesem Jahr in Frankfurt seine Schwester Bettina besucht, eilt er schnurstracks nach Weimar – wo Sophie Mereau weilt. Bald nach seiner Ankunft teilt er Bettina mit, daß er Sophie unbedingt heiraten will. Wundersam ist diese Versöhnung. Zwischen dem Dezember 1802 und dem Frühjahr 1803 spielt sich das Manöver ab, denn Clemens' Kampf um Sophie entbehrt nicht strategischer Aspekte.

Der jüngere Bruder Christian schreibt am 10. Dezember 1802 einen rührenden Brief an Sophie, in dem er die unverändert brennende Liebe des Älteren zu ihr schildert. Sophie antwortet Clemens am 12. Dezember und löst eine Flut von Briefen des ehemaligen Geliebten aus. Die Liebesbriefe Brentanos dieser Zeit dürften zu den längsten der Literaturgeschichte gehören. Ein Meister des Worts, ein verzweifelter Kämpfer im »Alles oder Nichts«, der alle Taktiken probiert, setzt alles ein: Erpressung, Drohung, ja Beschämung der Geliebten (ihrer »schlechten« Dichtkunst), schließlich eine psychologisch raffinierte Strategie von Rettungsangeboten für Sophies erkaltete Seele. Der Brief vom 10. 1. 1803 (S. 235 ff.) variiert mit einer Mischung aus Rhetorik und Seelenqual die Anekdote einer wiederentdeckten »restaurierten« Statue der antiken Göttin Psyche. Sophie ist die vernünftige »Psyche«, die Brentano verlassen hat. Die Bilder dieser neuen »reformierten«, »ruhigen«, »resignierten« Madame Mereau, die er aufzählt, sollen sie tief verwunden und beunruhigen. Wo ist das Bild der ursprünglichen Psyche, das wahre Urbild einer Liebenden? Psyche ist in der antiken

Mythologie das Sinnbild weiblicher Wanderschaft, der Unruhe und Ungestilltheit des Begehrens. Wenn je in einem Mythos gesagt wurde, die Rettung, die Bewahrung der Liebe sei Aufgabe der Frau, die unendliche Leidenswege durchschreiten müsse, nachdem sie in einem verbotenen Augenblick ihren Gatten Amor im Licht einer Lampe betrachten durfte, dann in diesem Mythos. Von nun an muß Psyche leiden, Proben erfüllen, um den in einem Augenblick erkannten Mann als Liebenden zu erhalten, der nicht nur ihren Körper, sondern ihren wachen Blick genießen kann. Amor tut im griechischen Mythos recht wenig dafür. Spät entscheidet er sich für die Geliebte gegen die eifersüchtige Mutter Venus. Die Irrfahrten der Psyche stellen eine beunruhigende Geschlechterproblematik dar. Immense Aktivitäten müssen von der Frau ausgehen, um die Liebesfähigkeit des Mannes zu erhalten. Das alles hat Clemens Brentano wohl höchstens unbewußt gemeint. Oft redeten andere Briefschreiber ihre Geliebten mit »Psyche« an (z. B. Herder seine Braut Caroline). Die psychologische Brisanz von Clemens' Werbung um Sophie läßt das literarische Klischee weniger harmlos erscheinen. Mit dem Zauberwort »Psyche« appelliert er an die nicht von Vernunft bestimmte Geliebte, die sich in ihrer irrationalen Leidenschaftlichkeit von ihm erwecken lassen soll. Gewaltsam geht Brentano daran, eine Gipsstatue diesmal nicht zu beweinen, sondern zu zerschlagen. Er will »dem Bild das Haupt abschlagen und das gipserne Gewand vom Schoß reißen«. Sophie Mereau antwortet: »Sie nennen mich Psyche – warum, das verstehe ich nicht, das kümmert mich auch nicht, aber der Name gefällt mir. Denn ich leugne nicht, daß, obgleich ich jetzt auf der Welt kein andres Leiden habe als daß es einen Winter gibt und daß ich nicht schön bin, doch – aber was geht *Sie* das an?« (S. 240 f.)

Sie ist in Brentanos »Mausefalle« gegangen! Was soll man nämlich vom Ausmaß von Brentanos Gespaltenheit sagen, die in einem Brief (abgedruckt nach einer Abschrift Varnhagens in dem von Heinz Amelung herausgegebenen Briefwechsel) im nachhinein zutage tritt? Brentano schreibt, wie so oft an Dritte völlig anders als an die Geliebte, und offenbart in seinen Kommentaren ein grausam herzloses, egoistisches Wesen. Auf einen »etwas faden Brief der Mereau« will er folgendermaßen geantwortet haben: »Meine Antwort hierauf aus vollem wahren Herzen ohne Schonung für mich und sie, wie ein geistreicher Dritter, alles mit den scharfsinnigsten Nuancen ausgeführt, ihre Geschichte in dreierlei Gestalten, voll Mutwill, wahr bis zur Zote, Erklärung meines größten Lusten sie zu beschlafen, Trauer über ihr Alter und ihre unendlich schlechten Verse, überhaupt der freiste, kühnste glücklichste Brief, den ich je geschrieben, und der längste (...). Bei allem wende ich mich wieder künstlich zu ihr, und die ganze Sache kann nun wie all mein Glück ruhig treiben, ich will sehen, wer den anderen überlistet, mit Füßen soll sie mich nicht wieder treten ...« Und er plant weiter: »Mein nächster Brief soll eine Mausefalle sein, in er sie selbst der Speck ist und in der die Egoistin gefangen wird.«

Das hätte grausam für Sophie ausgehen können. Jedoch Brentanos nächster Brief und alle folgenden des gleichen Jahres stehen völlig im Widerspruch zu dem kalten, gekränkten Anteil seiner Werbung um die Frau, die er, wie etwa aus anderen Äußerungen an seine Geschwister erkennbar wird, die vergangenen Jahre weiter liebte (trotz einiger Amouren in dieser Zeit). Sie sind voller Dankbarkeit und echter Gefühle, sie sind vor allem ein wahrer Sturm von Beschwörungen. Nun, als Sophie ihm wieder nahe ist, will er sie heiraten – sofort! Aber Sophie – »vom Heiraten sprich mir nicht« – will nicht einwilligen und schlägt ein zwangloses Zusammenleben vor (was in der damaligen Zeit einen »keuschen, vertraulichen Umgang« bedeutet, wie Clemens es dem Freund Achim von Arnim mitteilt). Sie ist aber bereit, zu ihm nach Marburg zu ziehen, wo Brentano für sie und ihre Tochter eine romantische Wohnung über den Dächern der Stadt suchen will. Erstmals war an ein Wiedersehen zu denken. Am 14. Mai 1803 war Brentano nach Weimar gereist. Im Winter sollte der Umzug nach Marburg stattfinden, doch die Versöhnung nahm ihren eigenen, überraschenden Verlauf. Sophie und Clemens verleben glückliche Sommermonate während Brentanos Aufenthalten in Jena und Weimar. Im Sommer wird, wie Dagmar Gersdorff es in den wiedergegebenen Briefen von Sophies Freundin Charlotte von Ahlefeld anschaulich werden läßt, aus einem der Sommerabende eine Liebesnacht. Man errät auch diese neue Nähe in den Briefen, am deutlichsten in denen Brentanos. Im Anbeginn des 19. Jahrhunderts sind sie wahrlich ein Sonderfall in der deutschen Liebessprache: eine »wunderliche Begierde« (von der Brentano einmal spricht) ist in seinen Wortkaskaden und metaphorischen Beschwörungen kaum verschleiert.

Aber obgleich diese Nacht für beide eine »feierliche Verlobung« war, will Sophie weiterhin Clemens nicht heiraten – wohl weniger wegen der unübersehbaren Unreife des Geliebten als um ihrer Freiheitswünsche und Lebenskonzepte willen, nach denen eine »freie« Liebe wohl möglich schien. Brentano ist über den Widerstand verzweifelt, wieder kämpft er mit allen Mitteln, hält Sophie das Gerede über ihren Ruf vor, ja den Schaden solcher Verbindung für das Ansehen seiner Familie und Geschwister. Da geht er wiederum zu weit. Die sanfte Sophie, so bewußt sie sich in ihre Nachsicht und Ermahnungen fordernde ausgleichende Rolle begeben hat, empört sich prompt: »*Die Zucht Deiner Geschwister, der Ruf Deiner Schwester!* Erst erfordert ihre Ruhe, daß ich nicht heirate – jetzt will ihr Ruf das Gegenteil! Clemens, bist Du wirklich mündig?« (S. 250) Sophies Bedenken gegen das Heiraten wären angesichts dieser Symptome von Brentanos Unreife verständlich. Unübersehbar sind die narzißtischen Forderungen nach aufopfernder Hingabe der Geliebten, ohne die er nicht an Sophies wiedererschaffenes, nicht an sein durch die Liebe geheiligtes und geheiltes Wesen glauben kann. Nun klingen solche Beschwörungen sinnlich und lockend: »... vergiß, daß Du eine artige Frau bist, Herz habe, Lippen habe für mich allein, trinke mich aus, solange ich schäume, dann kannst Du Dich im reinen Kelche mit Freuden spiegeln.« (S. 245) Und: »Sophie, erschaffe Dich mir wieder ... ich bitte Dich, Sophie, verführe Gott, daß er Wunder tut, o werde vortrefflich!« (S. 244) Brentanos von der romantischen idealen Liebesauffassung angestacheltes briefliches Erzaubern idealer Bilder der Geliebten ist nicht nur rauschhafte Liebessprache. Der Romantiker ist selbst ein Beispiel seiner literarischen Phantasieliebenden, bei denen die Realität niemals das Geträumte erfüllen kann, was – nach der Heirat – zu Verzweiflung und Desillusion führt.

Doch das Problematischste in Brentanos geltungs- und zuwendungsbedürftigem Wesen tritt immer dann zutage, wenn er in merkwürdiger Gespaltenheit an andere wieder in kalter, eitler Weise über Sophie schreibt, nicht aufhört zu verbreiten, wie ergeben ihm Sophie ist, und seine eigenen Gefühle recht kühl darstellt. Kaum begreiflich sind seine Briefe aus dieser Zeit an die jüngere Schwester Bettina (die Bettina später als ›Frühlingskranz‹, undatiert, zusammen mit den eigenen, als schönes Beispiel romantischer Briefkunst und ihrer innigen geschwisterlichen Verbindung herausgibt). Mit mildem Spott verwahrt sich Bettina dagegen, daß der Bruder die Braut sozusagen aus ihrer Hand empfangen wolle. Sophies so von der schwesterlichen Zustimmung abhängige Ehezukunft (die sie ja gar nicht will) – das alles will nicht recht zu Clemens' heißblütigem Flehen passen. Weiß auch Sophie, wie tief diese Gespaltenheit geht? In symbolischer Form spricht sie von ihrem Wissen um die Doppelgesichtigkeit des Geliebten. Clemens' Gipsbüste steht auf ihrem Schreibtisch ... »Leider hat sie ihre göttliche milde

Seite dem Licht zugekehrt, und ich muß mich immer mit dem boshaften Zug begnügen.« Einen schrecklichen Augenblick noch erlebt Sophie, als sie von den in den Briefen an Bettina geäußerten Verleumdungen erfährt. Zudem sind diese Bemerkungen, etwa daß sie ihrem Geliebten durch die ganze Welt nachlaufen werde, durch Bettinas Plaudern in der Weimarer Öffentlichkeit publik geworden. Ein erschütterter Brief wird am 20./21. September an Brentano geschrieben. In diesen Krisen erhält aber auch Brentano die Gelegenheit, in langen, zutraulichen Briefen zu dem Unwandelbaren, längst »Heiligen« in seinem Herzen, das vor ihm selbst schon lange sicher ist, vorzudringen (Brief vom 7. Oktober). Sophie, gefaßter und besänftigt, überläßt sich nun – auch wenn sie mit »verschlossenen Augen in einen Abgrund« springen muß – der »Anbetung des Göttlichen«. »Ja Clemens, in Dir bete ich das Göttliche an, und wo hätte sich die Gottheit mehr verherrlicht.«

Als sie Clemens am 28. Oktober mit den Worten überrascht: »Clemens, ich werde Dein Weib«, und ihm in verschlüsselter Form mitteilt, daß sie schwanger ist, vertraut sie sich ihm auch an, weil seine letzten Briefe in einem »schönen Zusammenhang« standen. Clemens Brentano hat das, was er »auf Erden vom Himmel« begehrte: Sophie und ein Kind. Er wird beide, Sophie und nicht nur dieses Kind, sondern auch zwei weitere, im Laufe weniger Jahre verlieren. Am 11. Mai 1804 kommt ein Sohn zur Welt, er wird nur fünf Wochen alt, wie er verzweifelt dem Namenspaten Achim von Arnim mitteilt. Eine Tochter, am 13. Mai 1805 geboren, stirbt einjährig an einer Kinderkrankheit. »Es ist, als liege ein Fluch auf meinem Samen«, schreibt Brentano an Arnim.

Brentanos maßlose Erwartungen an Sophie schlagen in der ersten Zeit der Ehe oft wieder in das um, was Sophie als »Gerichte« und Grausamkeit erlebt. Da gibt es Worte von Clemens über Sophie, sie sei »meine Qual und meine

Freude«. Ähnliches sagt auch Sophie, und ihre Tagebuchblätter zeigen traurige Reflexionen über ihre Leidenschaft: »... nach diesen Entdeckungen lernte ich fühlen, daß etwas Höheres sei als irdische Liebe.« In der harmoniesuchenden Weiblichkeit Sophies tritt »eine wunderbare Trauer, die sie beim Blick auf ihre Geschichte dann und wann erstarrt«, hervor. »Dann«, schreibt Brentano, »habe ich keine Gewalt; da ist alle Liebe verloren.« In der letzten Zeit ihrer Ehe scheint es, daß Sympathie und Zuneigung sich festigen, daß Krisen und Klagen nachlassen. Am 31. Oktober 1806 stirbt Sophie Brentano, sechsunddreißig Jahre alt, bei einer weiteren Entbindung. Auch das Kind stirbt bei der Geburt. Die Freunde Brentanos, besonders sein Freund Achim von Arnim, können nur bestätigen, was Brentano verlor. Nach dieser Hoffnung auf eine ihn stabilisierende Liebes- und Eheverbindung war Brentano zunächst seiner Verzweiflung, dann seiner Zerrissenheit überlassen. Er heiratet, sogar recht bald nach Sophies Tod, noch einmal. Diese zweite episodische Ehe mit Auguste Bussmann wurde zu einer Farce. Nie konnte der Dichter Brentano seine Gespaltenheit in einer dauerhaften Verbindung überwinden.

Sophie Mereau an Clemens Brentano
12. 12. 1802

Verzeihen Sie, Clemens, daß ich Ihnen dies Bildnis so lange vorenthielt, aber da ich bisher nicht bestimmt wußte, an welchem Ort Sie lebten, so wagte ich nicht, es abzuschicken.

Sie wissen, daß ich auch ein Bild von Ihnen besitze, und ich betrachte es zuweilen. Sagen Sie mir, wer ist der Mann, der es schuf und den ich verehren muß? Mit gütiger Kunst hat er nur den Genius darinnen gezeigt und den Dämon verborgen.

Ich erhielt diesen Sommer einige Lieder mit Ihrem Namen bezeichnet. Sie waren schön; ich erkannte das ausgezeichnete Talent, das jeder in Ihnen anerkennen muß – dem ohngeachtet bestimmten mich Gründe, die mir wichtig waren, sie nicht in jene Sammlung aufzunehmen.

Eine einzige Bitte habe ich an Sie: Seien Sie ehrlich gegen sich und mich! Sagen Sie einmal, einfach, wahr und ohne Witz: weshalb beklagen Sie sich über mich? – Aber sagen Sie es *mir*, nicht andern, die mich darum hassen, weil sie für Ihre Poesie keinen Sinn haben.

S.M.

Brentano an Sophie
10. 1. 1803

Ich hätte nicht von Ihnen erwartet, daß Sie mir je wieder schreiben würden, hätte mir es möglich geschienen, daß Sie meiner gedächten, so würde ich diese Weihnachten in Weimar gewesen sein, Sie zu sehen und Sie zu überzeugen, daß ich Sie ewig werde von meiner Leidenschaft hören lassen, wenn Sie sich gleich nie werden der Gefahr aussetzen, durch eine persönliche Unterhaltung mit mir überzeugt zu werden, daß ich liebenswürdiger bin, als Sie lieben können, daß meine Liebe zu Ihnen unverpflanzt aus ihrer ersten Wurzel fortgewachsen ist und daß unsre Trennung, obschon sie herzzerreißende Ungeschicklichkeit der unpädagogischsten liebenswürdigen Frau zur Erfinderin hat, nichts gewesen ist als die gütige für Ihre Mitwirkung zu galante Hand meines Genius, der meine Liebe zu Ihnen Ihrer ewig tödlichen Gegenwart entziehen wollte, um sie reiner, bildender und unschuldiger glaubend zu machen. – Sie glauben nicht, liebe Sophie, wieviel Freude mir Ihr Brief gemacht hat, wenn er gleich keinen Inhalt hat, so ist doch ein Fragezeichen drin, und wenn es Ihnen gleich möglich ist, in das Blaue hinein zu fragen, ohne eigentlich etwas wissen zu wollen, so berechtigt es mich doch, Ihnen zu schreiben. (...)

Ich soll Ihnen ohne Witz sagen, warum ich über Sie klage,

ohne Witz? Was meinen Sie damit, doch wohl so recht ehrlich, aufrichtig, kann ich das ohne Witz sein? Und haben Sie für dieses Unwitzige Sinn. Ich habe ohne Witz Sie kennengelernt, ohne Witz an Sie geglaubt, Sie haben ohne Witz sich mit mir eingelassen, und da Sie mit Witz die Sache fortspannen, ward das Peinliche für mich in unserm Umgange geboren, nun stand der Witz in mir, auf den jeder Geliebte resigniert, ohne meinen Willen auf, um Ihrem Witz die Waage zu halten, damit die Liebe nur mit der Liebe zu tun habe, aber meine Liebe fand keine Erwiderung, in Ihnen war keine Liebe, in jenem Zeitpunkt entstand jene Ihnen unbegreifliche Melancholie in mir, in der ich Sie oft zärtlich umfaßte und plötzlich zurückstieß, ich sah, daß ich betrogen war, ich wußte es und glaubte es nicht, aber ich litt prophetisch – einer der tiefsten Momente und mir das entscheidende Orakel meines Lebens ist ein Gespräch mit Ihnen, das erste, in dem mich zum ersten Mal ein ungalanter konvulsiver Jammer in Ihrer Gegenwart, liebenswürdige Frau, auf Kosten Ihrer Kälte unterbrach, nun ging mein Witz in Wahnwitz über, und wäre ich weiter mein Herr gewesen, so war hier der Moment für die Kunst in der Liebe, von diesem Punkte aus hätte ich das Ganze unsres Umgangs zu einer ästhetischen Gewalttätigkeit über Sie bearbeiten können, ich hatte ja erfahren, daß körperlicher Schmerz Sie rührt, aber ebensosehr ich nur als Stoff eines Gedichts und nicht als Dichter je vortrefflich sein werde, ebensowenig konnte ich damals meine Erfahrung der noch empfänglichen Punkte Ihres Wesens zum Mittel machen, Sie zu überwältigen, nur die Menge, nicht die Gattung meiner Erscheinung bezwang Sie manchmal, und ich kenne eine Stunde noch deutlich, in der Sie mir sagten, ich tue Ihnen nicht die rechte Gewalt an, und darum liebten Sie mich nicht? – (...)

Sehen Sie, liebe Freundin, wie ehrlich ich bin, alles was da ausgestrichen ist, war mir nicht aus dem Herzen und nicht aus dem Mutwill geflossen, vielleicht nicht so ungezogen, vielleicht ungezogner als das Vorhergehende, ich weiß nichts davon, als daß es mir nicht ernst war. Mein Scherz über die Schriftstellereien der Weiber kränkt Sie gewiß nicht, ich habe nie den mindesten Autorenstolz in Ihnen bemerkt, und Sie haben mir ja schon so vieles verziehen, soll ich nicht ein Sünder werden, weil Sie Verzeihung zum einzigen Verhältnisse zu mir haben werden lassen. Ich weiß nicht warum, aber es gibt Dinge, die nicht eigentlich häßlich sind, von denen ich aber immer die Blicke wenden muß, wenn ich sie bei meinen Freunden erblicke. Als Sie mich noch liebten, da erschrak ich immer, wenn ich etwas Gedrucktes von Ihnen sah, und nichts war mir quälender, als etwas von Ihnen zu lesen, nicht als wenn es mir zu schlecht sei, oder gut genug, nein es kam mir so unnatürlich vor, daß etwas, was Sie sagten, schlecht genug und gut genug sein könne, so mit dem bleiernen Buchstaben festgenagelt zu werden, jedes Format schien mir ein Gedicht von Ihnen komisch oder pitoyabel zu machen, ja das Gedicht selbst mache sich komisch oder bedauernswert, und so auch Sie, noch immer geht es mir so, da Sie mich nicht mehr lieben. Seit ich Sie liebe, ist das zufällige Willenlose im Menschen, und alles, was Gott ihm gegeben hat, mir so unendlich rührend und herzergreifend geworden, daß mich oft die krumme Nase eines Menschen mehr reizt, sein Freund zu sein, als seine Wissenschaft, ich fand immer alles, was man von Ihnen sprach, so albern, und was Sie von sich wissen, so abgeschmackt, denn ich sah in Ihrem Umgange stets der Begattung Ihrer schönen Behaglichkeit mit dem nächsten Umstande zu, und wie Sie dann schmerzlos bewußtlos ein himmlisches Kind gebaren, das ich heimlich in meinem Liebesbunde taufte und in meinem Herzen ohne Ihr Wissen auferzog. Wenn ich vertraulich stumm neben Ihnen auf dem Sofa saß, so ließ ich mein Aug über Ihre Gestalt hinlaufen und suchte mir den Sehwinkel aus, der Ihnen am meisten schmeichelte und Ihre einzelnen Häßlichkeiten verbarg, denn Sie sollten ja das Schönste werden, das mir werden konnte, ich sollte Sie ewig lieben, weil Sie es nur von mir verdienten, oder sogar von mir verdienten, denn keiner weiß, und von keinem wird gewußt, ob er ins Leben hinein geflucht oder gesegnet ist. So sah ich Sie von dem Punkte an, von dem Sie meiner Liebe ein Ganzes, und ein Eigentum der Phantasie wurden; oft lächelte ich stillschweigend Ihrer Ohnmacht, wenn Ihr Wille sich regte und Sie durch irgendeine Bewegung Ihres Leibes oder Ihrer Seele reizend werden wollten, und ergötzte mich stumm an dem Siege des unerkannten Gottes in Ihnen, aber sehr traurig war ich, wenn Ihr Bestreben, liebreizend zu sein, heftiger ward, denn dann erkannte ich die verschiedenen schlechten Schulen, durch die Sie von Ihrer Geschichte geführt worden waren, und in solchen Momenten wünschte ich, Sie wären tot, damit der schlechte Stil zu Grunde gehe und das Göttliche gerettet sei. (...) Sind Sie ruhig? – Desto schlimmer – Sind Sie ruhig? weil Sie vollkommen sind, weil Sie die Welt verstehen, weil Sie so dichten, wie Sie eine Dichterin sich dichten denken können – wohl nicht – Sie sind ruhig, weil Sie resigniert haben, weil Sie dem Spektakel ein Ende gemacht haben, Sie haben nicht das erste reine Bild Ihrer selbst hervorgebracht, Sie haben die Verstümmelung nur grade so gut und so schlecht ergänzt, als Sie konnten, und sind zufrieden, wenn Sie der Gallerieinspektor unter den andern stehen läßt, und wenn der Schüler gerührt vor Ihnen steht, und die Stümpereien ihn wie ein Ganzes rühren, so bleiben Sie kalt und nennen ihn keinen Lügner. Aber daß ich ewig vor Sie hintrete und ängstlich einigen Zügen des ersten Werks nachspüre, daß mich ein Zug am Nacken, an der Brust, an der Hüfte rühren, daß ich dem Bilde das Haupt abschlagen und das gipserne Gewand vom Schoß reißen möchte, daß mich die schlechte *Restauration* empört und ich mich ewig an dem kleinen Reste des Echten begeistern kann, daß ich Sie liebe, wie Sie sind, und Sie hasse, wie Sie sich hingestellt haben, das erkennen Sie nicht, weil Sie eine schlechte Künstlerin sind, die über ein herrliches Werk hergefallen ist, über sich selbst. Sie sollten schön sein und wollten es werden und haben sich honett gemacht, was man so nennt; (...)

Was Madam Mereau, oder Psyche, wie sie jetzt lebt, von ihrer früheren Hülle, da eine schöne Zeit war, bei dem Juden vorfindet, belegt sie mit Arrest, und er tritt ihr Sie selbst ab, nach einigen gerichtlichen Vergleichen – nun wird Psyche wieder lebendig werden – aber leider ist Psyche, seitdem sie jenen Aufenthalt in der Nacktheit des schönen Bildes verlor, schamhaft geworden, sie hat ein Erziehungsinstitut angelegt, sie macht auf die Gesellschaft honetter Leute Anspruch. (...)

So lassen Sie mich dann ewig fort lieben und betrauern, denn da ich Sie zuerst bei dem jüdischen Nagelschmied sah, erwachte meine Ansicht der Kunst, der Liebe und des Lebens zuerst – jene Trümmer waren meine Psyche, die restaurierte Psyche ist jener Trümmer Untergang, und besser für das Leben, wären sie von der Erde wieder verschluckt worden. Ich habe Sinn für die Kunst, und da ich jene Bruchstücke sah und die Liebe in mir erwachte, so dachte ich durch die schaffende Liebe im Gedanken das Bild wieder ganz zu machen, da ich im Marmor nicht schaffen kann, das verstand die moderne Psyche nicht, sie meinte, ich sei ein Phantast, wenn ich das verlorne Herz, den verlornen Kopf anbete, den sie nie gesehen hatte, daß mir der neue Kopf, das neue Herz noch trauriger ist, kann sie auch nicht begreifen, doch ist es wohl leicht zu begreifen; daß es mir beschwerlicher ist, einen Kopf da hinzudenken, wo eine Maske im Wege steht, als wo der schöne Hals meinen Gedanken entgegenkommt wie der Stengel der Blumenkrone, und diese dem Lichte –

Verzeihen Sie diesen Fleck, es ist nur Tinte. –

Ich höre hier auf zu schreiben, gute Nacht! –

Sophie an Brentano
20. I. 1803 (?)

Ihr Brief, junger Mann, hat mir Veranlassung zu mannigfaltigen *Reflexionen* gegeben. Ich muß auf der einen Seite Ihren Scharfsinn bewundern, obgleich ich auf der andern Ihren strafbaren Mutwillen beseufzen muß, der freilich Ihrer Jugend zuzuschreiben ist. – Ich danke Ihnen, daß Sie mir Gerechtigkeit widerfahren lassen und meinen Charakter anerkennen. Ja, es ist wahr, daß ich ein ganz andres Wesen geworden bin, das immer streng nach Grundsätzen handelt und alles Unwillkürliche verabscheut. Sonst freilich, lieber Himmel! – gab es viele Augenblicke, wo mir das Unwillkürliche im Menschen als das einzig Göttliche erschien, ja ich hatte sogar Momente der Begeisterung, wo ich mich mit unsichtbaren Mächten auf das Innigste verbunden fühlte. Schwärmerei! Nein, jetzt geht mir der Verstand über alles, und ich würde mich schämen, etwas zu glauben, was ich nicht begreifen könnte. (...)

Ich bin entschlossen, für jetzt noch in Weimar zu bleiben. Lieber Himmel! sonst wußte ich gar nicht, was: einen Entschluß fassen, heißt ja, ja ich dachte oft, jeder Entschluß sei Sünde, und nur Eingebungen müßte man folgen. Wie ridikül! Und können Sie denken, daß mich noch vor kurzem ein solcher Moment überrascht hat? – ich hatte einen Traum, worin mein Vater mir erschien – aber nein! das hieße Ihrem Witz zuviel Waffe gegen mich in die Hand geben! (...)

Sollten Sie mir wieder schreiben, lieber Clemens, so verlange ich, daß Sie mir die artigsten Sachen schreiben, die übrigens gar nicht wahr zu sein brauchen. Ihre Wahrheiten sagen Sie nur Ihrer Geliebten, die ich, wie Sie selbst sagen, gar nicht kenne; aber da meine Persönlichkeit, die Sie gar nie geliebt haben und gar nicht genug herabzusetzen wissen, doch Ihre Briefe lesen muß, so ist es billig, daß Sie ihr entweder gar keine oder angenehme Briefe schreiben. Sie nennen mich Psyche – warum, das verstehe ich nicht, das kümmert mich auch nicht, aber der Name gefällt mir. Denn ich leugne nicht, daß, obgleich ich jetzt auf der Welt kein andres Leiden habe, als daß es einen Winter gibt und daß ich nicht schön bin, doch – aber was geht das *Sie* an? – Leben Sie wohl, Clemens.

Brentano an Sophie
Februar 1803

O liebe, gute Sophie, ich habe gelogen, es ist heut ein Festtag, es ist ein Freudetag, ich muß Dir schreiben, gleich, ich will heute nacht nicht zu Bette gehn, und immer immer fortschreiben, ich kann meine Hoffnung, meine Sehnsucht nicht teilen, ich will glücklich sein heute nacht, o das Leben ist so ungetreu, vielleicht nimmst Du mir bald meinen frohen Wahn, jetzt glaube ich noch so fest, jetzt muß ich alles sagen. Du liebst nur den Verstand, ach wenn mir die Liebe den Verstand nicht genommen hätte! Wenn ich so einsam mit Dir heute nacht spreche, wenn ich nur den Verstand nicht verliere; aber ich will mich zusammennehmen, ich will so kalt, so kalt sein, als säße ich bei Dir. O daß ich nicht bei Dir bin, das Schreiben fällt schwer, um ein einziges Wort kann ich meine Hoffnung sterben sehn, ich kann zu kühn sein, kann Dich nicht um Verzeihung bitten. Da ich noch um Dich war, da hast Du mich einen Blick gelehrt, den Du vielleicht wieder vergessen hast, ich kann kaum auf das Papier sehen, immer schlage ich die Augen so in die Höhe, als säße ich zu Deinen Füßen, und empfinde eine unendliche Seligkeit, aber ich finde Dich nicht; ich will mich auf die Erde setzen, so bin ich Dir näher; es ist wunderbar, liebe Sophie, welch ewige Gesetze die kleinsten Handlungen, die in meinem Umgang mit Dir ihren Ursprung haben, meiner Natur geworden sind, wenn ich mich zur Erde setze, so bin ich weichherzig gerührt und ein kleines Kind – ich fühle es, liebe Sophie, ich fühle es mit Tränen, wir haben uns beiden unrecht getan, ich fühle es, daß ich Dich liebe und daß Du nicht ewig mit mir zürnen wirst, o könnte ich Dich rauben und an dem Drachenfels am Rheine Dir eine Hütte bauen und Dein Feld bauen, o könnte ich Dich zwischen den beiden freudigen Ufern hinauf und hinabfahren. Es ist eine freie poetische Existenz möglich, die fern von dem Abenteuer ist und fern von dem häuslichen Tod, ich kenne diese Existenz; ich lebe sie, aber ich bin einsam, und kein Mensch lebt, mit dem ich freudig teilen mag, Leib und Leben und Gedanken; o wirf mir nicht mehr vor, daß ein Dämon mich bewohne, der mir alle Ruhe nehme, o rate mir nicht mehr zu ackern und zu pflügen, um ruhig zu werden, ich kann nur Dein Feld bauen, nur in Dir liegen, meine Schätze begraben, und mein Frieden, Sophie, lehre mich Dich verdienen, du selbst sollst ja reicher werden, ich will mich Dir ja ganz hingeben, wahrlich die Liebe ist keine Gabe, die Liebe ist ein göttlicher Wucher, diesen Wucher hast Du nie gekannt, Du traust der Liebe nicht, aber ich traue ihr ewig, ich glaube wieder an Dich, ich hoffe auf Dich, ich begehre alles von Dir. Wir sind nun beide ruhig, wir sind frei und ungebunden, bin ich nicht wert um Dich zu werben, da Du glücklich und ruhig bist, da ich es wert war, da Du unglücklich warst, wie magst Du mich verdammen, den armen unerfahrnen, durch Dein Leid und seine Lust zerdrückten Knaben. Unter reinem freien Himmel laß mich, mich dir nähern, und verdamme mich dann. Liebe Sophie, die alte Zeit ist vorüber und aller Schmerz, es gibt nur eine Zukunft, ich liebe Sie, ich liebe Dich, o sei eins mit dieser Zukunft, störe den neuen Frühling nicht in mir und Dir, gönne einmal mir noch, mich Dir zu nähern, Dich einmal noch zu lieben. Ich kann heute nicht weiterschreiben, mein Glück, die bunte Seifenblase, in der freudig mein Leben widerstrahlt, ich will sie nicht in meinen Händen brechen sehn, gute Nacht, Du Engel, Du gütiger Engel, o schreibe gleich nur wenige Worte, nimm alles oder gib.

Sophie an Brentano
April 1803

Ich will Sie sehn – Sie werden mir eine neue Bekanntschaft sein. Wie kann ich wissen, was ich für Sie fühle, da ich Sie nicht mehr kenne? – Fern sei der täuschende Eindruck der Ferne, der Einbildung, des betrügerischen Buchstabens! – den wahren, lebendigen Eindruck der Gegenwart begehre ich – er mag entscheiden.

Es ist nötig, daß ich jetzt eine kleine Reise tue – sobald ich zurückgekehrt bin, werde ich Ihnen bestimmt schreiben, wenn und wie ich Sie zu sehen wünsche. Schreiben Sie mir unterdessen, *wo* mein nächster Brief Sie findet.

S.

Sophie an Brentano
April 1803

Ich habe Ihr Bild betrachtet, Ihr glückliches Bild! – Mögen Sie diesem Bilde wieder ähnlich werden, wenn Sie jetzt der nicht mehr sind, den diese sanft begeisterten Züge darstellen!

Ich habe gebetet, daß der Fluch, welcher auf Ihrer unglücklichen Familie zu ruhen scheint – denn da Sophie nicht glücklich war, wer ist berechtigt, sich so zu nennen? – nicht länger auf Ihnen ruhe, und ich glaube an mein Gebet.

Gebrauchen Sie die einfachsten, natürlichen Mittel, den Dämon namenloser Unruhe zu verbannen, der in Ihnen, nicht außer Ihnen wohnt! Sie haben viel Talente; aber viel Talente ohne Willenskraft gleichen einem zarten, blütenbeladenen Zweig ohne Stütze, den seine Zierde selbst nur tiefer herabzieht. Talente können Ehrfurcht für sich selbst einflößen, aber keine Achtung.

Suchen Sie durch einfache Beschäftigung, Arbeit, körperliche Anstrengung, ruhiger zu werden; aber ernstlich und ausdauernd. Ich *fordre* es von Ihnen. Sie haben mich selbst dazu berechtigt, und es wird also nun für Sie Pflicht, es zu tun.

Brentano an Sophie
8. 6. 1803

Lieben mußt Du mich, lieben, unendlich lieben, wie Du nie geliebt, stumm mußt Du werden, fühlen mußt Du, was Deine Zunge nicht sprechen kann, alles mußt Du um mich aufopfern können, ringen und streben mußt Du nach mir, wie ich nach Dir, Bettinens* Herz mußt Du gewinnen, sie muß Dich mir geben, sie muß Dich lieben wie mich, ach Sophie, was wollen wir anfangen, daß Du so wirst, sage, weißt Du gar noch nicht, wie Du es machen wirst, fühlst Du nicht, ob Gott wieder in Dein Herz steigt, der Dich verließ, da Du aufhörtest, jungfräulich zu sein, o bete recht zu Gott, vertraue auf Gott, er verläßt keinen Menschen, er hat mich auch nicht verlassen, da Du mich verließest. O welche Qual auf Erden, o wie göttlich ist die Erschaffung, wie teuflisch die Zerstörung, wie freudig wird der Himmel sein, Sophie, erschaffe Dich mir wieder, erbaue meinen Tempel wieder, daß ich Gott wieder lieben kann, ach Du wirst mich wohl nie recht lieben, Du willst wohl nicht leben, Du willst Dir nur die Zeit vertreiben, aber die Zeit ist ewig, der Tod ist ewig, ewig sterben, ewig kämpfen, ewig lieben, ewig siegen, ach und dann die Ruhe, und der Friede, in Bettinens Brief steht auch geschrieben, von diesem Frieden, ich bitte Dich, Sophie, verführe Gott, daß er Wunder tut, o werde vortrefflich, fülle Dein Herz wieder überschwenglich an, nur das Überschwengliche kann erschaffen, nur im Überschwenglichen ist der Genuß und die Arbeit, und das Werk, und die Ruhe. Ich liebe Dich, sei stolz darauf, ach daß ich Dich liebe,

* Bettina Brentano, spätere von Arnim, Clemens' Lieblingsschwester.

es ist mir die Hoffnung, daß alles Verlorne in Dir wieder gefunden wird, daß alle die Krämer aus dem Tempel werden vertrieben werden, so knüpfe Dein Vertrauen an diese Liebe, und an die Güte des Himmels, ich verzweifle allein nicht an Dir, weil ich Dich liebe, weil ich Dich so liebe, wie Bettine lieben kann, und woran ein solches Leben angewiesen ist, wie das meine, das kann nie verderben, Sophie, ich schwöre Dir, wenn Du mich verlierst, so bist Du zu Grunde gegangen, o halte mich fest ohne alle Liebeskünste, halte mich fest, wie das Auge das Licht hält, und das Licht das Leben,

Clemens

Brentano an Sophie
Juli 1803

O Sophie, tue die Augen auf, vergiß, daß Du eine artige Frau bist, Herz habe, Arme habe, Lippen habe für mich allein, trinke mich aus, solange ich schäume, dann kannst Du Dich im reinen Kelche mit Freuden spiegeln, denn Du wirst neu lebendig, schön und verjüngt sein, wenn Du Dich in mir berauscht hast, o lasse mich nicht stehen, wenn Du den Schaum zerrinnen läßt, und in mich blickst, so bist Du nüchtern, so siehst Du Dich ungenesen, mit den Wunden Deines vorigen Lebens geschlagen in mir, und trauerst, o Sophie trinke, trinke, werde gesund, mache mich gesund.

Sophie an Brentano
22./23. 8. 1803

Ich schreibe Dir schon, mein Lieber, und ich habe Dir eigentlich den ganzen Weg über geschrieben, denn ich dachte immer an Dich, die einzigen Augenblicke ausgenommen, wo ich recht inbrünstig betete, und zwar nicht für Dich, sondern für mein Kind. Ich habe ernste Gelübde für sie getan, und ich schwöre Dir, ehe ich nicht mit meiner Liebe zu ihr alle die eisernen Banden schmelze, alle die Giftpflanzen ausrotte, die schlechte Gesellschaft in ihr kindlich Herz gepflanzt, und sollte ich sie mit meinen Lippen aussaugen, eher will ich Dich nicht wiedersehen.

Meine Reisegesellschaft ist besser, als ich dachte, und meine gute Natur hat alles schnell besiegt. (...) O! wie hast Du so viel Liebe und Seligkeit in diese letzten Minuten gehäuft! ich habe jetzt alles andre vergessen, alle die Schmerzen und Wunden; aus Deinen Augen hat sich eine Brücke über den tiefen Abgrund geschlagen, den ich zwischen uns fühlte, und ich gehe nun sicher zu Dir herüber! – ich kann Dir nicht sagen, wie ich für Dich fühle, aber ich glaube, Du hast es begriffen, weil mein Herz so selig ruhig ist. (...)

Die Nacht ist hoch und sternvoll, ich mache oft die Augen zu und sehe Dich dann ganz lebendig neben mir sitzen. Du Sonne und Mond, Sommernacht, und weil ich der Traum Deiner Augen bin, bin ich ein Sommernachtstraum. – Gute Nacht, Lieber, – ich kann doch auf der Welt nichts als beten und lieben, und so bin ich ewig eine arme Frau, aber ein überschwenglich reiches Kind.

Brentano an Sophie
1. 9. 1803

Liebes vertrautes Herz, am Mittwoch abend bin ich in meiner Einsiedelei eingetroffen, ach wärst Du nur schon hier, da die Natur noch so schön ist, und könntest die herrliche Gegend genießen, ich bin recht fröhlich gerührt in dies schöne einfache Leben zurückgetreten, ich bin unendlich mehr wert hier, Du wirst mich hier unendlich mehr lieben; in dem Augenblick, da ich in Weimar meine Wohnung verließ, erhielt ich Deinen liebevollen, herrlichen Brief, das war der erste Brief, den ich von Dir erhielt, o Sophie, wir werden auch glücklich sein, in unsrer Liebe, da ich Dich nun auch achte, und ehre, sieh, ich schreibe dies hier ohne alle Leidenschaft nieder, nichts betrübt, nichts stört mich, als daß ich keine Ausdrücke mehr für meine Empfindung für Dich habe, ich kann Dir nicht sagen, wie ich Dich liebe, so ruhig, so glücklich, so genug, so allein mit Dir, aber ich will es Dir beweisen durch Schonung, Freundlichkeit, Treue, und Güte, o wie kann je wieder uns etwas stören in unserem Glück, kein Zweifel an Dir kann mehr in mir entstehen, denn wäre auch das Unmögliche möglich, wäre es möglich, daß Du nicht ein solcher Engel wärst, wie ich Dich fühle, so wäre und bleibt es doch unmöglich, daß Du es nicht werden würdest durch meine Liebe, meine Treue an Dir. Sophie, wir wollen beide täglich, stündlich besser werden, eines durch des andern Liebe, das sei unsrer Liebe Werk. (...)

In meinem nächsten Brief gedenke ich Dir schon mein Logis bestimmt abzuzeichnen und Dich zu fragen, was ich Dir an Möbeln bestellen soll, liebe Seele, ich glaube, Du wirst Marburg sobald nicht wieder verlassen können, so reizend erscheint es mir. (...)

Liebes Weib, lerne mich ganz kennen, liebe mich, sei mir alles, o heiliger Gott! wenn Du es dahin bringen könntest, daß ich die Erde vergessen könnte, wenn ich alle Menschen, alle Mühe, allen Tod vergessen könnte durch Dich, Du liebes, gütiges Wesen, wenn wir es dahin bringen könnten, daß wir uns Bettinen eng vereinigten, ich weiß es, wenn sie Dich kennen wird, sie wird Dich lieben, dann wäre sie mein Gedanke, Du mein Leben, und ich wäre dann ein tiefes Denken über die Schönheit. Teures geliebtes Weib, ehre Dich, halte Dich heilig, Du hast noch eine hohe Bestimmung auf Erden, Du hast die Bestimmung, mich ruhig und glücklich zu machen, ich fühle, daß Du es kannst, ich war in der letzten Zeit einigemal so unendlich durch Dich in dem innersten Herzen erquickt, ich habe ein untrügliches Wahrzeichen für das Talent, mich glücklich zu machen in andern, jene Menschen sind es, durch die mir die Natur reizend und lieb wird, wenn ich mit Bettinen spazieren gehe, so überrascht mich jede einzelne Blume, wenn ich mit Arnim bin, redet Wald und Berg mit mir, und auch mit Dir, mit Dir mehr als irgendeinem Wesen auf Erden, mehr als mit Bettinen, mehr als mit Arnim, bin ich in der Natur glücklich, sieh ich, schaue in die unendlich schöne Aussicht aus meinem Fenster ohne Freude, wie auf ein weißes Blatt, ach was könnte da stehen Schönes, Liebes, so denke ich, welch herrliches Lied könnte da stehn, welche Aussicht, für das reine kindische Herz meiner Sophie. O sei Du der Engel, der mich mit dem Leben und der Ewigkeit aussöhnt, liebe mich so innig, so überschwenglich, daß ich um Deinetwillen dem Dasein und Gott vertrauen kann, weil er mir durch Deine Liebe etwas schaffen konnte, das mir genügte; (...) Ich wünschte sehr, daß Du Deine Liebe zu mir hier zu keinem Geheimnis machen möchtest, sondern daß ich Dich ganz wie meine Braut vor den Leuten behandeln dürfte, unser Umgang würde den Menschen dann weniger Anstößiges haben, und unsre Verehelichung können wir ja aus Familienursachen so lange hinausschieben, als wir wollen. (...)

Gelt liebes Kind, Du reitest nicht mehr, Du schminkst Dich nie wieder, mich lieben, mich beglücken, das soll Deine einzige Lust sein. O durch Dich wird mir das ganze Leben wieder eine Bedeutung erhalten, eile dann, komme bald, komme früher, als Du selbst gedachtest, denn ich muß Deine Wohnung schon vom Oktober an mieten, ich bitte Dich um alles in der Welt, verziehe nicht mehr lange, Du kannst es nicht begreifen, wie ich mich nach Dir sehne, sieh, ich kann gar nichts tun und lebe in einer wahren Verzweiflung ohne Dich. Gute Nacht mein liebes Kind, es ist wieder so heller Vollmond, ach wäre ich bei Dir, so wäre mir wohl.

Sophie an Brentano
6. 9. 1803

Ich habe nun Deinen zweiten Brief, und muß es freilich billig und natürlich finden, daß in meine helle Stimmung nun wieder ein Schatten fällt. Da ich törichterweise Deine letzte Stimmung für gediegner hielt, als sie war, so war mir Deine jetzige Unzufriedenheit befremdlich, ja, ich empfand auf einen Augenblick jenes grauenvolle Zurückbeben vor Dir, was ich sonst wohl zuweilen gefühlt habe. Aber, Du kennst mich und weißt, wie schnell mein Mut erwacht. »Es ist nichts«, rief es in meinem Innern, das ist alles nicht wahr! und beherzt ging ich auf die Gespenster los, die mir die Bahn meines Lebens zu verfinstern drohten, sie verschwanden alle, ich sah Dich wieder rein und konnte Dich wieder lieben, ohne unglücklich zu sein. Ja, Clemens, es ist nicht möglich, daß dieser gottlose Mißmut, der ganz andre Menschen, ein ganz eigen, eingerichtetes Leben begehrt, der gar keinen Sinn für die Mannigfaltigkeit, gar keinen Überblick duldet, von keinem Vertrauen auf Gott weiß, daß dieser Mißmut wirklich in Dir sein kann, – in *Dir*, den ich anbeten muß, weil ihn die Natur so herrlich ausgestattet. – Glaube mir, Lieber, es ist Krankheit, ich beschwöre Dich, frage einen Arzt, lerne pflügen und holzsägen wenn es sein muß, Du bist wirklich krank, ein gesunder kann in Deiner Lage nicht so fühlen. Ich habe oft eine sonderbare Empfindung. Es ist mir, als stünde Dein Geist noch im Schatten einiger beschwerlicher Vorurteile, als fesselten ihn noch einige dunkle Bande, die ihm den freien Blick ins innre und äußre Leben hemmten, und dann ist mir, als müßte ich Dich auf eine Stufe heben, worauf ich selbst nicht stehe, wo Du frei und herrlich über das Leben hinschauen könntest, wo Du die Menschen liebtest, auch wenn sie Dir nicht gefielen, wo Du nichts über Dir hättest als den Himmel, und die ganze Erde unter Dir.

Ach! Clemens, wenn ich nichts für Dein Glück tun

könnte, so müßte ich ja verzagen, denn wie sollte ich Dir dann vergelten, was Du an mir getan? – Ja, Du hast mich geweckt, Du hast mir den dichtenden gottliebenden Sinn wiedergegeben, ohne den das Leben mir nur eine unendliche Last ist. Es ist ein herrlicher Mut in mir, und wenn es auch nicht immer so bleibt, so kann es doch nie ganz vergehen. Mir ist, als reichte ein Arm aus den Wolken, der mich führte, und von allem, was ich unternähme, könne nichts mißlingen.

Sophie an Brentano
13. 9. 1803

Ich bin heute ernster als gewöhnlich, und deswegen schreibe ich Dir. Lieber Clemens, laß mich mein Leben in Marburg so still und einfach anfangen als möglich. Die Sorge für Dich wird nur Sorge für mein Vergnügen sein, und wie gern will ich sie übernehmen! aber gönne mir Zeit, mich in der neuen Lage erst selbst zurechtzufinden. – Bei allem was Du von mir begehrst, nimm Deine Gründe stets nur von Dir selbst her, mischest Du andre mit hinein, so empörst Du mein Gefühl unausbleiblich. – Es gibt Augenblicke wo ich für Dich, für Dein Glück mit Freuden sterben könnte; ich opferte Dir mein Leben, ein reines Opfer, denn es geschah aus Liebe – willst Du aber meine Gabe für den Dienst fremder Götter gebrauchen, so entweihst Du das Opfer, die Flamme der Andacht verlischt, und ich bin um meine Seligkeit betrogen.

Die Zucht Deiner Geschwister, der Ruf Deiner Schwester! – erst erfordert ihre *Ruhe* daß ich nicht heirate – jetzt will ihr *Ruf* das Gegenteil! – Clemens, erinnere Dich daß ich *für Dich lebe*, für niemand anders als für Dich! – Deine Familie würde *nichts dagegen* haben! – mein Blut kocht, wenn ich mir das sage. Diese Menschen, die mir nichts sind, die mir ewig fremd sind – o, Clemens, bist Du wirklich mündig? – ich schweige, dies ist die Klippe, wo meine Sanftmut scheitert.

(...) Du hast *keinen Sinn für Schonung* und für *Schicklichkeit.* Du kannst Dinge aussprechen, die das innerste Wesen des andern zerreißen; wie von einer fremden, bösen Macht gezwungen sagt Deine Zunge oft Worte, von denen Dein Herz, Dein Verstand nichts wissen *können*, die auch das nicht verschonen, was Du selbst für das heiligste erkennst. Ja, ich bebe, wenn ich denke, wie dieser Fehler, der einzige den ich in Dir erkenne, Dich noch in tausend Gefahren stürzen, Deine Ehre, Dein Leben selbst aufs Spiel setzen kann. Ich selbst weiß, wie Deine Worte empören können; was müssen andre fühlen, die Dich nicht lieben, die heftiger sind als ich: sie müssen Dich entweder verachten oder verfolgen, und die mildesten hüten sich vor Dir. Denn wer kann es ertragen, wenn er die Schätze seiner Gedanken, in ein geliebtes würdiges Heiligtum niedergelegt hat, und er sieht, wie der Eigentümer desselben sie herausreißt, um sie dem ersten Bettler auf der Straße zuzuwerfen, oder einer Dirne, die ihn mit hübschen Augen ansieht? – Zürne mir nicht, o! zürne nicht, daß ich so predige! verkenne die treue Liebe nicht! Du hast auf Erden keinen treuern Freund als mich. Ich vertraue Dir unbeschränkt; nicht aus vernünftigen Gründen, sondern aus einem *kühnen* Glauben an Dich! –

Brentano an Sophie
22. 9. 1803

Liebe gute Sophie!

Ich habe Deine beiden langersehnten Briefe auf einmal hier erhalten, ich habe sie beide mit viel Ruhe, ohne alle Heftigkeit, erbrochen, und mit einer Rührung und einer Stille der Seele gelesen, die mir lange nicht erschienen ist. So liebst Du mich dann, so wird dann mein Leben durch Dich bestimmt, mein Blick gerichtet, mein Herz beruhiget werden. Ich lerne Dich durch diese Briefe ganz kennen, o geliebtes Weib, wie bist Du froh, unschuldig, treu, und wahr, wie sind Deine Hände gesegnet, o halte mich fest umschlungen, der Segen komme auch über mich. (...) O Sophie, Du liebst mich, aber Du kennst mich noch nicht ganz, etwas ist in meiner Seele, ein unendlicher Schatz, ihn bewachen fürchterliche tiefsinnige Gedanken, aber es wird sehr bald eine Stunde kommen, in der Du mich unaussprechlich lieben wirst, da werde ich mein Liebchen in mein Herz führen, alle die Schlangen, die Du zu sehen glaubst, werden sich wie Blumen um Dich winden, alle die finstern Gespenster werden Dir zu Brüdern und Schwestern des Ariel werden, die der Zauberei Deiner Liebe zu allmächtigen Dienern werden, und ruhig wirst Du hinabschauen in des Schatzes Ruhestätte, wie in Wogen, die den Sternenhimmel spiegeln, wie in Augen der Liebe, die Dich anschauen, Du wirst das reichste, glücklichste, mächtigste Weib auf Erden sein, denn Du wirst alles vergessen über meiner Liebe, die das Beste auf Erden sein wird, Du wirst leben durch meine Liebe, die das erfreulichste auf Erden sein wird, Du wirst mich glücklich machen, glücklich sehen, durch Dich, und das kann nur das Mächtigste auf Erden, die Gottheit, und Du. (...)

Bettine ist Dir nun herzlich gut, nachdem sie Deine Briefe an mich gelesen, hat sie Dich sehr lieb, sie ist fest überzeugt, daß Du allein nur mich glücklich machen wirst, und besonders wohl hat ihr die kleine Lektion, die Du mir in Deinem letzten Briefe gibst, gefallen, sie gibt Dir ganz recht, und erfreut sich an der schönen runden Offenheit Deiner Verweise. Auch ich bin ganz Deiner Meinung, und möchte keine Lust haben, mich zu bessern, nur um Deine schöne, edle, unendlich gütige Art, mir etwas zu verweisen, nicht zu vermissen. Ach Sophie, was bist Du für ein Engelchen, und was wollen wir für ein liebes, sanftes, gedankenvolles Leben führen. Ich versichre Dich, wenn wir uns erst so recht ganz und allein angehören, Du sollst Dir keinen freundlichern, gütigern Mann erfinden können. Wenn Du Geld brauchst, Liebe, um eher von Weimar loszukommen, so schreibe mir es nur, ich kann ja über mein ganzes Vermögen disponieren, ich wäre unendlich glücklich, Dich bald, Dich gleich zu haben, aber um früher, viel früher zu kommen, dazu allein kann ich Dir welches geben, alles, was ich habe, ist ja Dein, nur darfst Du es mir nicht außer Land verzehren. In Bettinen ist eine große Veränderung vorgegangen, sie ist immerfort sehr lustig und fröhlich, mutwillig und voller göttlicher, tiefsinnig freudiger Einfälle. Ich gebe mir alle Mühe sie zu bewegen, daß sie dichtet, und sie hat mir es versprochen. (...) Ich kann die Idee nicht ertragen, in derselben Welt mit Dir zu wohnen, und nicht in derselben Stadt, in derselben Stadt, und nicht in demselben Haus, in demselben Haus, und nicht in derselben Stube, in derselben Stube, und nicht in demselben Bett, in demselben Bett, und nicht in demselben Leib. (...) Ich habe die Idee, den Sommer mit Dir am Rhein hin und wieder zuzubringen, und da sollst Du Dir ein Fleckchen aussuchen, wo es Dir am besten gefällt, da will ich für uns eine Hütte aufrichten, einen Garten und eine Wiege und ein Grab. O Sophie verstehe, liebe, folge meinem Herzen, wie ich das Deinige verstehen lernte.

Sophie an Brentano
10. 10. 1803

Ei, Clemens, guten Morgen! – wie lange hab ich geschlafen! – gestern abend, weißt Du noch, da warest du bei mir; wir saßen oben in dem grünen Saal, der etwas liederlich aussah, Du sprachst viel wunderliche Reden von der Zukunft, vom Rhein, von Almanach, von – Nun hab ich so viel und schwer geträumt, daß ich nicht weiß, was wachend und was träumend geschehen. (...) Je näher die Stunde kommt, wo ich Dich sehen soll, desto ferner scheint sie mir, je wahrscheinlicher, desto unmöglicher. – O! komm doch gleich, komm jetzt! ach Clemens, in diesem Augenblick überfällt mich eine Sehnsucht, die mich zu Tränen zwingt! – ja! Du denkst an mich, Du liebst mich! – o Qual! o Seligkeit!

Sophie an Brentano
11. 10. 1803

Ja, Clemens, in Dir bete ich das Göttliche an, wo hätte sich die Gottheit mehr verherrlicht? Du sollst an die Stelle meiner guten Geister treten, die mich oft getröstet haben. O! erscheine mir, wenn ich glaubend, dringend zu Dir bete, tröste mich mit ernsten, sanften Worten, aber bezähme jede harte, verwundende Rede, und wenn ich in allem gern Deine Überlegenheit anerkenne, so wolle Du nur *hierin* selbst – nichts vor mir voraus haben!

Brentano an Sophie
24. 10. 1803

Liebe Sophie!

Ich habe alle meine Begierde nach Genuß, nach Ruhe, nach Begeisterung, nach Glück auf Deine Liebe, Deinen Mut hinausgestellt, wenn ich mein Leben bis jetzt betrachte, habe ich noch keine Freude mit Sicherheit, und ungestört genossen, denn der Glaube an Vergänglichkeit selbst ist Störung, wenn Du mein Weib nicht werden willst, werde ich immer einem Menschen gleichen, der aus Furcht, überrascht zu werden, nicht den Mut hat, sich ganz zum Bade zu entkleiden, und wenn Du mir auch vorwerfen wolltest, ich hätte, um mich mehr zu entkleiden, einigemal in Deiner Gegenwart den Leib selbst ablegen müssen, so werde ich doch fürchten, daß mir das Bad zu den Füßen versinkt, wenn Du mein Weib nicht bist, und ich Dir einige gerichtliche Schwierigkeiten bei der Scheidung machen kann, o gütig ist der Richter, der Dich mir ewig erhalten soll, es ist mein gutes treues liebevolles Herz, meine Arme sollen Dich umschlingen und festhalten, daß meine durstigen Lippen Dich nicht austrinken, ach Sophie, dies sind keine poetischen Reden, denn ich fühle, wie das Blut in allen meinen Adern nach Dir verlangt, die Sehnsucht schlägt mich nieder, reißt mich in die Höhe, nur einen Augenblick seh ich vor mir, um diesen Augenblick habe ich bis jetzt gelebt, Du wirst mir hingegeben in den Armen ruhen, und Deine Augen, Deine Lippen werden mir sagen, daß Du mich liebst, mich unaussprechlich liebst, wohl mir, daß mir die Erde lustig wird, in Dir Du reiner lieber Liebesbecher wird Erde, Himmel, Gott und Kunst zum Wein, der mich in jedem Tropfen auf tausend Punkten des Genusses berauscht, dann lebe wohl du Tod, Gedanke der Vernichtung, ich lasse gern mich überreden, das gehe ewig so.

Sophie an Brentano
28. 10. 1803

Clemens, ich werde Dein Weib – und zwar so bald als möglich. Die Natur gebietet es, und so unwahrscheinlich es mir bis jetzt noch immer war, darf ich doch nun nicht mehr daran zweifeln. Meine Gesundheit, Deine Jugend, meine jetzige Kränklichkeit – ist Dir, Unbefangnen, denn nie etwas dabei eingefallen? – Ich weiß nicht, warum es mir kostet, Dir zu sagen, und doch kann ich nicht länger schweigen. – Wärest Du bei mir, so wollt' ich Dir es sagen, mit einem Kuß, doch will die Feder nicht zu schreiben wagen, den Götterschluß. Geheimnisvollstes Wunder, so auf Erden, die Götter tun, was nie enthüllt, nie kann verborgen werden – so rate nun! Denk Schmerz, Lust, Leben, Tod, in einem Wesen, verschlungen ruhn, denk, daß ein ahndungsvoller Sänger du gewesen – errätst Du's nun?

Wärst Du in Deine vorigen Grausamkeiten zurückgefallen, so war ich fest entschlossen, eine Diebin zu werden und mit Deinem Eigentum an einen Ort zu flüchten, den ich mir schon ersehen hatte, wo Du mich nie, nie wiedergefunden hättest; so aber, da Deine Briefe in schönen Zusammenhang sich wie eine Kette von goldnen Blumen um mich geschlungen und mich ununterbrochen immer näher zu Dir geführt haben, will ich Dir Dein Eigentum zurückbringen und sorgsam bewahren. Mein Herz ist jetzt so frei, so leicht, so mutig, daß ich kaum noch weiß, ob ich eins habe – und meinen Kopf entführen mir Menschen, Geschäfte und Briefe. Ich habe diese Woche eine Menge Besuche gehabt – wie froh will ich sein, wenn ich nur einen Menschen sehen, nur ein Geschäft haben, und gar keine Briefe mehr schreiben werde! – Ich habe Deinetwegen schon wieder Streit gehabt. Es ist sonderbar, daß auch nicht ein Mensch ist, der nicht Deine Talente bewundert und Deinen Charakter fürchtet. – Nur ich, ich fürchte ihn nicht; es macht mich ganz fröhlich, mich einmal so ganz allein, keck der ganzen Welt entgegenzustellen. Ich werde mit Dir glücklich *sein*, das weiß ich; ob ich es *bleiben* werde, das weiß ich nicht, aber was geht mich die Zukunft an? –

Brentano an Sophie
3. II. 1803

Liebes Weib!

Heute erhalte ich Deinen Brief, der Dich mir gibt, und was ich auf Erden vom Himmel begehrte, ein Kind, diese Botschaft hat mich so wunderbar überrascht, daß ich nicht denken, nicht fühlen kann, wenn ein Geist neben mir steht, muß es so sein, und Verkündigung des Engels, ave maria. Ich habe nur wenige Minuten Zeit, bis die Post geht, die soeben gekommen, deswegen sage ich Dir nur folgendes, mein letzter Brief erklärt Dir bestimmt die Versendung, ich erwarte nun die bestimmte Anzeige Deiner Abreise, und ob ich bis Eisenach oder Hersfeld entgegenkommen soll und auf welchen Tag, mit bestimmten Datum ich Dich mit meiner *Kutsche Wechselnd* an diesem oder jenem Ort treffen soll, was die *Copulation* angeht, will ich sorgen, alles zu haben, was ich bedarf, doch scheint mir die Sache, wie ich weiß, an andern Orten vielleicht mit Schwierigkeiten verbunden, sie könnte eben so gut hier abgetan werden bei meinem Freund Bang auf dem Dorf, auf welches wir noch eher können, als hierher, alles das ist zu verabreden, sobald wir uns treffen, wo und wann, das ist die Frage, auf die Du mir bestimmt antworten mußt. Dein

Clemens.

Grüße mein Kind, ich bin glücklicher, als ich es verdiene, es ist glücklicher, als es verdient, von Dir unterm Herzen getragen zu werden.

». . . recht aus der Fülle und Tiefe meiner Ansicht von Liebe und Ehe«

Klärungen eines Ideals. Die Brautbriefe Schleiermachers und seiner »töchterlichen« Braut Henriette von Willich 1807–1809

Der Philosoph und Prediger Friedrich Schleiermacher erlebte in seiner Verlobungszeit so ganz das verabsolutierte Liebesideal der eigenen frühromantischen Schriften. An seine Braut Henriette schreibt er: »Wenn ich das Gefühl hätte, daß Dir etwas fehlte, um meine Frau zu sein, und wenn ich das bei anderen suchte, so hätte ich ja doch nicht meine ganze Frau an Dir, sondern suchte ein Stück dann anderwärts. Wäre das nicht eine ganz miserable Ehe, die lieber gar nicht geschlossen werden müßte?« Das schreibt Schleiermacher acht Jahre nach der rebellischen Zeit um 1800, in der er mit der frühromantischen Gruppe und vor allem seinem Freund Friedrich Schlegel die Zeitschrift ›Athenäum‹ herausgibt. Um der wahren und umfassenden Liebe willen polemisierten die Berliner und Jenaer Romantiker gegen die falschen konventionellen Ehen und eine oberflächliche Liebesmoral. Doch Jahre später erst soll Schleiermachers damals formulierte Theorie der »vorläufigen Versuche«, weiteres Kernstück der frühromantischen Liebesauffassung, Wirklichkeit werden. »Soll etwa sie (die Liebe), die das Höchste im Menschen ist, gleich beim ersten Versuch von den leisesten Regungen bis zur bestimmtesten Vollendung in einer einzigen Tat gedeihen können? . . . Auch in der Liebe muß es vorläufige Versuche geben, aus denen nichts Bleibendes entsteht, von denen aber jeder etwas beiträgt, um das Gefühl bestimmter und die Aussicht auf die Liebe größer und herrlicher zu machen.« Das schreibt Schleiermacher in den ›Ver-

Henriette Schleiermacher, verwitwete von Willich, geb. von Mühlenfels (1788–1838)
Henriette im Kreise der Familie, von oben nach unten, von links nach rechts: Henriette von Willich, Ehrenfried von Willich, Luise Fischer, Elisabeth Schleiermacher, Gertrud Schleiermacher, Henriette Schleiermacher, Hildegard Schleiermacher, Nathanael Schleiermacher

Friedrich Daniel Ernst Schleiermacher (1768–1834)
Jugendbildnis Schleiermachers

trauten Briefen‹ zu dem attackierten Roman seines Freundes Schlegel, ›Lucinde‹, im Jahre 1800. Gewiß begibt sich der Religionsphilosoph mit solchen Angriffen auf Gewohnheitsehen, die besser aufzulösen sind, auf ein brisantes Gelände. In seiner späteren Ethik wird Schleiermacher sich nicht mehr so radikal äußern. Eine Konfrontation mit der herrschenden Ehemoral ist ihm in seiner Brautzeit erspart geblieben. Die zwanzig Jahre jüngere Henriette banden keine Fesseln. Dem vierzigjährigen Schleiermacher ist zu glauben, wenn er rückblickend auf die unglücklichen Lieben seiner Vergangenheit immer wieder der Braut beteuert, erst in dieser Liebe die wahre Erfüllung gefunden zu haben. In den Jahren 1808/09 tauscht dieses Paar die vielleicht anspruchsvollsten Mitteilungen über ein reiches Gefühlsleben aus – romantische Brautbriefe im wahrsten Sinne des Wortes.

Wie aber kommt eine Neunzehnjährige zu einer solch reichen Lebenserfahrung? Fünfzehnjährig war die junge Henriette von Mühlenfels die Ehe mit dem Prediger Ehrenfried von Willich eingegangen. Im Verlobungsjahr mit Schleiermacher ist sie bereits Witwe und Mutter zweier Kinder. Im Vergleich zu den frischen Dramen im Leben seiner Braut blickt Schleiermacher auf einen langsamen Bildungsprozeß zurück, der seinen eigenen Begriff von universeller Individualität spiegelt. In seinen »Monologen« von 1800 hatte sich der Philosoph in das »Innerste des Gemüts« versenkt, »wie es zu sich selbst geredet«. Den Romantiker führten nicht nur seine theologischen Studien in Halle und seine Jahre in der Herrenhuther Brudergemeinde zu dieser idealistischen Auffassung der göttlichen Gemütskräfte des Menschen, einen für Theologen natürlich sehr freien und subjektiven Religionsbegriff. Für das Gären von Schleiermachers Gedanken in jenen Jahren ist der philosophische Austausch mit den Frühromantikern entscheidend. In Berlin hatte Schleiermacher 1800 eine Hofpredigerstelle angetreten und war im Zeichen »symphilosophischen« Lebens und Arbeitens gar mit seinem Freund Friedrich Schlegel zusammengezogen. Aber auch der Umgang mit empfindsamen und geistreichen Frauen prägt Schleiermachers sensible Gedankengänge. In der Berliner Zeit gibt er zu, daß er sich in seinem Empfinden nicht nur von Frauen am besten verstanden fühlt, sondern sich auch selbst fast wie eine Frau empfand. Er erlebt »eine recht vertraute und herzliche Freundschaft, wo von Mann und Frau gar nicht die Rede ist« – nämlich mit der bewunderten geistreichen Jüdin Henriette Herz. Die Erfüllung seines hohen Begriffs von Liebe allerdings war ihm in seinen Liebesbeziehungen lange versagt. Eine unerfüllte Neigung hatte Schleiermacher während seiner Hauslehrertätigkeit im Hause des Grafen Dohna-Schlohbitten zu der siebzehnjährigen Gräfin Friederike erfaßt. Ihm war auch versagt, was sein Freund Schlegel erlebte, der seine Geliebte Dorothea Veit nach ihrer Scheidung heiratete, also den »Sabbat des Herzens« um der wahren Liebe willen feiern konnte. Eine solche Gefährtin glaubte Schleiermacher nämlich gefunden zu haben: Eleonore Grunow, die Frau eines Berliner Predigers, die in ihrer Ehe mit einem egoistischen Mann litt. Um ihretwillen hatte Schleiermacher sich um 1802 von Berlin ins Exil nach Stolpe begeben, um Eleonore den Schritt zur Trennung vom ungeliebten Mann leichter zu machen. Doch die äußerlich wenig schöne Eleonore, die aber als Frau von starkem Intellekt und tiefer Religiosität Schleiermachers Frauenideal entsprach, zuckte schließlich 1805 aus »ängstlicher Gewissenhaftigkeit« vor der Scheidung zurück.

Von seinen Enttäuschungen und Krisen schreibt Schleiermacher an einen Freund, den er in Stolpe gewann, den jungen Theologen Ehrenfried von Willich, den er im Mai 1801 in Prenzlau kennengelernt hatte. Er erlebte auch das frische Eheglück des Freundes mit der fünfzehnjährigen Henriette von Mühlenfels. Für alles, was ihm selbst versagt war, entschädigte Schleiermacher der Anblick dieses liebenden Paares. »Habe ich nicht ordentlich geweissagt von Euch in den Monologen? machst Du mir nicht meine eignen Empfindungen ganz neu und lebendig zur Wahrheit, Ehrenfried, wenn Du sagst, Dein Weib wäre Dir Tochter und Geliebte, Mädchen und Mutter? glaubt nur, liebe Menschen, ich schwärme ordentlich über Euch; ich liebe Eure Ehe gleichsam noch außer Euch selbst, wie ein eignes Wesen, leidenschaftlich möcht' ich sagen, aber zart und heilig . . .« So schreibt der »väterliche Freund« an die Jungvermählten, die im September 1804 geheiratet hatten. Im Juni hatte er das Brautpaar besucht und nahm sogleich für Henriette Vaterstelle ein. »Liebe Tochter, ich vertrete heute Vaterstelle und gebe Dich dem Mann, der mein Freund und Bruder ist«, so lauten Schleiermachers feierliche Hochzeitsgratulationen. Bei der Anrede an den »lieben Vater« und das »Töchterchen« bleibt es lange Zeit in den gefühlvollen, anteilnehmenden Briefen.

Am 13. März 1807 aber gelangt ein erschütternder Brief zu Schleiermacher. »Lieber, lieber Schleier! mein geliebter Freund! mein Vater! – o mein Gott, mein Gott! wie soll ich es Dir aussprechen und wie sollst Du es hören! Schleier, ich bin nicht mehr die glückliche Jette, deren heiliges Glück Du im Herzen trugst und woran Du Dich so innig freutest. (. . .) o mein Schleier, so sei es denn mit einemmale ausgesprochen, das entsetzliche Wort – mein Ehrenfried, mein innig, zärtlich geliebter Ehrenfried ist nicht mehr bei mir . . .« Ehrenfried war nach achttägigem Nervenfieber gestorben. Verzweifelt sucht die junge Witwe nach dem plötzlichen Tod ihres Mannes bei dem väterlichen Freund ihren einzigen Halt. Bis zum August 1808 tröstet Schleiermacher seine »Tochter«. Zart und liebevoll spendet er auch geistlichen Zuspruch. Henriette selbst will an ein überirdisches Fortdauern ihrer Liebe glauben, dann, im Sommer 1808, gibt es eine neue überraschende Wende in den Briefen. Schleiermacher spricht es zart aus in seiner Frage nach der »Dankbarkeit, die

Du da hast in Deinem Gefühl für mich«. Schleiermacher befand sich im August in patriotischer Mission auf Rügen, wo Henriette mit ihren zwei Kindern lebte. In der Laube ihres Hauses verloben sich die beiden. War aus Dankbarkeit Liebe geworden? In Schleiermachers erstem Brief an die Braut klingt es an. Schnell kommt auch die »Zeit«, in der Henriette »mit voller Zustimmung« seine »Frau heißen« will. Das Paar wird am 18. Mai 1809 auf Rügen getraut. Die Trauer der jungen Frau verblaßt schnell. Warten müssen die Verlobten nur, weil sich Schleiermacher fragt, ob er für Henriette und ihre zwei Kinder sorgen könne: Zeit zum Austausch seitenlanger gedankenreicher, psychologischer Mitteilungen. Henriette ist eine ungemein empfindsame, schwärmerische Briefschreiberin. Gar oft gesteht sie ihre Schamgefühle über ein vielleicht zu rasches Entgegenkommen in dem unbewußten Wandel ihres Gefühls. »Wenn ich zurückdenke, wie mein Wesen gegen Dich war, so ist es gewiß, ich war so herzlich und besonders auch, wenn wir alleine waren, daß man es wohl ein starkes Entgegenkommen nennen könnte, wenn nicht mein Verhältnis zu Dir als Töchterchen mir ein Recht gegeben zu allen Liebkosungen.« Dankbar nimmt Schleiermacher dies alles als die ihm nun endlich geschenkte volle Zuneigung an. Oft spricht Henriette auch – im Bewußtsein Schleiermachers geistiger Überlegenheit – ihr Erstaunen aus, daß »ich es bin, der Du Dein Leben, Deine heilige Liebe weihen willst«. Schleiermacher antwortet mit Huldigungen an die »herrliche Eintracht« seiner kindlich-mütterlichen Braut. Ein Ideal ist ihm die jungmädchenhafte Verlobte, deren Großeltern aus der Champagne aus altem französischen Adel stammten und die schon früh verwaist war. Fand er hier nicht die auch in Henriettes Briefen so eindrücklich gestalteten Bilder eines so ganz und gar eigentümlichen Frauenlebens? Henriette ist zudem eine hingebungsvolle Mutter. Zur Freude ihres Bräutigams teilt sie ihm ausgiebig die Beobachtung der Charaktere ihrer Kinder und ihrer eigenen Muttergefühle mit (schließlich ist auch die Achtung der »Eigentümlichkeit und der Willkür« der Kinder ein Teil des frühromantischen Individualitätsglaubens gewesen). Vermißt Schleiermacher jedoch nicht das, was er schon im Gedankenaustausch mit starken und geistig ebenbürtigen Frauen erlebt hatte? Später wird sich zeigen, daß er die junge Frau mit seinen Wünschen an eine gleichberechtigte, auch im geistigen Austausch angemessene Partnerin überfordert. In einem Punkt entzückt Henriette den »väterlichen« Bräutigam immer wieder: ihre das »Unsagbare« der Gefühlswelt andeutenden Bekenntnisse. Das Gemütsleben ist im romantischen Leben das Kostbarste. Aber nicht nur!

Schleiermachers Auffassungen von Liebe und Ehe sind vielleicht acht Jahre nach der frühromantischen Aufbruchsphase noch anspruchsvoller geworden. Der Philosoph, der im Jahre 1806 auf eine Professur nach Halle berufen worden war, bettet seine sittlichen Vorstellungen vom Individuum und der Familie, der Ehe als Möglichkeit gegenseitiger Erziehung, in die Auffassung der notwendigen »gemeinschaftlichen Taten der Menschen im Staat« ein. Halle wurde am 16. Oktober 1806 von den Franzosen besetzt. Schleiermacher hielt kühne Reden für Vaterland und Königtum unter den wachsamen Blicken der Besatzungsmacht. Nach der Mission in Rügen war er zu einem vierwöchigen Aufenthalt in Königsberg aufgebrochen, wo sich die königliche Familie und die preußische Regierung befanden. Schleiermachers Patriotismus ist nichts weniger als konservativ. Der Gedanke an eine Befreiung Preußens ist für ihn untrennbar mit der Notwendigkeit demokratischer Reformen verbunden, Ideen, die Schleiermacher mit den Reformern Stein und Hardenberg teilt. Mit seinen Idealen vom gebildeten Individuum ist Schleiermacher von einem fortschrittlichen Emanzipationsgedanken erfüllt, glaubt er doch, daß jeder Mensch, gleichwohl ob Mann oder Frau, sich im öffentlichen Leben, in Wissenschaft und Staat entfaltet. Auch in seiner Henriette glaubt er die Anlagen hierfür zu sehen.

Von Idealen und vom Idealisieren ist viel die Rede in diesem romantischen Briefwechsel, in dem auch die Erinnerungen an zärtliche und sinnliche Momente nicht fehlen, die »durch Küssen ›bekräftigen‹, die die Seelen miteinander vermischen und gleich machen«. Was wundert's, daß bei der ungewöhnlichen Vorgeschichte dieser Verlobung und des Altersunterschieds des Brautpaars die jugendliche Henriette sich in Anbetungen ihres »väterlichen« Bräutigams ergeht. Auch der nun endlich von der Aussicht auf ein erfülltes Zusammenleben beglückte Philosoph verstößt im Überschwang gegen seine klugen Maximen der Athenäumszeit, in der er 1789 den emanzipatorischen ›Katechismus der Vernunft für edle Frauen‹ veröffentlicht hatte. »Du sollst dir kein Ideal machen, weder eines Engels im Himmel noch eines Helden aus einem Gedicht oder Roman, noch eines selbstgeträumten oder phantasierten; sondern du sollst einen Mann lieben, wie er ist«, hatte er da geschrieben. Manchmal bremste er das Schwärmen der jungen Braut. Doch im Verklären der »herrlichen Eintracht« eines noch so jungen Frauenlebens sind auch beim Bräutigam Wunschbilder am Werk. In der späteren, überwiegend glücklichen, doch ungleichen Ehe ist bei den Charakterunterschieden manch »trübe Wolke« vorhersehbar. Wie hatte Schleiermacher in seiner Maxime geschrieben? »Denn sie, die Natur, deine Herrin, ist eine strenge Gottheit, welche die Schwärmerei der Mädchen heimsucht an den Frauen bis ins dritte und vierte Zeitalter ihrer Gefühle.« Bis in die späteren Ehejahre sind die Schwärmereien der Brautzeit zu überprüfen.

Henriette wurde trotz ihres Bemühens nicht zu einer idealen, seelenverwandten Partnerin. Nach der Hochzeit bezog das Paar die bescheidene Berliner Amtswohnung Ecke Taubenstraße/Kanonierstraße. Hier entfaltet die junge Frau ihre häuslichen Aktivitäten in der Bewirtung der vielen Gäste und in der Kindererziehung. Zu den zwei Kindern aus ihrer ersten Ehe kamen noch vier hinzu, ja, der Haushalt wurde noch erweitert durch die Aufnahme einer Busenfreundin Henriettes. Frau Fischer, die Witwe eines Offiziers und Kadettenlehrers, war es gelungen, in Schleiermachers Haus einen bedingungslosen Kult um Magnetismus und Hellsehen ausbrechen zu lassen. Die drei Töchter Schleiermachers standen unter dem Einfluß der Fischer. Die eigene Tochter der Hellseherin, Luise, war ein besonderes Opfer der magnetischen Kuren, denen Schleiermacher sehr skeptisch gegenüberstand. Väterliche Ermahnungen erscheinen auch in den Briefen des liebenden Familienvaters an seine junge Frau. Oft ist der Ton nachsichtsvoll. Schwergefallen ist es Schleiermacher, seiner Frau die »trübste Wolke« des Ehelebens zu verzeihen, Henriettes zeitweilige heftige Neigung zu Alexander von Marwitz, fünf Jahre nach der Eheschließung. Am 15. Juni 1813 – im Jahr von Henriettes leidenschaftlichem Seitensprung – wirft Schleiermacher noch einmal einen Rückblick auf seine Verlobungszeit. Melancholisch erinnert er sich der Zeit, »wo ich Dich zuerst sah und Du mir den rührendsten Eindruck eines frommen Mädchens in der ersten heiligsten Liebe machtest, wie ich beides nie gesehn«. Mag es nur ein Moment der Krise gewesen sein, genug, Schleiermacher kommen Zweifel, um so fester aber spricht er seine unveränderliche fürsorgende Liebe aus: »Als Du das Ja aussprachst in der Laube, und als Du es wiederholtest vor dem Altar, da lag freilich darin, daß Du keine Leidenschaft in Dir wolltest aufkommen lassen und hegen für einen andern. . . . Frei kann ich Dich nicht sprechen, aber innig bedauern mit der tiefsten Wehmut, daß grade Dich Dein Geschick so vor dem Höchsten auf Erden vorbeigeführt hat. Ich kann Dein liebes Haupt an mein Herz drücken und Deine Stirne küssen und mich Dir ganz aufs Neue geloben, Dich durch das mangelhafte Leben mit aller Kraft meiner Liebe und meines ganzen Wesens zu geleiten, alles Gute über Dich auszuströmen, was in mir quillt und was ich um mich her erreichen kann.«

Friedrich Daniel Ernst Schleiermacher an Henriette von Willich
18. 8. 1808

Aber, liebste Jette, wie ist es doch mit der Dankbarkeit, die Du da hast, in Deinem Gefühl für mich? Weißt Du wohl, wenn ich Dir alles sagen sollte, was mir nicht lieb ist an Dir, so möcht ich mit dieser anfangen. Du meinst gewiß etwas recht Schönes, wiewohl ich nicht recht weiß, was; aber sieh es Dir nur recht an und nenne es nicht so. Denn Dankbarkeit weiset auf Wohltat zurück, und so etwas kann es doch gar nicht geben zwischen uns. Kann man sich selbst wohltun? die rechte Hand etwa der Linken, der Kopf dem Herzen, die Nerven den Muskeln oder so etwas? kann der Vater seinem Kinde wohltun? Und dann ist mir immer, als könnte ich Dankbarkeit nur fühlen gegen einen Menschen, der mir sonst gleichgültig ist, einen vornehmen Gönner und dergleichen, und, wenn man es recht besieht, ist es immer nichts. Über die Verehrung schämte ich mich ein wenig. Aber das laß gut sein! Jeder von uns hat etwas voraus, was ihn dem andern ehrwürdig machen muß, und ich will Dich dann auch schon gehörig verehren von meiner Seite. Aber die kindliche Liebe, ja, mein süßes Herz, die nehme ich immer an, denn dieses schöne Verhältnis und unsere gemeinsame Liebe zu unserm teuren Ehrenfried und allem, was sein ist, ist ja der Grund jeder Liebe in uns und unseres ganzen schönen Glückes. Mein gutes Herz, daß Dir die Art recht ist, wie ich mich Dir genähert habe, das freut mich sehr, und ich finde es sehr natürlich; aber glaube nur nicht, daß darin irgendein besonderes Verdienst von meiner Seite ist oder etwas Ausgerechnetes, Absichtliches oder auch nur, daß ich Dir irgend etwas verborgen hätte bis auf den rechten Moment. (...) Warum wolltest Du Dich also nicht auch rein gehen lassen, allem, was so in Dir ist, aller Freude an dieser neuen Offenbarung Gottes für uns? Du bist ja jugendlich und frisch, warum solltest Du nicht so ins Leben hineingehn? meinst Du nicht, daß ich eben diese frische Jugendlichkeit in Dir liebe? daß ich ihrer bedarf? daß sie zu diesem ganzen Gang unseres Lebens auch mitgewirkt hat in uns beiden? Denke, sie ist unser schöner Besitz, mein so gut als Dein, sei immer gern die jugendliche Mutter der süßen Kinder, die jugendliche, erfrischende töchterliche Gattin Deines Ernst, Deines Väterchen. Liebe süße Jette, laß Dich recht innig umarmen und durch die zärtlichsten Liebkosungen einsegnen dazu, daß sie Dir immer bleibe, diese liebliche Frischheit des Lebens.

Henriette an Schleiermacher
22. 8. 1808

Lieber Ernst, so schön es wäre, wenn ich schon bei Dir wäre, so finde ich es doch ganz natürlich, daß wir das nicht damals so beschlossen, auch weiß ich nicht gewiß, ob ich würde gerne dazu gestimmt haben, da damals von keiner Not die Rede war und es uns ganz wahrscheinlich schien, daß wir würden nächstes Frühjahr unser Leben in Ruhe beginnen können. Ohne einen überwiegenden Grund, wie der einer langen Unsicherheit freilich ist, den Du ja aber damals nicht so sahest, hätte ich mich wohl nicht gerne so plötzlich von den Meinigen hier losgerissen. Nein, lieber Ernst, ich finde keine Schwäche von Deiner Seite in diesem so ganz natürlichen Aufschub. Du wolltest ja alles erst recht bereiten zu dem schönen Leben, Du Guter, Lieber. Wenn es Dir auch nahegeht, daß ich nicht bei Dir bin, wie es mir so sehr nahegeht, so werfe Dir doch nichts vor – da hast Du gewiß Unrecht. Gott, wie kannst Du nur so was aussprechen, wie Du da von nicht verdienen sagest. Mein Ernst, nicht verwirrt hat mich Dein Brief, ach, ich sehe nur zu klar, was Du nicht rein aussprechen darfst und was bei allem Heroismus, den ich haben mag, mir unsäglich furchtbar ist. Mein Herzens Lieber, wenn ich Deinen Brief wieder lese, wie freue ich mich an jedem herzlichen Worte, das mir Deine Liebe gewiß macht, wie wäre ich so sehr froh und glücklich, wenn alles gewiß wäre. Ja, ganz bin ich Dein, o Lieber, fühle, wie mir wohl ist in diesem Augenblick, in der sichern Überzeugung, daß Du mich wirklich liebst, in dem heiligen unbegrenzten Vertrauen, mit welchem ich mich Dir hingebe. Mir ist, als wenn ich bei Dir säße und Deine Wangen streichelte und Deine liebe Stirn und liebe Augen küßte – ach, und ich kann es nicht glauben, daß wir uns nicht sollten bald wirklich haben. Ja, mein Ernst, sobald es Dir möglich ist, so hält mich nichts mehr ab, die Deinige zu werden, sei es, wann es sei. Schreibe mir bald und, wenn Du kannst, etwas Beruhigendes, doch nur, wenn es Dir selbst ernst damit ist.

Henriette an Schleiermacher
24. 8. 1808

Es ist mir beruhigend eingefallen, ob auch mein letzter Brief Dir eine andre Gesinnung zu enthalten geschienen, es war doch nicht, mein Ernst, ich wollte Dir nur die Bangigkeit aussprechen, die neben der Freude an Dir und an Deinem Werk wohl bestehn kann. O mein Ernst, wie wollte ich für keinen Preis auch nur das kleinste missen von der Schönheit Deiner Seele, wie macht es mich so glücklich, daß Du so herrlich bist! Fühle doch, wie ich Dich erkenne und Dich lieben kann – o ich wußte es schon in früher Jugend, daß ich nicht würde lieben können, ohne auch anzubeten. Stoße Dich nicht an diesem Wort, ich weiß kein andres. Wenn das Glück mir sollte aufbehalten sein nach aller Not und Gefahr, nach Erstehung des Vaterlandes, ruhig und von Dir und den Deinen geliebt an Deiner Seite zu leben – Gott, es wäre etwas so unaussprechlich Großes, mein lieber lieber Ernst! Wenn mir dann in kleinen Zügen das süße Leben vorschwebt, ist mir, als könne ich Dich wohl auch glücklich machen, Dir Freude geben durch meine Liebe, durch die ganze

Hingebung meines Wesens, das nie etwas anders wünschen kann, als ganz für Dich und für die lieben Kinder zu leben. Mein Väterchen, ich drücke Deine Hand an mein Herz und bedecke sie mit den zärtlichsten Küssen.

Schleiermacher an Henriette
11. 9. 1808

Daß ich Deinen vorletzten Brief nicht mißverstanden, wird Dir wohl der meinige gesagt haben. Wie wäre es wohl auch möglich, Du liebes Herz, daß ich Dich so mißverstehen könnte, daß ich Dir eine Gesinnung andichtete, die Du ja gar nicht haben kannst und ganz der zuwider, die ich so gründlich und so lange schon an Dir kenne. Was Dir zuerst vor vier Jahren mein Herz so ganz gewonnen hat, das war eben die herrliche Verbindung von Lieblichkeit und tiefem Gefühl mit leichtem Frohsinn, Stärke und Herzhaftigkeit. Könnte ich Dir doch recht sagen, wie mir zu Mute war, als ich Dich zuerst sah in Klein-Götemiz, und als wir auf Stubbenkammer zusammen am Rande des Ufers herumliefen. Ich liebte Dich und Deine Liebe zu Ehrenfried so innig, daß mein ganzes Wesen darin aufgelöst war; ich hing an Dir auf eine ganz eigene Weise, mit einem bestimmten Gefühl, daß Du mir eigentlich auch ganz angehörtest, nur auf eine andere Weise als Ehrenfrieden; es war die höchste Zärtlichkeit, mit der ich Dir zugetan war, rein väterlich und freundschaftlich, aber ich wäre nicht fähig gewesen, irgendeine andere Liebe stärker zu empfinden als diese. Und als ich Dich in Berlin umarmte, da klein Jettchen unter Deinem Herzen ruhte, so daß ich das Leben des süßen Kindes hatte fühlen können, wie ich Dich dicht umschlang und recht aus dem Grunde des Herzens die Frucht Deines Leibes und Deine ganze heilige Ehe und all Deine Mutterfreuden segnete, war mir eben so zumute, und immer, wenn meine Liebe zu Dir am innigsten hervorbrach, war immer auch Deine Stärke und Dein Mut unter dem, was ich am lebendigsten fühlte und woran ich mich so recht innig erfreute. Und damit tröstete ich mich auch, als ich zuerst von unsers teuren Ehrenfrieds Krankheit hörte, und als ich seinen Tod ahnete und erfuhr. Du warst mir immer meine starke Tochter, stark in dem Herrn und in der Kraft Deines schönen Lebens, und ich wußte, daß Du es überstehen würdest, und zitterte weder für Dich noch für das Kind, was Du erwartetest. So bist Du mir auch jetzt meine starke, mutige Braut, und ich habe nur die erste Überraschung der Liebe erkannt in Deinen Äußerungen; und ich wußte es gleich, daß Dich Dein Mut nicht verlassen würde und daß Du auch bald fühlen würdest, ich müßte in der Tat tun, was ich tue, und daß Du nichts anders wünschen würdest in meiner Denkungsart und Handlungsweise. Darum bist Du aber auch mein und ganz mein; und weil ich so bin, weil ich Dein ganzes Wesen noch von einer anderen Seite in Anspruch nehme, als bei Ehrenfrieds Charakter und Laufbahn möglich war, darum kannst Du mich auch noch lieben nach ihm, so wie Du mich wirklich liebst, Du süße herrliche. Nun sage mir aber auch, ob Du recht glaubst an meine Besonnenheit und an meine Vorsicht, ob es Dir leicht wird, die Art, wie Du mich hast handeln sehn im täglichen Leben, auch überzutragen auf ein größeres Gebiet, so daß Du weißt, ich werde nicht leichtsinniger- und unnützerweise die Gefahr vermehren. Dieser Glaube wird Dir doch recht nötig sein, liebste Jette; aber ich denke, wenn Du nur an meine Liebe zu Dir und unseren Kleinen glaubst, mußt Du auch vertrauen, daß schon diese Liebe mir ein hinreichendes Maß von Vorsicht und Besonnenheit einflößen muß. Mir ist recht zuversichtlich zumute, und ich fühle mich grade in dem Zusammentreffen dieser äußeren Lage mit unserem Verein in einem so hohen Grade und auf eine so lebendige Weise glücklich, daß ich es gar nicht aussprechen kann (...) Das habe ich ganz herrlich gefunden in Deinem Briefe, daß Du alles, was Du Wunderliches von Dir selbst sagst, immer gleich selbst widerlegst. Da sprichst Du von der Armut Deines Geistes und Herzens und von dem Reichtum des meinigen, und dann findest Du wieder, daß alles, was ich sage, schon vorher Deine Ansicht gewesen ist, nur nicht so klar und bestimmt ausgesprochen. Das ist überhaupt mein Beruf, klarer darzustellen, was in allen ordentlichen Menschen schon ist, und es ihnen zum Bewußtsein zu bringen. Aber Du mußt freilich genauer damit übereinstimmen als viele andere, weil auch das, was wirklich meine Eigentümlichkeit ist, Dir geläufig sein muß und durchschaulich, sonst könntest Du ja nicht die Meine sein. Dabei bleibe also auch und stelle Dich mir gleich, wie es Mann und Weib sein müssen, und wisse es recht, daß Du mich selig machst und völlig befriedigt und alle meine Sehnsucht stillst durch Deine Liebe. Anbeten kannst Du deswegen doch an mir alles, was dem Mann eigentümlich ist, das selbständige Licht der Erkenntnis und die bildende und bezähmende Kraft, so wie ich an Dir alles, was dem Weib eigentümlich ist, die ursprüngliche und ungetrübte Reinheit des Gefühls und das sich selbst entäußernde, pflegende und entwickelnde Geschick. Und so wollen wir nur immer eins sein, wie es sich gehört, und uns nicht drum kümmern, ob oder wie der eine mehr ist oder weniger als der andere. Habe ich Dir das alles aber nicht schon einmal gesagt auf dem Wege von Götemiz nach Poseriz? Damals aber konnte ich es Dir bekräftigen mit der innigsten Umarmung, mit den Küssen, die die Seelen miteinander vermischen und gleich machen. Könnte ich das doch jetzt auch, Du liebes süßes Herz! Aber wie oft umarme ich Dich nicht im Geist! wie lebe ich eigentlich gar nicht anders, als in Deiner Nähe und durch sie! Und Du fragst, ob es Liebe ist, die mich Dir gegeben hat, doch Du fragst es auch nicht, Du weißt es. Und so schlafe süß für heute, meine köstliche Braut, Du schläfst gewiß schon lange, umgeben von den süßen Kindern.

Henriette an Schleiermacher
13. 9. 1808

O mein Ernst, wie freut mich die Ruhe und Sicherheit in Deinem Gefühl, die Gewißheit in Dir, daß ich die rechte bin, daß Du an mich gewiesen bist. Auch mir ist es immer gleich klar, was ich in Dir habe, und wie schön unser Leben sein wird. Aber so wie ich noch nicht einer so reinen Übereinstimmung in meinen ganzen Wesen genieße wie Du, so bin ich auch nicht ganz ohne trübe Augenblicke.

Ich sagte Dir schon, daß die Meinigen sich zurückgesetzt gefühlt und nicht ohne Wehmut mein *ausschließendes* Interesse für Dich und große Jette bemerkt zu haben glaubten – nun habe ich noch erfahren, daß es ihnen geschienen, als sei in mir etwas Leidenschaftliches für Dich gewesen von Anfang an, solange Du hier warst, und als sei unser beständiges Zusammensein öfter mehr von mir als von Dir ausgegangen. Sie haben mich wohl nicht getadelt, sie haben mich zu lieb dazu, es hat sich aber gewiß etwas in ihrer Ansicht von mir geändert. In der Gewißheit, in der sie waren, daß Ehrenfrieds Andenken mir jede andre Liebe unmöglich mache, die ich selbst durch mein ganzes Wesen ihnen früher gegeben, wurden sie überrascht. Ich weiß nicht, warum ich so traurig hierdurch ward, welches auch noch nicht ganz über ist.

Es entstand in mir die Frage, ob ich auch wirklich unzart gewesen sei, ob ich mich vielleicht zu sehr habe gehn lassen und, wenn mir selbst auch unbewußt, mit meiner Liebe Dir zuvorgekommen, Dir eine Neigung verraten, ehe Du sie hattest – o mein Ernst, ich glaube es nicht; aber ich versichere Dir, der Gedanke oder die Überzeugung, daß ich etwas *wirklich Unzartes* mir hätte zu schulden kommen lassen, wäre so wenig zu ertragen für mich, daß ich es Dir nicht aussprechen kann – ja ich glaube, ich könnt mir das Leben nehmen. Wenn ich zurückdenke, wie mein Wesen gegen Dich war, so ist es gewiß, ich war so herzlich und besonders auch, wenn wir alleine waren, daß man es wohl ein starkes Entgegenkommen nennen könnte, wenn nicht mein Verhältnis zu Dir als Töchterchen mir ein Recht gegeben zu allen Liebkosungen. O mein Ernst, ich brauche es Dir nicht zu wiederholen, wie von der ersten Ahndung an, daß es möglich sei, daß sich ein näheres Verhältnis unter uns entspinnen könne, ich etwas so Heiliges hierin fühlte und wahrlich es *so ganz Gott* anheimstellte, daß ich mir keinen Wunsch erlaubte, viel weniger ein absichtliches Entgegenkommen. Aber auch nie war es mir, als müsse ich etwas zurückhalten aus weiblicher Delicatesse o. dgl. Nur eines Augenblicks erinnere ich mich, in welchem mir zu Mute ward, ich werde es nie vergessen, ich weiß es nicht anders zu beschreiben, als ein innres Glühen durch und durch. Wir saßen auf der Reise nach Hittensee im Boote dicht beisammen, Du fragtest mich etwas leise, ich glaubte deutlich zu verstehn, ob ich Dir gut sei, ich antwortete Dir in sehr innigem Tone, ja, sehr, sehr gut. Nun hattest Du mich ganz etwas andres Gleichgültiges gefragt und achtetest hierauf weiter gar nicht. Ich dachte, ich müsse in die Erde sinken.

Schleiermacher an Henriette
1. 10. 1808

Über die Art, wie sich unser Verhältnis gebildet hat, laß Dir doch ja von niemand etwas einreden, sondern traue lediglich unserm gemeinschaftlichen Gefühl, ich sage mit Fleiß nicht Deinem und meinem, denn es ist auch hier so durchaus eines. Und dies ist doch die unmittelbare Wahrheit von der Sache. Liebe Jette, betrachte Dich doch selbst, schaue Dein ganzes Wesen an und sage, wie konnte wohl etwas Unzartes in Dir gewesen sein? Ich fühle es grade so wie Du, und Du hast es mir recht aus der Seele beschrieben, es war ein allmählicher leiser Übergang aus dem väterlichen und kindlichen Verhältnis in dieses neue, in dem jenes alte immer noch bleibt und in allem, wie Du mit mir warest, habe ich Dich immer nur als Töchterchen sein und handeln sehn. Aber die meisten von unsern Lieben wußten wohl nicht recht, wie innig jenes erste Verhältnis war, und so konnten sie Dich leicht mißverstehn. Es war gar kein Entgegenkommen zu einem andern Verhältnis, sondern ein reines Zusammensein in dem schon bestehenden. Wenn von Leidenschaftlichem die Rede sein soll, so war es in mir, und ich begreife nicht, wie die Leute es nicht gesehen haben sollten. Denn wirklich, ein leidenschaftlicher Charakter hätte dieses mein Gezogenwerden zu Dir, dieses gewaltige Treiben, unser Leben irgendwie zu einem zusammenzuschmieden. Aber eben auch nur diese Heftigkeit, diese Unruhe, bis sie sich in das klare Bewußtsein löste, kann ich leidenschaftlich nennen, in jeder traulichen Annäherung, in jeder Liebkosung warst Du mir immer so ganz heilig, und auch ich so ganz rein dabei – so war es auch mit Eleonoren nicht! – kurz, das ist alles herrlich und schön und recht, und, wenn Du mich eher geliebt hättest, so wäre es in meinen Augen nichts anderes, als daß Du uns eher verstanden hättest, und wie könnte mich das irgend stören? ich denke, das soll noch oft vorkommen im Leben. Über zweierlei aber in Deinem vorletzten Briefe kann ich Dir nicht schreiben, weil ich fühle, ich würde ohne große Ausführlichkeit nicht klar sein, ich spare es also zur mündlichen Auseinandersetzung. Das eine ist die Frage, ob Du mich nicht doch mehr liebst als ich Dich? Das glaubt ihr Weiber am Ende immer, und ich antworte Dir vorläufig nur, daß es nicht so ist, aber daß es sehr natürlich so scheint, das andere ist, warum Du bisweilen unser jetziges Verhältnis in seiner Schnelligkeit als ein kleines Unrecht fühlst! Glaube nur, daß auch das recht gut ist und schön, und es würde mir gar nicht recht sein, wenn es Dir nicht bisweilen käme in dieser Zeit. Laß Dich das also ja nicht stören und irren. Ich will es Dir schon befriedigend erklären, recht aus der Fülle und Tiefe meiner Ansicht von Liebe und Ehe.

Henriette an Schleiermacher
3. 10. 1808

Welche innige Freude haben mir Deine Briefe gemacht und alles, was Du mir von Deiner Liebe zu mir, Deiner väterlichen Zärtlichkeit schon bei unserem Zusammensein vor vier Jahren sagtest. Ja, ich hatte Dich auch sehr lieb, so lieb, daß es mich bisweilen erschreckte, wie lebhaft mir es vorschwebte, wie glücklich Eleonore hätte sein können, und daß ich so glücklich damals mich nicht fand. Ich sehe, lieber Ernst, daß Jette Dir von unsern Unterredungen, die wir bald nach Deiner Abreise hatten, geschrieben hat. Ich glaube, daß ich jetzt weiß, wie es war; *notwendig*, wenn ich so sagen darf, war meine Liebe zu Ehrenfried nicht, ich liebte das Gute, das Vortreffliche in ihm, das ich mir immer sehr klar vorhielt, aber seine Eigentümlichkeit war nicht die mich am meisten anziehende und ergänzende. Ich hätte ihn nicht geliebt, wenn ich es nicht gewollt hätte. Als ich aber in dem nahen Verhältnis mit ihm so plötzlich und eigentlich unbewußt auf einmal mich befand, war kein Abwägen, kein Prüfen mehr möglich! ich war nun drin und kam nun mit dem heißesten Flehen täglich und stündlich zu Gott um Liebe für ihn, dessen herrliche Seele ich ganz erkannte. Und freute mich, wenn mein Gefühl es zuließ, seine Herzlichkeit recht warm zu erwidern, und litt *unaussprechliche* Qual, wenn ich bei einem tiefen Blick in mein Herz zu entdecken glaubte, es lebe in einer selbsterzeugten Spannung und sei im Grunde lau. Ja, ich habe mit der Verzweiflung gerungen. Und dann ward mein Schmerz wieder gestillt durch die ruhige Fassung, die er mir bewies, durch die tröstende Versicherung, daß ihm meine Liebe genüge. Als ich wirklich in der innigsten Vereinigung mit ihm lebte, konnte ich nicht anders, als mich ganz an ihn hängen, er war zu gut, zu lieb, ich fragte mich da nicht wieder, er war nun mein innig geliebter Mann. Und als ich gar Hoffnung hatte, Mutter zu werden, war mein Glück vollkommen, und es wäre mir nicht möglich gewesen, den Vater meines Kindes nicht zu lieben, es nur zu denken. Unsere Ehe war sehr schön, wie ich hier nirgends eine kenne, dennoch fühlte ich, daß es noch eine Schönere geben könne, ich suchte dies in meiner Unvollkommenheit, worin es auch lag, und die mir oft die heißesten Tränen gekostet, und dennoch wollte es mir nicht gelingen, mich zu reinigen, wie ich wünschte. Mißlaune, Heftigkeit und auch wieder Dumpfheit waren es, die mich oft beherrschten und mir dann Ehrenfrieds Unzufriedenheit zuzogen, davon die kleinste Äußerung mich auch wieder so tief schmerzte, daß ich mich gar nicht fassen konnte. Besonders während der Schwangerschaft mit Jette war ich erstaunlich reizbar und konnte bei der kleinsten Veranlassung in so heftiges Weinen und Schluchzen geraten, daß Ehrenfried oft bange um mich wurde. Jede kleine Verstimmung löste sich immer in die innigste Zärtlichkeit auf, und in der letzten Zeit, besonders da ich zum andern Male guter Hoffnung war, hatte ich sehr gewonnen an Gleichmut, Nachgiebigkeit, überhaupt in allem, was mir fehlte, und es war ein ununterbrochen ruhiges, schönes Leben.

Henriette an Schleiermacher
7. 10. 1808

O Ernst, ich denke recht oft an Eleonore, und mit wahrer Rührung. Der Gedanke, daß sie Deine ganze Liebe besessen, bewegt mich sehr, und Du kannst glauben, daß mir sehr heilig ist, was in jener Zeit Dein eigenstes tiefstes Leben ausmachte, Dein ganzes Gemüt erfüllte. Ich habe oft gedacht, Dir müßte doch so sein, als könntest Du so glücklich nicht mit mir werden, als Du es wärest, wäre Eleonore damals Dein geworden, und wenn es freilich noch himmlischer für mich wäre, fühltest Du dies nicht, so kann es mich doch auch nicht trübe machen, wenn es so ist; ich weiß nicht, wie das zugeht, aber ich bin so ganz glücklich in der Überzeugung, daß Dir jetzt niemand lieber und näher ist als ich. Siehe, mir ist, als wenn Eleonore Dir nicht könnte näher angehört haben als ich, aber Du liebtest sie mit der heißen Sehnsucht, sie zu erretten, mit dem ganzen Feuer der Jugend. O lieber Ernst, ich bitte Dich, vergib es mir doch, daß ich so Deine Gefühle habe aufdecken wollen, sage mir, daß Du mir vergibst, mich reut es sonst gar zu sehr.

Schleiermacher an Henriette
19. 10. 1808

Liebste Jette, mit Eleonoren ist es doch gar nicht so, wie Du denkst. Das kann mir gar nicht einfallen, daß ich mit ihr auch nur im mindesten so glücklich hätte sein können, im vollen Sinne des Worts, wie mit Dir. Sieh nur, erst war es fast gewiß, daß sie immer kinderlos geblieben wäre, und ich war ganz darauf gefaßt und wollte gleich damit anfangen, die leere Stelle mit fremden Kindern zu besetzen, aber wie hätte wohl an fremden meine Seele je so hängen können wie sie an unsern hängt. Dann hatten die meisten meiner Freunde etwas gegen Eleonoren und konnten sich nicht recht in sie finden; sie sagten mir das nicht, aber ich wußte es doch. Auch hat sie in ihrem äußeren Wesen etwas Unangenehmes und Unweibliches, was in der Gesellschaft auch mich selbst immer störte, und nur ich, wie ich ihre tiefe innere Weiblichkeit kannte, hoffte durch das Zusammenleben mit mir und Jette es zu überwinden. An Dir, mein süßes einziges Herz, stört mich aber nichts, und ich kann Dir auch ohnerachtet aller Deiner Bitten gar nichts sagen, was mir fatal wäre, und wie sind alle unsere Freunde glücklich über unsern Verein! (...) Meine einzige süße Braut, ein größeres schöneres heiligeres Glück konnte mir gar nicht kommen; Du allein konntest es mir bringen, Du bist der herrlichste Segen Gottes über mich, und Deine Liebe ist die rechte einzige wahre.

Schleiermacher an Henriette
21. 12. 1808

Sieh, meine geliebte süße Braut, so ist mir das alles klar und wohltuend. Wenn aber Deine Ehe ganz und gar vollendet gewesen wäre, so wüßte ich nicht, ob ich das Herz haben könnte, Dich in eine zweite zu führen. Wenn sich Dir nun bei allem, was Du vorbereitest und einrichtest, die süßen Bilder des künftigen Lebens darstellen und die des vergangenen sich daran reihen, ist es nicht natürlich, daß die ersteren sich Dir schon, weil sie künftig sind, weil sie allen Gewinn der Vergangenheit mit in sich tragen müssen, schöner und vollkommener darstellen, muß denn nicht alles fortschreiten? mußt Du nicht fühlen, daß Du noch mehr sein wirst, als Du warst. Aber eben so auch, daß die Vergangenheit, daß Ehrenfried ihr Stifter, ihr Leben immer in der Zukunft mit sein wird. Freilich hast Du recht, daß es nichts bloß Äußerliches gibt und daß, wenn Du zu dem nicht reif warst, was man so nennt, alsdann auch das Innere seine Mängel und Tücken muß gehabt haben, nämlich das Innere nur, inwiefern es auch notwendig nach außen gekehrt ist. Aber weh muß Dir darüber nicht sein. Hat doch eure schöne Ehe kaum über die ersten Lehrjahre hinaus gedauert, und Ehrenfried, so ein großer Lebenskünstler er auch war, wenn er jetzt mit Dir darüber reden könnte, würde nicht leugnen, daß er auch noch in den Lehrjahren gestanden hat. Und wenn Du Dir bewußt bist, daß manches schon von Dir abgefallen war, was kannst Du dann mehr von Dir verlangen für die Vergangenheit? Wir können nun freilich unsere Ehe mit größeren Forderungen anfangen, besonders aber ich, und es tut mir nun ganz wohl, in diesem Augenblick den Satz aufstellen zu können, daß Du die Meisterin bist und ich der unerfahrene Lehrling. Es wird mir nun nicht viel helfen, denn da kommt auf der anderen Seite die entsetzlich hohe Meinung, die Du Dir nicht mehr wirst ausreden lassen, und ich merke wohl, gar zu viel dumme Streiche werde ich nicht machen dürfen zu meinem großen Leidwesen, denn es wäre mir gar zu süß, bei Dir in die Schule zu gehn und mich von Dir einlernen und abrichten zu lassen.

Brückenschläge zwischen Traum und Endlichkeit

Die Briefe Bettina Brentanos und Achim von Arnims 1806–1811

1806 beginnt ein liebevoller, freundschaftlicher Briefwechsel zwischen den hochbegabten Künstlernaturen, der überschäumenden Bettina Brentano und dem besonnenen romantischen Dichter Achim von Arnim, der zusammen mit dem Freund Clemens Brentano die volkstümliche Liedersammlung ›Des Knaben Wunderhorn‹ herausgibt und in diesen Jahren ein ähnlicher Zugvogel ist wie der unbeständige Clemens. Für den entscheidenden Schritt, die Hochzeit fünf Jahre nach dem Beginn des Briefwechsels, gar bald neun Jahre nach der ersten Begegnung, hat sich dieses Paar lange Zeit gelassen. Konventionelle Zukunftspläne tauchen auch kaum in den Briefen auf, auch nicht in denen, die seit dem Januar 1808 nicht mehr »Sie«, sondern »Du« sagen und eine eindeutige Liebessprache sprechen. Es ist die Unkonventionalität der beiden Charaktere, die diesen Briefdialog hat entstehen lassen, in dem Mitteilungen voller Zutraulichkeit und Sehnsucht, jedoch nicht der vordergründige Wunsch nach Zusammenleben nachzulesen sind. Eher noch Sprödigkeit und Plauderei kennzeichnen die ersten ausgetauschten Briefe, die sie als Freund und Schwester von Clemens Brentano schreiben. Daß sie lange Zeit Liebende sind, ohne zu Brautleuten zu werden, hängt mit dem Vorrang zusammen, den beide dem ungebundenen Ausleben ihrer Originalität und Kreativität geben – und wohl auch mit den hohen Idealen, die sie sich von einer Liebesverbindung machen. Einmal schreibt Achim an seine vertraute Bettina: »Mein Leben ist nicht groß genug, um die Ehe als etwas Kleines zu behandeln, und soll sie mir ruhig vom Himmel

Bettina von Arnim, geb. Brentano (1785–1859)
Miniaturbildnis

Achim von Arnim (1781–1831)
Stich nach einem Gemälde von C. H. Ströhling

kommen, ohne Nebenwege, oder ich werde als Einsiedler sterben.« Bettina schenkt ihm schließlich ein solches vom Himmel fallendes Glück – aber auf welchen Nebenwegen! In dem Jahr vor der Hochzeit ist Achim – die katastrophale zweite Ehe seines Freundes Clemens vor Augen – eher spöttisch und zurückhaltend, was das Verhältnis von »Liebeshimmel« und »Ehehölle« angeht, scherzt gar, vielleicht jedoch nicht ganz ohne Hintergedanken, über die Möglichkeit, zunächst »auf Probe« zu heiraten (S. 297). Selbst als sich das Paar schließlich am 11. März 1811 trauen läßt, tun sie es heimlich, verbergen noch ihr schon dreitägiges Zusammenwohnen in Berlin vor den nächsten Freunden und Verwandten, um dem Klatsch zu entgehen. Wenn schon der gradlinige preußische Adlige Achim von Arnim erst so spät zum Bräutigam wird, so ist es vor allem die exzentrische, selbstbewußte Bettina aus der kinderreichen Frankfurter Kaufmannsfamilie Brentano, die nie einen Hehl aus ihren Vorbehalten den bürgerlichen Frauenpflichten gegenüber gemacht hat. Dem Bruder Clemens, mit dem die frühreife, phantasievolle Schwester bis zum Jahre 1803 drei Jahre lang einen bemerkenswerten Briefwechsel führt, zeigt sie schon früh nicht nur das Sprudelnde ihres Temperaments, sondern auch ihre »Eigenmacht« im Empfinden gegen alle Abhängigkeiten, auch gegen die, eines Ehemanns zu bedürfen. Bettina will zwar nicht Schriftstellerin sein (obwohl sowohl Clemens als auch Arnim sie dazu drängen), doch ist ihr ganzes Denken und Schreiben ein Ausleben der eigenen poetischen Natur. Der Briefwechsel von Arnim und Bettina ist nicht zuletzt ein wunderbares Zeugnis romantischer Briefkunst. Es sind Briefe, in denen der Alltag zur Poesie wird, voll von verrätselten Selbstdarstellungen und Traumbildern – keine Kunstwerke jedoch für die Öffentlichkeit (ausgenommen die Briefe, die Bettina später in umgearbeiteter Form publiziert, wie z. B. jenen »Frühlingskranz«, den sie dem Bruder Clemens »flicht«) (vgl. S. 232).

Über die Jahre schreiben sich Arnim und Bettina ihre Geschichte, die aufs Schönste die Alleingänge und die Zusammenklänge dieser unterschiedlichen Naturen nachlesen läßt. Auch äußerlich sind sie ein auffallendes Paar. In den Urteilen über Bettina wird ihre wirbelige Lebendigkeit, das Elektrisierende, das Koboldartige von den Zeitgenossen oft genug konsterniert festgestellt. Caroline Schlegel-Schelling schreibt über die Dreiundzwanzigjährige: »Sie leidet an dem Brentanoschen Familienübel: einer zur Natur gewordenen Verschrobenheit ... unter dem Tisch ist sie öfter zu finden wie drauf, auf einem Stuhl niemals.« So hat das zierliche Mädchen mit dem schwarzen Kraushaar mit dem ähnlich auf Stühlen herumturnenden, gitarrenschwingenden Bruder Clemens auch äußerlich viel gemein. An Arnim haben die Zeitgenossen dessen schöne Erscheinung gerühmt. Auch Bettina ist bei der ersten Begegnung von Arnims »schöner Jugendnähe elektrisiert«. Der Heidelberger Romantiker Creuzer beschreibt Arnims Männlichkeit: »Es ist doch etwas Herrliches und dies kräftige Auftreten auf den Erdboden und dies heitere, feste Ausblicken in die Welt hinaus, wie wenn sie einem dienen müßte. Das vermag Achim nun zwar ohne gesuchte Kraft, ohne Bramarbasieren, sondern so, daß die Kraft freundlich ist und gemildert und wirklich schön. So sollte der Mann sein.« Später im Ehe- und Berufsleben wird Arnim noch beständiger dem Erdboden verhaftet bleiben. Beim Bewirtschaften der eigenen Scholle tritt sein preußischer Ordnungssinn stärker hervor, der so ganz das Gegenbild zu Bettinas Lebensstil zu sein scheint (romantisch ist dennoch seine Phantasiewelt, in der er wie in dem historischen Roman ›Die Kronenwächter‹ die ritterliche deutsche Vergangenheit evoziert).

Zwei Charaktere also wie Feuer und Wasser. Daß Arnim vom Feuer angezogen ist, zeigt schon die begeistert begonnene Freundschaft mit Clemens Brentano. Er wird hinter Bettinas Sprunghaftigkeit später eine ihm verwandte Nachdenklichkeit, Einfühlsamkeit feststellen. Bettina kann voll

Selbstaufopferung und Weisheit sein – das ahnt Achim jedoch nicht, als er sie, die erst Sechzehnjährige zum ersten Mal trifft. Arnim hatte Clemens während seines Studiums in Halle 1801 kennengelernt, beide finden nach kurzem Zusammensein großes Gefallen aneinander. Arnim folgt dem Freund im Spätherbst auf eine romantische Rheinfahrt. Sein Studium hatte er zu diesem Zeitpunkt bereits beendet. Der 1781 in Berlin geborene Sprößling einer preußischen Adelsfamilie – der Vater stand im Dienst des preußischen Königs und war während Arnims Jugend mit der Bewirtschaftung der Güter beschäftigt – hatte eine standesgemäße Erziehung genossen. In seiner Jugend war Arnim, dessen Mutter bei der Geburt gestorben war, von seiner Großmutter Caroline Labes aufgezogen worden. Später besuchte er zusammen mit seinem Bruder das Joachimsthaler Gymnasium, wurde auf die Universität geschickt, wo er sich ernsthaft mit naturwissenschaftlicher Forschung, Chemie und Physik beschäftigte. Bei der Begegnung mit Brentano war er schon in die Welt der Poesie eingeführt. Auf der romantischen Fahrt begleitet ihn Clemens nur eine Weile. Arnim und sein Bruder Otto setzen ihre Kavaliersfahrt weiter fort, nach Regensburg, München und Wien. Nach der Rückkehr nach Deutschland besucht Arnim im Juni 1802 auf Clemens' Bitten das Familienhaus der Brentanos, den »goldenen Kopf« in Frankfurt, in dem von den zwanzig Geschwistern aus den drei Ehen des Peter Anton Brentano noch elf leben, und lernt hier Bettina und ihre Freundin Günderode kennen (die 1806 Selbstmord beging). Bettina durfte Arnim durch die Schwärmereien seines Freundes mit einiger Spannung entgegenblikken. Die Selbstdarstellungen des jungen Mädchens in dieser Zeit sind leicht nachzuvollziehen, da sie, nachdem sie mit zwölf Jahren das Ursulinenkloster in Fritzlar verlassen hatte, als Dreizehnjährige den sechs Jahre älteren Clemens wiedertrifft und in ihren Briefen an ihn ihre stürmischen Selbstporträts verfaßt. »›Du und ich sind außer aller Ordnung‹, erklärt sie Clemens; ›ich habe ja nicht eine Vernunft, der ich folge, ich bin ja ein elektrischer Funke ...‹« Eben dieser Clemens, der Bettina in den drei Jahren dieses Briefwechsels zu erziehen versucht, hat sich die Schwester zur Verklärung seines besseren Ich erkoren. Schon einmal hatte er Bettina, die sich allerdings spöttelnd von den Vermittlungsabsichten ihres Bruders zurückzieht, mit dem Freund Savigny verbinden wollen (der die stillere Schwester Gunda zur Ehefrau wählte). Nun versucht Clemens gleiches bei Arnim. Ein hymnisches Lob der Lieblingsschwester wird Arnim noch vor seinem Besuch mitgeteilt: »Etwas, was dir nicht entgehen soll, weil es mein Teuerstes ist und das Einzige, wo ich alles tauge und wo alle Kritik vortrefflich und unschätzbar finden soll – ist meine Schwester Bettine.« Doch die beiden Clemens so nahestehenden Menschen sind eigenwillige Charaktere, durchaus voneinander angetan, doch spröde, kein Wunder, da es doch Arnim später schwerfallen wird, Bettinas »Eigenmacht«, ihren Einfällen, ihrer Launenhaftigkeit ohne Mißtrauen zu begegnen. Für Bettina ist der Anblick Arnims ein Anlaß zum Schwärmen, jedoch nicht mehr. Dem Bruder beschreibt sie eine poetisch verklärte Romanze zu dritt, als sie, die Günderode und der »königlich aussehende« Arnim in eine Gewitternacht geraten, wie sie »unter einem Dach mit dem Arnim und Günderödchen durchgeplaudert.« Scherzend sollen sich die Mädchen in ihrer Kammer gezankt haben, den schönen Jüngling einander abzutreten, wobei der Gegenstand des Streits die Konversation durch die Wand hören mußte. Was Clemens' Hintergedanken angeht, schreibt sie in ihrer üblichen Sprödigkeit an den Bruder: »Die Menschen machen sich nichts aus uns beiden.« Aber auch: »Aber von Arnim tut mir nichts leid, als daß ich so kalt Abschied von ihm genommen hab, ich fragte ihn lachend, ob es ihn dann gar nicht rühre, daß er nun weggehe, und es war mir doch gar nicht so ums Herz.« Zeit zum besseren Kennenlernen haben die beiden damals nicht. Arnim setzt seine 1801 begonnene große standesgemäße Fahrt fort, drei Jahre dauert die Kavaliersreise. Er lernt Italien, Mailand,

Genf, Marseille, Paris und London kennen. Es sollte bis zum Jahre 1804 dauern, bis er wieder mit Clemens zusammentrifft. Erst 1805 begegnen sich Arnim und Bettina wieder, als Arnim nach Frankfurt kommt, um die Drucklegung des ›Wunderhorn‹ zu überwachen. Clemens ist inzwischen mit Sophie verheiratet. Bettina ist bei allem Übermut ihrer Lebensweise in diesen Jahren oft auch schwermütig und einsam. Sie führt ein unruhiges Leben, zwar nicht mit den gleichen Freiheiten wie der sich seinen Reisen und Studien widmende Arnim. Aber sie hat kein eigentliches Zuhause. Mal wohnt sie bei Geschwistern, bei der Schwester Gunda, die mit Savigny verheiratet ist, in Kassel, dann in Marburg auf dem Brentanoschen Gut im Winkel am Rhein, dem Hof Trages. Sie schreibt, sie musiziert, sie zeichnet, aber eigensinnig beharrt sie darauf, ihre musische Begabung auf ihre Weise auszuleben. Im April 1807 besucht sie Goethe, nachdem sie sich schon vorher recht zudringlich die Freundschaft der Frau Rätin, Goethes Mutter, erzwungen hatte. Berühmt geworden ist die Huldigung des jungen Mädchens an den alternden Goethe, da sie ihre selbstmächtigen Anbetungen, allerdings viele Jahre später, 1835, als ›Goethes Briefwechsel mit einem Kinde‹ herausgab. Während sich Arnim und Bettina nun schon freundschaftlich und vertraut ihre Gemüter öffnen, verwirklichen sie ihren je anderen Lebensdrang: Bettina lebt ihren Hang zur Poesie in der Begegnung und Begeisterung für das Dichtergenie aus. Arnim wiederum ist stark in die kriegerischen Verwicklungen, in die sein Heimatland durch die Napoleonischen Kriege gezogen ist, verwickelt. Im September 1806 verabschiedet er sich von dem Heidelberger Romantikerkreis und zieht sich nach dem Waffenstillstand und Zusammenbruch Preußens nach Königsberg zurück. Hier teilt er Bettina offenherzig seine unglückliche Liebe zu der Tochter des Gastgebers, Auguste Schwinck, mit. Andeutungsweise werden Bettinas liebevolle Antworten nun auch der Auftakt zu einem Verhältnis, in dem aus Freundschaft Liebe wird. Im Oktober 1807 sieht

Arnim nach zweijähriger Trennung Bettina wieder. Es ist auch eine literarisch höchst wichtige Phase für Arnim, der in Kassel die Gebrüder Grimm kennenlernt und mit Clemens Brentano weiter am ›Wunderhorn‹ arbeitet. In den nun gemeinsam erlebten Wochen im Winter ändert sich das Verhältnis der Brieffreunde. Im Januar 1808 setzen ihre Briefe, in denen sie sich »Du« sagen, ein. Die Briefe lassen die Überraschung, die Freude und auch manche Unsicherheit über ihre Gefühle in temperamentvollen und zarten Offenbarungen erkennen. Schon ist Bettina wieder auf Reisen. Sie schließt sich dem Ehepaar Savigny an, wohnt in Landshut und bleibt bis zum Herbst des nächsten Jahres 1809 in München. Sie entdeckt über Johann Michael Seiler das Komponieren, hat gar ein schwärmerisches Verhältnis mit dem jungen Max Prokop Freiberg. Immer wieder macht sie den Eindruck eines »wundersamen Frauenzimmers«, was auch Arnim zu Ohren kommt. So gleichbleibend ihre Liebe zu Arnim ist, sie behält sich das Recht auf das Schwärmen und ihren eigenwilligen, aus sich selbst heraus in Begeisterung geratenden Lebensrhythmus vor. Sehnsucht haben die beiden dennoch nacheinander. Sie sehen sich wieder im Mai 1808, dann im Herbst dieses ersten Liebesjahres. Den Winter 1808/1809 verbringt Arnim in enger Zusammenarbeit mit dem Freund Clemens und mit Wilhelm Grimm in Berlin, ja, er lebt mit Clemens bis zum Sommer 1810 zusammen. Amüsante Briefe über die poetische Wirtschaft gelangen an Bettina. Im Sommer des Jahres – sie sehen sich im Juni wieder, als Arnim und Clemens nach Böhmen fahren und Arnim und Bettina sich auf dem Gut Bukowan treffen – entscheidet sich in den kurzen Wochen ihr Verhältnis, das bei so viel Entfernungen der klaren Worte benötigte. Jetzt erst wird Achim zum Werber. Er schreibt Bettina nicht nur von seiner neuen Familiensituation – die Großmutter Labes war im Frühjahr 1810 gestorben und Arnim hatte jetzt die Güter zu bewirtschaften und für Nachkommen zu sorgen. Er schreibt jetzt erstmals ganz eindeutig: »Da brauchte es nicht langer Zweifel, ich wußte niemand auf der Welt, von der ich so gern ein Ebenbild besessen hätte.« Sein Brief ist voller Besorgnisse über zurückliegende Phasen der Entfremdung, doch voller Zuversicht, daß ihn sein Gefühl nicht trügen möge, an Bettinas dauernde Neigung zu glauben. Auf Arnims Offenheit antwortet ein nicht minder starker Liebesglaube Bettinas. Traumreich und voll von Symbolen, die das geheime Innenleben des Menschen in der Romantik andeuten sollen, sind die Briefe der beiden immer gewesen. Bettina antwortet mit einem schönen Beispiel solch eines verrätselten Blicks auf die Wahrheit der eigenen Gefühle. Alle widersprüchlichen Bilder aus dem Jetzt und der Vergangenheit ihrer Liebe sind »die Fruchtknoten, die an dem Baum meiner Liebe angesetzt haben«. Sie glaubt an die Liebe als »Wissenschaft«, als Grundsatz des inneren Schicksals des Menschen. »Wie will nun einer kommen und sagen, daß dies alles nichts sei, daß ich Dich nicht lieb habe wie anderes mehr, daß Du mir nichts seist. Was weiß er von mir? Was weiß ich selber von mir und der Liebe? Als nur, daß ich allen festen Willens bin, gut zu sein, Gutes zu tun, und Dir vor allen anderen!« Der »Liebeshimmel« wurde natürlich bei diesen beiden Persönlichkeiten nicht »Ehehölle« – wohl aber eine ungewöhnliche Ehe. Die Romanze der beiden ist weitergegangen. Beide berichten glücklich über ihren Hochzeitstag. 1814 zieht sich Arnim für die meiste Zeit des Jahres auf seine Güter in Wiepersdorf zurück, Bettina bleibt oft in der Berliner Stadtwohnung. In ihrem Eheleben läßt Bettina noch weitere Facetten ihres Wesens hervortreten. Sie benötigt das turbulente Stadtleben, beweist aber auch als Mutter von sieben Kindern, und oft genug geplagt von finanziellen Sorgen, erstaunliche haushalterische Fähigkeiten. Beim Gutsherrn Arnim tritt im Älterwerden ein Hang zum Pedantismus und ein übertriebener preußischer Ordnungssinn hervor. Bettina mahnt ihn, sich nicht als Einsiedler auf den Gütern zu vergraben. Feuer und Wasser sind doch nicht so einfach in Übereinstimmung zu halten – gewisse Entfernungen waren in ihrer Ehe wohl angebracht. Sie müssen, wie Arnim einmal in seinem ersten Liebesbrief an Bettina geschrieben hat, »erst viel miteinander tanzen, um miteinander in Takt zu kommen, bis endlich Mutwille und Ernst sich verstehen wie Messer und Gabel.« Schon die Auseinandersetzung der beiden in ihren ersten Liebesbriefen zeugte von viel Nachdenken, wobei Arnims liebender Blick sich auch immer wieder auf Bettinas Schwächen richtet, er an der Freundin ihre Gedankenlosigkeit und Leichtigkeit der Empfindung tadelt. Die romantische Ehe der beiden hat zwanzig Jahre gedauert, bis Arnim sechs Tage nach seinem 50. Geburtstag an einem Nervenschlag fern von der Familie auf seinem Gut stirbt. Viel später noch, 1851, schreibt Bettina in einem Brief an die Gebrüder Grimm von ihrem Glauben, wie stark sie sich dem Verstorbenen in ihrem Herzen weiter verbunden fühlte: Noch ein Zeugnis dafür, daß die schwärmende Bettina, die viele Gefühle für Menschen zur gleichen Zeit haben konnte, die Liebe als »Wissenschaft« ihres Lebens in ihrer Ehe gefunden hat.

Achim von Arnim an Bettina Brentano
28. Januar 1808

Da liegen schon wieder ein paar Blätter an Dich, liebe Bettine, die ich nicht abschicke, weil sie Dir allerlei Kleinigkeiten erzählen, die Dir gleichgültig sein werden, weil Du nicht dabei gewesen, ich schreibe endlich einmal wirklich an Dich, weil Du mich sonst wieder einmal mißverstehen möchtest. Ich habe recht viel an Dich gedacht, wie Du mich einmal angesehen, als Du vor mir standest im letzten Abende in Frankfurt, ich habe fast allein an Dich gedacht; hätte ich jetzt nur eine von den süßen Feigen, die ich so in Gedanken bei Dir heruntergeschluckt habe, Du lieber reicher Fruchtbaum. Es möchte mich wohl sehr unglücklich machen, wenn ich Dich immer so lieb hätte wie in diesem Augenblicke, denn Du hast Vergnügen am Abschiednehmen. (...) War es nicht sehr ungeschickt von mir, daß mich der verhinderte Brief so tief ärgerte? – aber wer kann aus seiner Haut, wir müssen erst viel miteinander tanzen, um miteinander in Takt zu kommen, bis endlich Mutwille und Ernst sich verstehen, wie Messer und Gabel, so daß wir die Gabel nicht mehr zum Schneiden brauchen wollen. Ich möchte Dir eben noch viel Schönes schreiben, da fürchte ich aber, kommt irgend ein schwärmender Schäfer, dem Du es zum Frühstück vorliesest. Ach du liebes Kind, sag mir, wo kauf ich das Vertrauen? Wehe! da kommt's mir vor, als drehtest Du Dich eben auf einem Absatz herum und sagtest: ›Es ist doch all nichts!‹ Oder Du hättest zur Erhabenheit einen Trieb und fändest es schöner, einen Brief nicht zu lesen, worin man etwas Liebes erwartet, weil man es sich besser denken könne. Oder zum Mutwillen, und Du machtest daraus eine Papierknalle. Siehe, wie kommt das? – es muß mir doch schon so manches kleine Unnatürliche der Art mit Dir begegnet sein, daß mir das einfällt, was mir noch nie bei Mädchen eingefallen, die viel ungütiger gegen mich gewesen sind als Du, Du reine heil'ge Güte, Du naiver Tyrann. Du bist es nicht, aber Du hast den Anschein zuweilen von der Freundschaft und Liebe unserer öden Zeit, die nicht freier macht in sich wie der Anblick des Himmels, den wir atmen, sondern wie ein Strom, der verbunden der Erde sich nicht halten kann und keinen, den er ergreift, und sich endlich das noch für Macht und Herrlichkeit anrechnet. – Warum soll ich das nicht denken? – ist mir doch Berg und Tal hier so nahe, es sind dieselben Füße, mit denen ich zum Schlosse hinaufsteige und herunter, ich wollte, Du wärest hier, und ich würde Dir zeigen, daß ich doch eigentlich nicht so denke, das ist das Dunkel, wenn ich meine Fackel putze, und ich habe Dich lieb, mich hat niemand lieb wie Du. Achim Arnim.

Bettina an Arnim
Ende Januar 1808

Wie wenig kennst Du mich, Arnim! Ach wie wenig kennst Du mich: sieh, wenn ich das nicht wüßte, ich würde über Deinen Unglauben erzürnt sein; willst Du auch die Hand in die Wunde legen, eh Du an Gott glaubst? – Selig sind, die nicht sehen und doch glauben. Ei freilich drehte ich mich mit deinem Brief auf einem Absatz herum und flog damit vom Comtoir in mein Zimmer; denn was konnte mich flinker machen als die Begierde, ihn zu lesen? Freilich ward der Trieb zur Erhabenheit, wie Du Dich ausdrückst, recht mächtig in mir, denn ich mußte mit flüchtigen Gedanken einen Stoßseufzer zum Himmel schicken, noch eh ich den Brief erbrach, aus Freude, daß Du mir zuerst geschrieben hattest. Freilich, freilich ward mein Mutwille im höchsten Grade rege, was kann mich lustiger machen, was kann mich mehr ergötzen als der Augenblick, in dem Du mich liebst und den Du mir so freiwillig gestehst. Und dies dauerte bis hier an dies Capitel, wo Du mich ordentlich heruntermachst; schäm Dich! weißt Du, warum Dir nur bei mir einfällt, was Dir nie bei andern Mädchen eingefallen ist? Weil ich Dich nicht lieb hab wie andre Mädchen, und weil Du das noch nicht verstehst, und weil Du mich nicht lieb haben *sollst* wie *andre*, sondern ganz allein wie *mich*. Ich hab Musik lieb, sie ist mir wert wie das Leben, sie kann mich erfüllen, so auch die freie Natur, der Sommer draußen, wo keine Menschenhände gearbeitet haben, sondern nur Gottes Hand sichtbar ist, so auch Göthe, dem ich wert und erfrischend bin. Keines dieser drei könnte Dich mir ersetzen oder mich trösten, wenn Du mir verloren gingst, Du aber auch nicht über sie; so treu bin ich und will ich ewig sein. Ihr steht wie Säulen aufrecht in meinem Herzen; wenn eine sinkt, stürzt der ganze Tempel ein und zerschmettert mich: was willst Du nun mehr, wenn ich Dir sag, daß an Dich, Pfeiler! mein Altar erbaut ist. Geh! glaub's doch, daß ich Dich lieb habe, mehr als von einem menschlichen Herzen erwartet wird. Mach mir den Kummer nicht mehr, daran zu zweifeln, weil es doch wahr ist; der Tod ist ohnedem ein blinder Simson.

Bettina an Arnim
8. 12. 1808

Gestern abend saß ich hier im Dunkeln am Clavier und sang so allerlei, was ich wußte. Das war wieder ein Augenblick, wo ich vor Lieb um Dich weinen mußte; ich empfand so starke Sehnsucht, Dir mancherlei, was sich in meinem Herzen erhob, zu sagen. Wenn ich Dich nur immer so lieb hätte! Aber es vergeht mir in der Zerstreuung mancher Tag, in dem ich mich nicht einmal gesammelt hab, um an Lieb und Trost und Freundschaft zu denken, die ich von Dir genossen habe. Einen solchen Tag muß ich mir für verloren achten, an dem mein voriges Glück mir keine Zinsen trägt. Sag mir, Arnim, hast Du gar kein Verlangen nach mir? Auf dem letzten Spaziergang auf dem Trages, im Wald bei der Einsiedlerhütte, da warst Du mir so gut. Es war nach einem Regen, die Bäume schüttelten noch Tropfen auf uns, und ich auch, ich hing an Deinem Hals und schüttelte einen warmen Herzensregen aus meinen Augen. Jetzt ist er mir so weit, der liebe Hals, ich kann ihn nicht wieder in jeder Minute umfassen. Warum es mir nur so empfindlich ist, daß Du nach Berlin bist, grade als hätte ich noch einmal Abschied von Dir genommen? Das Stück Bart von Dir, das die Reise mit nach Cöllen gemacht hat, habe ich noch, die blauen Federn von dem Markolfen, den Du in Trages geschossen, hab ich auch noch, dann noch das Rohr mit den Hopfen, das Du gezeichnet, und endlich die letzten Blumen aus dem Aschaffenburger Garten, Lavendel und Rosmarin, die hab ich auch noch, lauter magische Dinge; denn sie zaubern in einem Augenblick mir ganz lebhaft vergangne Dinge wieder vor.

Arnim an Bettina
Ende August 1809

Wie ist es jetzt möglich, daß Du nach Halle kommen kannst, nun Clemens fort ist? Wo kann ich Dich sehen und wie? Du sagst, daß Du ohne mein Begehren nichts tun wolltest: ich will Dir Blankets auf mein Begehren ausstellen. Es ist mir zuweilen, als sollten wir beide zusammen in alle Welt gehen, aber wo liegt alle Welt? und fast ermüde ich. Paßte ich in irgend eine bürgerliche Ordnung und könnte eine Frau ernähren, so könnten wir uns wie andre ehrliche Leute dreimal aufbieten lassen, Gäste laden, kochen und backen und heiraten. Ungeachtet wir einander noch nie vom Heiraten vorerzählt, womit andere sonst anfangen, so meine ich doch, daß Dir so wenig wie mir der Gedanke sehr fremdartig ist, wenn ich es gleich mit großer Verwunderung vor mir geschrieben sehe. Es ist ein eigen Ding mit der Vernunft, die fast nur darum sich umsieht, das Vergangne zu bedauern, die Zukunft zu fürchten, für die Gegenwart aber keinen Rat weiß. Ich habe neulich in der Bibel alle Stellen nachgelesen, die vom Heiraten handeln, es ist alles im wunderlichsten Widerspruche; bald wird es geraten, bald abgeraten, ich meine, daß da den Menschen viel zur Ergänzung überlassen. Da ich nun als einer bürgerlichen Einrichtung große Achtung davor hege, so las ich im Landrechte darüber weiter nach; da fand ich aber nichts als die wunderlichsten Definitionen. Hätte ich das damals gewußt, wer weiß, ob ich meinen Hollin* umkommen lassen, weil er gegen die bürgerliche Ordnung gesündigt. Novizen müssen erst ein ganzes Probejahr probieren, ehe sie mit einem so guten Manne wie Christus verlobt werden. Da meine ich nun, es wäre eine durchaus zweckmäßige Einrichtung, wenn die Menschen einander erst zur Probe heirateten, wie sie sich miteinander

* ›Hollin's Liebesleben‹, Roman Achim von Arnims, geschrieben zwischen Sommer und Herbst 1801.

vertrügen, z. B. auf vier, acht, sechzehn Wochen; weise den Vorschlag nicht so von der Hand, in bessern Zeiten könnten wir einmal ernstlich daran denken. Wer weiß, wenn Du mich jetzt wiedersähest, ob Du mich noch leiden könntest; vielleicht hab ich mich sehr verändert. Nun leb recht wohl und schreib mir Deine Betrachtungen, ich lese in allen Büchern übern Ehestand nach. Achim Arnim.

Bettina an Arnim
11. 6. 1809

Es ist mir sehr traurig, keine Nachricht von Dir zu haben, jetzt sind es drei Wochen, daß Dein letzter Brief ankam; ich hab *etwas* davon dem Savigny vorgelesen, woran er großen Anteil nimmt. Unterdessen hab ich manches in der Zeitung von Deinem Land erfahren, was mich unruhig macht, mich bewegt, besonders um Dich, von dem ich nicht weiß *wie* – das Posthorn, das damals so zerschmetternd mir in die Ohren klang, wie ich Dir die Hand zum letztenmal gab, kommt mir immer wieder in den Sinn. Sollten wir denn noch lange voneinander sein? Jetzt, wo die Welt sich umdreht und alles durcheinander geht, vielleicht könnten aus Zufall dadurch auch zwei Freunde wieder zueinander kommen! (...) Ich sehne mich täglich nach jemand, nur ein freundlich Wort mit ihm zu wechseln, und wenn ich mir wählen sollte, so wärest Du es, und wenn ich mir wählen sollte, so müßtest Du alleweil – d. h. immer – bei mir sein. Denn nie wär ich zufrieden, wenn ich auch alle Tage Nachricht von Dir hätte, ich müßte Dich denn selbst sehen; aber so muß ich mich drein schicken. Lieber Arnim, soll denn meine Mutter Erde sich nicht einmal dehnen oder recken, oder mich und Dich auf einen Arm nehmen, daß wir zusammen spielen könnten? müssen wir uns immer durch Wind und Wetter und Wolken nur von weitem zurufen? Sag mir, siehst Du zuweilen mein Bild noch an? ganz gewiß? Abends beim Schlafengehen und morgens beim Aufwachen? Adieu, mein guter Arnim! Hast Du nun niemand mehr, keinen Frohreich, keinen Hund oder Katze oder Vogel, der Dir treu ist? So geht's Dir wie mir, denn Du hast doch in der Ferne eine Seele, die Dich so lieb hat wie sich selbst – (aber leider, sie hat sich nicht sehr lieb) – und ich hab auch eine, von welcher ich ganz gewiß überzeugt bin, daß sie mich lieb hat; allein bin ich auch, »auf mich selber steh ich da ganz allein«, obschon ich im Felde nicht viel wert bin. Dein treuer Freund und geschworner Gesell im Leben bis an den Tod, Bettine.

Bettina an Arnim
Anfang Juli 1809

Man nennt oft die Liebe, wenn sie heftige Leidenschaft wird, ein Unglück, man bedauert die jungen Herzen, die sich in ihr befangen haben: ich muß sie aber ansehen als einen sichern Port von herzzerreißendem, überall packendem Gefühl. Wenn ich verliebt wäre, so würde ich leichtlich die Fesseln, die mir die Musik hier anlegt, zerreißen können, die Mauern, die Krieg und Zufall vor mir aufbauen, überklettern und allem Wetter und Ungemach trotzend mein Ziel erreichen oder doch im Streben dahin mich aufopfern. Also wer sagt, die Liebe sei traurig und furchtbar, der irrt! Sie ist auf dem großen Meer ein großes Segel, um alle Winde der guten Gelegenheit zu benutzen; und kommt endlich das scheiternde Unglück, so mag sich leicht noch die letzte Hoffnung derselben als Leichentuch im nassen Grab bedienen. O Arnim! o Göthe! Ihr seid mir zwei werte Namen! Hätte die Welt gleich hinter Euch ein End gehabt, so wär ich auf ewig bei und mit den Guten geblieben; aber so mußte ich noch in die leere, wüste Ferne, die dahinter lag, mußte mit gespaltenem Herzen die heilenden Kräuter auf dürren, sandigen Klippen, für die Krankheit *nimmer Rast, nimmer Ruhe* suchen. Ermüdung, sage ich aus weislich erfahrnem

Gemüt, ist die einzig lindernde Pein dieser Lebenspein, aber das echte Heilmittel ist nur allein das getroffne Ziel, nach welchem alle Anstrengung hinarbeitete.

Ach, lieber Arnim, da trifft man auf unwegsamen Pfaden, wo irrende Gedanken und seltsam schwankende, gauklende Geister hingeführt haben, gar manchen, der einem im gemeinen Leben gar nicht nahesteht. Man sieht sich an in unbeweglicher Beweglichkeit, man erkennt sich, der steinerne Schmerz entweicht auf den Augenblick, die biegende schmiegende Freude schmiegt auch diese als Freude einander in die Arme, man hält sich fest, das Leben, das man außer sich fühlt, gibt ein Echo in der Brust, gibt das Bewußtsein der Ewigkeit der Lebendigen: und hier wird die Freundschaft geboren.

Lieber Arnim, es ist schon ganz dunkel, ich sehe kaum, was die Feder schreibt; aber grade weil's dunkel ist wie in der Tageszeit so in der Welt, weil's recht dunkel ist in der Welt, will ich Dich jetzt in meine Arme drücken, Dir sagen, daß ich Dich lieb habe, daß Du mein Freund bist, mein guter, treuer: das muß man in solchen Zeiten sich oft wiederholen, nicht vergessen.

Oft komme ich mir vor wie ein Geheimnis, das über Dir ruht, das Du heimlich wohl kennst, aber öffentlich nicht. Gelt, wir haben uns beide doch oft angesehen, so manche Erinnerung verschiedner Art kam uns bei gegenseitigem Anblick in den Sinn. Jetzt kommen oft Stunden, wo durchaus magisch mir, erinnernd das Bild einer damaligen Erinnerung in den Spiegel meiner Seele fällt; wenn ich mich nur finden könnte, ich möchte recht gern mancherlei mit mir abhandeln, aber hier in München bin ich gar nicht zufrieden. Ich weiß wohl, daß ich manchmal in Berlin auf Deinem Kopfkissen sitze um Mitternacht, wenn Du schläfst; gelt, es ist noch nicht lange, daß ich bei Dir war, gib mir doch Nachricht von mir! Dann bin ich auch noch zuweilen auf einem verlaßnen Feld gegen Stralsund hin, bei Abendstille spuke ich dort herum, achte nicht Regen noch Nebel, harre da aus in tiefsinnigen Gedanken, bis mich der Hahnenschrei weiter treibt: ja dieser Held hat sich einen Tempel in der Seele eines jeden edlen Menschen aufgebaut! Dann bin ich auch noch an einem andern Ort zuweilen anzutreffen; ich lustwandle im hellen Grau des Morgens ganz allein im Weimarer Park herum, dem Alten hab ich seinen grünen Mantel gestohlen, in den ich mich einwickle, und seinen dreieckigen Hut setze ich aufs Ohr, und so kennt mich niemand, geh oft unter die Fenster Seiner Schlafkammer, zähle die Tautröpflein auf den Grashalmen.

Bettina an Arnim
30. 1. 1810

Wenn ich alles schrieb', was ich oft in Gedanken mit Dir spreche, da könntest Du sehen, wieviel vertrauter Du mit mir bist, als es scheint, und wie Du in manchen Stunden, wo Du es nicht glaubst, meiner Seele ein Zeugnis sein mußt von der Erfüllung mancher Dinge. – Ohne Dich hätte ich's wahrscheinlich in Landshut nicht ausgehalten, ohne dich wäre ich vielleicht einem festen Entschluß meiner Kinderjahre gefolgt, mein Leben mit den wilden Tieren im Wald zuzubringen, oder doch zum wenigsten würde mich diese Sehnsucht bestimmter ergriffen haben. Es ist aber vorzüglich, daß Du mich lieb hast, was mir das liebste an Dir ist, und dadurch wird mir der ganze Schatz zu eigen, dessen Wert ich zu Zeiten recht erkenne. Wenn Du fühlen könntest, wie allein ich oft bin, daß auch selbst die Erinnerung wie eine leere Wand vor mir steht, Du würdest in solchen Momenten Dich aller Zerstreuung entziehen, um mit mir zu sein. – Daß man sich selbst erkenne, ist nicht so großer Wert, aber daß eins das andre erkenne, ist Seligkeit; je tiefer ich hineinblicke, je weiter dehnt sich das Feld der Liebe aus, und je unkenntlicher wird die fernste Ferne. Was also dort noch werden wird, wo die blauen Berge versinken und wo die

Sonne untergeht, das weiß ich nicht. Ach Welt, du enges Haus, worin man kaum Atem holen kann. Oft denke ich, der Schlaf ist besser als Wachen, weil da die Grenzen des Daseins zusammenfallen, weil da mich keiner halten kann im geschwinden Flug; aber wenn ich wache, so muß ich in Landshut sein. So ist denn das enge Bett eine Freistätte für die unbegrenzte Meere und Himmel anstrebenden Berge, und das Unendliche ergibt sich, steht und wurzelt im Traum. Im Traum auch nur läßt sich ahnden, wie unendlich die Seele ist, da in einem einzigen ihrer Gedanken oder Atemzüge der Mensch schwimmt wie ein kleiner Fisch im Meere und nicht weiß, wie er herkommt und wohin? Denn wenn ich mir am Tag recht lebhaft wünschte, einmal auf den Tiroler Gebirgen herumzuklettern, so war ich in der Nacht dort und sah weit und breit; auch tief in die dunkelsten Klüfte, wo ich nichts mehr sehen konnte, sah ich hinein. Und die hohen Bäume waren so hoch, daß ich *ewig* hätte hinaufsehen können, um die höchste Höhe zu sehen. Und ein Angstgefühl bei großen, die Seele erweiternden Gegenständen, was ich mir in leeren Tagen so oft wünschte, befiel mich im Traum auch, und eine Ruhe, deren man in den Lebenstagen selten wahrhaftig wird. Dinge, die sich in Ewigkeit nicht zusammenfügen, sind im Traum wie auf ein Zauberwort geschehen, ja man hat gleichsam durch einen Moment der Erinnerung ganze Geschichten erlebt, deren Wirkung schon ins Gefühl, in den Charakter übergegangen sind.

Heute träumte ich, daß wir beide einander gegenüber an einem offnen Fenster saßen, auf dem Sims standen wohlriechende Blumen, ich hatte meine Füße auf Deinen gestellt, und uns war so wohl, so ruhig wie nie in Schlangenbad und am Rhein: wie groß und mächtig muß mir nun dieser ruhige Moment des Traumes sein, da ich mich in der Wirklichkeit so lange schon sehne und da ich zugleich bei dem Erwachen die breite Unmöglichkeit einsehe, aus dem Winter Frühling zu machen und gar aus Deinem Fuß mir einen Schemel zu machen. Ja, wer träumt, soll seine Jahre nicht zählen, denn er weiß nicht, wie alt oder wie jung er ist. Man sagt oft, Gott selbst könne das Geschehen nicht ungeschehen machen; der Traum beweist das Gegenteil.

Arnim an Bettina
10. 7. 1810

Liebe Bettine! Gestern Vormittag stand ich wohl drei Stunden an meinem alten Stehpulte, an welchem ich Deiner so oft und in verschiedner Zeit gedacht. Savigny war zu Humboldt gegangen, und Clemens las im andern Zimmer neuangekommene Bücher. Aber in dieser Stille, die rings mir wiederkehrte, wurde immer lauter in mir ein Widerspruch, eine Unbestimmtheit, wie Du es eigentlich mit mir meintest, den Deine Freundlichkeit in den letzten Tagen nur beschwichtiget, nicht unterdrückt hatte. Gedachte ich des Abends vor meiner Abreise von Prag, so ward mir warm und froh, aber dazwischen fielen mir so manche Worte in Bukowan ein, die Du zu ruhig, langüberlegt und festentschlossen gesagt hattest, als daß ich sie für bloße Laune oder Scherz nehmen konnte, und an diesen Worten, die mir manches bestätigten, was Clemens mir zufällig einmal erzählt hatte, daß ich nichts von Dir erwarten, nichts von Dir verlangen sollte, daß ich Dir sei wie andre mehr und andres mehr, daran würgte ich so lange, bis die Zeit gekommen, wo ich mein Essen einschlucken mußte. Ich sitze heute an einem neuen Platze, an meinem Schreibkasten, der noch von Deinem Abschiedsstrauß aus Bukowan duftet, ob mir die Worte und das Zutrauen zu Dir wiederkehren. Soll ich meinem Herzen glauben und der Träne, die halb von der Sonne aufgesaugt, halb von Deinen Lippen aufgeküßt, mich an einem guten Tage im Kornfelde bei Bukowan von manchem Druck erleichterte, soll ich glauben manchem Deiner früheren Worte, manchem Briefe, bei Gott, so fühle ich auch mit Zuversicht, daß mich kein eitler Sinn verblendet hatte, als ich in Dir eine dauernde Neigung, eine auszeichnende, zu mir annahm, und ist das alles leichtsinniges Spiel gewesen und ich der poetische Haubenstock, an den Du allerlei überflüssige Worte des Gefühls angeheftet, so möcht ich fluchen allen Worten, allen Tränen, allen Herzen, Dir aber *nicht*; denn ich bleibe Dir doch gut und möchte mich nicht ganz von Dir scheiden, wenn mir gleich Dein Wiedersehen schmerzlich sein würde. Ich schwöre Dir, daß in den Zeiten des unnatürlichen Krieges, wo mich eine unnatürliche Leidenschaft aus den festen Gleisen meiner Bahn fast herausgerissen, daß ich mit Jammer Deiner gedacht, als ich alles hoffte, weil ich dadurch von Dir losgerissen würde; als ich allem Glück nahe zu sein glaubte, wie ich dadurch unglücklich war! Ich habe es Dir nie gesagt, und doch ist es wahr. Ich fand Dich nachher wieder, leugne es jetzt, Du kannst mir doch nur damit beweisen, daß viel in Dir untergegangen; in Cassel, in Winkel, in Schlangenbad schenktest Du mir so ausschließliche Zärtlichkeit, daß mein Gewissen erwachte, ob ich mit geteiltem Herzen zwischen Königsberg und Dir Dich nicht betröge. Die Einsamkeit führte mich oft in ihr ernstes Nachdenken, die Verhältnisse des äußeren Lebens zogen sich mir, der zum Erwerb so wenig angeleitet, wie Du zur Wirtschaftlichkeit, immer enger zusammen. Ich hätte Dich in das Haus meiner Großmutter geführt, das ewig voll Qual, Streit und Unruhe kaum mir, der ich seit meiner Jugend daran gewöhnt, eine Stunde erträglich war; hättest Du Dich nur einmal in der Art, wie Du es häufig tust, über den Tisch ausgestreckt, sie hätte es Dir nie vergessen oder verziehen. Vielleicht war diese Bedenklichkeit, diese Gewissenhaftigkeit ganz unnütz; mir aber habe ich darin genützt, und das ist genug. Die Zwischenzeit löste mich mit einem schmerzlichen Krampfe von Königsberg los; was ich gefühlt, bleibt mir, alles andre schwand wie ein Mondregenbogen mit dem Tage. Meine Großmutter entriß der Tod, sie hat mir viel Gutes getan, und ich ehre dankbar ihr Andenken; unsre Gesinnungen hatten in dieser Welt keine eigentliche Berührung. Ihr Vermögen hätte mich selbst in dieser Zeit, wo nur der tätige Gebrauch eines Vermögens eigentliche Sicherheit gewährt, reich gemacht, wenn sie nicht durch eine Fideicommißeinrichtung, die sich erst zum Besten meiner Kinder auflöst, mich und meinen Bruder und Onkel beschränkt hätte. Da ich aber alle Beengungen meines Lebens zu Erweiterungen meiner Natur ausgebildet habe, so war mein Entschluß nach der Eröffnung des Testamentes bald gefaßt, das Meinige zu tun, um rechtmäßige Kinder zu haben. Da brauchte es nicht langer Zweifel, ich wußte niemand auf der Welt, von der ich so gern ein Ebenbild besessen hätte, da kein Maler Dich mir ordentlich dargestellt hatte, und auch keine, mit der ich auch ohne diese Verdoppelung so gern mich erfreut, gestritten, gewacht und geschlafen hätte, als Dich, und das wollte ich Dir alles in Bukowan vortragen, aber anders und ernster als hier im Briefe, wollte die Zeiten bedauern, die ich so in Träumereien verloren, wollte Dir sagen, wie mich der Gott so gut und wunderlich geführt! Da wurde ich aber ganz anders von Dir empfangen als ich gemeint und erwartet hatte; es wurde mir zu verstehen gegeben, es hätte sich vieles verändert, es wären Erfahrungen gemacht, ich könne nichts verlangen, was ich mir einbilde, von einem Hingeben zu großen Zwecken der Zeit, an Musik.

Bettina an Arnim
Juli 1810

Einen sonderbaren Traum hab ich heute gehabt, aus welchem mich Dein Brief vom 10. Juli aufweckte. Eine grausame Königin hat dem Weibe Martin Luthers das Herz aus dem Leibe reißen lassen. Luther stieg mit seinem Weib, das er die Liebe nannte, auf einen Felsen, der aus dem Meer hervorragte. Das Volk hatte sich am Ufer versammelt, und die Königin saß in vielem Geschmeide, das dunkel funkelte, auch da; sie hatte aber keine Ruhe, bewegte sich ewig wie eine große Welle hin und her. Nun hielt Luther eine verzweifelte, herzzerreißende Rede, wie man seinem Weibe, das die Liebe sei, das Herz genommen und daß der Tag und das Aug der Welt jetzt die Früchte der Liebe in ihrem Leib könne sehen, die doch ewig ein Geheimnis hätten bleiben sollen; aber darum wolle er und sein Weib jetzt die Welt verlassen. Er griff ihr in die Wunde, welches sehr schauderhaft anzusehen war, und holte etwas heraus, was er hinter sich ins Meer warf, indem er dem Volk den Rücken zukehrte, darauf stürzte sie sich ins Meer. Dann sprach er mit einer Begeisterung, daß mir alle Adern im Herzen zuckten, er drehte sich wieder rückwärts, und mit einem ungeheuren Schwung sprang er auch so ins Meer. Sein Angesicht war ganz deutlich unter dem Wasser zu erkennen, es glich ganz seinem Bilde, nur sehr schwarze Augbrauen und Haar. Ich ging betrübt nach Hause, das Volk folgte mir im dumpfen Zuge, ich war noch so jung, daß mir eine alte Kindermagd folgte, mich zu hüten, der ich ehmals versprochen, daß wenn ich heirate, so solle sie zu mir kommen. Zu Hause war Essenszeit, jedermann setzte sich zu Tisch; ich dachte aber, daß ich nimmermehr essen und trinken wolle, weil es so fürchterlich traurig in der Welt sei. Da weckte mich Dein Brief, und im Bett noch sprach ich viel mit Dir, es war aber immer nicht das rechte.

Du bist unendlich gut und herrlich, das weiß ich, aber Du bist noch besser, als ich es weiß und fühlen kann. Der Mensch ist Gottes Ebenbild, und darum ist er auch niemals ganz in seiner Herrlichkeit zu verstehen, so wie es Gott nicht ist. In Deinem Blick hat sich oft was Größeres gemalt, als was der Erde angehört, ich hab's gesehen, denn alle Lieb gehört dem Himmel. Deine Gestalt ist so edel; wenn Du in freier Luft gehst, so ist ihr Umriß ein bedeutender Widerschein von viel herrlichem, was ich nicht auszusprechen vermag noch wage. Schon in den frühesten Zeiten meiner Liebe sah ich Dir oft nach, auf dem Trages, so weit mein Blick reichte, und freute mich Deiner. Später einmal, es war zu der Zeit, als die alte Göthe krank war, saßest Du am Abend auf meinem Sessel, ich lag am Boden und hatte Deine Knie umarmt, wir waren beide stumm, Du wie ein Stein, ich wie ein Meer, das die Stürme unterdrückt; ich sah Dich an, und es war mir immer, als sähe ich das Bild von etwas Großem, Unbegreiflichem vor mir, das sich nicht aussprechen läßt. Da Du weg warst, ging ich im Zimmer auf und ab, die Gedanken zogen von mir aus, ich blieb allein mit einem Gefühl, als ob schweres Erz in meiner Brust läge, das ausgegraben sein wollte. Wieder einmal saßest Du abends bei Licht an einem Tisch und lasest, das war ein so lieber, stiller Anblick! Noch seh ich alles vor mir, wie sich die ganze Umgebung an Dich anschmiegte, wie sich der Umriß Deines Profils an den dunklen Vorhängen erhob; das ganze Zimmer ward mir so lieb, es war mir, als stünd ich in einem Heiligtum, und Du seiest der, dessen Gegenwart mir Segen brächte. Wie Du mir von Königsberg aus schriebst die ganze Geschichte Deines Herzens, da frohlockte ich, daß Du Dich zu *mir* wendetest, um Schmerz und Freude zu vertrauen, und ich dachte, daß ich auf der rechten, mir der liebsten, Stelle stände in Deinem Herzen. Ach, die Briefe aus Königsberg sind mir unendlich lieb, ich hatte es vorher nicht gehofft, daß ich so einen bedeutenden Platz einnehmen würde. Diese und andre Vorfälle, die ich nicht im Stand bin zu beschreiben, weil sie auf mich eine Wirkung machten, die ich selbst nicht verstehe, z. B. von Stummheit, Kälte, plötzlichem Schmerz, dann wieder, als ob Du mir ganz fremd seiest, endlich auch, als müßte ich mich für Dich aufopfern, und Gott bittend, er möge mir nur Kraft geben, Dich ewig lieb zu haben – diese sind die Fruchtknoten, die an dem Baum meiner Liebe angesetzt haben, und dunkle und rosige Blumen erblühen daraus; mich bewegt die Schwermut und die Lust, wenn ich Dich ansehe. Oft frage ich mich, was das sei in mir, wenn viele Wege sich wie Blitze durchkreuzten, wenn das äußere Leben von mir abfiel wie das dürre Blatt vom Baum, wenn ich in schweren, bangen Stunden lächelte über meinen Schmerz und mit fröhlicher Begeisterung aus diesem hervortrat wie ein Freiheitsatmender aus dem Gefängnis. Ich dachte darüber nach, ob's wohl Eingang zum Wahnsinn sei; Du warst entfernt, keinen Menschen hatte ich, der mein gewesen wäre, keinem konnte ich vertrauen und wollte es auch nicht. Dazwischen trat die Liebe zu Dir wieder ein, ich band Dich fest wie in ein Wickelband und trug Dich am Herzen wie eine Mutter, wahrhaftig!

Wie will nun einer kommen und sagen, daß dies alles nichts sei, daß ich Dich nicht lieber habe wie anderes mehr, daß Du mir nichts seist. Was weiß er von mir? was weiß ich selber von mir und der Liebe? als nur, daß ich eines festen Willens bin, gut zu sein und Gutes zu tun, und Dir vor allen andern! Wer sich nicht selbst sein Haus baut und sein Leben bereitet, um sich mit allen anderen bequem zu machen, dem baut's und bereitet's Gott, und alle Frühling blühen neue Wundersamen auf, und das Leben wird gedrängt voll. Wer ist aber dessen Herr und Meister, daß er wisse, was er damit anordnen und beginnen soll? sondern er muß abwarten, was daraus werde. Das innere Schicksal, das Leben eines jeden Menschen ist eine Wissenschaft von unermeßlichem Umfang, und eins ist notwendige Folge des andern; welches ist aber der Grundsatz, von dem man ausgehen müsse, um diese Folge zu begreifen? Die Liebe ist ihr Student, und sie geht oft im Dunkeln, aber sie tut nicht wehe; denn wo sie nicht mehr begreift, da liebt sie dennoch fort. Ich aber achte die Liebe als das höchste und einzige im Menschen, die einzige, wahre Himmelsgabe. Wer sie hat, ist herrlicher denn alle, und er ist mächtiger denn alle; was er will, das wird ihm gelingen! Wer kann nun sagen: ich habe die Liebe? Lieber Arnim! mein Wille ist die Liebe, ich streb nach ihr, und ich hab auch den Willen, daß ich ihr alles aufopfern will; aber ich kann nicht von ihr sagen, daß ich so herrlich bin.

Arnim an Bettina
29. 7. 1810

Dein Brief ist mein Amulett, das mich gegen alles Böse in mir und außer mir bewahren muß. Beim Feuer in der Nacht griff ich zuerst danach, und jeder Eimer, den ich trug, erhielt dadurch neue Kraft; wärst Du bei mir gewesen, ich hätte nicht löschen mögen, sondern mich der schönen Flammen gefreut, in Deine Augen geblickt; und da hätte sie fortschreiten mögen und uns ergreifen, ich hätte doch gelebt, einen Augenblick mit Dir ganz und innig. Heute nahm ich ihn mit ins Bad, um mich vom Schweiß der Mühe zu säubern, und da legte ich ihn neben die Wanne, und das Wasser umdrängte mich mit so weichen Liebesarmen, daß ich nicht wußte, wie schnell mir so anders geworden. Gestern, ehe ich Deinen Brief erhalten, war ich im Begriffe, Savigny nur eine kleine Vorstellung von der Wichtigkeit Deiner Worte zu machen, weil er es mir durchaus nicht gestatten wollte, daß ich die Briefe seiner Frau öffnete, um Deine Einlagen, die ich darin vermutete, herauszunehmen. (...) Sieh nicht zu viel Herrliches in mir, ich weiß am besten, wieviel ich gewollt und wie wenig ich getan habe. Täusche Dich nicht, es ist die einzige Herrlichkeit im Menschen, daß er geliebt werden kann, und geschieht mir das von Dir, freilich, da bin ich herrlich; aber Du weißt nichts davon, ich fühl's nur am Gedeihen in meinem Wesen, an der Erfüllung meines Daseins, am sichern Hinschauen durch alle Welt. Ich soll harren und warten, sage mir, was? Ich habe lange geharrt, daß mir die Seligkeit kommen sollte von selbst, ohne mein Zutun.

Dunkle Punkte in einer fünfjährigen Brautzeit im Biedermeier

Heinrich Stieglitz und seine Dichterbraut Charlotte Willhöfft 1823–1828

Romantische Liebesbriefe – gar die Masse von Hunderten von Brautbriefen des Biedermeierdichters Heinrich Stieglitz, wie sie 1859 vom Autor Curtze herausgegeben wurden – waren so ganz nach dem damaligen Publikumsgeschmack. Wie anders könnte man sich ein Interesse an den leidenschaftlichen, glühenden Briefen eines Dichters, der längst schon vergessen war, erklären? Der bekannte liberale Kritiker Hermann Markgraff widmete der zweibändigen Briefausgabe 1860 noch eine Rezension in den ›Blättern für literarische Unterhaltung‹. Das ungewöhnlich Glutvolle in Stieglitz' Briefen wird zwar gebührend gewürdigt. Jedoch weiß der Rezensent auch rhetorische Ausrutscher und vor allem lüsterne Geschmacklosigkeiten auszumachen. Nun erinnert sich Markgraff, wie auch große Teile des Publikums, in diesem Moment daran, daß es mit der Liebesgeschichte von Heinrich Stieglitz und seiner Braut Charlotte etwas Besonderes auf sich hatte. Die Brautzeit war der Vorspann eines Dramas, das 25 Jahre früher im damaligen literarischen Deutschland ein ungeheures Aufsehen erregt hatte.

Die Dichterbraut Charlotte ist als besondere Musengestalt in die Literaturgeschichte eingegangen: als Märtyrerin aus Liebe, als tragische »Parze« unter den romantischen Frauengestalten ihrer Zeit. Nicht einmal sieben Jahre nach der Hochzeit erdolchte sich die 28jährige Charlotte Stieglitz, um – wie sie selbst diesen Mythos in ihren eigenen Abschiedsworten inszenierte – das verstummte Dichtergenie ihres

Charlotte Stieglitz, geb. Willhöfft (1806–1834)
Nach einer Lithographie von Beck

Heinrich Stieglitz (1801–1849)
Heinrich als »Faust«. Lichtbild nach einem Ölbild von Friedrich Kaulbach

Mannes zu neuem Schaffen aufzurütteln. Ihr Selbstmord vom 29. Dezember 1834 in Berlin erschütterte nicht nur den literarischen Bekanntenkreis des Ehepaares Stieglitz, sondern die Hauptakteure der »zerrissenen« gesellschaftskritischen jungen deutschen Autorenbewegung der dreißiger Jahre. Allen voran ist es dann der Autor Karl Gutzkow, der in pathetischem Anklagen gegen die zerrütteten geistigen Zustände der Zeit von sich reden macht. Auch der Freund des Stieglitzschen Hauses, Theodor Mundt, der 1835 Charlottes Lebensgeschichte unter dem Titel ›Charlotte Stieglitz. Ein Denkmal‹ gleich nach dem Selbstmord herausgab, erhitzte sich über den tragischen Anlaß hinaus. Die jungdeutschen Schriftsteller verherrlichten die Selbstmörderin Charlotte und ihren beispielhaften Freitod als Heldentat einer liebenden Frau, die die Unterdrückung der geistigen Schaffenskräfte ihrer Zeit zutiefst begriffen habe. Fürwahr ein trauriges Kapitel der deutschen Literaturgeschichte und der Geschichte männlicher Erlösungswünsche an rettende Frauengestalten.

Charlottes Brautbriefe sind im ›Denkmal‹ von 1835 abgedruckt. Ihre Tagebuchaufzeichnungen, die das Ringen der jungen Frau um eine Teilhabe des Lebens im Geistigen, um ein »Leben voll Begeisterung« (Georg Brandes) in den deprimierenden Lebensumständen einer schwärmerischen, depressiven jungen Frau erkennen lassen, geben auch eine Ahnung von der Tragödie eines Lebensirrtums, sich dem »Dichtergenie« des Mannes aufopfernd zu widmen. In den hochfliegenden Sehnsüchten ist die Dichtergattin Charlotte Stieglitz den »Heroinnen« ihres Geschlechts Rahel Varnhagen und Bettina von Arnim an die Seite gestellt worden. Zumindest waren dies die Vorstellungen der zeitgenössischen Autoren, die selbst pathetisch die »Genialisierung der Herzen« überdimensional von den Frauen erwarteten. Jedoch – natürlich war diese junge Frau ganz anders als die Romantikerinnen Rahel Varnhagen und Bettina, Frauen, die sich mit den herkömmlichen häuslichen Aufgaben nicht mehr zufriedengeben wollten. Ihre tragische Biographie zeigt dies, und schon ihre Kindheitsgeschichte. Vieles in ihrer frühen Jugend läßt verstehen, was diese Sechzehnjährige, als sie den exzentrischen Studenten Stieglitz kennenlernte, zur aufopfernden Muse eines Gemütskranken werden ließ. Denn Heinrich Stieglitz' verfehlter Glaube an die eigene dichterische Begabung und seine phantastische Selbstüberschätzung nehmen später die Züge einer gefährlich zugespitzten manisch-depressiven Erkrankung an. Bei der ersten Begegnung des jugendlichen Brautpaars ist dies noch nicht offenkundig.

Charlotte Willhöfft wurde am 18. Juni 1806 als das zehnte Kind Joachim Friedrich Willhöffts, eines Hamburger Kaufmanns, geboren und wuchs nach des Vaters frühem Tod in der kinderreichen Familie ihrer verheirateten Schwester Juliane Sickmann auf. Immer schon inmitten des »regsamen, geselligen Zusammenlebens« der schwesterlichen Familie in sich selbst zurückgezogen, neigte sie zu religiösen Schwärmereien, d. h., in ihrer pietistischen Erziehung, zu selbstmörderischen, asketischen Hungerphasen. Aufmerksamkeit konnte das scheue Mädchen nur durch seine Gesangsdarbietungen erringen. Das mystische, schwärmerische Bündnis mit dem einundzwanzigjährigen Philosophie- und Philologiestudenten Stieglitz wird von den jugendlichen Liebenden am Grab eines Sickmann-Kindes geschlossen – nach den aufgeregten Vorahnungen Heinrich Stieglitz', Charlotte könnte in diesem Grabe liegen. Die Brautzeit birgt auch Hoffnungsvolles für das junge Mädchen. Bald sollte sie ihr Zugang zu der höheren literarischen Welt verschaffen, in die Stieglitz die Braut einführt und die ihr in ihrem monotonen Familienleben Geltung verschafft. »Ich denke mich die Deine und fühle mich riesengroß«, dichtet die »Kleine« in einem holprigen Vers. Sie dichtet noch anderes, Gefährliches, wie in einem »ahndungsvollen« Gedicht über die Liebe nachzulesen ist, das sie wahrscheinlich 1823 Heinrich

Stieglitz gewidmet hat (S. 321). Denn unheilvoll nehmen ihre Opfertodphantasien, die sie, als sie Stieglitz kennenlernt, in ihr Tagebuch notiert, ihre späteren Lebensmotive vorweg: »Nichts wollen, nichts wissen, nichts wünschen als lieben; wie selbstvergessen im Glück des geliebten Wesens, ohne Erwiderung zu hoffen oder zu wünschen, stellt uns den Engeln gleich, ist Vorgefühl himmlischen Glücks! (...) Könnte ich nur einmal recht Großes, recht Schweres für ihn vollbringen, ohne daß er es ahndete, von wo es ausginge! Könnte ich ungesehen von ihm ein trübes Geschick, ein großes Unheil von dem geliebten Haupte auf das meinige lenken, und dann in mich geschmiegt und still aus meinem Dunkel hinauf zu ihm blicken und mich in seinem freudigen Lächeln sonnen! Dann, dünkt mich, wäre ich ruhig und glücklich für mein ganzes übriges Leben.« Auch während der fünfjährigen Brautzeit, etwa im Jahre 1825, hegt Charlotte wieder Opfertodgedanken und will den Tod der Ottilie in Goethes ›Wahlverwandtschaften‹ nachsterben. Jetzt allerdings sind dies bereits Selbstauslöschungsgedanken, die dem Verlobten gelten, damit Stieglitz in dem freien, ungebundenen Schweifen seiner bindungslosen Dichterexistenz nicht gehemmt sei. Wie sind doch die Motive der in den Brautbriefen sich bereits abzeichnenden »Berliner Kulturtragödie« von den Stichworten der Auswüchse der romantischen Empfindungskultur der Epoche angeheizt. In keiner Brautzeit zuvor wurde so die Geliebte als Muse in ihrer umfassenden Hingabebereitschaft angerufen. Stieglitz' Briefe sind nur zu deutlich. Er sehnt sich für die Hervorbringung seiner »glutvollen« Poesie nach jener hymnisch beschworenen hohen romantischen Liebe, die leicht mißverstanden werden kann. Denn auch in weiblicher Fürsorge soll die Braut die bereits auftretenden krankhaften Zustände des Verlobten besänftigen, die er ihr immer wieder gestehen muß. Hier tauchen die ersten dunklen Punkte in der übermäßig ausgedehnten Brautzeit auf.

Die Gemütskrankheit des Jünglings ist schon den Zeitgenossen aufgefallen. Der Kritiker Markgraff findet plastische Worte für Stieglitz' »hyperpathetische Natur« und seine »Neigung, sein Ich zu illustrieren«. Anderen befreundeten Autoren allerdings war der stürmische Stieglitz ein poetischer Bundesgenosse für ihre literarischen Pläne, wie etwa die Herausgabe zweier Bände des Berliner ›Musenalmanachs‹. Stieglitz selbst spricht in zeitgenössischer Terminologie von seinen psychischen Krisen: »Anfälle von Nervenfieber« werden sie genannt und dem »Dämon seines Bluts« zugeschrieben. Auch die Momente ihres Auftauchens sind aufschlußreich: im Jahre 1826, recht bald nach der offiziellen Verlobung nach seiner philosophischen Promotion. Auch ein Brief Charlottens vom 27. Februar 1828 erwähnt den Punkt – »den fürchte ich«. Stieglitz hatte ihr seine körperlichen Leiden, seine »Blutwallungen« gestanden. Sollten der Braut diese »Stunden, wo ich gar nicht ich selber bin«, die der Bräutigam gesteht, nicht große Befürchtungen eingeflößt haben? Denn die Krisen des herumschweifenden, schließlich in Berlin studierenden Jünglings fallen ja immer mit den künftigen Lebensplänen zusammen. In den Sommerferien 1825 etwa treten sie auf, als Stieglitz längere Zeit bei der Braut verweilte, dann mehrfach im Dezember 1827, und schließlich beim Heranrücken des Hochzeitstermins am 20. Juli 1828, nun, da sich Stieglitz endlich in amtlicher Stellung an der Königlichen Bibliothek und als Hilfsarbeiter am Joachimsthaler Gymnasium in Berlin befindet.

Jedoch, wie vermischt sich die Krankheit mit den pathetischen Floskeln der Biedermeierzeit, die um eine von bürgerlichen Zwängen befreite idealische Existenz ringen und die poetische Bändigung gärender, übererregter Schaffenskräfte als höchstes Lebensziel proklamieren? Ein nach Maßlosem strebendes Dichterideal ist nicht untypisch für die Nachkriegsgeneration und die Restaurationszeit. Stieglitz weiß sich mit seiner »Theorie des gespannten Lebens«, in der der manische Teil seiner Persönlichkeit hervortritt, ganz in Übereinstimmung mit den Bildungsvorstellungen seiner Zeit. Auch die Briefe der Braut werden angestachelt von den Bildern eines höheren geistigen Lebens. Von solchen pathetischen Überschwenglichkeiten in Stieglitz' Briefen abgesehen, sind auch die mitgeteilten literarischen Erlebnisse zeittypisch zu verstehen. Verklärt werden die Dichterbegegnungen, die Stieglitz weihevoll mitteilt, als er sich 1823 auf einer Bildungsreise durch halb Deutschland befindet. Er besucht Uhland und Jean Paul, den »würdigen« Voß, den Dichter der ›Luise‹, und zitiert die edlen Gestalten Homers und andere Lektürefrüchte – und natürlich am häufigsten die eigenen poetischen Produkte, den Beginn seiner drei Gedichtbände der ›Bilder des Orients‹. Verständlicherweise wird von der Braut Stieglitz' wenig originelle Poesie im Geiste Goethescher und Rückertscher Orientlyrik dankbar aufgenommen. Schließlich bildet sich das junge Mädchen in dieser »wechselseitigen Erziehung aus der Ferne«. Stieglitz sieht seine Poesie als Spiegel seines gärenden inneren Lebens. »Dein Blut ist der Orient, und Dein Orient ist Dein Blut«, so hört er es bestätigend von einem Freund. Die künstliche Rhetorik der Verse mag unauffällig erscheinen. Aber nicht zufällig hat sich später eine ganze Autorengeneration mit Stieglitz' Leiden eines gescheiterten Dichtertums identifiziert.

Überhaupt ist die Sozialisation des jungen Mannes, der 1801 in Arolsen in einer Kaufmannsfamilie geboren wurde, ganz charakteristisch für die damaligen deutschen Bildungsideale. In Stieglitz' nüchternem Elternhaus und seiner Gymnasialzeit werden hochgespannte idealistische Lebenserwartungen genährt. Harmlos mutet auf den ersten Blick Stieglitz' Phantasie eines euphorischen bindungslosen Lebensplans an. In seiner Göttinger Studienzeit schreibt er, wie »sich der Plan gebildet (hat), frei von den Fesseln eines ehelichen Bandes durch das Leben zu streifen und künftig einmal auf weiten Reisen oder auch in Kämpfen meine Kraft zu üben«. Solch romantische Urphantasien des Helden seiner Epopöe auf der Suche nach »Sonnenwiege« und »Ostmeer« sind aber bereits von Stieglitz' schwerer seelischer Störung gezeichnet. »Alles, was die Menschen ›Glück‹ zu nennen pflegen, schien mir nichtig, und die Summe des wahren Glückes, aufzugehen in dem unablässigen Nachjagen eines Unerreichten, Nie-zu-Erreichenden«.

Stieglitz scheiterte nicht nur als Dichter, sondern auch als Liebender. Die Andeutungen dieser Unfähigkeit sind in unzähligen schriftlichen Mitteilungen zu finden. Sie sind die wahrhaft dunklen Punkte dieser Brautzeit. Stieglitz schreibt fast täglich seine Briefe, wie er sagt, aus dem »tiefempfundenen Bedürfnis, alles, auch das Geringste, mitzuteilen«. Aber er selbst zog es vor, seine Sehnsucht lieber aus der Ferne aufs Papier zu gießen. Statt an der Gegenwart der Geliebten berauscht er sich an den mystischen Visionen, in denen »Lottes Bild« erscheint, vor dem der Jüngling »wonnetrunken« niederfällt. Das Motiv der fernen Nähe erscheint in keiner Brautzeit als solch düstere Vorankündigung, als Indiz der Unfähigkeit des Bräutigams, seine unendlichen Verschmelzungssehnsüchte zu verwirklichen. Es ist Stieglitz, der der Braut Trennungen von oft über einem Jahr auferlegt, die das junge Mädchen, ungesellig und schüchtern, in ihren Leipziger Familienpflichten erträgt. Schließlich teilt die Braut ja auch die Seelenverschwisterungsphantasien, in die sich Stieglitz nicht nur flüchtet, sondern geradezu die langen Trennungszeiten freudig begrüßt. Am 24. 6. 1825 etwa schreibt er, wie die »Verschwisterung des Geistes beinahe körperlos« ihn beselige: »Ja, Charlotte, ich gestehe, daß die Schwärmerei mich oft so weit gerissen hatte, daß mir Ferne und Nähe ganz zu einem wurden, daß ich ewig mich von Dir getrennt hätte denken können, treu Dich liebend, durchaus glücklich, beinahe nicht entbehrend, denn in jedem Augenblicke fühlte ich die Nähe der Seelen.« Unheilvoll fällt diese unerreichbare Nähe mit Charlottes Opferträumen zusammen. Die fünfjährige Brautzeit ist ein Balanceakt, in der der Dichter seine ekstatischen Liebesworte für sein künstliches, glutvolles poetisches Werk in Anspruch nimmt. Für die Braut mögen die in die Ferne geschobenen Sehnsuchtsbilder nur allzu verführerisch gewesen sein: »Wir aber ziehen vereint über die blauen Berge und die tiefste Ferne, den ewig nahen Himmel hält der eine in des andern Liebe fest in eigener Brust. Das macht, die Geister haben sich gefunden.« Die Biedermeier-Brautbriefe sind auch in der glutvollen Liebessprache eine psychologische Fundgrube. Stieglitz' »feurige« Mutter, die dem Sohn bei seinem reizbaren Zustand nur eine absolute, hingebende Liebe erlauben will, schwebt über den symbiotischen Liebeswünschen. Stieglitz' Sehnsucht nach einzigartigem Vertrauen und eifersuchtsloser Liebe kündigen natürlich unbewußt bereits an, welch fernes Sehnen in Wahrheit die Geliebte auf Distanz halten wird. Manchmal erschrecken ihn Ahnungen, wenn er daran denkt, daß der Geliebten jemals Kränkendes zustoßen möge, und gar unbewußte Todeswünsche in Versform erhält die Braut, als sie einmal nach dem Tod des ihr anvertrauten kleinen Neffen schwer erkrankt. Stieglitz verfaßt sogleich Trauerverse wie solche: »Schlang ihr oft an froher Stätte / In die Locken Blum' und Band, / Wie im schwarzen Ruhebette / Sie die Todtenkron' umwand.«

Der Biedermeiertragödie, die in der Brautzeit ihren Anfang nimmt, fehlt jedoch nicht ein gewisser Ästhetizismus. Mit erstaunlicher Konsequenz durchziehen die unheimlichen Wunschbilder literarische Anspielungen. Nicht nur einmal läßt Heinrich Stieglitz, namensgleich mit dem Helden des Romans des Romantikers Novalis, ›Heinrich von Ofterdingen‹, Charlotte den Tod der Frauengestalt des Romans, Mathilde, sterben, wenn er in seinen Briefen dichtet: »Ch.: Auf dem Kahne, den Du dort am Ufer siehst; ohne Segel, ohne Ruder trugen ihn die Wellen, und hier, flüsterte die Seele, wirst Du Heinrich finden. H.: Und mich trug der Hauch der

Lüfte hierher; aber ich sah Rosen blühen, und nicht Charlotten; da ward ich voll Trauer, ihr so fern zu sein; und als ich so im Innersten bewegt in all die Herrlichkeiten blickte, klang Deine Stimme, und ich war im Himmel. ›Ja, im Himmel‹, sprachest Du mit wundersüßem Tone; ›auch auf Erden ist ein Himmel, wo Du nah bist‹.« Als Charlotte ihren Selbstmord verübt, greift sie solche Zitate auf. Der Gatte hatte ihr einen ähnlichen Traum erzählt, der ihn in seinem Leiden aufrüttelte, ein Traum, in dem sie in namenlosen Fluten unterging. Auch die Zeitgenossen hatten in ihren Kommentaren des aufsehenerregenden Selbstmords ein feines Gespür für den Ästhetizismus, mit dem auch die unglückliche Charlotte Stieglitz ihren Selbstmord gestaltete. In ihren Tod verwob sie ein literarisches Zitat, die Erinnerung an den berühmten Selbstmord von Goethes ›Werther‹. Wie schrieb so herzlos der nach melodramatischer Verschönerung des Daseins lechzende Karl Gutzkow: »Es gibt Irrtümer, die schöner sind als das Richtige.«

Charlotte Willhöfft
1823

Stumme Liebe

Schweigen fordert Deine Nähe,
Und ich bin ein tändelnd Kind;
Wenn ich Dir ins Auge sehe,
Weiß ich noch, was Schmerzen sind? –

Doch wenn ich Dich nicht mehr sehe,
Wie beredt red' ich zu Dir!
Schlägt mir Wunden Deine Nähe,
Ew'ge Nähe heilt sie mir.

Und ich seh' Dich schweigend wieder,
Lächle, lächle immerzu,
Bis ein Engel bringt hernieder
Todeslächeln, ew'ge Ruh'.

Charlotte an Stieglitz
15. 3. 1823

Mein Heinrich!

Könnte doch mit diesem innigen Gruß, wie er sich eben so mächtig zu Dir hindrängt, auch die ganze Seele überströmen, sich einmal aus ihrem Kerker herausreißen, der sie nur um so mehr gefangen hält, je heißer die Sehnsucht ist, ihr Innerstes gegen Dich so recht zu ergießen! – Wie oft bringe ich dir meinen stillen Dank, Du Geliebter, dafür, daß Dein Seelenleben stets so offen vor mir ausgebreitet liegt, während ich mir sagen muß, daß Du zuweilen keine Ahnung hast von dem, was mich so tief bewegte und wie sich in einem kurzen Zeitraume so sonderbare Gedanken und Empfindungen durchkreuzten, die für Gegenwart und Zukunft nicht ohne Einfluß sind. Künftig aber, denke ich, wird sich das so nach und nach in Deiner Nähe alles lösen, mein geliebtester Freund, vor dem ich kein Geheimnis kenne. Ja, Heinrich! so recht innige Freunde werden wir wohl stets sein; es ist jetzt unsre Übereinstimmung zuweilen ganz wunderbar, selbst bis auf Kleinigkeiten. So mußte ich neulich beim Empfang Deines letzten lieben Briefes wirklich lächeln über die ganz gleiche Art, mit der wir uns zuweilen der Außenwelt hingeben. Ich dachte dabei an Theklas Worte in Wallenstein:

»Dem Spiel des Lebens sieht man heiter zu,
Wenn man den sichern Schatz im Herzen trägt.« –

So wirst Du mir auch wohl erlauben, daß ich jetzt wie künftig Dich ebenso gern einmal spielend sehe als tätigen Geistes, ja, mich jedesmal freue über die Erholung, und wenn es auch nur die des Körpers wäre. Oh, es ist eine Wonne, wenn man sich einmal so ganz durch und durch erkannt! Wie müßtest Du es anfangen, was könntest Du beginnen, woraus ich nicht Dein eigentliches Selbst hervorleuchten sähe? Heinrich, ja, wir sind vereint für hier und alle Ewigkeit! Zuweilen kann ich mir wünschen, ich wäre nicht Deine Freundin, sondern Dein Freund (dann brauchtest Du Dich nicht mit Schülern und toten Büchern abzuquälen), wenn ich mir nicht doch dann sagte, daß ich als Deine Freundin, Deine Gattin, Dein Lottchen, noch weit mehr nur für Dich leben kann. (...) Sind wir nur erst vereint, und Du bist an der Bibliothek fest angestellt, dann wollen wir schon sehen, daß es Dir nicht allzu lästig wird; schlägt das Feierstündchen, dann komm' ich Dir entgegen, und wir gehen dann hinaus frischen frohen Geistes und kehren noch fröhlicher in unsern häuslichen Himmel zurück –

»Ew'ger Frühling unsre Liebe,
Ew'ge Blüte unsre Treu!«

nicht wahr, mein Heinrich?! – Und dazu noch die Erfüllung Deines andern Wortes:

»Schöpferdrang ihr starker Freier,
Jugendglut des Marks Erneuer!« –

Und hiermit nun zu Deiner erfreulichen Sendung, die mir Kind am Montag morgen (...) gebracht hatte. Ich bin wirklich recht überrascht durch dieses vielfältige Leben. Du hast recht, das ist es! Und weißt Du denn, daß Du in manchen Gedichten gar nicht leugnen kannst, daß Du früher große Anlage zu einem Räuberhauptmann gehabt haben mußt?

»Es möcht' ihr äugelnd Blinken
Blut trinken!«

Ist das nicht furchtbar schön? Dabei seh' ich meinen schwarzen wilden Dolchschwinger funkelnden Auges vor mir! Bist aber doch sanft, wenn ich Dich liebend anblicke – nicht wahr? – Ja, ja, ich hab's erfahren. Du kannst mir's nicht ableugnen, Wilder, Unbändiger, Gebändigter! –

(...)
Grüße auch alle Freunde von Deiner Dir ewig nahen
Charlotte Stie ...?
... Willhöfft.

Heinrich Stieglitz an Charlotte Willhöfft
23. 6. 1824

Und so kehre ich denn zu Dir zurück, mein Leben, in der vollen Überzeugung, daß nur Du auf dieser weiten Erde mich ganz verstehst, ja, ganz nur Du. Ich weiß, wie meine teure, liebe Mutter mit hellem Geiste und liebender Seele meine Schritte jederzeit begleitet, wie Emilie zum Teil, Jacobs und andere Freunde zu verschiedenen Zeiten mich wohl richtig aufgefaßt; ob aber einer jetzt mich ganz zu fassen imstande ist außer Dir, bezweifle ich. Du verstehst mich auch aus Andeutungen, Du berücksichtigst, was noch im Keime liegt, und ahnst die noch unentwickelte Idee. Die hervordringende Gestaltung der Ideen, das Wollen aller meiner Kräfte, der Blick auf Kunst und Leben geht so Hand in Hand mit meiner Liebe, daß es ein Durchdringen ist. Wer hätte den Schlüssel zu dem allen außer Dir, Du Einzige, der meine kleinsten Schwächen, wie mein schönstes Vermögen offen daliegen, durch die jene immer mehr vermindert, dieses stets erhöhter, geläuterter wird –! –

Stieglitz an Charlotte
13. 8. 1824

Ganz ruhig und zufrieden wieder eil' ich heut' zu Dir, geliebtes Mädchen, um in Deiner Nähe die Erquickung zu finden, die Du mir so oft gegeben. Du hast mich Sonntag in einer seltsamen Stimmung gesehen, ganz jenen wilden wüsten, ähnlich der frühern Zeit, wo mein ganzes Wesen aus seinen Fugen getreten glühend aus sich herausschweifte. Aber seit gar langer Zeit, mir kaum erinnerlich seit wann, war dies die erste dieser Art, und doch auch bald durch Willen unterdrückt und Deine Nähe; aber sie war fürchterlich; und weil denn einmal zwischen uns die ungeschminkte Wahrheit sein soll, weil ich keine Falte jemals Dir verdecken werde, will ich dies Blatt auch Dir nicht zurückhalten, will Dir nicht verhehlen, daß noch nicht jeder Gewittersturm für immerdar vorüber ist und daß, besonders wenn ich heftig aufgeregt bin, mein ganzes Wesen augenblicks sehr reizbar ist. So war es auch diesmal; ich hatte eine Zeitlang sehr zurückgezogen gelebt, vielleicht zu viel und zu anhaltend bei meinen vorgesetzten Studien gesessen, und auf diese Art schon unbewußt die Harmonie zwischen Körper und Geist aufgehoben; so mir selbst unklar, wo ich durchaus lieber hätte hinauseilen sollen, soweit ich konnte und bis ich ganz frei war, trat ich unter Menschen, die mich nicht verstehen können, und da war denn Mißverständnis Folg' auf Folge unvermeidlich, und mit tief verwundetem Gemüte, empört bis in das Innerste, kehrte ich zu mir selbst zurück, um da erst vollends außer mich zu kommen. (...) Lottchen, fühlst Du mit mir, was mich hierbei so freudig durchbebt? Mit der vereint zu sein, die alle Tiefen des Herzens ergründet, die jede leise Regung, Blicke, Töne versteht ohne Worte, die aus allen Tiefen erst das Wahre, das dem Freunde vielleicht selber noch verborgen war, herausfindet und zur Gestaltung hingibt; Lottchen, solch ein Einklang Seel' in Seele, er erwartet uns, uns beide! –

Stieglitz an Charlotte
9. 8. 1825

Teures Leben, ja, ich werde Dich beglücken. Aber Du wirst an mir viel zu tun bekommen. Einen Fehler, der in dem Gedanken an Dich oft mich bitter schmerzt, kann ich Dir nicht verhehlen: Ungleichheit der Stimmung. Dieser tritt jetzt furchtbar grell hervor, mehr als jemals. Er ist Dir nicht entgangen, und jene Tränen, die bei seiner Entdeckung Deinem Aug' entquollen, brennen fürchterlich in meinem Busen. Sollt' es möglich sein, daß ich Dir jemals Stunden verbittern könnte bei so inniger Liebe? Zwar Du wirst den Zauber finden, jenen Teufel zu bannen, der in die zarte Erregbarkeit meiner Seele sich herrisch eingeschlichen und Macht gewinnt, sobald nur im geringsten eine Disharmonie des Körpers sich zeigt; aber dennoch zittr' ich vor der Möglichkeit, Dich je durch Unmut zu betrüben. Und diese Möglichkeit vermag ich nicht zu leugnen. Zwar ein liebender Blick für alles andere wird in Deiner Nähe mir zurückkehren, ein heiterer Gesichtspunkt, gleichere Stimmung, größere Ruhe; aber immer wird der Teufel doch nicht schlummern, und Du Engel wirst mehr als einmal Geduld üben müssen. Nur eins sei dann heiliges Gesetz für uns: kein anderer wisse je davon als wir, wenn er einmal erwacht war, und haben wir ihn eingeschläfert – ich verspreche Dir zu diesem Zwecke tätige Wachsamkeit und Strenge –, dann laß uns selbst vergessen, daß er dagewesen, und wieder harmlos spielen wie die Kinder.

Charlotte an Stieglitz
16. 7. 1827

Ich wurde am Mittwoch in meinen Erwartungen nicht getäuscht; dafür hattest Du, mein Heinrich, reichlich gesorgt. Ja, große, sehr große Freude hast Du mir wieder bereitet, und dafür meinen warmen Dank! Ein ungeheures Leben ist in Deinem letzten Briefe; aber auch so recht geeignet, mir von Deinen jetzigen Schöpfungen gar nicht wenig zu versprechen. Und es wird meinem Dichter wohl nicht bange dabei? – ich sehe wenigstens in Gedanken, wie Du eben mit leuchtenden Blicken noch einmal die ganze letzte Reihe durchfliegst und Dir sagst: »Lottchen wird im stillen ihren Jubel haben!« – Ach, daß ich auch nur eine Seele hier hätte, die meine Freude zu teilen vermöchte! – aber nein, niemand ist hier, gegen den ich mich auch nur auszusprechen wagte, wenn es mir so recht warm ums Herz ist. Höre, Heinrich, es ist etwas ganz Eigenes auf die Länge der Zeit, wenn man sich selbst so ganz verleugnen, so ganz aufgeben muß an Menschen, von denen man weder gekannt noch verstanden wird. Ich würde dies nie so drückend fühlen können; solange mir Freiheit gegeben ist, allein zu sein, wenn ich will; da finde ich Ersatz und habe ihn schon in frühen Jahren gefunden für die Stunden, in denen ich mich selbst ganz in den Hintergrund stellen muß, um denen erfreulich und angenehm zu sein, für die ich Liebe und Pflichten habe. (...) Wie schön liegt jetzt das Leben vor mir ! Ich fühle eine Aufgabe, die ewig neuen Reiz für mich haben wird, nach der ich mich schon früher, beinah zu frühe gesehnt! Ich bin mir jetzt eigentlich erst recht klargeworden, wovon ich in meinem vierzehnten und fünfzehnten Jahre schon oft in meiner Einsamkeit träumte; ich wollte eine Aufgabe im Leben lösen, und zwar keine geringe; sonst – das ist wahr – wollte ich lieber sterben und konnte mich dann selbst glühend danach sehnen, aber auch nur dann. Ja, von großer hoher Liebe habe ich doch wohl schon damals geträumt; darum dieser zu frühe Ernst; denn wenn ich um mich her sah, konnte ich ja nicht an die Möglichkeit dieser Erfüllung glauben, und dennoch trug ich diesen Gedanken oft mit mir herum; ach, es war wohl ein Ahnen kommender Seligkeit! – Und was liegt nun alles dazwischen! Gott, Du hast alles wohlgemacht, alles war gewiß zu meinem Nutz und Frommen, darum Preis und Dank ewig ihm! – Heinrich, mein bester Heinrich, gewiß, Du sollst glücklich werden! – Gute Nacht, gute Nacht! –

Charlotte an Stieglitz
18. 7. 1827*

Heute ist es nun also vier Jahre: »Schwesterchen, wenn uns der Himmel füreinander geschaffen hat« – weißt Du es noch weiter? – Mir ist es, als hörte ich Dich noch. Eins weißt Du aber noch nicht! Denke Dir, heut morgen erfahre ich von Doris, daß heute meines Vaters Geburtstag ist. Noch immer kann ich's nicht ganz glauben, ehe ich die Mutter gesprochen; und dennoch scheint sie so ganz gewiß zu sein, erzählte mir noch, daß, als ich klein gewesen sei, wäre sein Geburtstag immer mit dem meinigen gefeiert, er hätte nie seinen Geburtstag recht bestimmt gesagt, bis sie zuletzt doch erraten hätte, daß es der 18. Juli sei. Ist das nicht wunderbar! Ich habe nun heute so viel an ihn denken müssen; ach, könnte er doch einmal nur herabschauen und sehen, was dieser Tag mir für Glück gebracht hat! Hätte er das früher ahnen können, er hätte nie um mich gesorgt.

Für heute sage ich Dir nun einen innigen guten Morgen; ich bin so stille froh und kann wenig sagen, obgleich das Herz recht voll ist; wir sind uns aber gewiß beide recht nah. Heut über ein Jahr!! –

Stieglitz an Charlotte
1. 8. 1827

Siehe, mein geliebtes Mädchen, was für unsere Zukunft mich recht durch und durch erfreut, das ist die größere Herrschaft, die ich über meine Stimmung gewonnen habe; und das konnte bei den mächtigen Wogen, welche in mir fluten, wohl nur durch die tiefere Konzentration nach innen geschehen. Immer mehr werde ich es erringen, daß ich dem

* Der 18. Juli 1823 war das Datum des inoffiziellen Verlöbnisses von Stieglitz und Charlotte.

Meere gleich im tiefsten Grunde flutend doch der Oberfläche ebenen Spiegel frei und gleich erhalte, daß er auch nach dem gewaltigen Sturm sich selbst bald wieder gleich wird. Ach, dies ist mir in dem Gedanken an Dich sehr beruhigend; denn daß ich Dich glücklich machen könnte, würde, daran habe ich in der Gesamtaufgabe meines Lebens nie gezweifelt; aber bange ist mir oft geworden vor den einzelnen Momenten, sonst, wo ich mich oft so unstet, ungleich fühlte, jeder Blutwelle zum Abfluten aus mir selbst nachgebend.

Stieglitz an Charlotte
29. 12. 1827

Mein liebes, liebes teures Mädchen!

Siehe, als ich gestern abend jenes Liedchen an Dich ausgesungen, da brach der langverhaltene Schmerz in heißer Tränenflut hervor und löste die gespannte Kraft der Seele; zurück kehrte der alte Geist innigster Nähe und Verschwisterung, der uns so lange und so oft die Ferne zur Nähe umgestaltet, der keine Trennung kennt, der mild wie Frühlingswehen jeden Augenblick erfüllend die starre Öde zum Paradiese schafft.

Soll ich Dir's leugnen, daß in diesen Tagen immer wieder der tiefe Schmerz Herr über mich geworden war? Kann ich es Dir verhehlen? Ja, ich war sehr, sehr tief ergriffen von unsäglicher Wehmut, ich will Dir's nur gestehen, ich glaubte nicht die Kraft zu haben, diese lange Trennung zu ertragen; ach, ich war gar nicht mehr Herr über mich.

Stieglitz an Charlotte
30. 12. 1827

(...) Aber noch eine Betrachtung muß ich Dir mitteilen, Köstliche, gerade jetzt, obgleich ich früher schon einmal mich deshalb ausgesprochen. Diese leise Beweglichkeit all meiner Kräfte, diese zarte Regsamkeit der Nerven und die Empfänglichkeit für alle Eindrücke, diese Macht des Bildens und Gestaltens ist es auch, die nach zu großer Anspannung eine Abspannung hervorzubringen vermag, die zu dem Widrigsten gehört, was ich kenne. Ich glaube, daß an Deiner Seite dieses seltener der Fall sein wird, allein unmöglich ist es nicht; in solchen Stimmungen bin ich durchaus unleidlich, unerträglich, reizbar bis aufs äußerste, kaum eines einzigen Gefühls Herr, und ob der Wille gleich in bedeutenden Momenten stets der alte Treubewahrer des Charakters bleibt, der Geist schläft dann, und Du siehst nicht Deinen herrlichen Jüngling, sondern einen Unerträglichen, auf den nur Du, unter allen Wesen Du allein, Einfluß zu üben vermagst. Daß solche Stunden Dir bisweilen schmerzlich werden könnten, ist mein tiefer Kummer, und ich habe gestern erst in diesem Gedanken recht bitterlich geweint. Doch werd' ich alles tun, mich auch in dieser Hinsicht immer mehr in die Gewalt zu bekommen, damit Du, mein köstliches Weib, nicht Deines Gatten Launen tragen, sondern seiner Liebe, seines Geistes Dich erfreuen dürfest.

Stieglitz an Charlotte
4. 2. 1828

Und in dieser ungeheuern Kluft zwischen Dir und mir, in dieser Trennung des äußern Lebens bei ununterbrochener Seelennähe ist die selige Befriedigung meines Herzens, für Dich zu wirken, meines Geistes einzige Befriedigung, Dich zu verherrlichen; im Leben Tat und unermüdliche Bereitwilligkeit, im Geiste ununterbrochene Entfaltung, das sind die Geister, mit denen ich die Öde fülle, diese fürchterliche Einsamkeit, die ich getrennt von Dir mit jedem Tage mehr empfinde. Wenn es nicht so rasend göttlich wäre, für Dich zu leben, zu wirken, zu schaffen, einzig in Dir und durch Dich und mit Dir, ich könnte den Lufthauch beneiden, der es wagen darf, ewig um Dich zu sein. O, diese glühende Sehnsucht, die mich durchdringt, kann nur Befriedigung finden in dem Wirken für Dich, in dem Schöpfen Deiner; und wenn Winckelmann sagt: »Die wahre Schönheit ist nur in Gott«, ich sage mit demselben Recht: »Nur in ihr ist das wahre Göttliche des Schaffens.«

Stieglitz an Charlotte
16. 2. 1828

Es bedarf wohl der Erklärung nicht bei Dir, Du seelenvoll durchdringende Freundin, daß solch eine Zeit des innersten Erzitterns für mich dagewesen; Du hast schon erraten, daß gerade diese letzte Zeit ein solch gewaltsamer Konflikt war, wo die immer wachsende Größe meiner Aufgabe sich riesenstark neben die tausend Anforderungen des Lebens zur Überwältigung der innern Stärke stellte; nein, nicht zur Überwältigung, zu Prüfung nur, zur kräftigern Ermannung. Erst nach dem errungenen Siege aber durft' ich Dir, Geliebteste, den Kampf vorführen, den erschlagenen Feind erst Dir darstellen; denn nicht zittern sollst Du, meine Freundin, für den kämpfenden Geliebten; Du, die jeden Augenblick ihm neue Kraft verleiht, sollst seine Siege nur und im Triumphe erst die an den Siegeswagen zum Dienst gefesselten Feinde Deines Kämpfers sehen. So führe ich Dir denn als Sieger den gefesselten Dämon »Zweifel an der Lösung meiner Aufgabe« jetzt vor Augen, daß Du in sein fürchterliches Antlitz ohne Schrecken blicken mögest.

Charlotte an Stieglitz
20. 2. 1828

Zum 22. Februar*

Guten Morgen, mein Heinrich!

Laß mich Dich erst anders wieder sehen, ehe Du viel von mir verlangst; ich fürchte, meine unbegrenzte Liebe könnte Dich diesmal schmerzlich verwunden. Es ist hart, sehr hart, zu sehen, daß der, den man über alles gern glücklich wissen möchte, sein eigner Feind ist, sich beständig selbst quält, damit der Traum von ewiger Jugend ja noch beizeiten vernichtet wird. Wehe Dir und mir, daß Du Dich zum Dichter berufen glaubtest, wenn Du in der Anwendung aller Deiner Kräfte nicht schon Befriedigung findest! – in Freudigkeit mußt Du schaffen; und was dawider, das ist von Übel. Stellst Du Dir aber eine Aufgabe über Deine Kräfte, so erscheint mir dies sündlich, denn nach Vollendung derselben wird der Geist wahrscheinlich krank zusammensinken und der Körper dazu. Lebewohl!

Stieglitz an Charlotte
25. 2. 1828

Auch hat der Brief, den Du am 22. wohl wirst erhalten haben, Dir bereits den ewig aus sich selber sich Verjüngenden gezeigt. Auch bist Du Dir sehr wohl der durchdringenden verjüngenden Gewalt Deiner Liebe bewußt, weißt zu sehr, was Deine Nähe vermag, um jemals ein Ermatten oder ein Veralten Deines Heinrich befürchten zu dürfen.

Ew'ger Frühling Deine Liebe,
Ew'ge Blüte Deine Treu'!

Und hiermit wohl Dir und mir, daß sich Dein Dichter ganz

* Geburtstag Heinrichs

und gar von Dir erfüllt und innigst in Dir befriedigt niemals in Vollbringung seiner großen Aufgabe, auch bei dem Aufgebote aller Kräfte niemals selbstgefällig sich genügen kann, sondern im steten Kampfe aller Tätigkeit und überwiegend alle Hindernisse besiegend der Vollendung sich entgegenneigt.

Charlotte an Stieglitz
27. 2. 1828

Heute komme ich nun wieder ganz genesen zu meinem treuen Arzt, der ebenso schnell heilen als verwunden kann. Wie gern möchte ich glauben, ich hätte diesmal Dein Vertrauen nicht verdient, wie ich sollte, wie freudig mir eingestehen, ich hätte die Sache nicht ruhig, nicht vom rechten Standpunkt angesehen; aber ich kenne meinen Heinrich den Dichter gar zu gut, weiß, wie unendlich oft er sich schon zur Luft hindurchgewunden, habe aber nicht die Grenze dieses Kampfes kennengelernt. Oh, solange Du nur kämpfst, solange ich echte Kraft und Widerstand sehe, so lange werde ich frohe Zuschauerin sein; aber, Heinrich, einen Punkt, den fürchte ich; und kam es wirklich diesmal nicht soweit, so hast Du mir doch früher schon einigemal Ursache gegeben, ihn zu fürchten. Weißt Du, wie er heißt? – Doch nein, ich will's Dir nicht verraten! Das sind auch längst verklungene Erinnerungen, die sich vielleicht im Leben nicht wieder erneuen; nicht wahr, Du mein starker Held? –

Wie ich nun Deinen frischen, erneuten Geistesflug so freudig fortgesetzt, kannst Du wohl denken; da tritt denn nun auch jeder andere Wunsch leicht beiseite, um so mehr der Gedanke an ein so baldiges Wiedersehen, da dieser eigentlich erst recht lebhaft erzeugt worden in den trüben Ahnungen und Besorgnissen um Dich.

Wie danke ich Dir so innig, mein Bester, für das schöne, liebliche Geschenk, womit Du mich erfreut. Es hat doch noch ein ganz besonders wunderbares Interesse, das zu lesen, was Du erst eben mit Liebe durchdrungen, ja es ist gleichsam ein kleiner Ersatz für die Wonne des Zusammenlebens, wenn man sie entbehren muß. Ich konnte es nicht unterlassen, zuerst gleich das aufzuschlagen, was Du besonders herausgehoben; nun gehe ich aber hübsch ruhig der Reihe nach. –

Stieglitz an Charlotte
22. 5. 1828

Lottchen, heute über sieben Wochen sind wir zusammen auf der Reise; fürchtest Du Dich nicht, so ganz allein mit mir zu sein, ohne Mütterchen, ohne irgendeinen Beschützer als den grausamen Mann, der sein liebes, holdes, treues Bräutchen verstoßen will? Ja, Charlotte Willhöfft, treue, liebe, teure Seele, Dich verstoß' ich, um Charlotte Stieglitz mein zu nennen. O des wunderbaren, sel'gen Wechseltausches, Seel' in Seele, Seel' um Seele! Zürne mir nur immer, Du Geliebteste; ich lösche Deinen Zorn mit sel'gem Wonneüberguß von unzählbaren Millionen Küssen. Grüße mir Charlotte Willhöfft, meine herrliche Freundin, noch sechs Wochen lang jeden Abend und flüstere ihr beim Schlafengehen in die Seele, daß ich sie am 9. Juli zu umarmen gedenke, so herzinnig, daß keine Spur mehr von Charlotte Willhöfft übrigbleibe. Wird sie darum zürnen?

Lottchen. Übermütiger! kennst Du kein Maß?

Heinrich. Nur eins kenne ich: untertauchen meines eigenen Lebens in dein Leben, und auftauchen als der selige Erkorene Deiner grenzenlosen Liebe. Ja, ein Herz und eine Seele nur, und darum auch ganz Dein ohne Rückhalt!

Lottchen. Heinrich, willst Du mich denn töten mit der Überfülle Deiner Seligkeit?

Heinrich. Ja, töten will ich Dich, Charlotte Willhöfft, auf

daß tausendfaches Leben herrlich aufblühe aus diesem seligen Tode Deines Namens. Einen Kuß noch, teure, ewig teure Gattin, eh' in Deinen Armen ich entschlummere!

Lottchen. Gute Nacht, mein Leben! Teurer Gatte.

»Bist Du Luftbild oder Leben?«

Brautschaft und Entsagung. Eduard Mörikes Briefe an seine Braut Luise Rau 1829–1833

Das Leben des am 18. September 1804 geborenen schwäbischen Dichters Eduard Mörike berührt in seinen 71 Lebensjahren die literarischen Strömungen des Biedermeiers, aber auch des literarischen Realismus. Mörikes Bildungsgeschichte ist geprägt durch die frühe Lektüre der klassisch-romantischen Literatur, durch Goethe, Hölderlin und Byron. Der stille, übersensible Arztsohn gerät als jugendlicher Stiftszögling an den Rand eines gefährlichen und leidenschaftlichen Hangs zu Weltschmerz und stürmischen Liebesverwirrungen, seelische Abgründe, wie sie Mörikes Jugendfreund Waiblinger weitaus exzessiver durchlebt. »Waiblingertum« und Hölderlinfaszination scheinen in weite Ferne gerückt zu sein, als sich der vierundzwanzigjährige Eduard Mörike für die Pfarramtslaufbahn entscheidet. Solche Ermahnungen erhält der junge Dichter von Gustav Schwab, der ihm den Rückzug in die ländliche Idylle empfiehlt. Im Februar 1829 verläßt Mörike Stuttgart und bezieht das Pfarrhaus von Pflummern. Die nächsten Jahre wird er auf seinem Weg zur eigenen Pfarre noch öfter seine Vikarsstellen wechseln. Das nächste Vikariat allerdings ist entscheidend für Mörikes Liebesgeschick. Am 27. Mai schon wird er nach Plattenhardt auf den Fildern versetzt, wo der geistliche Hirte Gottlieb Friedrich Rau am 27. Februar gestorben war. Eine harmonieversprechende Zukunft tut sich auf. Am 14. August verlobt sich Eduard Mörike mit der dritten Tochter der Rauschen Familie, Luise. Scheinbar schließt sich der Kreis, denn Mörike kannte die Pfarrersfamilie von früheren Besuchen. Sechs Jahre liegt die Zeit seiner ersten

Luise Rau, Mörikes Verlobte (1806–1876)
Zeichnung Mörikes: »Luise Rau als Gretchen«

Eduard Mörike (1804–1875)
Lithographie von B. Weiß, 1851

Jugendliebe zu seiner Cousine Klara Neuffer zurück, die ihn mit den befreundeten Rauschen Töchtern bekannt gemacht hatte (übrigens zeigt sich auch in Mörikes erster Liebe zu seiner Base Klärchen seine seltsame Sensibilität: auch dies Klärchen wird ihm noch jahrelang in Träumen erscheinen). Nun, Jahre später, fällt seine Wahl sofort auf die in sich gekehrte, anmutige zweiundzwanzigjährige Luise.

Was wissen wir von ihr? Luise wurde am 27. Oktober 1806 geboren und muß nach dem Tod des Vaters in ihrem Hang zu mystischer Versunkenheit noch bestärkt worden sein. Man hat die schlichte Braut des Dichters Mörike belächelt, aber solche Einschätzungen verfehlen die Übereinstimmung, mit der sich Mörikes Mädchenwunschbild, die Anbetung seines reinen, engelhaften Geschöpfes, in den idyllischen Rahmen der Pfarrhauswelt fügt. Nun erst festigt sich Mörikes Entschluß, »im ruhigen bescheidenen Winkel« schöpferisch tätig zu sein. Wenn auch Luises Briefe verschollen sind, besteht kein Zweifel an der beiderseitigen glücklichen Liebesbegegnung. Der Liebe Mörikes zu Luise Rau verdankt die deutsche Literaturgeschichte die literarisch schönsten Liebesbriefe, in die alle Schönheit der lyrischen Sprache des Dichters Mörike einfloß. Mörike hat die Briefe sicher, ohne literarische Absichten zu verfolgen, im anmutigen, plaudernden, auch neckischen und versonnenen, gewiß auch manchmal zeitgemäß pathetischen Liebeston geschrieben. Auch ist die Brautwahl im verinnerlichten Pfarrhaus in der deutschen Literaturgeschichte kein Sonderfall. Gerade im Biedermeier mit seinem Schauder vor ungeheuren Schicksalsmächten wird angesichts des Irrationalen und Mystischen um so stärker das Fundament von Ehe und Familie gesucht. Doch schließlich endet Mörikes Verlobung in schmerzlicher Entsagung. Rätselhaft scheint noch immer, woran die Absichten des Dichters gescheitert sind, seine Luise in ein Pfarrhaus heimzuführen. Sicher, in der vierjährigen Brautzeit erscheinen Gemütsschwankungen bei dem reizbar-nervösen Dichter, dessen neurasthenische Nervenschwäche immer wieder durchbricht. Zweifel an der seelischen Stabilität Mörikes für das Amt des Geistlichen hat es immer wieder gegeben. Jedoch erlangt ja Mörike nach etlichen Versetzungen in den württembergischen und schwäbischen Dörfern, von Owen bei Reutlingen, wohin er im Dezember 1829 zieht, von Ochsenwang, Öthlingen nach Weilheim, die eigene Pfarrei in Cleversulzbach. Dies ist allerdings erst am 14. Mai 1834, über ein halbes Jahr nach der endgültigen Trennung von Luise Rau, die nach Mörikes Auszug aus Ochsenwang am 23. Oktober 1833 vor sich gegangen sein muß. Wie kam es zu jener rätselhaften Entsagung, von der sich in den späteren Briefen verzweifelte Andeutungen kundtun. Das Versagen der Braut nennt Mörike im Dezember 1833 in einem Brief an Vischer »... eine für mein ganzes (!) Leben wichtige Katastrophe«. Einige seiner 67 erhaltenen Briefe schickt er an seinen Freund Hartlaub. Auch aus diesen Mitteilungen wird deutlich, wie fern Mörike der Gedanke einer Veröffentlichung der Briefe war. Vor allem bricht die schmerzliche Erinnerung an jene Katastrophe auf: »Weil Du es so verlangst, folgt hier eine Partie Briefe (etwa die Hälfte derer an Luise); zwar weiß ich nicht, was Du Sonderliches daran haben wirst. Sie sind ihrer Natur nach ziemlich eintönig. Nur wirst Du daraus sehen, daß ich das Mädchen unsäglich liebte. Es ist diesfalls auch nicht *ein* falscher Hauch darin, sonst wären sie längst ins Feuer geworfen.«

Mörike hat aber auch eine andere Spur angelegt, die zum Erahnen des engelhaften Wesens seiner Braut beitragen kann. In der Brautzeit schreibt er auch seinen Jugendroman ›Maler Nolten‹, der 1832 als Buch erschien. Mitten in Mörikes Verlobungszeit ist dieser tragische Schicksalsroman also bereits abgeschlossen. Natürlich findet sich hier ein Spiegel – ein düsterer jedoch – seines Liebeserlebnisses, wenn wir die verträumten und Vergänglichkeitsgedanken beschwörenden ›Sonette an Luise‹ in diesem Roman lesen.

War denn die Braut den hochkomplizierten Strukturen Mörikes Denkens, das sich in seiner gegenwartsflüchtigen Lyrik abzeichnet, gewachsen? Einiges von Luises mystischer Versunkenheit, gewiß ihre zarte Gestalt, die in einer Zeichnung Mörikes der Braut als Gretchen zu erkennen ist (S. 338), ist unmittelbarer Anreger für die Romangestalt Agnes in Mörikes autobiographischem Roman gewesen. Züge dieser verklärten literarischen Braut hat sie gewiß gehabt, wie z. B. eine Notiz, die Luise dem Verlobten im Spätherbst 1829 ins Notizbuch geschrieben hat, nahelegt. »Erinnerst Du Dich jenes schönen Nachmittags, als Du mir den Wilhelm Meister vorlasest. Es wurde uns beiden so wohl ums Herz, wir hatten damals schon so leise Anklänge von einer gegenseitigen Liebe, die bald in helle Accorde übergingen!« Wie ähnlich ist Mörikes »Göttermädchen« der Försterstochter Agnes. In einem Brief an den Freund Hartlaub verfaßt er ein Porträt der Braut, bei dem man schnell an die Romangestalt der verklärten, unschuldigen Agnes denkt: »Mein Kind mußt Du früher oder später doch sehen. Ein einfaches, heilig unschuldiges Wesen, das, weil andere es verkannten, lange im unklaren über seinen eigenen tief verborgenen Wert war; seitdem ich sie kenne, erhob sich ihr Gefühl und Geist mit schöner Zuversicht, doch bildet ihre Schüchternheit noch immer ein reizendes Gemisch mit diesem neuen Leben. Sie ist verständig, vorsichtig, entschieden, und im Affekt sogar überbrausend, zumal wenn's einem edlen Gedanken gilt, den man ihr bekämpft. Bei der Lektüre leitet sie, besonders in Dingen, die über den unschuldigen, keuschen Mädchenhorizont hinaus liegen, ein niemals irrender Instinkt, dessen verlegener, kindlich origineller Ausdruck mich oft zur seligsten Freude vermocht hat; gewöhnlich lachen wir dann beide herzlich, und ich fühle ganz den zauberhaften Punkt im stillen, der mich von Anfang an fesselte. Ihr Äußeres ist zart und leicht. Wer ihr Gesichtchen beurteilt, sagte noch jedesmal, daß es mit längerem Anschaun nicht bloß gefällig sei, sondern ihre ganze Seele treu abspiegle. Mir ist sie so ergeben, als es nur ein Mensch dem andern sein kann, und ich denke dabei oft unwillkürlich schnell an Dich. ... Damit Du auch etwas von der Handschrift meiner Liebsten habest, schick ich Dir die Beilage von Luise.« (Juli 1830)

Die Wiederkehr des privaten Liebeserlebens in poetischer Gestalt ist nun in der Literatur kein Sonderfall. Der heimkehrende Verlobte Maler Nolten etwa beobachtet heimlich seine Agnes in der eindrucksvollen Friedhofsszene des Romans und sieht dem »lieblichen Geschöpf mit dem Strickzeug und dem Hauskleide« andächtig zu, das er schon verloren geglaubt hatte. Die Idylle der kindlichen, Störche fütternden Braut ist auch in einer Romanabbildung festgehalten. Das Rätselwesen in Mörikes Roman erleidet aber auch eine in Mörikes Brautzeit selbstverständlich nicht zu findende Schicksalsdramatik. Sie stirbt an den Intrigen einer gespenstischen zweiten Braut, die wiederum literarischer Spiegel Mörikes früherer Leidenschaft ist: In der Osterzeit 1833 war Mörike in Ludwigsburg der tragischen Gestalt der Maria Meier, seiner Maria Peregrina, begegnet. Das somnambule, halb wahnsinnige Mädchen ist im ›Maler Nolten‹ die unheilbringende »seltsame Braut« und die Geliebte von Mörikes ›Peregrina-Liedern‹. Peter Härtling hat in seinem Roman ›Die dreifache Maria‹ die verworrenen Leiden des Dichters Mörike weiter ausgestaltet. Dem Peregrina-Abenteuer haben Biographen und Schriftsteller begreiflicherweise die größte Aufmerksamkeit gezollt. Hier wird Mörike in den Abgrund einer Leidenschaft gestürzt, auf deren Bedrohung er immer wieder stumm und flüchtend reagiert und gefährliche »hypochondrische« Krisensymptome zeigt. »Hypochondrische Exaltationen« tauchen aber auch in den Brautbriefen auf. Schlecht geheilte Wunden liegen vor der Brautzeit mit Luise Rau. Nur hat Mörike davon wenig preisgegeben.

Sicher gibt es für den äußeren Ablauf des tragisch endenden Verlöbnisses nachvollziehbare Gründe, die aber in seltsamer

Diskrepanz zu dem Treiben der dämonischen Schicksalsmächte in Mörikes Roman stehen, in dem das Brautpaar Agnes und Nolten in Wahnsinn und Tod endet. Ein Vorgriff auf die spätere Entsagung? Es ist wohl eher ein charakteristisches Verschmelzen, das der Dichter in den unbewußten Dimensionen seines Liebeslebens vornimmt. So wie er in Gedichten Ereignisse verschiedener Perioden miteinander verbindet, so verstärkt er ahnungsvoll Unheilvolles der wachsenden Entfremdung. Im letzten Verlobungsjahr werden die Heiratspläne durch ein Familiendrama gefährdet, als Mörikes Bruder Karl eines politischen Delikts beschuldigt und inhaftiert wird. Aufs äußerste beunruhigt ist natürlich die Familie der Braut und hegt Zweifel an Mörikes Eignung zum geistlichen Amt. Die eigentliche Entfremdung zwischen den Verlobten ist in den Briefen aber nur angedeutet. Da gibt es Beteuerungen Mörikes, in denen er sich gegen Luises Eifersucht und Mißtrauen zur Wehr setzt. »Aber leider hast Du angefangen, mir zu mißtrauen.« Wie die verstörte Agnes wird Luise wohl von den Befürchtungen der Nichtebenbürtigkeit und undeutlichen Eifersuchtsgefühlen gequält. Dagegen beteuert Mörike bis in die letzten Briefe in innigen Worten das Unbedingte seiner Liebe. Aber wie tief mag die Kluft im Denken der Verlobten gewesen sein, und wie befremdend mußte für das schlichte Mädchen das bei Mörike so ausgeprägte eigentümliche Zeitempfinden sein. »Die Gegenwart zieht taumelnd vor sich hin«, lautet eine Zeile eines ihr geschickten Sonetts, und denkwürdigerweise beginnt Mörike seinen ersten Liebesbrief mit der Vorwegnahme des Todes »unserer Liebe«: »Mein Kind –! wann werd ich denn aufhören können, mich immer aufs neue wieder über Dich und mich zu verwundern und zu fragen: wie ist das alles geschehen?! Aber ich wollt, die Zeit käme *nie*, wo ich das nimmer frage! Ich meine, das wäre schon ein Vorbote des Todes unserer Liebe. Oder muß die Liebe nicht mit jedem neuen Morgen über sich selber, als über ein Wunder, erstaunen und freudig zusammenschrecken? Ist sie bei Dir anderer Art?«

Das muß sie wohl gewesen sein. Im rauschhaften Vergegenwärtigen der Geliebten ist Mörikes Empfinden ganz innig und sehnsüchtig. Oft, auch in seinen schönsten poetischen Naturbildern, wird immer wieder ausgesprochen, welche Beruhigung ihre Gegenwart bedeuten würde. »Sind wir doch nur wenige Stunden voneinander! Aber hundert Meilen oder zwei – das ist im Grunde gleich viel in dem Sinn, in welchem ich Dich vermisse. Wie oft bedürfte ich Deiner beruhigenden Nähe, wenn ich mir selbst nicht genug bin, oder Deines stärkenden Anblicks, wenn irgendeine Kraft in mir erschlaffen will!« Im Zeitempfinden jedoch zeigt sich Mörikes Distanz zu seinem Liebesglück, spricht er immer wieder von der Irrealität des erfüllten Moments. Zahlreich sind die brieflichen Vorahnungen des Dichters, im Jetzt das erahnte Zukünftige zu erfahren, ja die Gegenwart in ihrer Auflösung durch Zukunft und Vergangenheit so flüchtig und fragil zu erleben. Die »alles enttäuschende Zeit« hat die Verlobten eingeholt. Mörikes Liebesworte berühren bis in die letzten Briefe die Spannungen und Rätsel der Entfremdung nicht. Darin steckt auch ein spätromantisches Dichterschicksal. Die Epoche kannte auch das Verschleiern der Befürchtungen und der Unsicherheit der eigenen Liebesneigung, die durch die Aufrechterhaltung eines unbedingten Vorrangs von Ehe und Familie bewahrt werden sollte. Eine ähnliche Resignation, wie sie Mörike nach dem Peregrina-Erlebnis übt, ist auch in der seltsamen Doppelliebe der jungen Droste-Hülshoff zu beobachten. Melancholische Entsagung in der Flucht aus den »schwülen Leidenschaften« spricht aus Mörikes ›Sonett an Luise‹: »Wahr ist's, mein Kind« (S. 351 f.). Auch der österreichische Dichter Stifter kennt das unheilvolle elementare Leben, den »Tiger«, die Entsagung der Leidenschaft, natürlich auch wiederum die sittliche Einschätzung der Ehe. So hat Mörike noch eine späte, jedoch auch wieder in Trennung endende Ehe mit Grete von Speth geschlossen. Auf das Scheitern des Verlöbnisses mit Luise Rau reagierte er schockhaft. Mag das gestimmt haben, was er in den letzten nach der Trennung geschriebenen Gedichten »Lebe wohl« ausdrückt (S. 358)? Sagte die Braut die Trennungsworte tatsächlich mit »leichtem Herzen«? Mörike ist erst bei einem viel späteren Besuch eines Freundes in der Rauschen Familie klargeworden, daß Luise lange gelitten hat. Dreizehn Jahre lebte Luise bei der Mutter bis zu deren Tod und dann bei ihren verheirateten Geschwistern. 1845 heiratet sie 39jährig den Pfarrer Ernst Heinrich Schall. Selbst kinderlos geblieben, übernimmt sie die Mutterpflichten für die fünf Kinder des Witwers.

Eduard Mörike an Luise Rau
2. 9. 1829

Du erstaunst über das schlechte Papier, worauf ich unsere Korrespondenz mit Dir einleite, aber 1. hab ich für jetzt kein anderes, 2. ist es der antiken Sitte analog, daß einsam trauernde Liebhaber den Bart (und also auch das Papier) nicht beschneiden, 3. ist mein Brief nur das Makulatur-Kouvert zu einem äußerst feinen Gratulationsschreiben, das hier uneröffnet beiliegt.

(. . .)

In der Scheuer, meinem Fenster gegenüber, hör ich dreschen: ein traulicher, winterlicher Klang, nach dessen Takte das Herz sich so recht genügsam einspinnen kann! Ich knüpfe immer einen ganzen Schwarm von wehmütig-süßen Erinnerungen an diesen Ton, die bis in meine tiefe Kindheit fortlaufen. Dieselbe einförmige Melodie, die mir alle Herbste meines Lebens wieder neu war – wie wunderbar überrascht sie mich in dieser entscheidenden Epoche! Sie mahnt mich an alles, was in zwanzig Jahren an mir vorüberging, was ich gefunden und verloren habe, was an mir verändert wurde und was unveränderlich, wie die Totalempfindung meines ursprünglichen Wesens an mir geblieben ist. Da fühl ich so deutlich, wie vieles bloß als zufälliges Mittel zur

Entwicklung des inneren Menschen Wert hatte, das man lange Zeit als höchsten Glanzpunkt des Wesens selber wert und heilig gehalten; und doch mußte es vergehen, und man hat noch von Glück zu sagen, wenn die alles enttäuschende Zeit nicht den ganzen Goldfirnis von den Gestalten abstreifte, wenn man immer noch den Mut haben darf, die alten Zaubergärten zu durchwandeln und an manches verwitterte Monument die nachträumende Stirne anzulehnen. Aber *dabei* kann einem nur dann wohl werden, wenn das neue Paradies schon angelegt und bereit ist, das uns für alle Vergangenheit entschädigen soll. So ist mir, so darf es auch Dir sein. Mein Kind! wann werd ich denn aufhören können, mich immer aufs neue wieder über Dich und mich zu verwundern und zu fragen: wie ist das alles geschehen?! Aber ich wollt, die Zeit käme *nie*, wo ich das nimmer frage! Ich meine, das wäre schon ein Vorbote des Todes unserer Liebe. Oder muß die Liebe nicht mit jedem neuen Morgen über sich selber, als über ein Wunder, erstaunen und freudig zusammenschrecken? Ist sie bei Dir anderer Art? Es mag sein, und ich glaube es fast, aber es macht mir nicht bange.

Mörike an Luise
9. 11. 1829

Jetzt gute Nacht, Luise! *meine* Luise! Dieser Name läuft, wie ein sanftes Echo, den Tag über und die Nacht durch mein Innerstes. Es ist eine heilige Stille um mich. Draußen liegt alles klar, wie am Tag. Der Mond zeichnet die drei vordern Fenster hell auf den Boden der lieben Stube, worein diesen Augenblick vielleicht ein lebendiger Traum Dich mit mir einführt; vielleicht ist jetzt ein heller Sommermorgen unter Deinem geschlossenen Augenlide – ach, wie einst, wenn ich früh herüberkam und Dich allein bei der Arbeit schon unterm Fenster sitzend fand, selber blühend Du wie der Morgen. Wir sind einander noch fremde, höfliche Gestalten, Du

Luise Rau, Scherenschnitt
Eduard Mörike, zeitgenössische Bleistiftzeichnung

grüßest mich halblaut von fern. – Erwach! Erwache, mein Kind, und gedenke, daß ich *Dein* geworden bin seit jener kurzen Zeit!

Welch eine unbeschreiblich schöne Nacht! Ich öffne ein Fenster, höre die Melodie des Brunnens, blicke aufs Gärtchen hinunter. Alles so leicht, so geistig in Schatten und Licht! Wie schwimmend sind alle Gegenstände.

Könnt ich Dich eine Minute lang haben! Nicht einen Kuß gäben wir uns, sondern stille, staunend, andachtsvoll säh ich Dich mir an die Seite gezaubert wie eine leichte Verkörperung meines heiligsten Gedankens, die ich nicht zu berühren wage, die leisen Trittes wieder entweicht, aber in mir eine unnennbare Seligkeit zurückläßt, die mich in den Schlaf hinüber begleitet.

Ist mir aber nicht jetzt schon so zumute? Tritt, o Kind, diesen Augenblick herein! Und ich will nicht erschrecken, will nicht fragen: Bist Du Luftbild oder Leben? Ich wäre auf jedes Wunder gefaßt – – Zwölf Uhr. Schlaf wohl!

Mörike an Luise
2. 12. 1829

Für Dich allein

Kaum bin ich hier angelangt, bestes Kind, so gibt es schon wieder Gelegenheit, die Madel nach Grötzingen zu schikken und ihr ein liebes Wort an Dich mitzugeben. O Herz! wie seltsam hat es die kurze Zeit, als ich von Dir bin, in meinem Innern gewechselt! So lang ich unterwegs war und in der frischen glänzenden Winterluft, wiegten sich meine Gedanken nur in einer Art von glücklicher Dumpfheit hin und her, kaum saß ich zu Haus, so fehlte mir's an allen Ecken und Enden, eine unerklärbare Unruh kam über mich; nicht bloß das Heimweh nach Dir, nicht die Starrheit der alten Einsamkeit, nein, eine ganz neue, unbekannte Trauer zog mir die Brust zusammen; aber Deine

Gegenwart, ein Wort von Dir hätte mir doch allein geholfen.

Ich warf mich matt und abgespannt aufs Bette und fand, wie seit langer Zeit nicht, wieder eine Zuflucht in dem Troste unverhaltner Tränen. Es ist das einer von den rätselhaften Augenblicken, von denen es heißt: Sind wir ein Spiel von jedem Druck der Luft? –

Du hast Dich deswegen auch nicht drum zu kümmern, und ich hätte füglich nichts davon gesagt, wenn mir's nicht eine Erleichterung, ein Bedürfnis wäre, Dich eben in dieser Wehmut herbei in meine Arme zu ziehen, gerade jetzt Dir zu sagen, wie ganz Du mich durchdringest!

Mir ist wohl und weh; – da brennt stille das Licht vor mir, und wie es ruhiger in meinem Innern wird, hab ich einen von den seltenen und geweihten Momenten, wo der Mensch gleichsam mit angehaltenem Atem auf den Grund der eigenen Seele niederschaut oder den geheimsten Puls seines ahnungsvolleren geistigen Lebens fühlt. –

Liebes Kind! ich schließe, denn ich wüßte Dir fürwahr nicht mehr zu sagen. Heute nehm ich Dich so innig wie noch nie in mein Gebet. Gute Nacht!

Leb wohl! Dein Eduard

Grüße alles aufs liebreichste.

Mörike an Luise

18. 2. 1830

Für Dich allein

Die Liebe ist gleich unersättlich im Austeilen und Hinnehmen immer neuer Schwüre, und so wird es uns stets ein glückliches Bedürfnis bleiben, das alte *»Wie lieb ich Dich!«*, welches Dein letzter Brief, doppelt unterstrichen, wiederholt, wechselseitig zu hören und hören zu lassen. Es ist derselbe einfache Akkord, der, sooft Du ihn anschlagen magst, jedesmal wieder neu und mit nie erhörtem Zauber in mir nachklingt. Diese süße Wiederholung, worin man sich selber nie ein Genüge tut, gleicht fast einem lieblichen Spiele, das etwa darin bestünde, daß Du ein goldenes Gefäß mit köstlichem Wein in ein anderes gössest, damit ich den immer frischen Perlschaum schnell vom Rande sauge, um sodann Dir wieder einzufüllen, daß Du das gleich tuest, und so fort – ohne unsern Durst löschen und den Wundertrank zur Neige bringen zu können. Ist das ein Spiel, so ist's ein solches, wie die Engel es treiben, und wir schämen uns seiner nicht. Glaubst Du, es könnte eine Zeit kommen, wo wir dessen satt werden? Ich kann's nicht denken; mich schauert, wenn ich's denke!

Wie lieb ich Dich! So ruf ich Dir heute zu und werde es noch, wenn jene Tage kommen, welche so manches andere an mir abstreifen mögen, was jetzt noch Hand in Hand mit meiner Liebe geht.

Wenn ich manchmal in Gedanken dem Ursprung unserer Liebe nachgehe, wie man dem Gange und allen sanften Krümmungen eines Flusses folgt, so verschwimmt das Ganze vor meinem Blick wie in ein einzig unermeßliches Meer, auf dem ich staunend all mein Sinnen zerfließen lasse. Mir ist, als hätten wir uns gehört seit Ewigkeiten – und doch – der sonderbare Gegensatz! – mir ist, als müßt ich's heute erst erfahren und begreifen lernen. Dies Gefühl des höchsten Glückes wird dann so überwältigend und groß, daß es keinen Ausweg findet als im brünstigen Dank gegen den, der alles so wunderbar gefügt.

Sonett an Luise
3. 5. 1830

Wahr ist's, mein Kind, wo ich bei dir nicht bin,
Geleitet Sehnsucht alle meine Wege,
Zu Berg und Wald, durch einsame Gehege
Treibt mich ein irrer, ungeduldger Sinn.

In deinen Arm! o seliger Gewinn!
Doch wird auch hier die alte Wehmut rege,
Ich schwindle trunken auf dem Himmelsstege,
Die Gegenwart flieht träumend vor mir hin.

So denk ich oft: dies schnell bewegte Herz,
Vom Überglück der Liebe stets beklommen,
Wird wohl auf Erden nie zur Ruhe kommen;
Im ewgen Lichte löst sich jeder Schmerz,
Und all die schwülen Leidenschaften fließen
Wie ros'ge Wolken, träumend, uns zu Füßen!

Mörike an Luise
19. 5. 1830

Aber wie lange doch haben wir beide uns umeinander bewegt, eh nur ein Gedanke, ein Gefühl dessen in uns aufdämmerte, was jetzt ist; eh ein kecker Traum mir spielend einen Wunsch erklärte, den ich wachend nie in mir gewahr geworden! Welche Tage des zufriedenen, anspruchslosen Ineinanderlebens! Du gingst neben mir hin und fülltest die Luft mit angenehmem Wesen; ich war mir dieses Eindrucks kaum bewußt, aber er – er fehlte mir, wenn Du irgend abwesend warest. Ich verstand mich nach und nach besser, besonders wenn am Klavier Du den Tag zur Ruhe sangest. Es war, als schlösse sich dann Dein geheimeres Leben für mich auf, wie es Pflanzen gibt, die am Abend erst leise ihre schüchternen Kelche öffnen; doch ich dachte immer nicht über die Gegenwart hinaus. Es konnte zuweilen geschehen, wenn Du auf dem Gang, im Zimmer oder wo sonst gleichgültig an mir vorüberstreiftest, mich mit dem Kleid berührtest, daß mich's dann schaudrig überflog, daß all meine Seele sich sehnsüchtig Dir nachbeugte. Aber es setzte sich kein bestimmter Wunsch in mir fest. – Eine seltsame Empfindung muß ich Dir noch entdecken (wenn ich's anders nicht schon getan habe), in der Du mich jedoch schwerlich ganz begreifen wirst. Deine ganze Erscheinung, Dein stilles, verschlossenes, häufig mißverstandenes Wesen, Deine heimlichen Besuche auf dem Kirchhof, jener gedankenvolle, starre Blick, mit dem Du öfter, die laute Gesellschaft überhörend, unbeweglich dasaßest – dies alles gab Dir in meinen Augen etwas Feierliches, Mysteriöses, ja zuweilen etwas Geisterhaftes, das mir heilig und unantastbar war. Gewiß – so sonderbar es lauten mag – ich stand oft gebannt in Deiner Nähe, jenen Geschöpfen nicht unähnlich, welche durch die natürliche Zauberkraft gewisser Schlangen festgehalten werden. Es war die süßeste Beklemmung. Hast Du mir denn niemals so etwas angespürt? Bei weitem am häufigsten aber fühlte ich mich ganz ruhig, ganz harmlos und wohl in Deiner Gegenwart. Auch bedaure ich nicht, daß jene seltsame Idiosynkrasie nun längst verschwunden ist.

Wir spielten lange Zeit wie Kinder im Sonnenschein zusammen, ohne eben einander entschieden zu begehren; ein Sturm mußte kommen, um den Vorhang, der noch über meiner Seele hing, zu zerreißen; ich klammerte mich mit Heftigkeit an Dich und wollte verzweifeln, da die Möglichkeit erschien, Dich zu verlieren. Im nächtlichen Gewitterschein dieser Gefahr stand Dein Bild doppelt herrlich und wunderbar erleuchtet vor meinen Augen. Ich fühlte, ein Gott hatte die Glocke der entscheidenden Stunde angeschlagen, er trieb, er stieß mich vorwärts, das Glück zu ergreifen, das mir und keinem andern bestimmt war. Der Morgen kam, da die liebe Rike mir jene Eröffnung machte; Du standest am Türpfosten der Kammer und blicktest ernst zu uns herüber, als die Schwester mich zum Spaziergang aufforderte. Nun die Szene zwischen Dir und mir in der morgendlichen, goldengrünen Gartenlaube! »Mein Herz hat entschieden«, sagtest Du endlich. Mir stürzte ein Fels von der Brust, und doch – welche Angst war in uns beiden! Hinweg, hinweg über diese schwindelnde Kluft! vorwärts bis zu dem Abend, der endlich die Schwester von Tübingen zurückbrachte. Ich sehe sie noch, erschöpft vom Wege, auf ihrem Sessel; endlich fällt ihr Blick auf mich, sie hatte Mitleid mit meinem Zustand; ich eilte ein paar Minuten aus dem Zimmer, um Euch Zeit zu lassen, ihr den günstigen Vorgang in Bernhausen zu kommunizieren. Wie ich wieder eintrat, drückte sie meine Hand mit einem zusagenden Lächeln. Du standest im Hintergrund beim Sofa und ersahst Dir die Gelegenheit, mich, den übrigen im Rücken, zum ersten Kusse zu Dir herzuziehen. O wie schwankte der Boden selig unter mir! wie zitterten meine Finger in den Deinen! wie freudig staunend blickten wir uns an!

Mörike an Luise
7. 8. 1831

Geburtstag meines verstorbenen Bruders August

Liebstes, bestes Herz!

Es ist Sonntag nachmittag halb vier Uhr: ich hatte noch bis den Augenblick auf einen Besuch meines Bruders Louis gewartet. Die Kirchen waren vorüber, und die Unschlüssigkeit, was ich nun tun und treiben sollte, scheuchte mich ungeduldig von einer Stube in die andere, von einem Fenster zum andern. Die Frau Pfarrerin (gestern kam sie an) saß einsilbig und griff nach einer sonntäglichen Lektüre, Rikele machte Musik, und ich sah bald den Storchen auf'm Kirchdach, bald des Nachbars weißen Tauben, bald den Wolken zu, die ein Gewitter vorbereiteten.

»Wenn ich ein Vöglein wär
Und auch zwei Flüglein hätt«

– das übrige weißt du – »flög ich zu Dir«. Nach dieser Weise gingen meine Gedanken. Ich stellte mir die letzten Stunden unseres Zusammenseins vor, ich ging weiter in die letzten Wochen zurück und sah mich Dir in allen Situationen gegenüber: auf dem schattigen Stege, wo wir den Faust anfingen – an der Ecke des lieben Wäldchens, wo er beendigt wurde – auf dem Rückweg von Nürtingen nach Grötzingen nachts in der herrlichen Mond- und Nebelleuchtung – auf der letzten Höhe von Plattenhardt herüber, wo Deine Tränen mir das Herz zerrissen – im Gärtchen zu Grafenberg, die Laube, das Mäuerchen, unsere Scherze im Angesicht von Hohenneuffen – der Besuch auf dem Grötzinger Turm am Markttag – dies und noch manches, ohne strenge Chronologie, wie sich die Blätter meiner Erinnerungen eben zufällig auseinanderschoben, stand wieder frisch und reizend vor mir auf. Wie ist es so schnelle anders geworden! Wie sehr verändert hat sich die Szene! Dort durft ich kaum zwei Schritte gehn, ein Boden, eine Treppe war zwischen uns, ich war in jedem Augenblick gewiß, Dich irgendwo zu finden, sei es am Herde in der Küche oder beim Bügelbrett im Öhrn, wo denn trotz Rauch und Dampf ein Paar rote Lippen sich jederzeit gefällig zeigten. Ach, Schätzchen, und nun wär ich zufrieden, nur zu wissen, auf welchem Fleck des Hauses oder Felds Du im Moment, da ich dies schreibe, den lieben Fuß aufsetzest, was Deine Hand berührt, worauf Dein Blick ausruht! Das könnte mich glückselig machen. Vor wenig Tagen noch ein Fürst im Überflusse Deiner Liebe; jetzt nasch ich an jedem verlorenen Bröselein und fühle wohl, daß es nicht sättigt.

Wenn ich ein Vöglein wär! – So verließ ich vorhin das Fenster und meine Pfarrleute und lief den Grillen nach auf meine Stube. Ein prächtiger Akkord des schnell entwickelten Gewitters gab meinen Träumereien plötzlich eine kräftigere und freudigere Gestalt. Es war, als zerrisse ein Flor in meinem Innern: ich fühlte mich frei und erhoben, ja ich empfand mich Dir näher, und als die Schläge des Donners so heftig wurden, daß die Gegend meilenweit davon erschüttert schien, konnt ich mir einen Augenblick einbilden, derselbe Donner, den ich eben höre, müßte auch zu Deinem Ohr dringen, ja vielleicht schaudern unsre Nerven in einer und der nämlichen Sekunde zusammen, und unsre Seelen berührten sich im Nu des Blitzes.

Jetzt goß der Regen in nasser platter Prosa nieder. Ich sah mich nach einem Zeitvertreib um, und die Zeichnung mit den drei Kindern fiel mir in die Hände: ich sah die Gestalten wehmütig an, indes ich den Bleistift schärfte. – O, dacht ich, wie ist hier doch jeder Strich Verschwendung! Die tausend eifrigen und liebevollen Blicke, die ich, fast ohne aufzusehn, an diese Linien verlor – jeder einzelne hätte können ebensogut auf der Gestalt der Liebsten ruhn, die nur drei Schritte von mir saß! – Und doch, das ist eigentlich eine ungerechte Selbstanklage: fühlt ich denn nicht, indes die Augen Dir untreu waren, den ganzen Zauber Deiner Nähe mir ruhig und befriedigt am Herzen hin und wider spielen? Und ging Dir's nicht ebenso, derweil Deine Finger mit der Nadel verkehrten? O süße Viertelstunden, wo Liebende ein ganz erstaunlich großes Opfer zu bringen glauben, wenn sie einmal freiwillig es über sich vermögen, zwischen einerlei Wänden (und ohne Zeugen an verschiedenen Tischen sitzend) weder mit den Händen noch den Lippen, noch den Augen Notiz voneinander zu nehmen! Wer's recht versteht, weiß freilich wohl, daß das eigentlich nur eine raffiniertere Art, sich liebzuhaben, ist. Aber sieben Stunden auseinander – ich gestehe Dir: dieses Raffinement ist mir doch etwas zu stark.

Mörike an Luise
8. 4. 1832

Seele!

Der zweite April hat mir Rosen getragen, d. h. auf gut deutsch: vor sechs Tagen hab ich ein liebes, liebes Briefchen von meiner Teuersten auf dem bewußten rötlichen Papier samt einer kostbaren Beilage auf weißem erhalten. Ich schreibe Gegenwärtiges auch auf rotem: doch ist es nur der Schein durch den bekannten Fenstervorhang, auf den die Morgensonne fällt und der alle Wände und Flächen mit dieser sanften Glut beleuchtet. Nie seh ich diesen angenehmen

Schimmer mein Stübchen besuchen, ohne zu denken, daß er vor noch nicht langer Zeit auf Deiner Stirn, auf Deinen lieben Fingern lag, und so berausch ich mich wohl ganze Viertelstunden in dieser purpurischen Nacht der süßen Gedanken, der lieblichsten, zärtesten Wehmut. Ich sage »Nacht« und »Purpur«, denn jene lichte Dämmerung verdichtet sich zuletzt auch wohl, je tiefer die Gedanken gehn, bis zur dunkel-seligen Selbstvergessenheit, wo die äußern Sinne sich zu schließen scheinen, alles, was uns umgibt, verschwindet und versinkt und die innerste Seele die Wimpern langsam erhebt und wir, wenn ich so sagen darf, nicht mehr uns selbst, sondern den allgemeinsten Geist der Liebe, mit dem wir schwimmen, wie im Element, empfinden.

Es ist Sonntag; ich komme soeben von der Kirche. Außen ist's kalt und schneidend windig, doch scheint die Sonne einem recht ins Herz, und der Frühling drückt einem zwischen dem stürmischen Unfug gleichsam verstohlen die Hand, als wollt er sagen: Wir kennen uns doch!
(. . .)

(Nachts vorm Schlafengehn)

Ach, liebstes, einziges Herz, wenn es bald wahr und wirklich werden sollte, was ich seit einiger Zeit oft stundenlange wachend träume: *mit Dir im häuslichen Eigentum wohnen, mit Dir jede Stunde teilen zu dürfen!* Was für ein neues Leben, wovon ich jetzt nur eine leise, fast ängstlich-selige Ahnung habe, wird sich uns entfalten! Oft ist mir, ich müsse mich vor dieser überglücklichen Vorstellung hüten, damit mir nicht die zwischenliegende Zeit zu schal und matt und unleidlich erscheine. Schreib mir, mein süßes Kind, in Deinem Nächsten auch ein wenig von dieser lieblichen Materie!

Für Dein letztes Briefchen (vom 29. Julius und später) dank ich Dir doppelt, da es mühvoll und zum Teil unter sichtbarem Schmerz geschrieben wurde. Ich sah in den rührend unvollkommenen Buchstaben die ganze arme liebe Hand vor mir und küßte sie in meinen Gedanken. – Hätt ich in jener schlimmen Zeit nur hie und da den Arzt wieder machen können, weißt Du, den Du damals, auch unter herben Schmerzen, ans Bett riefst; wie hätt ich den Finger so gerne behaucht und gekühlt und besprochen!! —

Leb wohl, mein Bestes, und gesund! Und denke, *jeden Augenblick sei ich im Geiste um Dich!* Du mußt's fast fühlen.

Zum Schlusse noch: *September wird bald sein, der führt uns wieder zusammen*. Leb wohl! Grüße die Lieben!

Ich bin Dein
ewig treuer Eduard.

Lebe wohl

»Lebe wohl!« Du fühlest nicht,
Was es heißt, dies Wort der Schmerzen;
Mit getrostem Angesicht
Sagtest du's und leichtem Herzen.

Lebe wohl – Ach tausendmal
Hab ich mir es vorgesprochen
Und in nimmersatter Qual
Mir das Herz damit gebrochen!

(Oktober 1833)

Nachwort:

»Welch lange Zeit für einen Bräutigam und eine Braut«

Der Brautbrief

»Ich las neulich ›Lessings Briefwechsel mit seiner Frau‹; – die Empfindung, die ich teils während des Lesens hatte, teils zurückbehielt, war ganz eigen; es war Interesse mit Vergnügen und Wehmut vermischt; nach einem langen Romanlesen kann nichts erwünschter kommen als so eine ganz aus dem wirklichen Leben genommene Unterhaltung. Man ist immer auf die Entwicklung begierig; obgleich keine Intrige und große Hindernisse die Entwicklung aufhalten – gewöhnliche Erfordernisse in einem Roman, um die Aufmerksamkeit des Lesers zu spannen –, so fehlt doch das Interesse nie und ist um soviel herzlicher und teilnehmender, weil die Umstände so ganz natürlich und menschlich sind; das einzige Hindernis, das sich in den Weg legt, bezieht sich auf den Punkt, der heutzutage am meisten, oft fast allein (hier freilich nicht) in Betracht kommt, nämlich das hinlängliche Auskommen; (denn die Liebe ist nimmer so stark, daß man miteinander in Wüsteneien zieht, aller Bequemlichkeiten sich entschlägt und nur von der Liebe lebt) – und da jenes Erfordernis noch nicht hinlänglich gesichert war, so wird die Verbindung immer aufgeschoben. – Kein grausamer Vater, kein harter Onkel oder Vormund, kein der Unschuld nachstellender Lord ist es, der die Heirat aufhält, die Zeit, in welcher der Briefwechsel fortdauert, ist sechs Jahre – welch lange Zeit für einen Bräutigam und eine Braut.« (Georg Friedrich Wilhelm Hegel: Über Lessings Briefwechsel mit seiner Frau)

Zu hoffen ist, daß die Brieflektüren als »ganz aus dem wirklichen Leben genommene Unterhaltung« auch dem heutigen Leser Hegels Genuß bereiten. Wem Besonderheiten an den Themen der Brautbriefe aufgefallen sind, der sinne dem Hegelzitat nach. Denn – o skeptischer Georg Friedrich Wilhelm Hegel! – gewiß ist das »hinlängliche Auskommen« eine ganz entscheidende Sorgenquelle für die wartenden Verlobten, nicht nur des Paares Lessing und Eva König. Da hat Hegel recht: Wie sähe man die deutschen Dichter, Gelehrten, Philosophen und ihre ebenfalls aus bürgerlichen Häusern stammenden Verlobten in »Wüsteneien« ziehen. Nur einer, Heinrich von Kleist nämlich, hat tatsächlich seiner Braut Wilhelmine von Zenge im Scheitern der bürgerlichen Berufspläne solch ein Angebot gemacht: allen Ernstes bot Kleist Wilhelmine den Rückzug in eine Rousseausche Idylle in der Schweiz an. Das war natürlich eine verschrobene Kleistsche Phantasie, unrealisierbar nicht nur nach den bürgerlichen Konventionen.

Wenn die materiellen Erörterungen nach Hegel ein Hauptthema korrespondierender Brautleute sind, so scheint der Philosoph des 19. Jahrhunderts in seinem eigenen Zeitalter ein noch unromantischeres Interesse an der Ehegründung zu vermuten. Ob tatsächlich im »materialistischen« 19. Jahrhundert nur noch die finanziellen Verhältnisse die Paare interessieren, sei dahingestellt. Der »Punkt« aber, die Sorgenquelle der Existenzsicherung, die oft jahrelange Wartezeiten für Bräutigam und Braut nach sich zieht, ist im 18. Jahrhundert in seiner ganzen Brisanz da. Das hängt damit zusammen, daß um die Mitte des Jahrhunderts das Berufsbild des freiberuflichen Schriftstellers erstmalig auftritt, und damit das Hindernisrennen der Intellektuellen in Zeitschriften, Almanachen und Universitäten mit der noch heute andauernden Mühsal. Für diejenigen geistig Schaffenden, die sich zu verehelichen gedenken, taucht die von Hegel beschriebene Durststrecke notgedrungen auf – und für die aus bürgerlichen Elternhäusern stammenden Bräute ebenso. (Der Fall Eva Lessings übrigens mag anders liegen. Die verwitwete Geschäftsfrau hatte nicht das Einverständnis der Eltern einzuholen, dafür das notwendige Auskommen für sich und ihre Kinder zu sichern, zumal auch Lessing auf seiner Wolfenbüttler Bibliothekarsstelle beständig finanzielle Sorgen drücken.) Was Hegel auch über das eigene Zeitalter denken mag, so scheint es, daß im 19. Jahrhundert sich die Kulturmarktmechanismen eher eingeschliffen haben und ein gewisser Gewöhnungseffekt des Bürgertums gegenüber dem freischwebenden Intellektuellen eingetreten ist. Schreckbilder langjährigen Harrens sind in der Hauptsache die Motive der Brautbriefe des 18. Jahrhunderts und noch der Romantik und des Biedermeiers. (Daß der Seelenforscher Sigmund Freud von diesem Schicksal ebenfalls betroffen war, sei nur am Rande bemerkt. Die bedeutsamen und leicht zugänglichen Briefe Freuds an seine Braut variieren das Thema.)

Ein realistischer Erzähler des späteren 19. Jahrhunderts ist Theodor Fontane. Er greift das romantische Motiv des Schwankens zwischen Innerlichkeit, Gefühl, den Ansprüchen an eine harmonieversprechende Zusammengehörigkeit und der materialistischen, entleerten Fassade in bürgerlichen Industriellenkreisen etwa in seinem Roman ›Frau Jenny Treibel‹ auf. Deutlich zeigt der spätere deutsche Gesellschaftsroman eine gewisse Distanz zum Dilemma des »ausreichenden Einkommens«. Der skeptische Humanismus Fontanes vermag eine ganze Wertehierarchie aufzurollen, die die Protagonistin des Romans zu durchlaufen hat, so daß hier ein doch erheblich erweiterter Aktionsradius der Personen, eine gewisse bildungsmäßig verankerte Autonomie der Heldin suggeriert werden. Wie unerbittlich erscheinen hingegen im 18. Jahrhundert die Prüfungen der Brautleute, deren Hochzeitstermin mit der Erreichung eines Amtes oder gesicherten Einkommens zusammenfällt. Die meisten der Briefdokumente kreisen um dieses Hemmnis, wenn es auch beileibe nicht das einzige, gar zentrale Thema der Wartenden ist. Eine Ausnahme macht nur Jean Paul, der Verfasser des berühmtesten Eheromans der Epoche. ›Siebenkäs‹, begibt sich erst nach dem Ende eigener Schulmeisterzeit und seinem kometenhaften Aufstieg als gefeierter Schriftsteller in Weimar auf Brautschau. Wie viele bekannte Autoren der deutschen Literaturgeschichte warteten in ihrer Jugend auf die finanzielle Grundlage zur Befreiung ihrer Schaffenskräfte. Für wie viele sollten die nötigen Titel, der Erwerb eines Amtes, die Besoldung im Dienste der jeweiligen Fürsten und Herzogtümer ein Ende demütigender Hofmeister- oder Schulmeisterjahre bedeuten. Hofmeister waren zum Beispiel die Autoren Johann Carl Wezel, Lichtenberg und der Sturm-und-Drang-Dramatiker und Verfasser des Stücks ›Der Hofmeister‹ Jakob Michael Reinhold Lenz. Friedrich Gottlieb Klopstock war Hauslehrer in Langensalza, erhielt aber rasch, auch schon während seiner Brautzeit, vom dänischen König Friedrich V. eine Pension zur Vollendung des ›Messias‹. Aus besonders ärmlichen Elternhäusern stammten Karl Philipp Moritz, Theodor Gottlieb von Hippel und Jung-Stilling, deren Autobiographien über die Mühsal der Jünglingsjahre berichten. Johann Gottfried Herder wurde zwar bereits in Studentenzeiten Prediger und Lehrer an der Domschule in Riga. Die Werbung um Caroline Flachsland wird ähnlich wie in den mürrischen Klagen Lessings über seine Anstellung an der Wolfenbüttler Herzoglichen Bibliothek von beruflichen und finanziellen Einengungen überschattet, nachdem Herder 1771 in Bückeburg auf Ruf des Grafen von Schaumburg-Lippe das Amt eines Hofpredigers und Konsistorialrats übernommen hatte.

Im Kreis des Göttinger Hains, dem Kreis empfindsamer Dichter, die auch finanzielle Pläne mit der Herausgabe des Göttinger Musenalmanachs verbinden, ist die Misere der Poeten besonders eklatant. Johann Heinrich Voß warb um Ernestine Boie, die Schwester des Dichters Heinrich Christian Boie. Auch von dem späteren Schwager ist ein weiterer Briefwechsel zu erwähnen. Die Briefe Heinrich Christian Boies und Luise Mejers gelten als kulturhistorisch besonders interessant. Abgesehen vom literarischen Gedankenaustausch liest man, wie die beiden schon nicht mehr jungen

Liebenden, er als Schriftsteller, sie als Gesellschaftsdame, massive Abhängigkeiten durchleben. Mir schien die Werbung Vossens um Ernestine ein besonders schönes Beispiel eines »ganz menschlichen Interesse« fordernden Dokuments, eines »Romans ohne Intrigen«. »Feindliches« Schicksal ist nur die hartnäckige mütterliche Weigerung, die Tochter dem späteren Übersetzer und Idyllendichter, der damals aber noch Herausgeber war, zur Frau zu geben. Typisch ist auch diese Bildungsgeschichte, in der sich der später anerkannte Dichter rückblickend beschreibt: »Kein Bauernsohn« sei er gewesen, »trachtete früh nach Buchkenntnissen und Wissenschaften«. 1775 versuchte Voß, als Herausgeber des Göttinger Musenalmanachs und durch Übersetzungstätigkeit, eine Existenz zu begründen. Auch nach der dreijährigen Wartezeit auf die Braut, als er 1778 Rektor an der Lateinschule in Otterndorf geworden ist, muß die bürgerliche häusliche Idylle den bescheidenen Ansprüchen der beiden genügen. Der Biedermeierdichter Immermann gedenkt dieser Ehe in seinem Roman ›Die Epigonen‹ als Musterfall patriarchalischen Familienglücks. Ernestine Boie hat in ihren ›Mitteilungen‹ »die peinliche Lage« ihrer Brautzeit beschrieben (S. 110 ff.). Heute liest man aus der Weigerung der Mutter vor allem deren Egoismus heraus: »Oft mußte ich die Worte hören, wenn ich diese unglückliche Neigung nicht hätte, so könnte ich der Trost und die Stütze meiner Mutter sein; jetzt hätte sie bei ihrer großen Liebe für mich nur die drückende Sorge, daß es mit uns nie zu etwas Gründlichem kommen würde.« Wenn in den schönen poetischen Liebesbriefen Vossens auch Berechnungen seines Lebensunterhalts zu finden sind, so sind dies die zeittypischen Ingredienzen in den Zwiesprachen der Herzen: »Die Einnahme des Almanachs ist mir nun zeitlebens gesichert. Bohn will nicht nur für den 79. Almanach mir vierhundert und Göckinen hundert Rthaler geben, sondern verspricht auch, wenn nach der Zerstörung des Dietrichschen Almanachs der Absatz des seinigen über 5000 steige, verhältnismäßige Erhöhung des

Honorars. Du siehst, daß ich dann alle guten Köpfe gewinne und daß unmöglich ein andrer Almanach neben dem meinigen aufkommen kann. Von den etwa aufblühenden Genien wird sich's jeder zur Ehre schätzen, in meinem Almanach zu erscheinen, und die Neigung, Verse zu lesen, wird man nicht verlieren, denn sie ist in allen Zeitaltern unter allen Nationen. – Ich bin überzeugt, daß ich nun zeitlebens kein Amt nötig hätte, aber gleichwohl will ich ein Amt suchen und will heiraten, um dazu mehr Ruhe und Lust zu kriegen, als ich jetzt bei der ewigen Verwirrung haben kann.«

Ein noch wesentlich bedrückenderes, aber in den stillen Lebensdaten verwandtes Schicksal hat der Verfasser empfindsamer Stücke, der wohl nicht geniale, aber in seiner Zeit einflußreiche Dichter Johann Anton Leisewitz. Vor allem war er ein manischer Brief- und Tagebuchschreiber. Hundert Briefe hat er an seine Braut Sophie Seyler, Tochter des Hamburger Theaterdirektors Abel Seyler, geschrieben. Auch diese Briefe spiegeln die quälende Geldnot, die in der längsten Zeit der 25jährigen Ehe nicht wirklich gemildert ist. In der Brautzeit verfügt Leisewitz über Einkünfte von 310 Talern jährlich aus einer Sekretärsstelle des Herzogtums Braunschweig-Wolfenbüttel (Lessing immerhin begann seine Bibliothekarslaufbahn in Wolfenbüttel mit 600 Talern).

Aber auch in der erwartungsgemäß behaglicher eingerichteten Weimarer Gelehrtenrepublik lebt, wie Schiller anmerkt, »der Privatmann mehrenteils arm«. Schillers Situation war nicht einfach, als sich um 1788 seine Äußerungen mehren, daß er sich »nach einer bürgerlichen häuslichen Existenz als das einzige, was ich jetzt noch hoffe« sehnt. Als er zu dieser Zeit im Lengefeldschen Hause die Schwestern Lotte und Karoline kennenlernt und um Lottes Hand anhält, sind die Existenzgrundlage des Verfassers der ›Räuber‹ Übersetzungen, historische Arbeiten und kritische Zeitschriftenbeiträge, ein recht kräfteverzehrendes Dasein. In der Brautzeit denkt er, eine zunächst nur ehrenamtliche, nicht honorierte Professur für Geschichte an der Universität Jena anzunehmen, womit die Jahre der Unabhängigkeit vorbei scheinen. Was ihn plagt in seinen Zukunftsaussichten, teilt er Karoline von Beulwitz mit: »In Jena könnte ich es im nächsten Jahre noch nicht möglich machen, mit Lottchen zu leben, denn ich weiß, was ich vom Herzog erhalte, wenn es äußerst glücklich geht, und dieses reicht nicht hin, denn es ist noch nicht alles mein, was ich einnehme, leider! Was noch mangelt, kann ich im nächsten Jahr noch nicht hoffen, durch vieles Collegienlesen zu ersehen. Dies ist erst in zwei Jahren möglich. Ich muß mir also schlechterdings durch einen beträchtlichen fixen Gehalt helfen, und eben darum arbeite ich auch jetzt so ernstlich an dieser Angelegenheit. Es wäre schrecklich, wenn das nächste Jahr, wie dieses, vorübergehen sollte.«

An den deutschen Universitäten sieht es kaum besser aus. Von dem Philosophen des deutschen Idealismus Fichte sind ebenfalls die Brautbriefe an Johanna Rahn aus einer dreijährigen Verlobungszeit überliefert. Erst 1790 wurde Fichte nach dem Ausharren auf einer Hauslehrerstelle in Leipzig als Universitätslehrer nach Jena berufen. Und selbst wo die Verhältnisse im Hause der Braut eine sorglosere Zukunft versprechen, wie im Fall der gebildeten und begüterten Caroline von Dacheröden, mußte der damals 21jährige Wilhelm von Humboldt noch mit einem Titel als Legationsrat aufwarten, bevor er nach zweijähriger Verlobungszeit und Referendariatszeit in Berlin sich auf die Güter seiner Frau zurückziehen konnte, wonach der spätere Begründer der Berliner Universität eine recht gesicherte wissenschaftliche und diplomatische Laufbahn einschlug.

Die knappsten Fristen der Brautstände liegen also kaum unter zwei bis drei Jahren. Vier Jahre dauerte die Verlobung des Pfarramtskandidaten Eduard Mörike mit der Pfarrerstochter Luise Rau. Zwei Jahre lang hat Kleist die Braut Wilhelmine von Zenge mit seinen erzieherischen Lektionen über das wahre Glück in einer zukünftigen Ehe bestürmt.

Die längsten sehnsuchtsvollen Wartejahre hatten Lessing und seine Verlobte Eva König: Sechs Jahre dauert dieser Anteilnahme erweckende Austausch. Aus der Biedermeierzeit ist schon aus diesem Gesichtspunkt eine besonders auffällig hinausgedehnte fünfjährige Brautzeit, in der sich die Verlobten oft über ein Jahr nicht sehen, für diesen Band aufgenommen worden: Der psychologisch noch anders gelagerte Fall der Dichterbraut Charlotte Stieglitz und des, für die Zeitgenossen allerdings nicht durchschaubar, gemütskranken Dichters Heinrich Stieglitz (vgl. in dieser Reihe meine Originalausgabe: ›Charlotte Stieglitz. Geschichte eines Denkmals‹. Berlin 1986). Leider sind nicht von allen Briefpartnerinnen die Anteile an der Korrespondenz überliefert. Kulturgeschichtlich bedeutsam sind auch die Briefe, die Joseph von Görres, der bedeutende Vertreter der Heidelberger Romantik, an die skeptische, freigeistige Katherine von Lassaulx, Tochter eines kurtrierschen Hofrats, schrieb. Interessant zu sehen ist, wie hier die Bildungsjahre um die politischen Erfahrungen erweitert werden, die in den Briefen der geliebten »Kätz« mitgeteilt werden. In der Wartezeit werden die Briefe in der Tat zu einer Art Bildungsroman, zeigen die Epochen der Reifung, die jeweiligen Phasen der gedanklichen Bildung, der »Speculation«, und der »Bildung meines Herzens.«

In langen Wartezeiten und räumlichen Trennungen sind es vor allem die Mitteilungen aus dem inneren Leben, die helfen, die Distanz zu überbrücken. Wen wundert es, daß die Briefe zu wahren »Geschichten der Seele« werden, ein Begriff, der wahrlich nicht nur für Kleists Briefwerk zu gelten hat. Spätestens von den Briefen Herders und Caroline Flachslands an wird diese Funktion des Brautbriefs deutlich. »Sollen wir denn als Fremdlinge zusammenkommen – als Brieffreunde – als Briefsteller gar.«

Um nun auf den von Hegel angeführten Gegensatz von Briefwechsel und Roman zurückzukommen: Es zeigt sich, daß die Brautbriefe, geschrieben von meist jugendlichen

Verfassern, der dieser Reifungsthematik verwandten deutschen Gattung des Bildungsromans zu ähneln beginnen. In der Romantik gelingen besonders schöne rückblickende Erzählungen der wartend und doch bildsam verbrachten Jahre. Ein besonders eindrucksvoller Rückblick stammt aus der Feder von Joseph von Görres. Görres' Brief vom 30. Januar 1800 ergänzt die Themen der hier versammelten deutschen Brautbriefe:

»Jene keusche, reine Liebe war es, die ihren Gegenstand nur aus weiter Ferne zu betrachten wagt, die nicht weiß, wie ihr geschieht, sich angezogen fühlt und doch sich nicht zu nähern versucht, die sich selbst nicht kennt, ihr Entstehen und ihren Zweck nicht weiß. Das erste Quellen und Treiben meiner innern Kräfte besänftigte sich, mein Geist bekam zunächst seine Richtung ins Gebiet der Abstraction, die ersten Eindrücke auf mein Gefühl verloren ihr grelles Colorit, mit ihnen auch Dein Bild; es trat in eine größere Entfernung zurück, ohne mir je ganz aus dem Gesichte zu kommen. Reichliche Nahrung fand mein Kopf auf dem Felde der Speculation. Die Bildung meines Herzens schritt nicht im Verhältnisse mit fort; es würde vielleicht ganz zurückgeblieben sein, wenn nicht mein immer höchst reges Gefühl für Kunst ihm einige Nahrung gegeben hätte. Mehrere Jahre gingen so hin, da verbreitete sich die Revolution bis hin in unsere Gegenden. Freiheit, Völkerwohl, Heil der Menschheit, welche Funken für ein nur einigermaßen warmes Gefühl! Wie sehr mußten sie einen Sinn exaltiren, der so empfänglich für alle Eindrücke der Art war.

Oh, mit Entzücken denke ich noch an diese zweite schöne Epoche meines Lebens zurück, wo ich vor sechs Jahren zuerst die Bilder auffaßte, die seitdem eine so lange Zeit hindurch mein Herz erfüllten. Zum zweiten Male erschien mir die ganze Welt in dem lichten Morgensonnenglanze, alle Gefühle und Kräfte brausten durcheinander, mir war so wohl, eine lachende Zukunft erfüllte meine Seele, ich jubelte laut auf vor innigem Vergnügen. Mit dem neuen Erstarken meiner Empfindungen wachte auch Dein Bild mit erneuter Lebhaftigkeit wieder auf. Aber der Jüngling hatte um sich sehen gelernt, er hatte gelernt, die gesellschaftlichen Verhältnisse zu würdigen, sich Rechenschaft zu geben von seinen Empfindungen. Er blickte auf und sah den Gegenstand seiner Liebe in Beziehungen, die ihn hoffnungslos machten, er sah auf sich selbst und ward noch hoffnungsloser. Doch immer war das Alles noch nicht zu ganz deutlichen Begriffen gekommen; ich entsagte Dir nicht, denn bestimmte Prätentionen hatte ich gar keine gemacht; ich hielt mich an Dich, so nahe ich konnte, suchte Dich auf, wo ich Dich zu finden hoffte, mein Blick verweilte auf Dir, hing an Deinem Auge mit banger Sehnsucht und glitt ab, wenn Du aufsahst. Die Stürme über uns näherten sich, ich warf mich hinein und arbeitete wacker meinem Ziele entgegen. Ich mag von diesem ganzen Zeitraume nichts sagen; er endete, der Frieden kam, meine Verhältnisse änderten sich, die Deinigen waren anders, Dein Bild trat mit mehr Stärke als jemals hervor, und eine neue Periode meines Lebens, die meiner eigentlichen Liebe, trat ein, sie hat mir viele Freuden verschafft, diese Liebe, aber auch vielen Kummer, manche trübe Stunde herbeigeführt, Du hast beides mit mir geteilt, wir haben Ansprüche auf eine bessere Zukunft, auf die sind unsere Wechsel gestellt. Aber für mich hat sich die Natur erschöpft; sie gab mir den Enthusiasmus für die schöne Natur, für Freundschaft, für Freiheit und zuletzt auch den für Liebe; ihr Füllhorn ist geleert für mich, ihrer Gaben letzte hat sie mir gespendet, jetzt verläßt sie mich, mag ich haushalten mit den Resten meiner Schätze die übrige Hälfte meines Lebens hindurch. O wie unglücklich, wie elend wäre ich, wenn Liebe mich flöhe!«

Die Epochen in der äußeren und inneren Entwicklung des jungen Romantikers sind unlösbar mit den stets präsenten Bildern der Geliebten verbunden. Zu vermuten ist, daß in

Katharine Lassaulx' Briefen die gleiche Verinnerlichung aufzufinden wäre. Der vorliegende Band versammelt aber eine Reihe aus dem »wirklichen Leben gegriffener Dialoge«, in denen besonders die verinnerlichten Themen des deutschen Brautbriefs hervortreten. In den den Brautleuten auferlegten Wartezeiten werden wohl auch die Umstände äußeren Lebens mitgeteilt, doch in einem geringeren Maße als die Ausbreitung der mit der Liebeserfahrung verbundenen inneren Geschichte. Görres' aus der Ferne mitgeteilter Lebensbericht liest sich nicht zufällig wie die Kurzfassung des deutschen Bildungsromans nach dem Vorbild des Goetheschen ›Wilhelm Meister‹ – bereichert durch die patriotischen Motive und demokratischen Überzeugungen. Im Unterschied zum Bildungsroman aber ist eine solche Ausbreitung der Epochen des Gefühlslebens an einen einzigen Partner gerichtet. Die zielgerichtete Introspektion will vor allem eins: »unsere Herzen ausschütten ohne Schminke und Rückhalte«, was bereits in den Briefen Herders und seiner Verlobten eine immer ernster genommene Aufgabe wird.

Diesem hohen Anspruch ist übrigens der Briefwechsel Lessing/König noch relativ fern. Noch überwiegen – zu Hegels Freude – die »natürlichen« und »menschlichen« Umstände, alltägliche Sorgen, die mehr dem äußeren Leben angehören. Was Hegel aber hier schon als den eigentlichen Lesegenuß schildert (»Man ist immer auf die Entwicklung begierig; obgleich keine Intrige und große Hindernisse die Entwicklung aufhalten . . .«), bildet gleichsam den Rahmen, der den deutschen Brautbrief in vielen seiner Varianten fast zur einheitlichen Briefgattung werden läßt.

Was Hegel aufgeht, ist, daß der Brautbriefwechsel psychologisches Interesse weckt. Der Maßstab dieser Lektüre ist der empfindsame Roman des 18. Jahrhunderts. (»Kein grausamer Vater, kein harter Onkel oder Vormund, kein der Unschuld nachstellender Lord ist es, der die Heirat aufhält.«) Damit sind die Leidenswege der geprüften Unschuld der Clarissa Harlowe, die Romane Richardsons und ›Die Geschichte des

Fräuleins von Sternheim‹ der Sophie La Roche gemeint. Wie undramatisch sind hingegen die »wirklichen« Dialoge, gemessen an den schicksalhaften Komplikationen solcher Liebesromane (deren Lektüre den Briefschreibern aber die Lust an der Ausbreitung komplizierter Herzensregungen vorbereiten hilft). Bei den Brautbriefschreibern bestehen die romanesken Intrigen ganz in den aufzurollenden »seelischen« Komplikationen, in die die Umwelt, oder doch nur die die Verbindung hinauszögernden materiellen Faktoren, kaum eingreift. In den bürgerlichen intellektuellen Kreisen ist das feindliche Schicksal auf die »Sorge um das hinlängliche Auskommen« reduziert, ein Motiv, das oft nur von ferne die eigentliche gedankliche Aussprache begleitet. Übrigens bleiben die deutschen Intellektuellen in ihrer Brautwahl fast ausschließlich in den eigenen bürgerlichen Kreisen. Ein romaneskes Thema wie die Überwindung von Standesgrenzen selbst da, wo die Braut ein »von« im Namen trägt, berührt die Schreibenden kaum oder gar nicht. Ein gar zu großes Prestige stellt schon das geistige Schaffen dar, so daß Schiller bei seinen Aufenthalten im Hause der von Lengefelds kaum auf Standesdünkel trifft. Und Jean Paul, der Liebling vor allem aristokratischer Damen, wenn er auch seine häusliche Rosinette wieder in bürgerlichen Kreisen wählt, wird als einziger in der Episode seines Lebens, die ihn auf Freiersfüßen zeigt, eine – kurze – Zurückweisung aus dem adeligen Elternhaus seiner vorletzten Braut erfahren. Die Eile, mit der Jean Paul für seine Werbung ein seinem literarischen Ruhm angemessener Ehrentitel nachgeworfen wird, zeigt, wie belanglos Standesgrenzen werden, wenn der Bräutigam unbestreitbar zur bewunderten geistigen Elite gehört. Jean Pauls überaus konservative Auffassung von Weiblichkeit und seine so auffällige Entfernung von einer romantischen Liebesauffassung machen ihn zu einem Sonderfall in diesem Band. Die arkadische, jedoch nicht ernsthaft verinnerlichte Gefühlssprache der Jean-Paul-Briefe ist ein nicht uninteressanter Beiklang im Konzert der eher unser heutiges psychologisches Interesse weckenden Stimmen. Das hat Hegel sehr richtig gesehen: Die Banalität, das Undramatische äußerer Hemmungen macht die Prüfungen der Liebenden zu einem psychologischen Seelenabenteuer. Daß Hegel hier bereits die Gefahr einer »empirischen Psychologie in nuce« sieht, wie in der weiteren Erörterung des Lessing/Königschen Briefwechsels zu lesen ist (»wir werden zuviel daran gewöhnt, daß die Seele sich mit sich selbst beschäftige«, eine Gefahr, die ihm im Briefwechsel des Paars der Aufklärungsepoche noch gebannt erscheint), mag unser heutiges Interesse überhaupt erst anregen. Ja, rückblickend bekommen die Dokumente dieser Liebeskorrespondenz einheitliche Züge, verwandte Themen, die wir gerade aus den »Zergliederungen der Empfindungen« entnehmen können.

Ist deshalb der Brautbrief als eine Gattung zu bezeichnen? Im literarischen Sinne gewiß nicht – die Schreibenden befinden sich ja jeweils umschlossen von ihren persönlichen Verhältnissen. Das jeweils Besondere ihrer Angelegenheiten und ihre Wesenseigentümlichkeiten bestimmen die Mitteilungen, wenn es auch interessant ist zu verzeichnen, daß manch berühmter Briefwechsel als Orientierung für den eigenen Briefstil herangezogen wird. Geradezu Epoche gemacht hat das Paar Klopstock – Meta Moller, die »Cidli« in Klopstocks Oden. Das bewunderte Liebespaar regt die Phantasien anderer Brautpaare an, nicht nur im Hainbund und der empfindsamen Klopstockverehrung, sondern auch im Briefwechsel Gottfried Herders mit Caroline Flachsland: »Eben fällt mir Klopstock und seine Meta ein, glauben Sie, daß ich wie eine Meta Sie liebe?« fragt Caroline. Auch ›Lessings Briefwechsel mit seiner Frau‹ wird schon vor Hegel mit Interesse gelesen, etwa von Charlotte Schiller, die am 27. Juni 1789 Schiller schreibt: »Lessings Geist ist mir sehr interessant (...) er hat eine so gewisse Feinheit gegen seine Frau; auch ihre Briefe haben mir gefallen, sie muß erstaunend viel Tätigkeit gehabt haben, und vielen Verstand.«

Wenn also die historischen Briefwechsel bereits in ihrer Zeit Orientierung für sich mitteilende Paare liefern – und in einem ganz besonderen Maße für korrespondierende Frauen –, bestärkt dies den Eindruck der Themenähnlichkeit der Brautbriefe. Zusammen mit der Neugier an modellhaften Briefwechseln und Liebespaaren kristallisiert sich in der deutschen Briefkultur der Brautbrief mit seinen Gattungsmerkmalen der verinnerlichten Prüfungen heraus. Und ganz besonders haben die Briefpartner damals schon bemerkt, in welchen spannenden Briefroman man sich hineinbegeben konnte, in diesen Dialog eines regen – hochpsychologischen – Austausches über die zu klärenden Zukunftsphantasien. Hängt der oft bewunderte sprachliche Rang der Frauenbriefe des 18. Jahrhunderts nicht mit den psychologischen Klärungen und Strategien zusammen? Die männlichen Schreiber sind in diesem Punkt auffällig einhellig. »Überhaupt sind ja die Weiber die eigentlichen Briefschreiberinnen, und wir Männer sind nur Stümper« – dieser Ansicht ist nicht nur Friedrich Schleiermacher, wenn er die sprachliche Tiefe seiner Verlobten rühmt. Wer aber sind diese Frauen? Und genügt schon die Bewunderung ihrer Partner, was weibliche Gefühlsstärke und Ausdrucksfähigkeiten angeht, um in den Dokumenten eine Spur weiblicher Kreativität im Reflektieren und Phantasieren, schließlich in ihren ureigensten Belangen, den »Bildern zukünftigen Lebens« aufzufinden?

Femina psychologica und homo psychologicus
Die Liebenden

Im Aufklärungs- und Empfindungszeitalter entsteht der homo psychologicus. Wir finden ihn vor allem in den von männlicher Hand redigierten Schriften, den ›Magazinen zur Erfahrungsseelenkunde‹, die von Karl Philipp Moritz und seinem Mitarbeiter Pockels herausgegeben wurden, jenen Publikationsformen des bürgerlichen Zeitalters, in denen sich die Selbstbewußtwerdung des Individuums in vielfältigen Ausdrucksformen, Fallgeschichten, psychologischen Beiträgen spiegelt. Das Zeitalter schreckte vom Vorlesen intimer Korrespondenzen im Bekanntenkreis nicht zurück. Wenig Diskretion zeigte die psychologische, »emotionshungrige« Neugier jener Epoche (vgl. Wittmann). Auch unsere Brautbriefe enthalten Beispiele empfindsam formulierter Indiskretion. Da werden von Caroline von Dacheröden Briefe der Karoline von Beulwitz an den Verlobten Wilhelm von Humboldt weitergereicht, die Briefe der Therese Forster, mit der Humboldt ein Verhältnis verbunden hatte, werden mitfühlend von Caroline gelesen. Meta und Klopstock beziehen ihren aus Paaren bestehenden Freundeskreis in die Lektüre ihrer Briefe ein. Im Zeitalter der Selbsterforschung hatte das Briefgeheimnis vor der allgemeinen Analysierlust zurückzutreten. Eine Zuordnung der frühen »psychologia empirica« zu den mehr wissenschaftlichen Beiträgen und Publikationen, zur »männlichen« Variante der bürgerlichen Introspektionsbereitschaft, ist aus diesem Grunde nicht nachzuvollziehen. In seinem »Gegenpol«, dem »weiblichen« Feld psychologischer Neigungen, die sich im subjektiv privaten Bereich äußern sollen, betätigen sich die Angehörigen beider Geschlechter. Man muß erst den psychologischen Rang der weiblichen Äußerungen dieser Briefe würdigen, um zu der Einsicht zu gelangen, daß im bürgerlichen Zeitalter auch die »femina psychologica« entsteht. Vorsicht aber, wenn man sich hierfür nur auf das Zeugnis des Bräutigams verläßt, wenn etwa Herder seine Briefe mit denen der Caroline Flachsland vergleicht und schreibt: »Die Deinigen sind so lieb und süß und begeistert, daß es mich immer dünkt, als ob ich eine Rede einer Cidli aus Klopstock läse; aber meine sind nichts, sind trocken, hart und dürre.« Hat die Braut ihre überschwenglichen Anreden doch nicht aus reiner Sprachlust geschöpft. Wie beharrlich hatte Caroline Flachsland, das dichtungsbegeisterte elternlose Mädchen, das wie Herder aus einfachen Verhältnissen stammte, sich selbst und dem zögernden Angebeteten im Schreiben die Ähnlichkeiten der Gemüter enthüllt; schließlich fanden sie in ihrer empfindsam auflodernden, scheuen und schwankenden wechselseitigen Anbetungsbedürftigkeit zueinander. Wenn schwer Aussprechbares, oft Verworrenes gelöst wird, dann erst erreicht die Briefsprache ihr Ziel. Vielleicht hat auch Herder diese Stärke seiner Partnerin gespürt. Die Beobachtungsfähigkeit, die intuitive und sprachliche Begabung variiert nach den Bildungsidealen der Epochen. Gerade der überschwenglichste Lobspruch aus dem Munde Wilhelm von Humboldts, der an seiner Caroline die »anspruchslose Größe und allwaltende Güte Deines innersten Wesens, diese Tiefe und Grazie des Gefühls, diese Empfänglichkeit des Sinnes für jegliche Schöne, die so allverknüpfende Fülle Deines Geistes und diese Schärfe, die unter jeglicher Hülle die Wahrheit einer Gestalt erblicket«, rühmt, gehört eher in den Bereich der noch zu diskutierenden Wunschbilder. Ebenso zeittypisch war in der romantischen Epoche die Sehnsucht nach einer gleichsam unbewußten Sprache. Es war denn auch ganz ernst gemeint, wenn Schleiermacher der Braut Henriette den »seligsten Genuß« schildert, den ihm die Sprache der Braut vermittelt. ». . . dem unmittelbaren Anschaun und Einströmen Deiner Seele wieder in die Tiefe Deiner Worte (. . .), mit denen Du das Schönste und Heiligste so herrlich aussprichst.«

Ganz ungekünstelt klingt die Freude des jungen Johann Heinrich Voß über die Art der Ernestine Boie, Briefe zu schreiben. »Die Art, wie Sie Ihre Briefe schreiben, gefällt mir so, daß ich es nachahmen muß. Sie schreiben nicht nur deshalb so unterhaltend, weil Sie schreiben, sondern auch, weil Sie in so verschiedenen Stunden, in so verschiedenen Lagen des Herzens schreiben.« Was sicherlich allen Briefschreiberinnen gemeinsam ist, ein weiterer Aspekt des sozialgeschichtlichen Rahmens des deutschen Brautbriefs jener Zeit, ist häufig die Verwandtschaft und Herkunft und auch die geistigen und literarischen Interessen mit dem gewählten Lebenspartner. Variationen der Frauenbilder aber auch hier: »Eine treffliche Frau von einer festen und liebenden Seele zugleich, eine Heldin, die für Mann und Kinder alles unternehmen und alles tragen kann«, nannte Caroline Herder Ernestine Voß. Ernestine war in dieser von beiden Partnern angestrebten häuslichen Idylle der Typus der hingebenden, treuen Dichtergefährtin, stammte aus einem evangelischen Pfarrhaus, einem Milieu, das von ähnlichen Innerlichkeitsvorstellungen geprägt war wie beim Bräutigam. Lektüren, nicht nur die gern übersandten neuesten Produkte der Verlobten, spielen in allen Briefen eine große Rolle, die empfindsamen Oden Klopstocks, das Fräulein von Sternheim. Lotte von Lengefeld und ihre Schwester Karoline von Beulwitz analysieren die Griechin in Schillers ›Geisterseher‹. Das Interesse am Theater durchzieht die Briefe Lessings und Eva Königs, die ja aus Hamburg stammt, der Hauptstadt dichterischer und künstlerischer Bestrebungen in Norddeutschland. Eva König wurde von den Zeitgenossen, wie in einem Brief des Historikers Ludwig Timotheus Spittler zu lesen, als eine Lessing ebenbürtige Persönlichkeit bewundert: »Wenn's möglich wäre, mehr Menschenliebe, mehr tätiges Wohlwollen irgendwo anzutreffen als bei Lessing – so wär's bei Lessings Gattin.« Frauen mit deutlich intellektuellen Formulierungskünsten gibt es in der Epoche der Frühromantik in Jena und Berlin und später in den Salons im Berliner Geistesleben. Der Briefstil der Caroline von Dacheröden läßt schon erahnen, daß der Typus der hingebenden Dichtergefährtin durchbrochen werden soll, ein Typus, den im Eheleben, neben Ernestine Voß und Lotte von Schiller, besonders die Gattin Herders darstellen wird, die fanatisch um die Anerkennung ihres »Gottes« zu kämpfen wußte. Nicht immer gelingt die intellektuelle Selbständigkeit gerade da, wo sie mit hohen Ansprüchen versucht wird. Selbstverständlich liest die »töchterliche« Braut Henriette von Willich Schleiermachers ›Monologen‹, doch hatte sie sicher nicht das Niveau der Frauen der frühromantischen Geselligkeit, der Caroline Schlegel, spätere Schelling, und der Dorothea Veit. Ein bißchen weiter in den Wandlungen der geistig anspruchsvollen Partnerschaften: Auf die Umbruchphase emanzipatorischer Bestrebungen in der verzweigten Familie der deutschen Romantik und der traditionelle Rollenbilder verweigernden Frauen folgt das deutsche Biedermeier, und hier wird die Problematik der Dichterbräute auf einmal brisant. Einen nicht geringen Anteil an der Tragödie der Charlotte Stieglitz hatten ihre hochgespannten Erwartungen der Anteilnahme an einem Leben im Geiste, auch da, wo Krankheitssymptome des vermeintlich genialen Dichtergatten Schatten werfen. Auch die Brautwahl in den deutschen Pfarrhäusern erscheint in dieser Epoche noch einmal, allerdings ohne die Übereinstimmung der in der Voßschen Idylle geteilten poetischen Innerlichkeit: bei Eduard Mörike, dessen Liebesbriefe als die (literarisch) schönsten der deutschen Literaturgeschichte gelten. In der Spätromantik geht der Rückzug ins Verinnerlichte, Ländliche, mit dem Traumbild des verklärten unschuldigen, einfachen Mädchens einher.

Dem Leser möchte ich an dieser Stelle die Fäden meiner eigenen Lektüre in den Briefdokumenten verdeutlichen. Die Frage »Wer waren diese schreibenden Frauen?« – oder auch manche zu rekonstruierende Stimme – ist am ehesten aus den Selbstdarstellungen und den aufschlußreichen Kommunikationsbedingungen der Schreiberinnen heraus zu beantworten. Die verinnerlichten Mitteilungen der Briefe sind auch bei den Frauen zunächst im äußeren Rahmen zu suchen: Das Erleben der Brautzeit als Bildungsphase im eigenen Leben, die wir in zunehmender Weise bei den Briefschreiberinnen der deutschen Geistesgeschichte feststellen können, stammt aus den gleichen Ansprüchen der Verschönerung der Persönlichkeit im Geistigen, die die männlichen Briefpartner so ernst reflektierten. Konsens der Partner herrscht, wie auch immer wieder die Briefe an Außenstehende, an Freunde zeigen, in einer dem verinnerlichten Bestreben angemessenen Partnerwahl. Nicht »Zierpüppchen«, nicht einmal »gelehrtes Frauenzimmer«, nicht Gesellschaftsdame soll die Braut sein. Zäh hält sich zwar das unter dem Einfluß Rousseauistischer Weiblichkeitstheorien genährte Wunschbild der pflegenden Gattin und Mutter als »Erzieherin tugendhafter Kinder«, das etwa Kleists Briefe so penetrant macht. Generell werden in Deutschland doch alle Attribute der geistigen, gemütshaften und häuslichen Qualitäten mit den Verschönerungswünschen regen inneren Lebens verbunden. Seelenqualitäten wie Innigkeit, Tiefsinn, Abscheu gegen alle Oberflächlichkeit, kurz, jene etwas schwerfällige Ernsthaftigkeit, die sich auch die männlichen Geister auferlegen, sind auch Selbstbilder der gebildeten bürgerlichen Bräute. Gewiß, das Ideal bildet sich erst im Verlauf des 18. Jahrhunderts heraus, und erfrischenderweise hat das Paar, das das Gefühlsleben späterer Briefsteller anregte, Meta Moller und Klopstock, noch Raum für den verspielten, tändelnden, heiteren Genuß im Gelingen ihrer Übereinstimmung.

In den deutschen bürgerlichen Familien werden auch junge Mädchen heranwachsen, die nun eine anspruchsvollere, zunehmend vom bürgerlichen Humanitätsideal inspirierte Bildung empfangen: der Beginn und die Voraussetzung vielfältiger weiblicher Wünsche nach kreativem, anregendem geistigen Austausch, ja künstlerischer Betätigung. Schließlich greifen auch vereinzelt Frauen zum Berufsbild der Schriftstellerin. Der bekannteste Fall ist die Autorin der Empfindsamkeit, Sophie La Roche, die 35 Jahre lang Romane, Reisebeschreibungen und pädagogische Schriften für ein vorwiegend weibliches Publikum verfaßte. Die Sozialisation als Gelehrtentochter hat für den Bildungshunger des jungen Mädchens nicht wenig beigetragen (ein besonders fruchtbarer familiärer Hintergrund, wie auch das eigenständige Lebensschicksal der später lebenden Gelehrtentochter Therese Forster-Huber zeigt). Was Sophie Gutermann in der Zeit der kurzen Verlobung mit dem damals

17jährigen, drei Jahre jüngeren Christoph Martin Wieland (weniges) schrieb, ist zwar alles andere als eigenständig: Interessant ist nur die spätere Seelenverbindung mit Wieland, das in der Verlobungszeit bildungsbegierig geknüpfte literarische Band, das Sophie zeitlebens zu halten wußte. Wichtiger als das Hervortreten einzelner Autorinnen (wie auch die begabte Sophie Mereau-Brentano, über die in der Literaturgeschichte bereits nachzulesen ist), ist für diesen Band die schreibende »femina psychologica«. Wie hört sich ihre Stimme an in dem Umbruch, den die verinnerlichten, geistigen Selektionskriterien für die Partnerwahl im 18. Jahrhundert mit sich gebracht hatten? Ein weiteres Beispiel für das Einschneidende der Veränderung ist vor allem im jüdischen Geistesleben zu beobachten. Von dem Philosophen Mendelssohn sind ebenfalls die Brautbriefe an seine Braut Fromet Guggenheim überliefert. Hier zeigt sich aufs deutlichste das Hinwegsetzen der Intellektuellen über die (jüdischen) Konventionen der vorehelichen Zurückhaltung. Die Wunschbilder gehobenen geistigen Austauschs mehren sich nach der Aufklärungszeit in der klassischen Epoche in der Verlobungszeit Schillers etwa. »Wie schön wird es in der Zukunft sein, wenn wir alle Schriften dieser Art gemeinschaftlich miteinander genießen, und jedes Gute und Schöne darin, veredelt durch das Gepräge, das wir darauf drücken, in unsern Seelen niederlegen; wenn alles unter uns gemeinschaftlich sein wird, bis auf die Erwerbungen unseres Geistes!« Und noch eine aus männlicher Feder stammende Phantasie gehobener Weiblichkeit: Fichte schreibt der drei Jahre älteren gebildeten Braut: »Wie schon längst hatte ich Verzicht getan auf eine Gefährtin, wie Du bist, in welcher männliche Erhabenheit des Geistes mit weiblicher Zärtlichkeit sich vereinigte? Hätte mich abfinden lassen durch eine Zierpuppe Deines Geschlechts.«

Wie jedoch die korrespondierenden Frauen in einem solchen hochgestimmten Seelenklima auch ihre Erwartungen definieren, wie auch die männlichen Partner aus manchen sehr individuellen Vorbedingungen heraus, bei manchen am Ziel vorbei schießenden Projektionen, sich den Zukunftsbildern nähern, ist schließlich von ganz individuellen Faktoren der verinnerlichten Prüfungsjahre der Brautleute abhängig. Ganz gleich, ob Caroline Flachsland beispielsweise den Typus der Dichtergefährtin darstellt und etwa Sophie Mereau selbstbewußte Wünsche mit ihrer Schriftstellerinnenkarriere verband, die Sprache der Briefe stellt noch anderes heraus: Schließlich zeigt der Fall von Herders Verlobter, daß sie sich einen erhellenden Weg durch die Kundgebungen seines »murmelnden Herzens« zu schlagen wußte und ihren Herder leise zu leiten verstand. Reife, Selbständigkeit, sicherlich eine sehr viel größere Portion Klugheit, als sie der ewig kindliche Clemens Brentano besaß, hatte gewiß Sophie Mereau. Ihre – dies ist ihrer Biographin Dagmar Gersdorff entgegenzuhalten – doch fatale Rolle als Liebende, ihre notgedrungene Hilflosigkeit angesichts des narzißtischen, fordernden Clemens, ist nicht zu übersehen. Die geistige Selbständigkeit der Dichterin wird in diesem Bund aufs äußerste geprüft. Wie erklärt es sich, daß Verspieltheit und Schalkhaftigkeit, recht eigenwillige Spaziergänge in der Erfindung des idealen Geliebten, zudem eine bewußt erlebte sprachliche Originalität, Frauen ganz verschiedener Epochen eigen ist: daß zwischen der frühreifen Romantikerin Bettina Brentano und der unbefangenen Gesellschaftsdame aus dem Hamburger bürgerlichen Rokoko, der Meta Moller, eine Art Seelenverwandtschaft zu bestehen scheint? Dies könnte uns die Frauen aus dem Umbruch der Formulierung von vergeistigten Bindungen näherbringen: in den Briefen eine Spur selbständiger Phantasien zu suchen. Von Meta Moller, deren Anteil an einer Überführung der tändelnden Rokokosprache zum authentischen Gefühlsausdruck unbestritten ist, gibt es vielleicht die originellste Begründung ihrer Liebeswahl. Unbedingt nachzulesen ist, wie Klopstocks »Cidli« sich bereits im dreizehnten Jahr ihren »Mann mit einer gewissen Douceur« erfindet – und ihn dann durch die eigene zärtliche Miene, mit der sie ihn anzuschauen vermag, identifiziert (S. 27).

Die vollständige Enthüllung und Transparenz der eigenen Seelenlandschaft, für die die verflossene Seelengeschichte möglichst lückenlos zu sein hat, die Selbstdarstellung der schreibenden Persönlichkeit in ihren familiären Bindungen und früheren Liebeswahlen, erreicht in der Romantik ihren Höhepunkt. Von der Seite der männlichen Theorien über die Weiblichkeit gehört zu einer solchen Freizügigkeit Friedrich Schlegels frühromantischer Roman ›Lucinde‹ und – acht Jahre vor dem Briefwechsel mit der Verlobten Henriette von Willich – die vom Mitkämpfer und Freund Friedrich Schleiermacher in seinen ›Vertrauten Briefen über Friedrich Schlegels Lucinde‹ verfochtene Theorie der »vorläufigen Versuche als Vorstufen der wahren Ehe«. Von daher sind die vormalige Geliebte Eleonore Grunow, die frühere ausweglose Liebe Schleiermachers, und der verstorbene Gatte Henriettes immer wieder Mitspieler in diesem Briefwechsel. Vom psychologischen Instrumentarium her ist ein solches Vergleichen und Herauskristallisieren einer immer reiferen, gesteigerten Zuwendung unter dem Gesichtspunkt des Individualitätsprinzips der Liebe ein einzigartiges Phänomen. Hier mündet es in die Klärung eines Ideals ausschließlicher Zugehörigkeit und Wesensübereinstimmung. In der Frühromantik wurden solche forschenden, vergewissernden Blicke in die verborgenen Dinge des Herzens nun durch eine idealistische Liebes- und Persönlichkeitsphilosophie legitimiert – wie bänglich sind dennoch manchmal die Fragen nach der eigenen Einmaligkeit im Blick des anderen! Aber auch frühere Paare haben das vergleichende Sezieren geübt.

Zur Sprache der Brautbriefe gehört schon in den frühesten Konstellationen, in denen Paare die Kriterien einer verinnerlichten Wahl formulieren, daß klärende Strategien und die ungestüme Sprache der Empfindung miteinander abwechseln. Ja, macht dieser Wechsel nicht den Reiz des ersten, in diesem Sinne modern anmutenden Briefwechsels, den der Meta Moller und Klopstocks, aus? Metaphernreiches, stimmungshaftes Schwelgen, Namenerfindungen und Koseworte und – ganz selbstverständlich – auch die Neugier auf die frühere Angebetete Klopstocks, die »Schmidtin«, die »Fanny« der Oden. Die äußeren Umstände, das, was mitzuteilen wäre aus dem Alltäglichen, findet auch seinen Platz in der Geschichte der Herzen, ja sie vertiefen die psychologischen Porträts. Manche Frauen, und gerade auch Meta Moller, werden zu originellen Prosaerzählerinnen, wenn es darum geht, dem Geliebten die eigene Gegenwart in kleinen Geschichten brieflich zu vermitteln, in Anekdoten aus dem häuslichen Leben, in Berichten über die befreundeten Paare, die einen ähnlichen Verlobungs- und Eheroman erleben. Zunehmend entleerter vom äußerlichen Geschehen werden dann die Brautbriefe – und dies ist nun der eigentlich interessante geistesgeschichtliche Umbruch zu einer abstrakt anmutenden Idealbildung vom anderen – von der klassischen Epoche an. Vorsicht allerdings: So einfach ist nicht zu behaupten, daß die nun einsetzenden abstrakten Wunschformulierungen nur ein pädagogisches Unternehmen der spekulierenden männlichen Briefpartner gewesen wären. Spätestens im Briefwechsel des späteren Humboldtschen Ehepaars intellektualisiert sich der »Diskurs der Partner«, wie man nach heutiger Terminologie die psychologischen Stränge der Brautbriefe nennen mag, in einer kaum überbietbaren Weise. Liegt nicht oft eine lange Zeit, oft ein Jahr, zwischen den Wiederbegegnungen? Diese Zeit dient offenkundig einer nicht minder an intellektuellen Höhenflügen interessierten Braut wie Caroline von Dacheröden zu langen Selbstversenkungen, in denen sie sich selbst in den »mannigfaltigen Gestalten« des kostbar empfundenen eigenen seelischen Lebens dem idealisierten Du mitteilt.

Ein Detail dieser ausführlicher zu betrachtenden Humboldt-Dacherödenschen Brautbriefe ist der äußere Schreibrahmen, der den schreibenden Frauen solche Ergüsse möglich machte. Stand nicht gerade ihnen viel mehr Zeit zur Verfügung für die sprachlichen und gedanklichen Leistungen, die, wie in dieser Epoche, die Brautzeit zu einer heiligen Zeit der Reifung machte? Ein Faszinosum ist ohnehin die schier unerschöpfliche Schreibaktivität, von denen in den einzelnen Briefdialogen die Masse der ausgetauschten Blätter zeugen – dies nun doch bei beiden Geschlechtern! Zwischen Schiller und den Schwestern im Hause Lengefeld gehen fast täglich Briefe hin und her. Die Bände, die für diese Dokumentation benutzt wurden, sind fast alle umfangreich. Zum Teil sogar sind von einzelnen Paaren Hunderte von Briefen überliefert, wie während der fünfjährigen Brautzeit der Charlotte Willhöfft mit Heinrich Stieglitz. Zwei Bände füllen die Briefe Herders und Caroline Flachslands. Von der siebenbändigen Korrespondenz der Humboldts nimmt der erste dicke Band die zweijährige Brautschaft auf. Aber auch die Länge der Briefe, die etwa Caroline von Dacheröden, häufig im Abstand von wenigen Tagen, gleichsam tagebuchartig im Sommer und Herbst des Jahres 1790 schreibt, ist bemerkenswert. Das soll nicht heißen, daß bei Humboldt nicht ein ähnlicher Drang zur Mitteilung gewesen wäre, nicht ein völliges Absorbiertsein von der Bedeutung des vorehelichen Reifungsprozesses. Auch seine Briefe begnügen sich kaum mit einer Länge unter mehreren Seiten, sie werden teilweise zu regelrechten bildungsphilosophischen Abhandlungen. Und ähnlich ausführlich breitet auch Friedrich Schleiermacher seine »Ansichten von Liebe und Ehe« aus, zu denen der Religions- und Ehephilosoph etliches zu sagen hatte. Auch Henriette von Willichs durch ihre Mutterpflichten schon gefülltes Leben schien noch Raum genug zu haben für die immer wieder umrissenen Festigungen des wichtigsten Projekts ihres bisherigen Lebens. In rascher Folge gehen mehrseitige Episteln im Jahre 1808 an den in Königsberg weilenden Schleiermacher. So viel Zeit, so viel Gedankenaufwand, das gibt zu denken. Der Zeitfaktor für die Investition psychischer Energien, für eine Aufgabe, die unverkennbar auch bei den männlichen Partnern, die sonstigen geistigen Bestrebungen heben soll, scheint eine Selbstverständlichkeit gewesen zu sein. Die geschehnisarme Sprache, die als Folge der verinnerlichten Kommunikationsbedingungen der Schreibenden über die Epochen hinweg ähnliche Themen aufweist, gibt weiterhin zu denken. Handelt es sich nicht auch um eine aufgeheizte Liebessprache, sprachliche Höchstleistungen anstelle von erotischer Erfüllung, die in damaliger Zeit vor der Eheschließung nahezu undenkbar war? Sprachliche Intensität geboren aus Triebverzicht?

Die Sprache der Brautbriefe schwankt zwischen dem Diskurs des Begehrens und – andererseits – der Sprache der klärenden Aufhellungen, der Introspektionen, Rückblicke und Formulierungen von Wunschbildern, die ihrerseits so bedürftig erscheinen. Die Sprache der Begehrungen ist die Sprache der Suggestion und der Verführung. Zu ihr gehört das Raunen des »murmelnden Herzens«, das, einem Froschkönig gleich, erlöst werden will. Zu ihr gehört auf einer anderen Stufe die Rhetorik der Verführung, die wiederum hochpsychologisch und raffiniert sein mag, wenn sie, worin Clemens Brentano ein Meister ist, zugleich verwunden und heilen will, um sich ein recht grandioses Maß an liebender Zuwendung zu sichern. Die Sprache der psychologischen Erhellungen vermischt sich mit der Sprache der Begehrungen, will jene lösen, sichern, ja Sprache will sich mit dem ganzen Abgrund des Gefühlten verschmelzen und mit ihm identisch werden. »Der Brief und meine Liebe sollten ineinander aufgehen«, schreibt Mörike und formuliert so eine Utopie, die, fern allen Raisonnements, fern aller Begründungen, »Dir recht recht nahe (...) kommen! Dich ganz in mich hineinschauen (...) lassen« will. Die unaufgehellte Nähestiftung durch Sprache allerdings hat Mörike etwas zu weit getrieben. Da, wo die Geliebte ein Schemenbild geblieben ist, ist sie als Frau auch aus seinem Leben verschwunden. Und auch nur am Rande sei bemerkt, daß der, mit Verlaub gesagt, wohl unbedarfteste Liebende der empfindungsseligen Epoche, Jean Paul, sich ein Elysium der suggestiven Liebessprache wortgewaltig erstellen konnte, mit wenig Innigkeit jedoch, da solcher Sprachzauber sofort in den höheren Dienst der Literatur genommen wurde. Die Sprache der meisten Briefe bewegt sich zwischen dem rational formulierten Anteil der Bilder vom eigenen Ich, vom Anderen und vom »gemeinschaftlichen Wesen«, ein Reden, das einiges mit einem modern anmutenden »Diskurs der Partner« zu tun hat. In diese brieflichen, für den anderen lesbaren Phantasien mischt sich die Vorwegnahme der sinnlichen Präsenz des Du, wird die Nähe in den Warte- und Trennungszeiten suggeriert. Sind es hier die Frauen, die diese Ebene der Kommunikation sorgsamer und dringlicher bewahren? Kein geistiger Höhenflug scheint Caroline von Dacherödens Ausruf zu sein: »O noch von ferne werde ich jeden Anlaut Deines Herzens vernehmen.« Und Caroline Flachsland spricht das Motiv mit größter Deutlichkeit aus: »... oder hast Du mich erst mehr lieb bekommen, mehr in der Entfernung als in der Nähe? Gott im Himmel! Nein das denke ich nicht, o nein, die Nähe soll mehr und wird mehr sein als die Entfernung.« Zwischen dem Jetzt des Schreibens, einer stellvertretenden und spekulativen Sprache und ihrem fernen Ziel der Nähe, liegt ein in der Schwebe gehaltenes Dasein. In diesem Sinne sind manche Selbstbilder aus der Ferne, wo sie, wie in den Briefen Johann Heinrich Voß', seine alltäglichen und stimmungsvollen Beschäftigungen, seinen Naturgenuß, seine Gespräche über Poesie im Freundeskreis poetisch intensiv gestalten, Vorwegnahme der sinnlichen Gegenwart des Briefschreibers. Solche innige plastische Sprache ist übrigens aus einer männlichen Feder geflossen. Ganz einfach ist es also nicht, die Sprache der Nähesuggestion mehr dem weiblichen Bemühen zuzuordnen. Zu deutlich sind individuelle Konstellationen im Spiel: Ein Extremfall ist gewiß die schon in den Brautbriefen sich abzeichnende Ehetragödie der Charlotte Stieglitz. In deren

Vorspiel wurden von Seiten des Bräutigams die Wiederbegegnungen willentlich oft aufs Jahr hinausgezögert – der gemütskranke, manische Stieglitz benötigte geradezu diesen Dialog der unendlichen Nähe aus der Distanz heraus. Nicht aus einer biedermeierlichen »Fallgeschichte« heraus zu erklären ist der fatale Ausgang der Idealisierungen für die Braut, vorbereitet nämlich durch den Diskurs über die männliche und weibliche Anbetungsfähigkeit des 18. Jahrhunderts, der sie in eine aufopferungsvolle Musenrolle drängt. Erst wenn die Projektionen sich zu ideologisieren beginnen, drohen die Mystifikationen über den geschlechtsspezifischen Anteil an der Gemeinschaftsproduktion der vergeistigten Verbindung. Warum aber setzt zu einem bestimmten historischen Moment innerhalb des Liebesdiskurses der verinnerlichten Prüfungen jene emphatische Spekulation über die Vertiefung der Geistes- und Gemütskräfte und zugleich der Anteil der Eigentümlichkeiten der Geschlechter an diesem Prozeß ein? In Deutschland gibt es vor dem Hintergrund des patriarchalischen Hohelieds auf die (von Rousseau inspirierte) pflegende, hingebende weibliche Unterordnung noch einen besonderen Nährboden für die Ideologie der Geschlechter. Gründlich, gedankenschwer ist die ästhetisch-sittliche Spekulation über das »Gefühl, im Innern schön zu sein« – nach einer Formulierung von Heinrich von Kleist. Weibliche Gefühlsqualitäten werden sehr genau in der Bildungsgeschichte der Autoren festgelegt, dies nicht nur in den monologisierenden Briefen Kleists. Die Geschichte des deutschen Brautbriefs enthüllt aufs deutlichste, wie auch die Frauen die liebende, die schreibende femina psychologica, die Elemente dieser Geschlechterphilosophie in ihre eigene Bildungsgeschichte einbauen.

»Es ist eine enge, irrige Vorstellung, meine Liebe, wenn wir glauben, daß es nur einen Ausdruck für dasselbe Gefühl gebe, es nuanziert sich anders in jedem Individuum und für jedes Individuum, und diese geistigen Gestalten vervielfältigen sich ins Unendliche.«

Das Verhältnis von Sprache und jenem diffusen Bereich der »Anlaute des Herzens«, der verworrenen Wunschbilder der Seele, überhaupt dem Bereich der vorsprachlichen Tiefenschicht der Emotionen, macht bis zum Ende des Jahrhunderts eine tiefgreifende Wandlung durch. Obiges Zitat ist eine charakteristische Reflexion zur »Doppelliebe« in Schillers Brautzeit aus der Feder der Caroline von Dacheröden an die Freundin Charlotte von Lengefeld, Schillers Verlobte. Die Bemerkung ist äußerst aufschlußreich für das Dreiecksverhältnis, das so wunderbar »Nuancierte« der Anziehungen. Es spiegelt auch das Denken der Epoche der beginnenden klassischen Individualitätsphilosophie, ein Denken, das die Briefe der befreundeten Verlobtenpaare Humboldt und Caroline und ebenso Schillers Brautbriefe durchzieht. Die neue Sprache dieser Briefe suggeriert, daß eine Ordnung zu schaffen ist in den wechselnden Gestalten des reichen Innenlebens und in den Anziehungen, die sich der jeweiligen Individualität in der Wahl des Liebesobjekts aufschließen. Die Individualitätsphilosophie der klassischen Epoche besitzt, so scheint es, auf einmal ein sprachliches Register für das, was die Seele sich an Wunschbildern schafft und in den Liebesobjekten an genau benennbaren Wesenseigentümlichkeiten zu finden hofft. Doch schon steht Schiller vor der Wortlosigkeit solcher Verhältnisse: »Wie schön ist unser Verhältnis gestellt von dem Schicksal. Worte schildern diese zarten Beziehungen nicht, aber fein und scharf empfindet die Seele.« Nicht nur wirkt im tatsächlichen Briefdialog diese Kasuistik der Anziehungen recht befremdend. Die Brechung des »Lichtstrahls« (des Gefühls) »in den vielfältigen Gestalten« läßt sich sprachlich nicht übersetzen. Es sei denn im Ästhetischen. Die Schilderung dieser »zarten Beziehungen« ist ja im klassischen Roman, hier allerdings bei Goethe, und mehr noch in den ›Wahlverwandtschaften‹ als im Bildungsroman ›Wilhelm Meisters Lehrjahre‹, eindrucksvoll gelungen. Die »scharf empfindende Seele« öffnet sich nun dem Reizbereich des Unbewußten. Dies wird in der Wende zur Abstraktion der Partnerwünsche als Resultat des individualitätsphilosophischen Denkens nun den Schreibenden zum Problem. Hier sind wir allerdings schon am Endpunkt des Wechselverhältnisses, das darstellende Sprache und die verworrenen Produkte der Seele eingehen.

An seinem Anfang hatte es das Zeitalter der Aufklärung, das gleichzeitig das Zeitalter der Empfindsamkeit war, um vieles leichter. Denn hier herrschte noch die »(aufklärerische) Wunschvorstellung (...), die Wahrheit ließe sich sprachlich repräsentieren« (Christiane Garbe). In dieser Epoche sind die Bestrebungen, Brief und Liebe ineinander übergehen zu lassen, noch nicht überfordert. Aus der Tendenz der Brautbriefe zum Erzählen von Seelengeschichten, die schon in den viel bewunderten Briefen Klopstocks und Meta Mollers auftrat, entwickelt sich ein Übersetzungsvorgang des »murmelnd« und unbewußt ablaufenden inneren Geschehens, das zur (sprachlichen) Wahrheit drängt. So erklärt sich der junge Herder – halb noch! – in solchen Rückblicken: »Von Anfang an, zwischen den Balsambüschen und im Haine wissen Sie ja, waren das die ersten Anstöße und Anlaute meines Herzens, die Ihre stille, edle Seele, aus welcher höhern Gegend wohl herab! beantwortete.« Viele der Briefdialoge stellen in ihrem erzählerischen Gerüst so etwas wie einen zwar äußerlich undramatischen, doch auf die wesentlichsten Stränge der seelischen Verwicklungen reduzierten Roman dar. Greifen wir uns die Briefromane der Paare Herder – Caroline Flachsland, Humboldt und Caroline von Dacheröden, Schleiermacher und Henriette von Willichs gesondert heraus. Für diese Geschichten gibt es, wie der Blick auf den Endpunkt der aufklärerischen Schimäre, das innere fühlende Wesen ließe sich exakt versprachlichen, bestätigt, zwei unterschiedliche Drehbücher. Der Übergang ereignet sich genau zum Anbeginn der siebziger Jahre, nämlich in der Korrespondenz Johann Gottfried Herders und Caroline Flachslands.

Das Szenario der Liebesgeschichte ist geschrieben im Ungewissen der Fädenlösung. Dafür taucht die Sprache bald in die Andeutungen der in diesem Briefwechsel wogenden Hemmungen und Begehrungen, bald will sie das Verworrene ins klare Licht der Mitteilbarkeit heben. Die Sprache der Klage, des Schwärmens, der Ahnungen, sozusagen der bedürftige Teil des Dialogs in diesem »Tagebuch der Schwachheiten« (wie Herder es nennt), bedarf zur Fädenlösung nun des Wechselspiels von authentischer Empfindung, d. h. einer Sprache, die oft nur stammeln kann, und andererseits des lösenden, klärenden Worts. Das Szenario hat ein Happy-End, man lese im Brief Carolines vom 17. Juli 1772 seine Erleichterung darüber, daß Herders »liebes gutes Murmeln (...) endlich das Band meiner blöden Zunge gelöst (hat)«. Das laute und vernehmliche Reden wird noch einmal von Caroline mit aller Schamhaftigkeit ihres Geschlechts ins Spiel gebracht – nachdem auch Herder zu deutlichen Worten gefunden hat. »Nur sag mir, Lieber, warum soll ich zuerst laut reden? Bin ich doch ein Mädchen, und arm, und furchtsam, wie sollt ich reden?« Das Szenario taucht übrigens noch einmal in einer verwandelten Form bei den Liebenden der romantischen Epoche auf: in Achim von Arnims und Bettinas Briefen. In der romantischen, klangvoll raunenden Sprache schreibt sich auch dieses Paar ein solches traumbildreiches und mit ausholenden Rückblenden versetztes Szenario. Allerdings tritt hier schon zutage, daß die mystische Tendenz der Sprache des Inneren, der Bildreichtum, auch der Einbezug der Träume und der Naturmetaphorik, das Unsagbare des unbewußten Lebens nicht zu übersetzen, aber doch symbolisch anzusprechen habe. Doch greifen auch hier, obwohl nicht mehr in der aufklärerischen Einhelligkeit von echter Empfindung und der sprachlichen Wahrheit, klärende explizierende Deutungsvorgänge in diese Sphäre des Geheimnisvollen ein, antwortet auf das sich verrätselnde »Weiß ich?« ein »Ich weiß«, treibt das klärende Wort die Fäden dieser Romanhandlung zu einem ebenfalls das Unbewußte lösenden, glücklichen Finale. Bettina antwortet Arnim, der sie nach langen Jahren um ein eindeutiges Ja, ihre volle Liebe bittet: »Wie will nun einer kommen und sagen, daß dies alles nichts sei, daß ich Dich nicht lieber habe wie anderes mehr, daß Du mir nichts seist. Was weiß er von mir? Was weiß ich selber von mir und der Liebe? Als nur, daß ich eines festen Willens bin, gut zu sein und Gutes zu tun, und Dir vor allen andern!«

Es ist auch im Herder-Flachslandschen Briefwechsel nicht wirklich die aufklärerische empfindsame Rationalität, die zur Fädenentwirrung führt – denn hierzu müßten die Liebenden ihren Konsens über das Allgemeingut der Tugendmoral und der festgelegten Schemata anbetungswürdiger Liebenswürdigkeit und tugendhaften Seelenschönheit definieren (wie hölzern das klingen mag, ist aus den Verlobungsbriefen des jungen Christoph Martin Wieland zu ersehen). Im Briefwechsel des Sturm und Drang präzisiert sich die schwärmende, ahnungsvolle Du-Ansprache in den Wunschbildern der wechselseitigen Erhebung zur Humanität. Am Ende des Briefwechsels taucht das Begriffsvokabular der Humanitätsphilosophie auf, die den Schillerschen und Humboldtschen Brautstand charakterisieren wird. Das Wort »Idee« erscheint, und damit der Ansatz für begriffliche Konturierung der Phantasien voneinander. Was Herder endgültig zum überzeugten Bräutigam macht, ist die bildende Aufgabe der Gattin: »Du sollst mich zum menschlichen, besten, würdigen Manne machen.« Die sittlichen »Ideen« geben dem vormals verworrenen, ehemals »arkadischen« Zustand des Schwärmens nun sehr feste Konturen. So lesen wir in

Herders eigentlichem Verlobungsbrief: »Ich versicherte Ihnen heilig, daß ich alsdenn auf einer Welt nichts anzunehmen wüßte, auf der ich allein die Idee vor mir sehe, in Ihrem Arm und an Ihrer Brust allmählich erst der lebendige Mensch und tätige Mann zu werden, zu dem ich in mir alle Anlage fühle, die sich aber gleichsam in sich selbst jetzt aufzehret und aufzehren muß, wenn sie nicht eine so gute, liebe, herzliche Hand, wie die Ihrige, entwickelt.« Der Schwärmende findet aus den diffusen Anziehungen zu Carolines künftigem Auftrag: »Wenn Du Dir Deinen Freund einmal selbst gebildet haben wirst, und dessen Namen alsdenn eben deswegen mit Stolze führst, weil Du ihn ihm gegeben.« Doch Herder weiß auch, daß die Ideenhaftigkeit der Eheprojekte das paradiesische Stadium der anlautenden Herzen beendet. »Dünkt Ihnen, meine liebe Fr[eundin], alles dies nicht so ebenmäßig und arkadisch, als man von dem Dinge gemeiniglich spricht, so weiß ich doch tausendmal und vom ersten Augenblick gewiß, daß Sie über das Arkadische weg sind ...« Caroline Flachsland aber antwortet auf das ideenhafte Heiratsprojekt, das erstmals im Sinne des humanitätsphilosophischen Veredelungsgedankens im deutschen Brautbrief auftaucht, noch in der Sprache der Empfindsamkeit, will zwar als »ein edles treues Priesterweib« Herders Mithelferin werden, fügt sich jedoch nicht in die Terminologie der veredelnden Bildung. Der »Plan« ihrer »Seele« und die Herzensentscheidung gilt doch dem, »den meine Seele gefunden, dem mein Herz sich so sonderbar, schauernd, sympathetisch aufgeschlossen«. Das unarkadische Ende, das das neue humanitätsphilosophische Ehe- und Liebesideal dem stürmischen, empfindsamen Szenario verschafft, ist auch das Ende des Brautbriefs, in dem eine irrational empfindende Seele zu sprachlicher Klarheit strebt. Nun setzt eine Gegenbewegung ein, an deren Ende die sprachlose Entzifferung der Individualitäten steht. Dies zeigt der Briefwechsel dieses Bands, der den Typus des idealistischen Brautbriefs darstellt.

Caroline von Dacheröden und Wilhelm von Humboldt hatten sich zunächst im Tugendbund der Berliner Jüdin Henriette Herz kennengelernt. Die Gefühlsschwelgerei dieser Phase wird gespiegelt in den frühen Briefen der beiden, in ihren ekstatischen Seelenfreundschaftsbekundungen. Beide finden aber aus dem sentimentalen Schwelgen sehr rasch zu jener klassischen Diktion der Mitteilungen singulärer Harmonie, die gewiß eine Spitzenleistung der deutschen Gefühlskultur darstellt. In der klassischen und romantischen Epoche zeigt sich, daß die deutsche Brautbriefsprache im europäischen Spektrum ein einmaliges geistesgeschichtliches Ereignis ist. Es wäre unsinnig, die psychologischen Mechanismen der aus heutiger Warte fast unerträglich überhöhten Idealisierungen gleich zu »entheiligen«. Eine narzißtische Komponente ist gewiß unübersehbar. Doch zumindest etabliert sich ein geistesgeschichtlich interessanter Konsens – und nicht nur zwischen den Briefschreibern –, der das Wort »Ideal« zum Lieblingswort der Mitteilungen macht. Das Idealisieren ist gleichsam ein Auftrag, keine Fehlleistung, jedenfalls keine unbewußte. Wie gut die Schreibenden wissen, was sie da eigentlich treiben, zeigen ihre Briefe.

Ungemein präzise werden nun im idealistischen Brautbrief die Selektionskriterien für die Partnerwahl. An die Sprache werden hohe Anforderungen gestellt für die Darstellung des anderen in »all der Freiheit, die er bedarf, um sich lebendig zu fühlen«.

»Nein, teurer Geliebter«, schreibt Caroline an Humboldt, »nie hätte ich einen Mann gefunden, dessen Geist und Herz mir mehr gegeben, dessen Wesen mich mit höhern Gefühlen erfüllt hätte. Du allein konntest mein Herz diesem neuen Leben aufschließen, diese süße, beglückende Gewißheit, ganz verstanden zu werden, mir in die Seele legen, vor Dir existiert mein Geist fast einzig in all der Freiheit, deren er bedarf, um sich lebendig zu fühlen in seinen besten Kräften, es ist auch so gar nicht eine entfernte Ahndung in mir, daß ich an Deiner Seite nicht den mannigfältigen Gestalten meines Herzens und Geistes leben dürfte. Dies letzte, ich gestehe es, gehörte immer ausschließend zu meinem Glück. Es ist mir nichts so interessant zur Beobachtung, nichts so heilig im Zusammenleben, als die Individualitäten eines jeden Charakters. Sie in einem so engen Verhältnis wie die Ehe respektiert zu sehen war das einzige, was ich bei dem Manne suchte, dem ich meine Hand geben wollte – was ich bei keinem fand, der mir diese Verbindung antrug.«

Die Zielsicherheit in der Wahl des Liebesobjekts hat einen sozialgeschichtlichen Hintergrund für die bildungsphilosophischen Singularitätsträume. Ähnlich wie Humboldt seinen Abscheu über alle Oberflächlichkeit und Hohlheit seiner Zeitgenossen kundtut, weiß Caroline, was ihr alle anderen Prätendenten unakzeptabel machte, denn »Schwäche, eiserne Vorstellungen von Pflichten, Unglauben an andre, ungraziöse Wesen, Eitelkeit, Intoleranz für jede Idee, die außer ihrem Gesichtskreis liegt, dies alles ist mehr oder weniger in den meisten Menschen verwebt, und da es mir an der Leichtigkeit, die meinem Geschlecht größtenteils eigen ist, fehlt, so hätte ich dies alles schwer aufgenommen und wäre gewiß unglücklich gewesen . . .«

Doch worin bestehen die »Individualitäten eines jeden Charakters« in diesem Briefdialog? Die idealistische Fundierung der Partnerwahl auf der Eigenständigkeit und Unverwechselbarkeit, der Selbständigkeit der Individuen sind Ehekonzepte, die die Frühromantik noch vertiefen wird. Und man durchforscht den Briefwechsel nach solchen individualisierenden Porträts, womit dann die ekstatische Lust der beiden an der anbetenden Durchdringung des anderen begreiflich gewesen wäre. Doch sowohl Humboldt wie Caroline von Dacheröden verstecken ihre Individualität hinter der Begriffssprache der Humanitätsphilosophie: »Es gibt doch nichts Höheres und Schöneres als das rege innere Leben der Seele.« Die Leser mögen selbst die wirklichen Wesenszüge dieses Paars hinter den bereinigten Phantasien der veredelten Gemüter aufspüren. Eher noch läßt sich für »Lina« nachvollziehen, welche Unausgewogenheit und Exaltiertheit, allerdings auch eine nicht zu unterschätzende intellektuelle Selbständigkeit, die sie im Eheleben bewahren wird, sie besaß. Noch am ehesten geben Carolines Briefe etwas von ihrer ungezügelten Empfindungsweise wieder, wie sie Schiller auch noch später bei ihr fand. »Ihre unschuldigsten Empfindungen haben einen unvorsichtigen Ausdruck«, urteilte er. Schwer aber ist in den Verherrlichungen Carolines und den Selbstbildern des Bräutigams das wiederzufinden, was in Humboldts Art den Zeitgenossen auffiel, auf die er häufig einigermaßen kalt und egoistisch wirkte. Der Mangel an individualisierenden Porträts verwundert nicht. Den beiden gelingt in der Brautzeit meisterlich jene Psychologie der Wesensbetrachtung, die sich auch in der Frühromantik schnell vom wirklich Eigentümlichen in überindividuelle Bilder des innerlich schönen Menschen erhebt. Beide erfinden in ihren Briefen sozusagen die Hermeneutik des verborgenen Wesens, des Urbilds, und eruieren damit einen ganz zentralen Mechanismus der idealistischen Menschendechiffrierung. Hier verläuft das Szenario, was in diesem Briefwechsel kaum noch Deutungen und Fädenlösungen kennt, nicht mehr vom verworrenen Empfinden zum klaren Aussprechen. Vielmehr fällt die Sprache von der Abstraktion der Wunschprojekte wieder hinab in eine stumme Ratlosigkeit angesichts dessen, was am anderen geschaut zu werden habe. Das Szenario dieses Briefwechsels besteht in einer Verfeinerung dieser Hermeneutik – und die Zeit, die unterdes verflossen ist, ist produktiv im Sinne einer Steigerung, von der Humboldt schreibt: »Es ist mir lieb, daß wir uns so lang einer mit dem andern beschäftigten, daß wir umeinander litten, ehe wir diese Stufe erlangten, die uns jetzt so beseligt. Man dringt dann tiefer ineinander ein, umfaßt einander voller und ist gewisser des gegenseitigen Besitzes.« Ein Beispiel für die Ziele dieser Zeitinvestition: Lina: »Dein

Wesen ist eins der wandelbarsten, das ich je gesehen, es nimmt hundert verschiedene Gestalten an, aber die Verbindung unter all diesen geistigen Gestalten entging mir noch nie, ich darf es sagen.« Wird auch Humboldt der Braut unter diesem Aspekt der Anschauung des inneren Werts gerecht? Caroline meint es so: »... mich selbst fühlte ich immer frei vor Dir, verstanden, ach, wie oft ohne Hilfe der Sprache.« Das ist symptomatisch. Wie sollte die idealisierende Sprache auch mit dem wirklichen Wesen in Verbindung treten! Aber genau dies hat sie zu leisten. Humboldts Zukunftsbilder, die »Zukunft«, in der »meine Phantasie unaufhörlich (ruht)«, ahnen auch im Zusammenleben eine Fortsetzung des »ewigen ungestörten Anschauens Deiner unendlichen Güte, der Feinheit, der Grazie Deiner Seele!« Der Brief vom Sommer 1790 ist besonders ausführlich im Hinblick auf die Beflügelung durch die Geliebte, durch die Humboldt, damit Herders Veredelungsgedanken für das eigene Schaffen fortführend, »sich dann höhere und schönere Ideale schaffen« will. »Aber Dich leben und weben zu sehen in der ungebundenen Freiheit Deines Wesens, die immer neuen, mannigfaltigen und immer gleich schönen Gestalten Deiner Seele zu beobachten, das wird mein Leben so wonnevoll machen.« Die Utopie der Spiegelung, Schlüssel geradezu und Qualitätsgarant der verschönernden Anschauungen mag ja eine miteinander verabredete Zusammenarbeit sein, da doch beide von dem Wunsch ausgehen, alles Fremde, alles Äußerliche, die innere Freiheit Hemmende in solchen sich spiegelnden Verschönerungen abzustreifen, um, wie Humboldt schreibt, die »Wesen« zu sehen (...) wie sie sind, ungehemmt und uneingeschränkt von all dem Fremden, was jetzt auf sie wirkt, und nur dies rastlose Streben, uns ewig so zu schauen, und diese ewig glühende Sehnsucht, uns in dieser ursprünglichen Gestalt miteinander zu vereinen.« Es ist kein Zufall, daß es Humboldt ist, der im Schwung der Phantasien, die um die Vereinigung mit Caroline kreisen, zum bildungsphilosophischen Theoretisieren anhebt. Wo er in den Briefen allgemeine ästhetische und ethische Spekulationen anstellt, Vorarbeiten zu späteren ästhetischen, philosophischen Abhandlungen, können wir auch nachvollziehen, warum die im Liebesdialog angefachte Hermeneutik der »ursprünglichen Gestalt«, des »Urbilds«, der Kern der idealistischen Menschenbetrachtung wurde. Es wundert nicht, daß die Sprache der Idealisierungen, die doch zur wirklichen tieferen »Besitznahme« voneinander führen soll, an ihre Grenze kommt. Humboldt will die Verlobungszeit zur Verfeinerung seiner spekulativen Ideen benutzen. Bald aber nimmt er wahr, wie sehr ihm der adäquate Ausdruck für die Empfindungen entgleitet. Er definiert in seinem Brief zwar aufs schönste die idealistische Lesart der Seele, das, ». . . was nur aus dem Zusammenhange der Umstände von außen und aus dem inneren Mißverhältnis und Entgegenarbeiten der Kräfte entsteht. Nur aus dieser eigentümlichen Gestalt läßt sich beurteilen, wieviel ein Mensch je zu werden vermag.« Aber ach, dies Herausarbeiten der eigentümlichen Gestalt im Akt der Liebe – und Humboldt versäumt nie, in Caroline gerade diese Leistung, die ausschließlich ihm geltende Tiefe ihrer Blicke hervorzuheben – legt doch nahe, wie sehr die eigentlich sprachlose, unwissende, liebende Anschauung solche Spekulationen begleiten muß. Wie die Frühromantiker es auch postulieren werden, ist die Darstellung des Urbilds an die sinnliche Gestalt gebunden. Dies ist auch der Grund, schreibt Humboldt, »warum die Liebe immer von der Sinnlichkeit unabtrennbar, immer bedürfend der Gegenwart ist«. Und während ihn diese bildungsphilosophischen »Ideen« umschweben, ist, wie der gleiche Brief zeigt, ihm oft, »als könnt ich gar nicht schreiben. Du mußt es auch an meinen Briefen fühlen; da ring ich mit meinen Empfindungen, die ich nicht loszureißen vermag, mit der Sprache, die sich der Idee nicht anschmiegen will. Laß mich erst bei Dir sein, mit Dir leben, dann wird's bessergehn«. Die emphatischen Projektionen über die »Urgestalt«, so wie der Liebende sich selbst sehen will, wie er angeschaut werden will, das alles wird im idealistischen Brautbrief in größter Übereinstimmung vorgetragen. Das Individualitätsprinzip der Liebe, das nun seinen ästhetischen Überbau erhält, bringt aber auch die ganze Bedürftigkeit des Individuums zutage. Die Appelle an den anderen scheinen regressiv, jetzt, wo eine neue Dimension, die im Reden von der »Nacktheit« der Herzen anklang, sich abzeichnet: Mit der »ursprünglichen Gestalt« tritt auch das Unbewußte auf den Plan.

Betrachtet man die psychologischen Leistungen des idealistischen Brautbriefs, scheint der Diskurs noch zu glücken: Für beide ist ja selbstverständlich, daß der verborgene Mensch der schönere zu sein hat – sozusagen in Umkehrung moderner psychoanalytischer Prozeduren. Eros hat ebenfalls seinen Auftritt – ganz nach den Vereinbarungen des Spiegelgedankens der wechselseitigen Anschauungen – und wird in der sprachlos werdenden Hermeneutik der »inneren Gestalt« zum Geburtshelfer: »Wilhelm, Wilhelm, wann vernähme ich Dich nicht – in jeder Bewegung Deines lieben Körpers erscheint mir Deine innere Gestalt, sie tragen all das Gepräge von solch einem reinen, einfachen, unendlich milden Sinn. Ach es ist eine Einheit in Dir bei soviel Mannigfaltigkeit, daß ich's nur bewundern, nicht auszusprechen vermag!« Allerdings trägt Eros in der klassischen Epoche der einsetzenden Ästhetisierung des veredelten Menschen noch jenen Zug zum Geistigen, der auch Carolines Worten zu entnehmen ist. Noch bedrohen die »schwülen Leidenschaften«, die im 19. Jahrhundert, wie bei dem Dichter Eduard Mörike zu sehen, dämonisch werden, nicht die Heiligsprechung der Herzen. Im deutschen Idealismus ist die Psychologie der Idealisierung ein, man spürt es deutlich in den Briefen, neues, den Intellekt beflügelndes Gemeinschaftsprodukt der Schreibenden. Es ist ein Prozeß, der, unverkennbar nach den Äußerungen beider, wohl eine beglükkende unendliche Fortsetzung im Laufe des Ehelebens erfahren sollte – was erwartungsgemäß dann doch im Alltag nicht einlösbar war. Ist die Humboldt-Dacherödensche

Brautschaft zwar für die Ausfüllung der Wartezeiten ungemein produktiv (aufgrund des jugendlichen Alters der Schreibenden natürlich kaum mehr als ein spekulatives Abenteuer), so ist in dieser Epoche nun Folgenreiches zu verzeichnen.

Nachzulesen ist die ideologische Festlegung des Anteils der Geschlechter am individualitätsphilosophischen Liebes- und Eheprojekt. Festzustellen ist nämlich: Das Spiegelverfahren in den Briefen Humboldts und Caroline von Dacherödens geht dann doch nicht auf. Und dies ist nicht nur für die Konstellation dieser beiden Charaktere interessant. Den gleichen Aufwand an sinnlich-intellektueller Anschauung des verborgenen Wesens Carolines, wie diese es für Wilhelm tut, leisten Humboldts Briefe nicht. Im Balanceakt, mittels ästhetischer, sprachlicher und nicht zuletzt liebender Fähigkeiten das enthemmte Ich des anderen zu erfassen, ist Caroline, im vollen Elan dieser bildenden Aufgabe, die aktivere. Das beweisen nicht nur die bereits erwähnten Äußerungen der Zeitgenossen, Humboldt sei in Wirklichkeit der egoistisch Liebende gewesen, der kein Hehl daraus gemacht habe, daß seine Liebe eigentlich nur Gegenliebe gewesen sei (in einem Brief von Karoline von Beulwitz vom 26. Oktober 1789). Gar zu oft wird Carolines »schöne Seele« allein durch die ihm geltende Liebeswahl bestätigt: »Was mich glücklich macht, alles, was mir das Höchste, das göttlichste und menschlichste Dasein zugleich geben konnte, ersah ich schon früh in Dir, Du unnachahmlich Schöne.« Um das rasch ungleichgewichtige Spiegelverfahren der verschönernden Blicke für den Partnerdialog festzulegen, bedarf es nun der Ideologie. In Humboldts Briefen findet sich eine Reihe von patriarchalischen Formulierungen. Eine Kostprobe: »Die höchste Kraft und der höchste Genuß des Weibes schien mir immer darin zu liegen, von schönen, reinen, idealischen Empfindungen erfüllt, den Streit der äußeren Wirklichkeit damit nicht aufzuheben, aber doch mehr zu ebnen.« Und überdeutlich beginnt bei Humboldt die Aufwertung der weiblichen »naturhaften« Gefühlsqualitäten, die sie zur selbstlosen Hermeneutik des anderen prädestinieren. Humboldt bringt für seine Bedürftigkeit des Erratenwerdens die »weibliche Weichheit seines Wesens« ins Spiel. Nur war es nicht nur der spätere Bildungsreformer, der im Zuge des deutschen Idealismus die stärkeren Empfindungsqualitäten als »weibliche Wesenseigentümlichkeiten« festlegte, die um so kostbarer waren, als es doch offensichtlich um ein Kunstwerk in der Erratung einer so fein gewebten Seele geht. Die idealistische Arbeit am Urbild des Menschen verlangte den Einsatz höchster geistiger und emotionaler Qualitäten. Es ist kein Zweifel, daß Caroline von Dacheröden die Neuorientierung der Frauen der Frühromantik vorwegnimmt und den brieflichen Gedankenaustausch zu einem intensiven Bildungserlebnis gestaltet. Es ist ein Abenteuer der empfindenden und geistigen Kapazität und selbstverständlich der adäquaten sprachlichen Ausdrucksfähigkeit – auch für die Frau! Die Hermeneutik des entgrenzten Seelenlebens wäre eine Herausforderung an den Dialog der Beteiligten – des männlichen und des weiblichen Parts. An der Schwelle zur modernen Lesart der Seele steht aber nun der Dialog der Geschlechter.

Im Erlebnis der Komplexität des regen inneren Lebens und des Bedürfnisses nach Sichtbarmachung des »freien«, gelösten, unbewußten Teils der Persönlichkeit hat Ordnung zu herrschen. Diese Ordnung will nun, daß die weibliche Emotionalität und die männliche Geistigkeit sich aufs Schönste ergänzen. Männliche Geistigkeit! Will sich der deutsche Intellektuelle nicht plötzlich »weiblich«? In der Tat zeigt das Jahrhundertende, daß die führenden Köpfe des deutschen Idealismus ihre eigenen ästhetischen und empfindenden Qualitäten und ihren intuitiven Schönheitssinn vertiefen und deshalb so unverhohlen bereit sind, ihre »weibliche« Seite zu zeigen. Diese Effeminierung ist ein weitreichendes Phänomen. Hierzu gehören u. a. Schlegels Vorstellungen vom Geschlechtertausch (»nur selbständige Weiblichkeit, nur sanfte Männlichkeit, ist gut und schön«) und Novalis' bis zur Krankheitslehre gesteigerte Suggestibilität des Dichters. (Christiane von Braun hat in ihrem Aufsatz ›Männliche Hysterie – Weibliche Askese‹ das Phänomen der Effeminierung des Künstlers unter dem Begriff des männlichen Hysterikers gebracht, der beileibe keine Neubewertung des Weiblichen, sondern die Aufwertung »männlicher Weiblichkeit« erreichen will.)

Der neue homo psychologicus aestheticus will sich weiblich, weiblicher zumindest, denn gesteigerte Emotionalität ist erst der Nährboden für das »selbständige Licht der Erkenntnis«, das, wie aus dem Geist der Frühromantik geschriebene Briefe Schleiermachers zeigen, um so mehr erstrahlt, je vertiefter auch seine affektiven Leistungen werden. Wer fordert das? Recht modern erscheinen immerhin die Details im Tauschhandel der Erratungen. Die Sublimationsbemühungen deutscher Geister lassen den Bereich der Kunst und der Ästhetik als eine Art Über-Ich erkennen. Ein Über-Ich, hinter dem natürlich die Ich-Kultivierung als Symptom des Leidens an einer individualitätshemmenden autoritären Gesellschaft steht. Allerdings ereignen sich nun folgenreiche Überformungen in den individuellen Klärungen der immer schon problematischen wechselseitigen Projektionen.

Es ist der älteren Arbeit Kluckhohns zur ›Auffassung der Liebe im 18. Jahrhundert‹ zu entnehmen, daß die Verbindung, die die Geschlechter in der Ehe eingehen, von den deutschen Philosophen mit großem theoretischen Aufwand beschrieben wird. Im Ausgang des 18. Jahrhunderts zeigt die nüchterne Kodifizierung der genauen Festlegung der geschlechtsspezifischen Anteile der Gemütskräfte im ehelichen Verhältnis eines sehr vordergründig: Im Zug des deutschen Idealismus bekommt die Ehe eine vorher nicht gekannte Bedeutung »für die sittliche Persönlichkeit« (Kluckhohn). Die Ideologie der Geschlechter-Polarität sprengt in diesen sittlich-ästhetischen Rollenzuweisungen, die in ihrer fortschrittlichen Variante in der Frühromantik tatsächlich eine erweiterte gemeinsame Persönlichkeit erhofft, die patriarchalische Konvention der Bilder häuslicher, pflegender und schützender Weiblichkeit. In den Brautbriefen tauchen vor dem Humboldt/Dacherödenschen Briefwechsel bzw. der fast gleichzeitigen Verlobungszeit Schillers diese tiefschürfenden Fragen nach dem Wesen des Unterschieds der Geschlechter bezeichnenderweise nicht auf. Genügt es hier noch, die schöne Empfindungsfähigkeit der Frau im Szenario der lösenden Sprache und wahren Herzenskundgebungen als das (in der Terminologie der Empfindsamkeit) »Zärtliche« zu bewerten. In der patriarchalischen Idylle des Hainbunddichters Voß finden sich bezeichnenderweise keine ideologischen Huldigungen des naturhaft Weiblichen, da sich hier das »Gefühl, im Innern schön zu sein«, wie selbstverständlich in der mit Innigkeit beschriebenen gehobenen poetischen Idylle auslebt. Und erst Herder deutet am Ende der Brautzeit Caroline Flachslands »große blühende Seele« im neuen ideologieträchtigen Sinne als bildende Fähigkeit des Weibes. Hoffen wir, daß Herder hier noch nicht die Gefühlskapazitäten des Weibes überhaupt meint, sondern seine Braut Caroline. Der Geschlechterdiskurs bringt ja wie in jeder Ideologie mit sich, daß die Bilder vom anderen im verstellenden Bereich der überindividuellen Wesenseigentümlichkeit anlangen. Im deutschen Idealismus, im Höhepunkt der Phantasien des freien, gelösten inneren Menschen (der außerdem noch das verklärte Bild der griechischen Seele erfand), regelt der Anteil des »Männlichen« und des »Weiblichen« die komplexen Vorgänge der Sublimation des Gemüts.

Der Dialog der Partner wiederum erinnert daran, daß sich hier eine problematische Arbeitsteilung ergeben kann. Läßt das Männliche, das sich in seiner affektiven, weiblichen Bedürftigkeit zeigt, im Bereich des Unbewußten das Weibliche walten, sich bereden und zu höherer geistiger Tätigkeit erwecken, so zeigt die Philosophie des deutschen Idealismus eine parallele Tendenz: Im Zug der »Versittlichung der Ehe« mag eine Sublimation des Eros in Gesetzesform gebracht werden. So baut sich der homo aestheticus für seine Belange das Weibliche als eine Projektionsfläche auf. Die populären »Schriften über die Frau, ihr Wesen, ihre Bestimmung« wurden, wie Kluckhohn schreibt, »in den letzten Jahrzehnten des 18. Jahrhunderts Legion«. Am ideologischsten im Sinne der Postulierung der Geschlechterdifferenzen aber ist die Ehephilosophie der führenden Philosophen, so auch die Kants und vor allem Fichtes.

Kant definiert die Ehe als »Verbindung zweier Personen verschiedenen Geschlechts zum lebenswierigen wechselseitigen Besitz ihrer Geschlechtseigenschaften«. Im folgenden mußte noch genauer festgelegt werden, wie zur Veredelung des Geschlechtstriebs (in der Ehe) die Verschiedenheit männlicher und weiblicher Liebe zu harmonieren habe. Es mag dabei weniger die Ehe versittlicht als eine notwendige Ordnung geschaffen werden, die den affektiven und intellektuellen Kräftehaushalt des strebenden Geistes – für den Mann – sinnvoll machen soll. Fichtes Eheethik ist hier besonders zentral: »Liebe ist der Naturtrieb des Weibes, einen Mann zu befriedigen.« Dies wird nun eine wichtige Bestimmung für das Gemeinschaftsprojekt moralisch gehobener Geschlechtlichkeit. Das moralisch Höherstehende, die Liebe, entwickle sich beim animalisch-triebhaften Mann »erst als abgeleiteter Trieb durch die weibliche Liebe, werde erst durch die Ehe erzeugt« (System der Sittenlehre, 1798, III, vgl. Kluckhohn). Weiterhin typisch ist für das Zeitalter, daß die »biologischen« Spekulationen über das männliche und weibliche Verhalten im Zeugungsakt für solche Ordnungsstiftung herhalten müssen. Die Erweckung des männlichen Begehrens durch die Frau, zugleich der Beginn einer Veredelung des rohen Geschlechtstriebs, die bildende und schließlich erlösende Rolle weiblicher Sexualität, wird ganz im Sinne des idealistischen Sublimationsgedankens gedeutet. Das Heraufsteigen vom Animalisch-Sinnlichen zum

Geistigen ist ein männlicher Lernvorgang. Die Topoi der statischen Naturhaftigkeit weiblicher Hingabe haben hier ihren Ursprung. All dies ist die »repressive« männliche Rede über das »weibliche Begehren« (vgl. Christiane Garbe: ›Fiktionen des weiblichen Begehrens‹). Ich möchte sogar das emanzipatorische Angebot Friedrich Schlegels, das er in der Zeitschrift ›Athenäum‹ im »Brief an Dorothea« ausbreitet, kritisch einschätzen. Immerhin legt der Romantiker der Frau aufgrund einer dialektischen romantischen Denkfigur nahe, daß ihr Poesie und Philosophie unentbehrlich sind. Angedeutet ist hier Schlegels rebellische Aufforderung zum Austausch der Geschlechtsmerkmale. Aber der Appell, die »zarte Innerlichkeit« der Frau, ihre intuitive Begabung zur Religion durch die Aktivitäten des Geistes zu überschreiten, endet doch mit Schlegels meisterlicher Schlußwende, daß er »im Grunde die Philosophie von der Geliebten gelernt« habe. Die Frau übt dies ganz natürlich im Gespräch, im Umgang mit sich selbst, in der Geselligkeit, ohne die rastlose Progressivität des Mannes zu zeigen, hat sie die Philosophie gleichsam verinnerlicht. So erscheint auch dem Verfechter der Frauenbildung die Frau als Wunschtraum eines wohl transzendenzbegabten, doch naturnäheren Wesens.

Doch vom Dialog der Geschlechter zurück zum Dialog der Partner. Es sucht sich doch der homo psychologicus aestheticus im Gespräch die femina psychologica aesthetica. Dies in den jugendlichen Jahren und gärenden »weiblichen« Bildungsetappen, Phasen, die nicht nur bei Humboldt, sondern besonders in der Frühromantik zu den wichtigen »Lehrjahren der Männlichkeit« (so der Untertitel von Schlegels ›Lucinde‹) zählen. Die Ideologie der Geschlechterdifferenz und das neue, revolutionäre Projekt der wechselseitigen Hermeneutik, ja der »Enthemmung des inneren Menschen« und der Verschmelzung der ursprünglichen Gestalten stehen sich im Wege. Die Hermeneutik der »mannigfaltigen Gestalten der Seele« zeigt in der Realität der Erratungen, daß die problematischsten Mißgriffe in den Idealisierungen sich aus dem verstellenden Dialog der Geschlechter ereignen, Unfälle der Projektionsmechanismen, die durch individuelle biographische oder gar krankhafte Konstellationen verschärft werden. Erfuhr doch schon Humboldt nicht zufällig eine regressive Hilflosigkeit, wenn er das Besprechen seines weiblichen verborgenen Wesens der Frau überläßt. Solche Aufteilungen im Seelenapparat können gefährlich werden, für die Frau zum einen, die ihre lösende enthemmende Macht im Reich der Triebe ihrerseits zu einer heroischen Aufgabe macht und die bildenden Gefühlskapazitäten als einen »männlichen« Aktivismus erfährt. Henriette von Willich spricht in Briefen an Schleiermacher von dem »unaussprechlich Großen«, das diese verabredete weibliche »Reinheit des Fühlens« in der ehelichen Ökonomie von Gefühl und Geist sein mag. Fatal wird diese Aufgabenteilung in der Epoche der »zerrissenen« jungdeutschen Geister im neuen Jahrhundert. Die Geschichte der Charlotte Stieglitz weist in diesem Traditionsstrang eines (fühlenden) weiblichen Heroismus auf die eben aufgezeichneten Ursprünge zurück. Erscheint hier ein ins Katastrophale sich wendendes Extrem der Ausformungen der neuen Bilder, so sind im Dialog der Liebenden nun generell Tendenzen zur Rollenfestlegung zu vermuten, die dem männlichen Part die Einverleibung des Weiblichen erlauben. Im übrigen bedeutet die vom Weiblichen beredete Gemütsdimension auch eine riskante Schmälerung der »inneren Gestalt« des Mannes. Gefährlicher aber noch: Versperrt sich der männliche Blick den Seelenvorgängen der Braut, sinkt sie zur Muse herab. Diese Rolle hat als einzige in diesem Band die unglückselige Charlotte Stieglitz schon in ihrer Brautzeit.

Für die Paare des so beflügelten geistigen Klimas von der klassischen Epoche und der Romantik an gilt: die Hermeneutik – auch des Unbewußten – ersehnt das Wort. Die Sublimationsprozesse weckenden Gefühlsleistungen der Frau sollen ja nicht wortlos bleiben, wohl aber kunstvoll an der Schwelle zum kaum Sagbaren verhalten. Nachlesen, deutlich vernehmen möchte der Erratene, was bei der Arbeit am Urbild herausgekommen ist. Und – last but not least – erraten werden möchte auch der weibliche Part, der, selbst Doppelwesen aus Gefühl und Rede, laut und vernehmlich von sich spricht. So stellen wir fest, daß das Szenario des idealistischen Brautbriefs, die Hermeneutik zum Zwecke tieferer Besitznahme weiterhin ein ungestilltes psychologisches Bedürfnis bleibt, daß beide Partner dabei zur Aussprache ihrer Phantasien kommen müssen. Das zeigt die weitere Ausfüllung dieses Scenarios in den Briefen Schleiermachers und Henriette von Willichs.

Ein Gewinn für die rückblickenden Introspektionen und die Wesenshermeneutik sind die Wünsche der beiden, die Vorgeschichte der Partner als ein harmonisch sich entwikkelndes Verhältnis zu deuten. Alles vormalig Erlebte mündet schließlich in der Einmaligkeit der Begegnung, die zum Unendlichen beflügeln soll. Anders als bei Humboldt und Caroline von Dacheröden werden hier wirkliche Details, wirkliche Benennungen des individuellen Verhältnisses gesucht. Das Unbewußte hat in solchen Erzählungen bereits seinen Platz, nämlich in der Wandlung eines »unbewußten« Gefühls, das mit manchen Namen beschrieben wird.

Es ist eine biographische Besonderheit dieses Paares, daß der wesentlich ältere Schleiermacher, den Henriette noch während der Brautzeit als »Väterchen« anredet, der Braut schon lange vertraut war. Der Religionsphilosoph Schleiermacher war seiner zukünftigen Braut begegnet, als sie die erst fünfzehnjährige junge Frau des befreundeten Predigers Ehrenfried von Willich war. Als Henriette von Willich zum zweiten Mal schwanger ist, stirbt der Ehemann. Das »Väterchen«, der einzige Halt der trauernden Witwe, wird in kurzer Zeit zum Bräutigam. In den Brautbriefen der beiden wird aus solchen Konstellationen das Prinzip der brieflich ausgebreiteten Projektionen. Schleiermacher schreibt: »Ich fühle es grade so wie Du, und Du hast es mir recht aus der Seele beschrieben, es war ein allmählicher leiser Übergang aus dem väterlichen und kindlichen Verhältnis in dieses neue, in dem jenes alte immer noch bleibt, und in allem, wie Du mit mir warst, habe ich Dich immer nur als Töchterchen sein und handeln sehn.« Hier ist der Wunsch der Vater des Gedankens. Wenn Schleiermacher rückblickend sich daran erfreut, wie der verstorbene Ehrenfried von Willich ihm Henriette nun »als Tochter und als Braut zugeführt« habe, wie harmonisch die Metamorphosen des Verhältnisses gelöst wurden, so zieht er schon aus dieser Vorgeschichte die Anschauung Henriettes »herrlicher Eintracht«. Henriette, die »töchterliche Braut«, »umgeben von den lieben Kindern«, erhält durch diese Phasen der Weiblichkeit Wunschbildcharakter. Bemerkenswert ist, daß Schleiermacher in der Vorarbeit des früheren Gatten die erblühte Fülle der Braut garantiert sieht: »Ist nicht die herrliche Eintracht in Deinem ganzen Wesen das schönste Zeichen, was er von sich geben kann?« Er, das ist der verstorbene Gatte, und der Gedanke der töchterlich-mütterlichen Braut ist Schleiermacher so kostbar, daß er damit Henriette über ihre häufig vorgetragenen Klagen, daß sie diese herrliche Eintracht nicht immer spüre, trösten will. Schleiermacher harmonisiert die Vorgeschichte der jungen Frau. Henriette findet sich durch solche Wunschbilder inspiriert, wie kaum eine Braut zuvor, in eindrucksvollen, aufgewühlten Passagen ihre ganze Empfindungsgeschichte vorzuführen. In ihren Erinnerungen erscheinen auch die Mutterschaften als intensives Erlebnis. Auch diese Brautbriefe verklären die Liebesbegegnung in eine Überhöhung des liebenden und geliebten Individuums ins Unendliche, das heißt in der Romantik gar in ein religiöses Allmachtsgefühl. Die Braut fühlt die eigene »herrliche Eintracht« in ihrer Anbetungsfähigkeit. »O mein Ernst, wie wollte ich für keinen Preis auch nur das Kleinste missen von der Schönheit Deiner Seele, wie macht es mich so glücklich, daß Du so herrlich bist! Fühle doch, wie ich Dich erkenne und Dich lieben kann – o ich wußte es schon in früher Jugend, daß ich nicht würde lieben können ohne auch anzubeten. Stoße Dich nicht an diesem Wort, ich weiß kein andres. Wenn das Glück mir sollte aufbehalten sein nach aller Not und Gefahr, nach Erstehung des Vaterlandes, ruhig und von Dir und den Deinen geliebt an Deiner Seite zu leben – Gott, es wäre etwas so unaussprechlich Großes, mein lieber lieber Ernst!« Schleiermacher antwortet wiederum nach der Hermeneutik der Spiegelung, die zurückidealisieren will, da, wo ihm die volle Anschauung seines Wesens zuteil wird. »Aber Du mußt freilich genauer damit übereinstimmen als viele andere, weil auch das, was wirklich meine Eigentümlichkeit ist, Dir geläufig sein muß und durchschaulich, sonst könntest Du ja nicht die Meine sein. Dabei bleibe also auch und stelle Dich mir gleich, wie es Mann und Weib sein müssen, und wisse es recht, daß Du mich selig machst und völlig befriedigst und alle meine Sehnsucht stillst durch Deine Liebe.«

Steht schon die »herrliche Eintracht in Deinem ganzen Wesen« als Grundlage der Singularität der Liebeswahl auf etwas wackligen Füßen, da Henriette ja des öfteren vorsichtig widerspricht, ist die Schlußfolgerung, Henriette gelange zum völligen Durchschauen von Schleiermachers Eigentümlichkeit, auf den Zirkelschluß der idealistischen Partnerwahl aufgebaut, das Erwählen bedeute zugleich die zu leistende Hermeneutik. In dieser bei Schleiermacher geleisteten Lektüre des inneren Wesens der Braut hatten sich schon deutliche Wunschbilder erfüllter Weiblichkeit eingenistet. Der Genuß der Einmaligkeit soll nun aber zur Gleichstellung von Mann und Frau im Sinne der Harmonie der Geschlechtspolaritäten beitragen. Schleiermacher lenkt die Anbetungen der Braut, die ja ihn, seine geistige Souveränität und Persönlichkeit meinen, auf eine überindividuelle geschlechterideologische Ebene: »Anbeten kannst Du deswegen doch an mir alles, was dem Mann eigentümlich ist, das selbständige Licht der Erkenntnis und die bildende und bezähmende Kraft, so wie ich an Dir alles, was dem Weib eigentümlich ist, die ursprüngliche und ungetrübte Reinheit des Gefühls und das sich selbst entäußernde, pflegende und entwickelnde Geschick. Und so wollen wir immer eins sein, wie es sich gehört, und uns nichts drum kümmern, ob oder wie der eine mehr ist oder weniger als der andere.« Ach, die verabsolutierende Liebeswahl aus dem Gesetz der einmaligen Individualitäten – die eigentliche, nicht weiter erklärbare Anziehung – läßt sich nicht mit der Verehrung der Geschlechterpolaritäten verbinden. Jedenfalls nicht als Egalitätsprinzip. Denn jene sind nun mal nicht auf Ebenbürtigkeit angelegt. Im Ausblick: Die Ebenbürtigkeit der Partner erwies sich als illusionär im späteren ehelichen Verhältnis Schleiermachers und Henriettes. Da gab es Eigentümlichkeiten, die so unübersehbar in den Briefen nicht sind: Henriettes bereitwillige Vergötterungen, die freiwillige Selbstbeschränkung auf die »Heraufhebung« zum Mann durch »gegenseitige Liebe und durch die Mutterwürde«. Vielleicht zeigt sich auch in ihren Stimmungsschwankungen ein mystisches Schwärmertum: Zum schweren Konflikt wird Henriettes spätere Freundschaft mit einer Somnambulen. Es ist zu ahnen, daß Schleiermacher in der Anbetung »der Weiblichkeit« der Braut den so deutlich vorhandenen Abstand in Lebenserfahrung und Reife der Persönlichkeit aufheben wollte, ein verständlicher Wunsch des verliebten Philosophen.

Daß das Individualitätsprinzip der Liebe und die Anbetung der Geschlechtereigentümlichkeiten ein Widerspruch in sich sind, ist auch in Umarbeitungen Schleiermachers Liebes- und Eheethik nachzuvollziehen. Im Umgang mit Henriette Herz wurde er zu dem emanzipatorischen »Katechismus der Vernunft für edle Frauen« angeregt. Den Individualitätsgedanken unterstreichen also auch seine damaligen Erfahrungen, die in der Idee der »Menschheit« münden, »die da war, ehe sie die Hülle der Männlichkeit und der Weiblichkeit annahm«. Es war dies übrigens die Zeit, in der Schleiermacher das »Weibliche« und Affektive seiner »Lehrjahre der Männlichkeit« der frühromantischen Aufbruchsphase absolvierte. Es war die Zeit, in der er Frauenfreundschaften der mit Männern vorzog, »denn es ist so vieles in meinem Gemüt, was diese selten verstehen«. Der progressive Individualismus Schleiermachers ist in seinen Jugendjahren ungleich stärker als die spätere konservativere Orientierung an den Geschlechterrollen. Zunehmend zieht der Gedanke der Prägung der Individualität durch die Geschlechtszugehörigkeit in seine Philosophie ein (in Schleiermachers Ethik von 1805, 1812, 1816, 1827, 1832, nach Kluckhohn). »Der Geschlechtscharakter greift doch zu sehr durch.« Zwar wird den Geschlechtsdifferenzen nicht mit Hilfe der Platitüde physiologischer Naturgegebenheiten nachgespürt, aber doch in seelischer Hinsicht. Letztes Wort Schleiermachers ist: »Es wäre toll, keinen Geschlechtsunterschied der Seele anzuerkennen.« Hierfür möchte übrigens Kluckhohn Henriettes Selbstbeschränkung auf die Klischees ihrer Frauenrolle verantwortlich machen. Die Psychologie der immer schärfer herausgearbeiteten Geschlechtergegensätze aber ist ein Handicap – nicht nur für die Ethik der Individualitätsphilosophie, sondern auch für den Mechanismus der Projektionen.

Können wir nicht allzu deutlich sehen, wie diese »Wesenheiten« – seien sie auch noch so dialektisch »auf extinction« der »Einseitigkeit des Geschlechtscharakters« gerichtet, die Hermeneutik der Brautbriefe leiten? Treten nicht aus den Idealbildern des Geschlechtscharakters die sehr eigentümlichen Phantasien hervor, die sich Schleiermacher von der töchterlich-mütterlichen »herrlichen Eintracht« der Braut macht? Was da die Individualität prägt, ist kein naturgegebenes Geschlechtsmerkmal, sofern dies überhaupt existiert. Das ist nur Schleiermachers eigenes Wunschdenken. Auf alle Rätsel der Anziehungen ist die Geschlechterideologie keine Antwort – aber vielleicht der Versuch, die unbewußten Traumbilder vom anderen in den Eros der überindividuellen Geschlechterphantasien zu bannen. Psychologisch gesehen nimmt die Weiblichkeit unverkennbar die Züge der

»Anima« an, die man im Traumbild kindlicher Mütterlichkeit erraten kann, ohne Zweifel die Reize, die Schleiermacher an seiner Braut wahrnahm.

Es mag ein interessantes Nebenprodukt der verstellten Idealisierungen dieses Brautbriefwechsels sein, daß sich als wahrer Hintergrund der Partnerwahl die individualpsychologisch zu deutenden Fäden für die Anziehung der beiden kundtun – die natürlich etwas spekulativ bleiben müssen: Paßt der »väterliche« Bräutigam, der Animus Henriettes, nicht zum mütterlichen »Töchterchen«, der Anima Schleiermachers? Die Romantik hat vielleicht diese Psychologie, die Jungianische Tiefenpsychologie, die erst im 20. Jahrhundert formuliert wird, deshalb so weit vorangetrieben, weil sich der Individualitätsgedanke, der in den komplexen Vorgeschichten so deutlich ist, mit den Wunschbildern der Geschlechterpolaritäten vermischt. Der Mythos der Geschlechterpolaritäten – ist er nicht überhaupt, wenn er noch eine individuelle abschattierende Lesart der Seele zuläßt, ein zukunftsträchtiger Neuansatz in den Anbetungen, in den Erlösungssehnsüchten, den Wunschbildern der Verschmelzung des Getrennten? Der bereits zitierte Romantiker Joseph von Görres breitet in einem Brautbrief einen Mythos aus, der recht gut zu der Vermutung paßt, daß sich in der Verbindung von Hermeneutik und Geschlechtermythologie die Psychologie des 20. Jahrhunderts vorbereitet. Der Mythos sei noch zitiert. In diesen romantischen Briefen wird übrigens deutlich, wie sehr die liebende Kommunikation, die Mitteilungen der Träume und die Verhandlung über die Harmonie der Wunschbilder Mythisches zitieren, um sich über die Gefühlswelten – symbolisch – auszusprechen. Görres antwortet auf einen Brief der Braut zu den Fragen der Vorteile des männlichen und des weiblichen Geschlechts.

»Die Natur riß euch von dem Manne los, zu dessen Wesen ihr so eigentlich gehört wie jeder andere Bestandteil seiner organischen Natur, und gab euch eure Persönlichkeit. Dieses euer Wesen schmückte sie mit allen Reizen, die sie in ihrem Vorrate hatte, gab ihm ein reiches, volles Gefühl, pflanzte die allmächtige Liebe in sein Herz hinein und rief ihm nun zu: ›Was ich voneinanderriß um meiner Zwecke willen, das vereinige diese Liebe wieder, ihre Sympathie fülle die Kluft, die ich grub.‹ Zum Manne sagte sie: ›Siehe, dies Geschöpf, es ist ein verklärter Teil Deines Ichs, in Deinem Wesen bleibt eine Lücke, bis Du wieder vereinigt durch Liebe, was ich in der Form trennte, nur dadurch wird der Mensch wieder in Dir hergestellt.‹ Siehe, das ist der Ruf der Natur, die Gesellschaft macht manches schlimmer, aber betrachte den Zustand des Weibes unter den rohen Völkern, und schicke Deine Wünsche zum Himmel um die Verbesserung der gesellschaftlichen Verbindungen. Die Natur versagte euch unmittelbar, was sie dem Manne zum Ziele seines Bestrebens aussetzte, aber sie gab es euch mittelbar im Manne, in ihm besitzt ihr alles, was auch seiner Organisation zum Lose gefallen ist; als integrierender Teil seines Wesens seid ihr Mithelfer all seiner Schätze, und die Natur wollte euch noch wohl, indem sie euch die Mühe des Erwerbs ersparte.«

Das ist die romantische Vision des »adamitischen« Menschen, der ehemals ungeteilt war, um das Weibliche beraubt, zerrissen und zweigeschlechtlich wurde, und den die »Sympathien« wieder zusammenzufügen habe. In solchen Bildern leitet der Romantiker sein Begehren, in der scheinbar ideologieträchtigen Einverleibung des Weiblichen. Scheinbar! Denn Görres spricht sich an anderer Stelle, gepeinigt fast vom Geschlechterdiskurs der »stärker liebenden Frau« über die »gleich warme Liebe« des Mannes, deutlich genug aus.

Hier spricht wohl kein männlicher Hysteriker, es ist zu erraten, daß hier wieder der Dialog der Partner einsetzt – der leider nicht nachzulesen ist. Wohl aber anzunehmen, daß Katharine Lassaulx auch ihre Gedanken zur Harmonie der Geschlechter formuliert. Auch das ist wohl möglich: Die Ideologie der Geschlechter scheint unumstößlicher denn je

– dies gar in den Bildern des Organischen (nicht in den Formeln der biologisch-physiologischen Geschlechterwesenheiten!). Aber der Mythos mag Symbolwort für die Kundgebungen innerer, zu lösender Zustände sein. In Symbolform bearbeitet das 20. Jahrhundert ja auch die unabschließbare Hermeneutik der individuellen Phantasmen.

Susanne Ledanff

Literaturverzeichnis

Anthologien

Briefe der Liebe aus drei Jahrhunderten deutscher Vergangenheit. Auswahl und zeitgeschichtliche Lebensbilder von Charlotte Westermann. München und Leipzig 1905 (1913)

Kleine deutsche Liebesbriefe. Eine Nachlese zu der Ausgabe Deutsche Liebesbriefe aus neun Jahrhunderten. Leipzig 1905

Für Dich allein. Deutsche Liebesbriefe aus neun Jahrhunderten. Ges. und hrsg. von Julius Zeitler. Neuauflage Stuttgart 1976

Deutsche Briefe der Liebe und Freundschaft. Hrsg. von Elsie Gotsmann. Berlin 1937

Ich bin dein. Liebesbriefe deutscher Männer und Frauen. Hrsg. von Paul Hermann. Berlin 1940

Die schönsten Liebesbriefe aus acht Jahrhunderten. Hrsg. von Georg Lentz. München 1969

Quellen

Klopstock, Meta: Es sind wunderliche Dinger, meine Briefe. Meta Klopstocks Briefwechsel mit Friedrich Gottlieb Klopstock und mit ihren Freunden 1751–1758. Hrsg. von Franziska und Hermann Tiemann. München 1988

Neue Briefe Christ. Mart. Wielands vornehmlich an Sophie von Laroche. Hrsg. von Robert Hassencamp. Stuttgart 1894

Michel, Victor: Lettres de Sophie de La Roche à C. M. Wieland. Nancy, Paris, Strasbourg 1938

La Roche, Sophie von: Ich bin mehr Herz als Kopf. Ein Lebensbild in Briefen. Hrsg. von Michael Maurer. 2. Auflage. München 1985

Briefwechsel zwischen Lessing und seiner Frau. Neu hrsg. von Alfred Schöne. 2. umgearb. Auflage. Leipzig 1885

Briefwechsel zwischen Lessing und Eva König. Mit Einleitung und Anmerkungen von Edmund Dörffel. Erster Band. Stuttgart 1895

Meine liebste Madam. Lessing, Gotthold Ephraim Lessings Briefwechsel mit Eva König 1770–1776. Hrsg. von Günter und Ursula Schulz. München 1979

Lessing, Briefe 1770–1776 (Gotthold Ephraim Lessing. Werke und Briefe in 12 Bänden. Hrsg. von Wilfried Barner u. a.), Bd. 1/2: Briefe von und an Lessing 1770–1776. Hrsg. von Helmut Kiesel unter Mitwirkung von G. Baumgart, K. Fischer und U. Wahl. Frankfurt/M. 1988

Herder, Johann Gottfried von: Briefwechsel mit Caroline Flachsland. Nach den Handschriften des Goethe- und Schiller-Archivs. Hrsg. von Hans Schauer. Weimar 926–28, Bd. 1.2.

Aus dem Leben von Johann Heinrich Voß. Mitteilungen von Ernestine Voß. Mit einem Vorwort von Ludwig Bäte. Göttingen 1922

Johann Heinrich Voß. Briefe nebst erläuternden Beilagen. Hrsg. von Abraham Voß. Mit einem Vorwort von Gerhard Hay. Erster Band. Nachdruck der Ausgabe Halberstadt 1829. Hildesheim, New York 1971

Schiller und Lotte 1788–1805. Zweite, den ganzen Briefwechsel umfassende Ausgabe. Bearbeitet von Wilhelm Fiesitz. Stuttgart 1879

Charlotte von Schiller und ihre Freunde. Auswahl aus ihrer Korrespondenz. Hrsg. von Ludwig Geiger. Berlin 1908

Wilhelm und Caroline von Humboldt in ihren Briefen. Hrsg. von Anna Sydow. Berlin 1907–16, Bd. 1–7 (Bd. 1)

Humboldt, Wilhelm und Caroline. Ein Leben in Briefen. Ausgewählt und eingeleitet von Herbert Nette. Düsseldorf, Köln 1956

Jean Paul. Ein Lebensroman in Briefen mit geschichtlichen Verbindungen von Ernst Hartung. Ebenhausen bei München 1925

Die Briefe Jean Pauls. Herausgegeben und erläutert von Eduard Berend. Dritter Band 1797–1800. München 1924, Vierter Band 1800–1804. München 1926

Liebesbriefe aus dem Jean-Paul-Kreis. In: Kleine deutsche Liebesbriefe. Eine Nachlese zu der Ausgabe Deutsche Liebesbriefe aus neun Jahrhunderten. Leipzig 1905

Jean Paul-Chronik. Daten zu Leben und Werk. Zusammengestellt von Uwe Schweikert, Wilhelm Schmidt-Biggemann und Gabriele Schweikert. Mit Abbildungen. München 1975

Jean Paul, Konjektural-Biographie. In: Jean Paul. Werke in 3 Bänden. Hrsg. von Norbert Miller. Nachwort von Walter Höllerer. München 1969. Bd. 1

Heinrich von Kleist: Briefe an seine Braut. Zum ersten Male vollständig nach den Originalhandschriften herausgegeben von Karl Biedermann. Breslau 1884

Heinrich von Kleist: Geschichte meiner Seele. Das Lebenszeugnis der Briefe. Hrsg. von Helmut Sembdner. Frankfurt 1977

Heinrich von Kleist: Lebensspuren. Dokumente und Berichte der Zeitgenossen. Hrsg. von Helmut Sembdner. Frankfurt 1977

Briefwechsel zwischen Klemens Brentano und Sophie Mereau. Nach den Handschriften hrsg. von Heinz Amelung. Band 1/2, Leipzig 1908; 2. Auflage, Leipzig 1938

Gersdorff, Dagmar: Dich zu lieben kann ich nicht verlernen. Das Leben der Sophie Brentano-Mereau. Frankfurt/M. 1984

Lebe der Liebe und liebe das Leben. Der Briefwechsel von Clemens Brentano und Sophie Mereau. Mit einer Einleitung hrsg. von Dagmar Gersdorff. Frankfurt/M. 1981

Friedrich Schleiermachers Briefwechsel mit seiner Braut. Hrsg. von Heinrich Meisner. 2. Auflage. Gotha 1920

Aus Schleiermachers Leben. In Briefen. 2 Bde. 2. Aufl. Berlin 1860

Schleiermacher als Mensch. Sein Werden und Wirken. Familien- und Freundesbriefe. Hrsg. von Heinrich Meisner. Bd. 1. Gotha 1922

Achim und Bettina in ihren Briefen. Hrsg. von Werner Vordtriede. Mit einer Einleitung von Alexander Schröder. 2 Bde. Frankfurt/M. 1961

Bettine und Arnim. Briefe der Freundschaft und Liebe. Hrsg., eingeführt und kommentiert von Otto Betz und Veronika Straub. Band I 1806–1808, Frankfurt/M. 1986, Band II 1808–1811, Frankfurt/M. 1987

Briefe von Heinrich Stieglitz an seine Braut Charlotte. In einer Auswahl aus dem Nachlasse des Dichters. Hrsg. von Louis Curtze. 2 Bde. Leipzig 1859

Mundt, Theodor: Charlotte Stieglitz. Ein Denkmal. Berlin 1835

Charlotte Stieglitz. Geschichte eines Denkmals. Hrsg. und mit einem Nachwort versehen von Susanne Ledanff. Frankfurt/M., Berlin 1986

Briefe der Liebe an seine Braut Luise Rau. Geschrieben von Eduard Mörike. Zum ersten Male vollständig hrsg. von Hans Wolfgang Rath. Ludwigsburg 1921

Mörike, Eduard: Luise. Briefe an seine Braut Luise Rau. Hrsg. von F. Kemp. München 1965

Weitere Briefwechsel und Briefanthologien

Mendelssohn, Moses: Brautbriefe. Mit einer Einführung von Ismar Elbogen. Deutsche Erstausgabe Berlin 1936. Königstein/Ts. 1985

Ich war wohl klug, daß ich dich fand. Heinrich Christian Boies Briefwechsel mit Luise Mejer. 1775–1785. Hrsg. von Ilse Schreber. München, 2. Auflage 1975

Johann Anton Leisewitzens Briefe an seine Braut. Nach den Handschriften hrsg. von Heinrich Mack. Weimar 1906

Fichte, Johann Gottlieb: Briefe an seine Braut und Gattin. Leipzig 1921

Caroline (Schlegel). Briefe aus der Frühromantik. Hrsg. von Erich Schmidt. 2 Bde. Leipzig 1913. Nachdruck

Clemens Brentanos Frühlingskranz. Aus Jugendbriefen ihm geflochten, wie er selbst schriftlich verlangte. Vollständiger Text nach der Ausgabe von 1844. Mit einem Nachwort von Wulf Segebrecht. München 1967

Rahel Varnhagen. Briefwechsel. 4 Bde. Hrsg. von Friedhelm Kemp. 2. Aufl. München 1979

Geiger, Ludwig: Karoline von Günderode und ihre Freunde. Stuttgart, Leipzig, Berlin und Wien 1895

Frauenbriefe der Romantik. Hrsg. und mit einem Nachwort von Katja Behrens. Mit zeitgenössischen Portraits. Frankfurt/M. 1981

Joseph von Goerres: Briefe an seine Braut und Familie. Ausgewählt und erläutert von Robert Stein. Mönchengladbach 1926

Georg Herweghs Briefwechsel mit seiner Braut. Hrsg. unter Mitwirkung von Viktor Fleury und C. Haußmann, von Marcel Herwegh. Stuttgart 1906

Sigmund Freud: Brautbriefe. Briefe an Martha Bernays aus den Jahren 1882–1886. Hrsg. von Ernst Freud. Frankfurt/M. 1987

Sekundärliteratur

Deutsche Dichter des 18. Jahrhunderts. Ihr Leben und Werk. Unter Mitarbeit zahlreicher Fachgelehrter. Hrsg. von Benno von Wiese. Berlin 1977

Deutsche Dichter der Romantik. Ihr Leben und Werk. Unter Mitwirkung zahlreicher Fachgelehrter. Hrsg. von Benno von Wiese. Berlin 1971

Wittmann, Reinhard: »Die Post will fort, ich muß schließen ...« Briefe aus dem 18. Jahrhundert. Mit einführenden Texten. München 1988

Einladung ins 18. Jahrhundert. Ein Almanach aus dem Verlag C. H. Beck im 225. Jahr seines Bestehens. Mit 19 Erstdrucken von Texten der Goethezeit. München 1988

Kluckhohn, Paul: Die Auffassung der Liebe in der Literatur des 18. Jahrhunderts und in der deutschen Romantik. 3. unveränderte Auflage. Tübingen 1966

Susmann, Margaret: Frauen der Romantik. Dritte, vermehrte und veränderte Auflage. Köln 1960

Sengle, Friedrich: Biedermeierzeit. Deutsche Literatur im Spannungsfeld zwischen Restauration und Revolution. 3 Bde. Stuttgart 1971 ff.

Hanstein, Adalbert von: Die Frauen in der Geschichte des deutschen Geisteslebens. Leipzig 1899

Barbara Schaeffer-Hegel, Brigitte Wartmann (Hrsg.): Mythos Frau. Projektionen und Inszenierungen im Patriarchat. Berlin 1984

Christiane von Braun: Männliche Hysterie. Weibliche Askese. Zum Paradigmawechsel in den Geschlechterrollen. In: Das Sexuelle, die Frauen und die Kunst. Hrsg. von Karin Rick. Konkursbuch 20

Garbe, Christiane: Fiktionen des weiblichen Begehrens. Eine Re-Vision der sexuellen Diskurse von J. J. Rousseau und F. Schlegel. In: Konkursbuch 20

Literatur zu den einzelnen Kapiteln

Hildebrandt, Dieter: Lessing: Biographie einer Emanzipation. München 1979

Johann Gottfried Herder. In Selbstzeugnissen und Bilddokumenten. Dargestellt von Friedrich Wilhelm Kantzenbach. Reinbek bei Hamburg 1970

Lahnstein, Peter: Schillers Leben. München 1981

Keppler, Utta: Charlotte von Schiller. Mühlacker 1986

de Bruyn, Günter: Das Leben des Jean Paul Richter. Halle-Leipzig, 5. Auflage 1975

Henriette Herz. Berliner Salon. Erinnerungen und Portraits. Hrsg. von Ulrich Janetzki. Berlin 1984

Spranger, Eduard: Wilhelm von Humboldt und die Humanitätsidee. Berlin 1909

Zimmermann, Hans-Dietrich: Kleist, die Liebe und der Tod. Frankfurt 1989

Birkenhauer, Klaus: Heinrich von Kleist. Tübingen 1977

Friedrich Daniel Ernst Schleiermacher. In Selbstzeugnissen und Bilddokumenten. Dargestellt von Friedrich Wilhelm Kantzenbach. Reinbek bei Hamburg 1967

Requiem für eine romantische Frau. Die Geschichte von Auguste Bussmann und Clemens Brentano. Nach gedruckten und ungedruckten Quellen überliefert von Hans Magnus Enzensberger. Berlin 1988

Janz, Marlies: Marmorbilder. Weiblichkeit und Tod bei Clemens Brentano und Hugo von Hofmannsthal. Königstein/Ts. 1986

Dischner, Gisela: Caroline und der Jenaer Kreis. Ein Leben zwischen bürgerlicher Vereinzelung und romantischer Geselligkeit. Berlin 1979

Karoline von Günderode. Der Schatten eines Traums. Hrsg. von Christa Wolf. Berlin, Darmstadt, Neuwied 1979

Drewitz, Ingeborg: Bettina von Arnim, Düsseldorf, Köln 1969

Dischner, Gisela: Bettina von Arnim. Eine weibliche Sozialbiographie aus dem 19. Jahrhundert. Berlin 1977

Scurla, Herbert: Rahel Varnhagen. Die große Frauengestalt der deutschen Romantik. Eine Biographie. Frankfurt/M. 1980

Schneider, Manfred: Die kranke schöne Seele der Revolution. Heine, Börne, das Junge Deutschland, Marx und Engels. Frankfurt/M. 1980

Lahnstein, Peter: Eduard Mörike. Leben und Milieu eines Dichters. München 1986

Bildnachweis

Ich bin dein. Liebesbriefe deutscher Männer und Frauen. Hrsg. von Paul Hermann. Berlin 1940
(S. 201) Handschriftlicher Brief Heinrich von Kleists an Wilhelmine von Zenge
(S. 128) Handschriftlicher Brief Schillers an Lotte von Lengefeld
(S. 339) Eduard Mörike. Lithographie von B. Weiß, 1851
(S. 165) Jean Paul Friedrich Richter. Gemälde von H. Pfenninger, 1798
(S. 223) Clemens Brentano. Zeichnung von W. Schadow, 1805
(S. 13) Friedrich Gottlieb Klopstock. Gemälde von Jens Juel, 1779

Bildarchiv Preußischer Kulturbesitz, Berlin
(S. 12) Meta Klopstock, geb. Moller. Stich von F. Fleischmann nach einem Gemälde von Bendix
(S. 164) Karoline Mayer. Kinderbildnis aus dem Jahre 1783

Die Malerei des XIX. Jahrhunderts. 240 Bilder nach Gemälden der National-Galerie, Berlin 1945
(S. 2) Moritz von Schwind. Abenteuer des Malers Binder, gemalt 1860 in München

Die großen Deutschen im Bild. Herausgegeben von Alfred Hentzen und Niels v. Holst. Berlin 1942
(S. 77) Johann Gottfried Herder. Gemälde von Anton Graff, 1785
(S. 119) Friedrich von Schiller. Gemälde von Anton Graff, 1786
(S. 143) Wilhelm von Humboldt. Marmorbüste von Berthel Thorwaldsen, 1808
(S. 191) Heinrich von Kleist. Kreidezeichnung nach verschollenem Miniaturbild von seiner Braut Wilhelmine von Zenge

Briefwechsel zwischen Clemens Brentano und Sophie Mereau. Nach den Handschriften herausgegeben von Heinz Amelung. Potsdam 1939
(S. 285) Achim von Arnim. Nach dem Gemälde von C. H. Ströhling
(S. 284) Bettina von Arnim, geb. Brentano. Miniaturbildnis, jetzt im Goethe-Nationalmuseum zu Weimar
(S. 222) Sophie Mereau. Bleistiftzeichnung in der Varnhagen-Sammlung

Heinrich von Kleists Briefe an seine Braut. Zum ersten Male vollständig nach den Originalhandschriften herausgegeben von Karl Biedermann. Breslau 1884
(S. 190) Bildnis der Wilhelmine von Zenge, zeitgenössisches Porträtmedaillon

Schiller und Lotte. 1788–1805. Zweite, den ganzen Briefwechsel umfassende Ausgabe, bearbeitet von Wilhelm Fiesitz. Erstes Buch. Stuttgart 1879
(S. 118) Bildnis Lotte von Lengefelds, Stich von Ch. Scholer.

Aus dem Leben von J. H. Voß. Mitteilungen von Ernestine Voß. Mit einem Vorwort von Ludwig Bäte. Göttingen 1923
(S. 96) Ernestine Voß. Nach einem Ölbild in der Bibliothek des Eutiner Gymnasiums

Briefwechsel zwischen Lessing und seiner Frau. Neu herausgegeben von Dr. Alfred Schöne. Zweite umgearbeitete Auflage. Leipzig 1885
(S. 56) Eva Lessing, zeitgenössisches Gemälde

Paul Ortwin Rave: Das geistige Deutschland im Bildnis. Das Jahrhundert Goethes. Berlin 1949
(S. 142) Caroline von Humboldt, geb. von Dacheröden. Gemälde von Gottlieb Schick, um 1804. Schloß Tegel bei Berlin
(S. 122) Karoline von Wolzogen, geb. von Lengefeld. Pastellgemälde von Johann Heinrich Lips. Privatbesitz, München
(S. 97) Johann Heinrich Voß. Gemälde von Johann Heinrich Tischbein. Privatbesitz, Heidelberg
(S. 35) Christoph Martin Wieland. Gemälde von Georg Oswald May, um 1770. Privatbesitz, Marburg
(S. 57) Gotthold Ephraim Lessing. Gemälde von Georg Oswald May, um 1767. Gleimhaus, Halberstadt

Friedrich Schleiermachers Briefwechsel mit seiner Braut. Herausgegeben von Heinrich Meisner. Gotha 1920
(S. 261) Jugendbildnis Schleiermachers

Johann Gottfried Herder in Selbstzeugnissen und Bilddokumenten. Dargestellt von Friedrich Wilhelm Kantzenbach. Reinbek bei Hamburg 1970
(S. 76) Caroline Flachsland. Anonymes Gemälde, um 1770. Sammlung F. W. Kantzenbach

Friedrich Daniel Ernst Schleiermacher in Selbstzeugnissen und Bilddokumenten. Dargestellt von Friedrich Wilhelm Kantzenbach. Reinbek bei Hamburg 1967
(S. 260) Henriette Schleiermacher im Kreise der Familie

Luise. Briefe der Liebe an seine Braut Luise Rau. Geschrieben von Eduard Mörike. Zum ersten Male und vollständig herausgegeben von Hans Wolfgang Rath. Ludwigsburg 1921
(S. 348) Eduard Mörike, nach einer Bleistiftzeichnung. Ochsenwang, Herbst 1832. Luise Rau. Original in der Sammlung des Herausgebers
(S. 338) Zeichnung Eduard Mörikes für Luise Rau. »Luise Rau als Gretchen«. Aus der Sammlung des Herausgebers

Charlotte Stieglitz. Geschichte eines Denkmals. Herausgegeben und mit einem Nachwort versehen von Susanne Ledanff. Berlin 1986
(S. 312) Charlotte Stieglitz, nach einer Lithographie von Beck
(S. 313) Heinrich Stieglitz als »Faust«. Lichtbild nach dem in Kassel verbrannten Ölbild von Friedrich Kaulbach

Deutsche Schriftsteller im Porträt 2. Das Zeitalter der Aufklärung. München 1980
(S. 34) Sophie La Roche

Weitere Titel aus der Reihe
›Die Frau in der Literatur‹

VITA SACKVILLE-WEST
Eine Frau von vierzig Jahren
Mit einem Nachwort von Ingrid von Rosenberg
Ullstein Buch 30180

C. F. RAMUZ
Die Schönheit auf der Erde
Mit einem Nachwort von Hanno Helbling
Ullstein Buch 30181

SIGRID UNDSET
Jenny
Mit einem Nachwort von Annie Carlsson
Ullstein Buch 30182

JOSEPH VON EICHENDORFF
Das Marmorbild
Erzählungen und Gedichte
Mit einem Nachwort von Willi Winkler
Ullstein Buch 30183

MARÍA LUISA BOMBAL
Die neuen Inseln
Erzählungen
Mit einem Nachwort von Thomas Brons
Ullstein Buch 30184

I. GREKOWA
Der Witwendampfer
Mit einem Nachwort von Helen von Ssachno
Ullstein Buch 30185

Marthe
Briefroman
Mit einem Nachwort von Bernard de Fréminville
Ullstein Buch 30186

JULIEN GREEN
Adrienne Mesurat
Mit einem Nachwort von Julien Green
Ullstein Buch 30187

SUSANNE LEDANFF (Hrsg.)
Charlotte Stieglitz
Geschichte eines Denkmals
Mit einem Nachwort von Susanne Ledanff
Ullstein Buch 30188

MARTIN ANDERSEN-NEXØ
Ditte Menschenkind
Mit einem Nachwort von May Nexø-Hahn
Ullstein Buch 30189

ALBERTINE SARRAZIN
Kassiber
Mit einem Nachwort von Werner Bökenkamp
Ullstein Buch 30190

HALDÓR LAXNESS
Salka Valka
Mit einem Nachwort von Anni Carlsson
Ullstein Buch 30191

MYRIAM WARNER-VIEYRA
Juletane
Mit einem Nachwort von
Irmgard Rathke
Ullstein Buch 30192

JEAN RHYS
Lächeln bitte!
Unvollendete Erinnerungen
Mit einem Nachwort von
Diana Athill
Ullstein Buch 30193

VICTOR MARGUERITTE
Dein Körper gehört dir
Mit einem Nachwort von
Karin Petersen
Ullstein Buch 30194

CYPRIAN EKWENSI
Jagua Nana
Mit einem Nachwort von
Willfried F. Feuser
Ullstein Buch 30195

CÉCILE INES LOOS
Der Tod und das Püppchen
Mit einem Nachwort von
Charles Linsmayer
Ullstein Buch 30196

GIUSEPPE MAROTTA
Frauen in Mailand
Mit einem Nachwort von
Klaus Antes
Ullstein Buch 30197

CAROLA HANSSON/
KARIN LIDEN
Unerlaubte Gespräche mit Moskauer Frauen
Mit einem Nachwort
der Autorinnen
Ullstein Buch 30198

LOU ANDREAS-SALOMÉ
Das Haus
Mit einem Nachwort von
Sabina Streiter
Ullstein Buch 30199

WILLA CATHER
Meine Antonia
Mit einem Nachwort von
Frank Dietschreit
Ullstein Buch 30200

CHARLOTTE BRONTË
Villette
Mit einem Nachwort von
Sabrina Hausdörfer
Ullstein Buch 30201

VIOLET TREFUSIS
Ringlein, Ringlein, du mußt wandern
Mit einem Nachwort von
Ingrid von Rosenberg
Ullstein Buch 30202

VERENA WYSS
Versiegelte Zeit
Mit einem Nachwort von
Klara Obermüller
Ullstein Buch 30203

HENRI GUILLEMIN
Adèle
Die Königstochter
Victor Hugos
Mit einem Nachwort von
Bettina Klingler
Ullstein Buch 30204

GERTRUD FUSSENEGGER
Ein Spiegelbild
mit Feuersäule
Mit einem Nachwort von
Werner Ross
Ullstein Buch 30205

CLAIRE GOLL
Der gestohlene Himmel
Mit einem Nachwort von
Anna Rheinsberg
Ullstein Buch 30206

MARGARET ATWOOD
Die Unmöglichkeit
der Nähe
Mit einem Nachwort von
Helga Pfetsch
Ullstein Buch 30207

UNICA ZÜRN
Das Weisse mit dem
roten Punkt
Texte und Zeichnungen
Mit einem Nachwort von
Inge Morgenroth
Ullstein Buch 30208

DIANA VIC
Flüstern im Galil
Mit einem Nachwort von
Ernst Geipel
Ullstein Buch 30209

LEONOR FINI
Rogomelec
Selbstporträt
Pseudonyme
Ullstein Buch 30210

ANONYMUS
Bekenntnisse einer
Giftmischerin
Mit einem Nachwort von
Frank Dietschreit
Ullstein Buch 30211

DANIEL DEFOE
Die glücklichen und
unglücklichen
Begebenheiten
der vielberufenen
Moll Flanders
Mit einem Nachwort von
Joachim Möller
Ullstein Buch 30212

ISADORA DUNCAN
Memoiren
Mit einem Nachwort von
Gregor Gumpert
Ullstein Buch 30213

ELIZA ORZESZKOWA
Marta
Mit einem Nachwort von
Ruth E. Müller
Ullstein Buch 30214

KATHERINE MANSFIELD
Sweet Old Lady und andere Erzählungen
Mit einem Nachwort von
Hilde Spiel
Ullstein Buch 30215

HEINZ-GEORG HELD (Hrsg.)
Maria Magdalena
Die heilige Sünderin
Mit einem Nachwort von
Heinz-Georg Held
Ullstein Buch 30216

AHDAF SOUEIF
Aischa
Liebesgeschichten aus Ägypten
Mit einem Nachwort von
Maria Mill
Ullstein Buch 30217

LAURENCE STERNE
Tagebuch für Eliza/ Empfindsame Reise
Mit einem Nachwort von
Lutz Zimmermann
Ullstein Buch 30219

ISABELLA BIRD
Eine Lady in den Rocky Mountains
Mit einem Nachwort von
Silvia Dörfle
Ullstein Buch 30220

MARQUIS DE SADE
Juliette oder die Vorteile des Lasters
Mit einem Nachwort von
Hermann Kauß
Ullstein Buch 30221

LINA LOOS
Das Buch ohne Titel
Erlebte Geschichten
Herausgegeben von Adolf Opel
und Herbert Schimek
Ullstein Buch 30222

GEORGE SAND
Leone Leoni
Mit einem Nachwort von
Wilfried Ihrig
Ullstein Buch 30223

ARNOŠT LUSTIG
Die Ungeliebte
Aus dem Tagebuch einer Siebzehnjährigen
Mit einem Nachwort von
Jiří Gruša
Ullstein Buch 30224

BETTINE VON ARNIM
Lieben, das allein ist meine Kunst
Mit einem Nachwort von Andreas Mäckler
Ullstein Buch 30225

GINA KAUS
Die Schwestern Kleh
Roman
Mit einem Nachwort von Sibylle Mulot-Déri
Ullstein Buch 30226

ANGELIKA MECHTEL
Die Blindgängerin
Mit einem Nachwort von Horst Ferle
Ullstein Buch 30227

ELIZABETH VON ARNIM
Elizabeth auf Rügen
Mit einem Nachwort von Kyra Stromberg
Ullstein Buch 30228

Die leichten Damen der Weltliteratur
Herausgegeben und mit einem Nachwort versehen von Manmfred S. Fischer
Ullstein Buch 30229

STEPHEN CRANE
Maggie, das Straßenmädchen
Mit einem Nachwort von Frank Dietschreit
Ullstein Buch 30231

MARINA SAUER
Clara Rilke-Westhoff
Biographie
Ullstein Buch 30232

IRMA BRANDES/ URSULA MAUCH
Ich habe viel gelebt in diesen wenigen Tagen
Essays
Ullstein 30233

PEA FRÖHLICH
Marie steigt aus dem Fenster
Kurzgeschichten mit Fotos von Jens Heilmeyer
Mit einem Nachwort von Margarethe von Trotta
Ullstein Buch 30237

GABRIELE WOHMANN
Der Flötenton
Roman
Mit einem Nachwort von Norbert Schachtsiek-Freitag
Ullstein Buch 30238